《新媒体运营指导》专项职业能力培训教材

新媒体策划运营与舆情应对

谭云明 主编

中国经济出版社
CHINA ECONOMIC PUBLISHING HOUSE
·北京·

图书在版编目（CIP）数据

新媒体策划运营与舆情应对 / 谭云明编著.
北京：中国经济出版社，2016.12（2023.8 重印）
ISBN 978－7－5136－4475－4

Ⅰ.①新… Ⅱ.①谭… Ⅲ.①传播媒介—运营管理 Ⅳ.①G206.2

中国版本图书馆 CIP 数据核字（2016）第 276304 号

策划编辑　伏建全
责任编辑　孙晓霞　孙喆浩
责任审读　贺　静
责任印制　马小宾
封面设计　任燕飞设计工作室

出版发行　中国经济出版社
印 刷 者　北京力信诚印刷有限公司
经 销 者　各地新华书店
开　　本　787mm×1092mm　1/16
印　　张　18.5
字　　数　350 千字
版　　次　2016 年 12 月第 1 版
印　　次　2023 年 8 月第 2 次印刷
定　　价　38.00 元
广告经营许可证　京西工商广字第 8179 号

中国经济出版社 **网址** www.economyph.com **社址** 北京市东城区安定门外大街 58 号 **邮编** 100011
本版图书如存在印装质量问题，请与本社销售中心联系调换（联系电话：010－57512564）

前言

无可否认，我们看一本小说，再看由这部小说改编成的广播剧、电影、漫画，每一种艺术形态呈现出的内容给人的感觉各有千秋。麦克卢汉的著名观点“媒介是人的延伸”恰好解释了这一现象，任何一种新媒介的出现都是人类感官的延伸。

印刷媒介、广播和电视是人类文明不朽的产物，也是推动传媒业发展的引擎。21世纪，基于数字技术诞生的新媒体作为一种全新的媒介迅速地渗透到传媒业。它不但影响了我们的生活习惯和信息环境，也改变了信息内容的生产和传播途径。

我国网络媒体在硬件技术和内容传播上的发展已经较为成熟。各大传统媒体和商业门户网站早以依托互联网建立了自己的信息平台，定期向广大网民发布更快、更新、更全的新闻，并提供具有实用性的服务和功能。除此之外，社交媒体也逐渐成为现代网民一个实现信息获取与交换的不可或缺的渠道。这一切得益于技术的突破，改变了人与人之间固有的社交习惯。互联网的世界俨然变成了一个“地球村”，不管是草根还是权威，不同的思想和经验在这里碰撞、激荡，你接不接收，它都在那里，在这充满想象力、创造力、诱惑力的地方。正如“小世界效应”这个人际网络联系理论所传达出的一个理念：两个素不相识的人通过一定的中介能产生必然的联系。

手机、笔记本、平板电脑等移动终端的技术进步进一步推动了新媒体的变革。如果说固网时代延伸了人类的视野和促进了思想的解放，那么智能手机的到来彻底使这种延伸更迈进了一步。信息的收发冲破了空间的限制，尤其是视听类信息的数量急剧上升，这种直观、快速的表现形式更容易获得大众的青睐。新媒体消费群体的规模日益扩大，在这个分众化的时代，用户的范围渐渐冲破年龄、学历、地域、经济能力的限制，任何人都能借助新媒体找到自身感兴趣的事物。与商品交换不同，这里的用户不仅仅是消费者，同时也是生产者、创造者、传播者。那么，对于新媒体从业者来说，获得了用户就赢得了市场，运营新媒体便变得尤为重要。因此，为了适应信息化社会的需要，知识也应与时俱进，加快培养掌握新媒体基本技能和具有理论背景的人才成为重中之重，这也是本书编写的目的所在。

传统的管控方法已经不适用不断变化的新媒体，尤其是在网络安全失控和监管应对滞后的现状下，面对市场利益的诱惑，更加考验从业者的自律行为。其中，不良信息的清理、版权和隐私的保护不管对于监管者还是运营者都是不小的挑战。新媒体时代为许多真正的创作者带来回报的同时也存在版权维护艰难的问题，信息搬运只需要简单的复制、粘贴就能获取他人的思想，快消式的文化弥漫在整个网络，有时候很难界定是否涉及版权侵犯。网络暴力肆虐的当下，新媒体作为互联网上的内容发布平台，混杂的信息很容易导致谣言和虚假新闻的散布，使社会暴力在网络上延伸，潜移默化地影响人们辨识能力，学界倡导的健康传播变得岌岌可危。在这种情况下，尤其是新媒体运营者又应该如何塑造自身的价值观？一起起热点事件在不断拷问网民的人文关怀和道德底线，作为用户在媒介素养方面的缺失又该如何弥补，网络编辑和责任人在内容生产的诸多环节又该如何保持职业操守？

生产者有优质的内容但是缺乏诚意的表现形式，文字上，杂乱的排版总会让人兴趣全无；视频上，违和的配乐难免遭人诟病。精准的粉丝定位是关键，纵观当下的许多新媒体平台迷恋于所谓用户的“痛点”“痒点”和“兴奋点”，然而又有多少人能真正了解用户。那么，新媒体又该如何根据市场需求正确定位，如何才能不模糊生产者认为用户的需求与用户真正的需求之间的差异，如何在能保证内容和形式俱佳的情况下才能提出创造性的策划方案？从媒介产品的商品性来讲，新媒体的内容比以往更像是一种产品，提高用户的粘性，实现企业的商业价值，用户新媒体如何做营销，品牌的建设跟传统媒体的又有哪些区别呢？

“拟态环境”理论在新媒体环境下表现得更为明显，我们所处的媒介环境并不是现实环境真实的再现，而是媒介通过选择、加工呈现出来的世界。新媒体环境下传播具备用户和媒体双向互动的特性，用户也可以是内容的产生者，舆论场呈现出新的特性。网络舆情之所以成为影响社会舆论的重要力量，一个主要的原因在于互联网传播的主体呈多元化趋势。现在有个词叫“公民记者”，不管是意见领袖、普通网民还是自媒体，这样的群体都可以通过微博、推特、论坛等公共平台发布所见所闻，参与社会事件的讨论，表达民意，甚至引爆热点。网上的信息、意见发布门槛大大低于报纸、电视这类传统媒体。在这种情形下，新媒体平台运营者可以从舆论中去探究用户的内容偏好和媒介取向，这时便要注意几个问题，媒介与用户如何进行舆情研判与监控，如何进行舆情风险管控，如何进行通过引导来消除网络舆情负面影响？

上述的这一切，将会在本书中作为重点予以梳理、总结，以期对当前的新媒体工作的指导有所贡献。

本书是面向新媒体从业者和兴趣爱好者的学习参考资料，主要着眼于新媒体策划运营和舆情应对，密切结合当下新媒体工作的实践。一方面总结了新媒体的应用发展规律，另一方面运用新鲜实例帮助理解，为读者提供丰富的阅读视角，尽量以系统、通俗的方式阐述新媒体运营的方方面面。

本书的完成是集体智慧的结晶。全书由中央财经大学新闻传播系主任谭云明教授任主编，人民在线副总编辑王亚敏任副主编。具体撰稿分工如下：第一章陈秋云，第二、三章王迪，第四章申李青，第五章齐思慧，第六章全嘉琪，第七章张悦，第八章彭轸，第九章朱小羽，第十章廖灿亮，第十一章王张雅，第十二章朱明刚。感谢各位撰稿者和出版社编辑倾注的心血。囿于眼界和能力，一些更专业性的内容无法面面俱到，其有谬误偏差之处，恳请广大读者批评指正。

主编

2016 年 12 月

目　录

第一章　什么是新媒体

第一节　新媒体的界定

“新媒体”这个词在今天被频频提起和使用，然而对于什么是新媒体，学界众说纷纭，尚无定论。在定义新媒体之前，有必要对“媒介”和“媒体”两个相似的概念进行区分。尽管媒介与媒体这两个词有时可以通用，有时候说媒体功能，有时候说媒介功能，但两者的含义还是不同的。“媒介”是指使双方发生关系的人或事物。在使用时强调传播介质的属性。麦克卢汉认为媒介即万物，万物皆媒介，而所有媒介都可以与人体发生某种联系，媒介即人的延伸。可以认为，能使人与人、人与物或物与物之间产生联系或发生关系的物质都是广义的媒介。“媒体”通常可以指传播机构，强调的是传播的主体性；另外，在很多场合这一概念强调传播介质的大众传播属性。

媒介的本质是承载信息。纸张不是媒介，但是当人们在上面写上文字的时候，便成了一种媒介形式；鸽子不是媒介，但是当它被用来传递书信时，它就成为了一个很可靠的媒介；烽火台、蜜蜂等都能够负载信息，实现传播。它们都是媒介，但都不是媒体。媒介和媒体最根本的区别是，媒介是被动的、物化的；媒体是主动的、人格化的；媒介是载体和方式，媒体是信息发布主体和传播活动的组织者。

厘清“媒介”与“媒体”的概念能够帮助我们理解新媒体。

新媒体是一个相对概念，是继报纸、广播、电视等传统媒体后出现的新的媒介形态。20 世纪 70 年代，传播学界热衷讨论的“新媒体”，指的是刚兴起不久的电视；但到了 90 年代，被称为“第四媒体”的互联网出现，使得电视与电影等转变为了“传统媒体”。作为对随着科技发展而不断变更的传播媒介的指称，新媒体的内涵和外延也一直在变化。“新媒体”一词源于美国哥伦比亚广播公司（CBS）技术研究所所长 P. 戈尔德马克（P. Goldmark）在 1967 年发表的一份关于开发电子录像商品的计划。1969 年，时任美国传播政策总统特别委员会主席 E. 罗斯托（E. Rostow）在提交给总统尼克松的报告中多次使用了“New Media”这个概念。自那以后，“新媒体”一词开始流行，而这与计算机技术的发展是密不可分的。如今，“新媒体”真正被广泛使用起来，在中国，新媒体随着网络时代的到来逐渐被公众所熟知。但不同领域的专家和学者对新媒体的定义不尽相同。

我们首先了解国外关于“新媒体”概念的几个说法。

美国《连线》杂志对新媒体的解读言简意赅，即“所有人对所有人的传播”。① 这一说法道破了新媒体的本质特征，突出了新媒体的传播特点，但仍不能称之为概念。

联合国教科文组织对新媒体的定义亦甚为简练，认为新媒体就是网络媒体。② 这一定义肯定了网络媒体的地位，对日后的新媒体定义也产生了一定的影响。

美国俄裔新媒体艺术家列维·曼诺维奇认为，新媒体将不再是任何一种特殊意义的媒体，而是一种与传统媒体形式没有关联的数字信息，但这些信息可以根据需要以相应的媒体形式展示出来。③

国内关于新媒体的定义也存在争议。

清华大学新闻与传播学院的熊澄宇教授认为，新媒体是一个相对的溉念，“新”是相对于“旧”而言。从媒体发生和发展的过程我们可以看到，新媒体是伴随着媒体发生和发展在不断变化的。广播相对于报纸是新媒体，电视相对于广播是新媒体，网络相对于电视是新媒体。今天我们所说的新媒体通常是指在计算机信息处理技术基础之上出现和产生影响的媒体形态。④

中国传媒大学副校长、当代著名动画及新媒体教育专家廖祥忠认为，新媒体是“以数字媒体为核心的新媒体”，通过数字化交互性的固定或移功的多媒体终端向用户提供信息和服务的传播形态。⑤

中国人民大学新闻学院匡文波教授认为，“‘新媒体’是一种通俗的说法，其严谨的表述应该是‘数字化互动式新媒体’。从技术上看，新媒体是数字化的；从传播特征看，新媒体具有高度的互动性。”⑥

清华大学新闻与传播学院的彭兰教授认为，在现阶段，“新媒体”主要指基于数字技术、网络技术及其他现代信息技术或通信技术的具有高度互动性的媒介形态，包括网络媒体、手机媒体和这两者融合形成的移动互联网，以及其他数字媒体形式。⑦

综上所述，对于新媒体的概念，有的从“传播方式”来定义，有的从“网络媒

① 罗青，马为．新媒体传播［M］．北京：中国传媒大学出版社，2011：7.
② 展江，吴薇．开放与博弈 新媒体语境下的言论界限与司法规制］．北京：北京大学出版社，2013：5.
③ 邢长敏．论新媒体定义的重构［J］．新闻爱好者，2009（10）：8.
④ 熊澄宇．新媒体与文化产业．载于人民网2005年2月1日，http：//media. people. com. cn/GB/35928/36353/3160168. html.
⑤ 廖祥忠．何为新媒体？［J］．现代传播，2008（5）：112.
⑥ 匡文波．新媒体理论与技术［M］．北京：中国人民大学出版社，2014：2.
⑦ 彭兰．新媒体导论［M］．北京：高等教育出版社，2016：2.

体”来定义，有的从“新”来定义，有的从“数字化”来定义，也有从“传播特点”来定义。总的来说，“新媒体”（New Media）是一个历史的、相对的、动态的、随着科技发展而不断改变的概念，在不同时代不同语境之中，具有不同的指代寓意。从目前来看，由于互联网的产生与发展，新媒体演变为继报纸、图书、广播、电视等传统媒体之后兴起的一种新的媒体形态，包括互联网新媒体、手机新媒体等，是利用数字和网络技术，通过互联网、宽带局域网、卫星等渠道，向用户提供各类信息和娱乐服务的传播形态，即一种基于最新数字化技术的媒体的统称，也被形象地称为“第五媒体”。

第二节　新媒体的产生与发展

新媒体不是自发、孤立地出现，而是从旧媒体的形态变化中逐渐脱胎出来的，每一种新媒体都把一种旧媒体作为自己的内容。新媒体是一个相对的概念，它不是静止的，其内涵也是随着传媒技术的进步而不断发展的。过去的报纸、广播、电视在当时是新媒体，到现在已成为旧媒体；今天的新媒体在未来也会成为旧媒体。未来也必将会出现更多超出现在人们想象的新媒体。媒介技术的不断发展是新媒体发展的催化剂和主要保障。

从传播技术的角度来看，新媒体主要是以计算机信息处理技术为基础，以互联网、宽带局域网、无线通信网、卫星等渠道作为运作平台的媒体形态，使用有线、无线通道的传送方式，如互联网、手机媒体、移动电视、电子报纸等。而新媒体传播的信息，主要是以声音、文字、图形、影像等复合形式呈现的，具有很高的科技含量，可以进行跨媒体、跨时空的信息传播，还具有传统媒体无法比拟的互动性等特征。

从传播状态改变的角度来看，由传统媒体的一点对多点变为新媒体的多点对多点。传统媒体是编辑决定报道主题，记者收集事实，然后包装成新闻，以一张报纸或一档节目的形式传播给受众。普通人因为身份、经济和技术的原因，很难进行大众传播。而新媒体则不同，依托互联网、数字媒体等方式，任何人都可以轻松便捷地向他人传播信息。

从受众接受方式的角度来看，通过新媒体发布的信息，具有快捷、方便、声像兼备等优势，而且受众在接收新媒体信息时，大多不受时间、地点和场所的制约，可以随时通过新媒体在电子信息覆盖的地方接收地球上任何一个角落的信息。

以下简单举例介绍网络媒体、手机媒体和数字电视等几种主要的新媒体形态。

1. 网络媒体

（1）博客。“博客”一词源于英文“Web log”，是一种通常由个人管理，内容按照时间顺序排列，并且根据个人自身需求，可随时更新发布的网站或网页。也有人称其为网络日志。典型的博客文章，结合文字、图像、其他网站链接或是音乐等与主题相关的媒体元素，方便使用者发表自己的观点，方便读者以评论、转发等互动形式留下自己的意见。大部分博客以文字、图像、视频为主，包含文章、艺术、影视等各种话题。当今比较著名的有新浪博客、QQ 空间、网易 LOFTER 等。

（2）微博。微博是微型博客（Micro Blog）的简称，是博客的一种演变形式。它是一种文字控制在 140 字（包括标点符号）以内，实现即时分享的广播式社交网络平台，具有时效性、草根性、交互性等特点。微博用户的使用中心在于内容的传播而不仅仅是单纯的社交，且在微博中，具有公共价值的内容更容易得到广泛的传播，这也是很多媒体、政府机构以及企业纷纷开通微博的一个原因。① 常见的微博平台有新浪微博、腾讯微博、网易微博、搜狐微博等。

2. 手机媒体

（1）微信。微信（Wechat）是腾讯公司于 2011 年 1 月推出的为智能终端提供的可以快速发送语音短信、视频、图片和文字等内容的媒介平台。除此之外，微信还提供朋友圈、摇一摇、红包、转账等服务。它是一款涵盖范围广、功能多的社交软件，截至 2015 年，微信已经覆盖中国 90% 以上的智能手机用户。②

（2）手机电视。手机电视是通过手机终端观看电视的媒介，大多是网络电视的手机端转换。它融合了传统电视业务和新媒体业务。手机电视是一种全新的传播方式，具有电视媒体的直观性、广播媒体的便携性、报纸媒体的滞留性以及网络媒体的交互性。它的出现一方面是对信息传播方式的有益补充，另一方面也是对传统电视媒体的挑战。③

3. 数字化电视

（1）IPTV。IPTV（Internet Protocol Television）又称网络电视，是指基于宽带高速 IP 网的电视广播服务。IPTV 通过 IP 协议向用户提供数字电视服务、视频服务、信息服务、互动社区等宽带业务。与传统电视相比，IPTV 的交互能力更强，给人们带来了全新的电视观看体验，满足了观众的按需观看和随看随停等需求。目前著名的网络电视客户端主要有优酷土豆、腾讯视频、乐视、爱奇艺、Bilibili、Acfun 等。

---

① 彭兰．新媒体导论［M］．北京：高等教育出版社，2016：289.

② 参见 http：//www.chinastor.org/GuoNeiXinWen/8697.html.

③ 匡文波．新媒体理论与技术［M］．北京：中国人民大学出版社，2014：196.

（2）数字卫星电视。数字卫星电视是利用地球同步卫星将数字编码压缩的电视信号传输到用户端的一种广播电视形式。它是近年来一种常见的电视技术，尤其是在偏远地区应用比较广泛。

以上列举的仅是少部分新媒体的代表，体现了新媒体技术的变迁（有数字技术、互联网、手机、移动互联网等），也体现了新媒体信息传播模式的演变（从 Web 1.0 到 Web 2.0，从手机电视到 APP）。毫无疑问，随着时间的推移，会不断有新的媒介形态出现。新媒体的产生是社会发展和技术进步的必然产物，是不以人的意志为转移的。彭兰认为新媒体有两个源流：一是原生的新媒体（指基于全新的传播技术和相应终端而形成的新媒体），包括网络媒体和手机媒体；二是数字化的传统媒体，包括数字化报刊、数字化广播和数字化电视。探讨新媒体的源流对理解新媒体的产生和传统媒体在新媒体时代的转型发展具有指导意义。

随着媒介技术的发展，信息传播的数字化、传统媒体和新媒体之间的界限日益模糊。新媒体对传统媒体的冲击越来越大，据中国互联网信息中心发布的第 38 次《中国互联网络发展状况统计报告》显示，截至 2016 年 6 月，我国网民规模已达 7.10 亿人，互联网普及率达到 51.7%，超过全球平均水平 3.1 个百分点。其中手机网民规模达 6.56 亿，占总网民数的 92.5%。仅通过手机上网的网民占比达到 24.5%，网民上网设备进一步向移动端集中。移动互联网塑造的社会生活形态进一步加强，“互联网 +”行动计划推动政企服务多元化、移动化发展。随着移动通信网络环境的不断完善以及智能手机的进一步普及，移动互联网应用向用户各类生活需求深入渗透，促进手机上网使用率增长。① 从上面的数据我们可以知道，截至目前，我国有超过一半的网络用户习惯使用网络、手机、社交媒体这些新媒体，这也从侧面反映出新媒体在当今社会的地位，越来越多的受众开始摒弃传统媒体而积极使用互联网。

与此同时，新媒体也暴露出了发展短板，如内容质量不高、受众信任度不高等，传统媒体在与新媒体的竞争中也苦不堪言，此时传统媒体与新媒体开始谋求两者之间的融合。卫星技术、数字化技术和网络技术的进步，以及这些技术在广电、通信领域的全方位渗透与应用为媒介融合提供了外在的技术支持。

“媒介融合”是指随着传播技术的进步，报纸、广播、电视、互联网几大媒介载体的边界逐渐模糊，逐渐改变各自的媒体形态，从以前的割裂、分离状态逐渐走向互动、融合，主要包括内容、渠道、终端三个方面的融合。这种融合体现在互相借鉴、彼此融合上，表现为新媒体的传统化和传统媒体的新媒体化。所谓新媒体的传统化，主要体现为新媒体虽然传播手段新颖、传播范围广、互动性强，但其作为一个媒体部门，

---

① http：//tc. people. com. cn/n1/2016/0803/c183008 - 28606650. html.

在“内容为王”的传媒领域，仍然在内容上处于弱势，仍然需要学习传统媒体的采访编辑理念、编排设计技巧等。而传统媒体的新媒体化是传统媒体的发展需求，面对新媒体冲击带来的销量下降、收入减少，传统媒体需要求变。不进行新媒体化，传统媒体的生存状况只会进一步恶化，而只有进行新媒体化，才有可能化腐朽为神奇，获得重生。传统媒体的新媒体化，主要体现为一些传统媒体成立新媒体部门，开展新媒体活动，或是传统媒体和新媒体相互合作，共同开展活动，实现共赢。

传统媒体与新媒体融合发展是产业发展的必经之路。当然，融合并不意味着取代，而是为了适应新形势下媒体发展的需要，互取所长，互补所短。

在探讨新媒体发展问题的时候，还需注意新媒体不再仅仅是“媒体”，而是一种新的社会和经济形态。尤其是在“互联网＋”行动计划的助推下，新媒体加速向全行业和人们生活渗透，创造了更多的就业机会，成为 GDP 增长中的一支新生力量。同时，新媒体推动了诸如可穿戴设备、移动医疗、智能家居、3D 打印等智能产业的发展。另外，新媒体在诸如舆情、舆论、文化等各方面也起着越来越重要的作用。

第三节　新媒体的特征与优势

相对于传统媒体，新媒体有其独特的特征，这些特征也意味着新媒体相较于传统媒体所具有的优势。具体而言，表现在以下几个方面：

1. 交互性

新媒体的交互性又称互动性。高交互性是新媒体的本质特性之一。交互性既可以通过信息传播者和接受者之间的信息交流体现，也可以通过参与个体在信息交流过程中所拥有的控制权上体现。传统媒体的传播过程虽然也存在一定的交互性，如受众可以通过写信、电话、采访等与传统媒体进行互动，但这些并不是常态的互动，局限性很强，相对新媒体来说这种互动更是显得微不足道。这是因为在传统媒体时期，传播过程是单向的，受众往往处于被动地位，而传播者（主要指媒体机构）作为“把关人”则处于控制地位，它决定着受众接收什么样的信息，而受众则很少有主动选择的余地，受众的反馈也通常是无力的，受众的个性化需求因此受到了相应程度的限制。在这一点上，广播电视的线性传播所带给受众的强制性尤为突出。新媒体的交互性则打破了传统媒体单向传播模式的限制。在新媒体时代，受众不再是被动地接受信息，而是可以主动地发现、选择、处理和获取他们想要的信息；同时能够方便、快捷地与传播者进行沟通和反馈，甚至能够影响传播者的决策。受众的地位和主体性因此得到了明显的强化。同时，传播者和受众之间的界限也日益模糊。受众除了能够快速获取个性化的信息，还可以充当信息的发布者，作为信息接受者的受众亦可以瞬间化身为信息的传播者，打破了以往新闻机构才能发布信息的局面，也打破了“以传播者为中心”的传播模式，逐渐转化成“以受众为中心”的全新的传播模式，而这也是符合全球传播观念发展规律的。可以说，传统媒体时代是“主导受众型”，而新媒体时代则是“受众主导型”。

2. 数字化

新媒体最基础也是重要的特征就是科学技术的进步所带来的数字化传播方式。

随着卫星技术、数字化技术和网络技术的进步，以及这些技术在广电、通信领域的全方位渗透与应用，媒介终端可实现功能逐步强大。数字技术把模拟信息转换成二进制语言，这种语言又把分离的信息变成 1 和 0 组合的数字信号。互联网上的文字、声音、图像等信息都是通过这种转换，从而使得新媒体信息产品具有无限的复制性，同时数字技术也使得信息转化和信息传送变得简单和快捷。如今的新媒体不管是在信息的传递还是在节目、信息的制作上都已实现了数字化，传播信息量极大地扩展，传播速度极大地提高，传播方式也极大地丰富，这也是新媒体与传统媒体的显著差异。

数字化彻底冲破了传统媒介一向自守的介质壁垒，也极大地改写着现有传媒市场的版图和游戏规则，使现有的运作架构和营利模式日渐式微，催生着与这一时代发展相适应的新媒体和新型产业模式。

3. 非线性

“非线性”本是一个数学概念，指的是一个变量与相应的函数之间的关系不是用一元一次方程所能表达的。在直角坐标系上，它呈现为曲线而非直线。非线性传播的特点在于交互而非单线、交叉而非径直、动态而非稳态，即新媒体时代的多向传播。

传统媒体传播是线性的，传播者制作、发布信息，受众通过媒体被动地接受信息。这种传播方式通常是单向的，受众的反馈不能及时得到响应，传受双方不能随时随地沟通。进入新媒体时代，这种单向传播和有限双向交流模式得到彻底的改变。新媒体既可以单向传播，也可以实现双向和多向传播。它强调受众的自主选择和反馈。受众既是信息的接收者，又是信息的发布者。以互联网为例，任何个人或组织只要拥有联网信息终端，就不仅可以随时随地向媒体反馈自己的意见与建议，也可以在网络上发布信息，就自己关心的话题展开讨论，发表观点。信息不再依赖于某一方发出，传受双方享有平等的信息控制权。

4. 及时性

在传统媒体时期，新闻或是节目的制作一般需要经过严格的内容生产工序，具有周期性的特点，这样也就无法做到及时传播。而以网络为基础媒介的新媒体的出现则弥补了这一不足，其传播的速度远远超过了传统媒体，甚至可以做到“零时传播”，满足了人们获得及时信息的需要。网络新媒体的即时性根源在于网络传播的载体是光纤通信线路。光纤技术的发展使得信号可以瞬间到达世界上的任何地方。在网络媒体和联网的手机媒体上，新闻内容总在不断滚动更新，头版头条亦在不断变化，世界各地的新闻瞬间就能传到人们手中，人们获取信息不再受时空的限制。通过网络我们还可以观看事件现场直播，第一时间掌握重大新闻事件和新闻线索。在内容的制作过程中，网络新闻的制作比报纸编辑制作的时间更短，公众在网络上可以即时跟踪事件的发展情况。

5. 无边界性

从传播范围来看，新媒体的特点是无边界的传播。传统的大众媒体由于技术的限制，基本上是区域性的传播，不同地区的人们可以接触到的新闻信息是有差异的。随着新媒体技术的发展，媒体的局限性被突破，而且还具有了跨时空的特性。除非人为地干预，不然在新媒体平台上所发布的信息都是可以为全球的网络用户所使用的。全球也因为新媒体技术的发展变成了一个传播的整体。这主要表现在新媒体的传播异步性和跨地域性上。所谓的传播异步性，是指新媒体突破了以往受众收听、收看广播和电视节目必须同步的限制，受众可以在任意选定的时间进行收听、收看，如有兴趣或有必要可以反复收听、收看。例如，收看网络视频节目时，我们可以随时播放、暂停，满足自己的观感体验。另外，新媒体用户获取信息不再局限于当地的传统媒体，而是来自世界各国的媒体，这样的信息获取方式打破了地域的束缚。

6. 超媒体性

超媒体是指在多种媒体中非线性地组织和呈现信息。美国学者尼葛洛庞帝指出，超媒体是超文本的延伸。所谓超文本，是一种非线性的信息组织方式。超文本设计成模拟人类思维方式的文本，即在数据中又包含与其他数据的链接。① 借助数字技术和网络技术的整合功能，受众可以获取集文本、图片、声音、影像等于一体的多媒体信息，而这些多媒体信息往往是按照超文本的方式来进行组织的。受众不需要按顺序阅读，而是可以根据自己的兴趣和需求通过点击链接选择性地获取想要的信息。相比之下，传统媒体提供信息的形式单一，报纸只能以文字和图片传播，广播只能以语音传播，电视只能以影像传播，每种媒介都有其固定的传播方式。从传播形态上看，新的传播技术导致的最大变化，就是能够在新的平台上把各种类型的传统媒体综合起来，它既可以充当报纸、杂志，也可以充当广播、电视。

---

① 匡文波．新媒体理论与技术［M］．北京：中国人民大学出版社，2014：9.

7. 海量性

在传统媒体时代，报纸版面有限，广播电视有时间限制，媒体容量也有限；信息在传播的过程中还会受到“把关人”的影响，受众获取信息的数量也相应地受到了限制。而网络的存储空间极大地超过了传统媒体，没有时间与空间限制，受众可以获取海量的信息。其原理是互联网将全世界的计算机和网络链接起来，形成一个巨大的数据库，受众可以找到任何他们想要的信息。限制媒体容量的因素仅仅是存储空间和网络的带宽，而这些问题随着日益发展的新媒体技术都可以很容易地得到解决。可以这样认为，受众只要拥有一台计算机，连接互联网，新媒体就可以完全满足他们获取全世界信息的需求。

8. 低成本性

对于传统媒体而言，新闻的生产往往会花费大量的时间和精力，报纸上的一篇文章首先需要记者外出采访，然后经过写稿、编辑审稿、印刷、发行等多个环节后才能到达读者手中，新闻生产的成本较高，新闻事件与新闻获取之间的时间较长。广播、电视的信息内容也是如此。而在新媒体时代，这样的问题不存在了。新媒体的传播距离和范围与成本无关。信息在网络上的跨地域传播与在本地的传播成本与速度是一样的。人们只需要随手在网络上发布消息即可，大大节省了传统媒体时代采编环节所耗费的时间与精力，降低了成本。而且很多时候新媒体的跨国成本基本为零。

9. 个性化

与传统媒体相比，新媒体是更具个性化的媒体。传统媒体往往是提供大众化的服务，其本质上仍然是大众传播。而在网络传播中，才可以真正做到个性化服务，实现个性化的传播。受众可以根据自己的兴趣选择阅读和观看相关新闻和内容，获取相应的信息，还可以根据需要定制信息。借助新技术，信息的生产者可以根据受众的个人特点进行定向推送，为他们打造量身定做的信息。微博、微信等社交媒体的出现即是人们彰显个性的很好例证。在社交媒体上，受众可以轻松自如地发表自己的观点，“打点”自己的社交圈子，并实现传受身份的转换，大众传播转变为“小众传播”。

第二章　新媒体法律法规

第一节　新媒体规制的意义

Web 2.0 时代的交互性（Interaction），被认为是新一代网络信息传播蕴含的最大潜能。从浅层的角度看，交互主要是指在传者与受者之间日益增长的双向信息的传递和反馈，受者获得了前所未有的信息选择权；透析其深层意义，交互性推动了信息生产者与消费者的角色互换，使信息传播的整个过程得以改变，颠覆了传统上传者的垄断地位，消解了“信息霸权”。如此，我们熟悉的“传者—受者”间泾渭分明、功能明确的传播格局转化成了一种仅供受众（在这里受众和传者的界限不再明显，受众也扮演起了传者的角色）之间交流的工具，而不是仅仅作为信息生产者灌输其意图的工具。

显然，交互性通过赋予受众更多的权利、填平传者与受者之间的“权利鸿沟”加剧了网络信息传播的自发性，同时，交互性的增强也进一步放大了网络信息传播的复杂性。传播者传播能力的显著增强给国家安全和公众隐私带来了极大的威胁；受众地位的提高要求最大范围内获取信息与信息保密、信息安全之间存在着矛盾；传播者之间竞争的日益激烈要求相关产权更加明晰，同时也对其所提供信息的完整性、可靠性和准确性提出了更高的要求……这些都是新的网络环境下必须面对并努力解决的问题。

第二节　新媒体规制的内容

一、新媒体政策法规发展的历史阶段

在过去的十多年中，报刊、广播和电视等传统媒体不断从严格管制的状态走向减少、放宽和解除管制，而新媒体政策法规的发展趋势则恰恰与之相反，正在从无管制的状态日益走向增强管制。

（一）自由放纵阶段

与传统媒体相比，新媒体具有“去中心化”、匿名性、交互性等特征，它通过高科技手段为人类活动和思想提供了前所未有的言论多样化的舞台以及信息自由流通的机

会，使得少数人垄断信息和文化的“圣人时代”宣告结束。长期以来对自由的憧憬与渴望使人们为以网络、手机为代表的新媒体所赋予的自由而欢呼雀跃，甚至有人高呼自由是新媒体的根本特征，认为任何与之相背离的监管都是不合时宜的。所谓的“三无”观点（无法律、无国界、无管制）就是在这种背景下诞生的，“三无”观点盛行的时代就是所谓的“Non - regulation 时代”①。这个自由放纵阶段是新媒体政策法规的空白期。自由带来了信息的极大丰富，却也直接导致了各种色情、赌博、暴力、歧视等信息内容的泛滥。因此，慢慢出现了一些应急的新媒体政策法规，用于对新媒体编辑进行一定程度上的约束与把控。

（二）增强管制阶段

新媒体内容发布的随意性为一些别有用心的人提供了传播小道消息、散布谣言的机会，极易导致负面舆论的形成，影响社会的安定与发展。合理地配置资源是政府的重要职责，针对资源浪费严重，垃圾信息泛滥，尤其是在经历了一系列泄密和恶意攻击事件之后，政府不再对新媒体内容的无序状态坐视不理。社会存在的目的是为了实现共同的目标，而这些目标的实现有赖于成员之间的协调活动。为了维护全体受众的利益，各国政府都着力于新媒体编辑规则以及如何实施规则，不断加强对新媒体内容的控制力量。

最先引起国际社会重视的是新媒体知识产权方面的立法。1995 年 7 月 19 日，欧洲共同体颁布了《信息社会版权与邻接权绿皮书》。1995 年 9 月，美国知识产权工作组提出《知识产权与国家信息基础设施》（简称 NII 白皮书）报告，这是有关新媒体知识产权问题的法律基础，一切讨论与司法建议皆源于此。1996 年 3 月 11 日，欧洲议会与欧盟理事会颁布了《关于数据库法律保护的指令》，并规定各成员国在 1998 年 1 月 1 日之前实施。1996 年 12 月，世界知识产权组织（WIPO）通过了《世界知识产权组织版权条约》和《世界知识产权组织表演与唱片条约》。1997 年 8 月 1 日，德国正式实施了全世界第一部规范计算机网络的服务和使用的单行法律——《为信息与电信服务确立基本规范的联邦法》，又被称为《多媒体法》。1998 年，美国通过《千年数字版权法》。对网络版权侵权责任的认定，在适用现有民事责任的基础上，又提出了“安全港”责任原则，版权的保护期也提高到了 70 年。②

除保护知识产权法律以外，一系列电信基本法、电子商务法、网络安全法等法律法规相继在各国出台。从 20 世纪 90 年代中后期开始，新媒体由“Non - regulation 时代”走向“Regulation 时代”。尽管各国在不同理念的指导下，对新媒体规制的管理模

---

① 吴满意主编．网络媒体导论［M］．北京：国防工业出版社，2008：355.

② 谢新洲，宋安莉，张永宏编著．网络出版及其经营管理［M］．沈阳：辽海出版社，2003：364.

式、管理重点以及具体做法不尽相同，但大多数国家都采取了立法、行政、道德、技术等多种手段。无论在理论还是实践上，当今世界各国都已经对“法律监管、伦理制导、技术屏障”三位一体的新媒体管理机制达成共识，即以技术为支持，坚持“法治”与“道德”并举，并辅以行政监管和综合治理措施，从而达到新媒体环境下信息优化传播的目的①。

二、世界各国新媒体规制实践

世界各国在新媒体的建设和管理上，可以区分为以美国为代表的政府指导型和以新加坡为代表的政府干预型两种模式。前者除美国外还包括英国、加拿大等受新自由主义、后凯恩斯主义影响的西方国家，后者则包括在媒体规制上干预力度较大的新加坡等东亚国家。

（一）政府指导型

美国、英国、加拿大等西方国家由于受新自由主义、后凯恩斯主义的影响，倡导“少干预、重自律”的原则，政府对媒体的管理既不大包大揽又不放任自流。在新媒体的规制上也是同样的管理风格，既有控制又有调节，在立法规范的同时还着重强调分级制度和业界自律。

互联网诞生于美国，时至今日，美国仍然是新媒体技术发展最快的国家，美国的新媒体立法水平也代表了世界新媒体立法的先进水平。美国新媒体立法既有宏观整体规范也有微观具体规定，主要法律规定包括《通信法（1996）》《传播规范法》《计算机反欺诈和滥用法》《禁止电子偷窃法》《儿童在线保护法案》《国际互联网免税法》《千年数字版权法》《电子签名法》《反域名抢注法》《统一电子交易法》等，涉及行业进入规则、电话通信规则、数据保护规则、版权保护规则的方方面面。但这些法案的确立也不是一蹴而就的，而是经过反复修改，力求在自由与控制之间保持一种平衡。

英国是典型的奉行新自由主义政策的国家，在新媒体的发展上主张创造良好的政策环境，采取法规与自律相结合的规制手段。1996 年以前，英国主要依据《黄色出版物法》《青少年保护法》《录像制品法》《刑事司法与公共秩序修正法》等法律法规对新媒体的内容编辑等进行引导和控制；1996 年 9 月 23 日，英国颁布了《R3 安全网络协议》，这是英国第一个新媒体环境下的行业性法规，行业性的规章制度具有正式法规一样的权威性；2000 年，英国政府又颁布《电子通信法案》，规定了自愿的许可登记制、电子签名的有效性及证据力、取消其他法律中对新媒体替代纸张的限制等内容。

（二）政府干预型

新加坡是一个以执法严厉而著称的国家，在新媒体的管制上，该国也同样以严明

① 吴满意主编．网络媒体导论［M］．北京：国防工业出版社，2008：357.

的法治为主要手段。1996 年 7 月，新加坡颁布《分类许可制》，该法规与《互联网操作规则》共同构成其新媒体管理方面的奠基性法规。《分类许可制》规定了四类新媒体运营商必须在新加坡传媒发展局进行登记；登记后，《互联网操作规则》就会提供明确而具体的“禁止内容”判断标准，凡有违公共利益、公共道德、公共秩序、公共安全、国家和平以及其他新加坡现行法律禁止的内容都包括在内。如果内容上不能确定是否为“禁止内容”，则提交传媒发展局进行鉴定。除了上述两大基本法规，新加坡政府还于 2001 年 2 月制定了《行业内容操作守则》，规定 ISP（Internet Service Provider，互联网服务提供商）和 ICP（Internet Content Provider，互联网内容服务商）必须履行一些核心义务，如不得故意在网上放置不恰当的让人反感的或是法律明确禁止的内容；采用恰当的内容分级系统对不同信息加以区分；不得使用错误或误导性的描述符号；尊重用户个人资料的隐私和保密性；遵守现行的广告管理标准等。这套《行业内容操作守则》虽然不具备法律强制性，但一旦采用该守则就必须全盘接受、不得删改。此外，自 2003 年 1 月起，新加坡传媒发展局还设立了 500 万美元的互联网公共教育基金，用于研制和开发有效的互联网内容管理工具。2006 年 6 月，新加坡宣布设立国家网络威胁监控中心，由新加坡的通信安全专家每天 24 小时进行监管，这是东南亚地区第一个监控网络恐怖主义以及保护网络资产的监控中心。

三、我国新媒体政策法规的主要内容及特色

新媒体是集互动性、开放性、多元化于一体的综合性媒体，其管理比以往出现的任何一种媒体的管理都要复杂。我国新媒体政策法规是政府主导的法规体系，目前形成的主要是以互联网为媒介载体的法规框架，覆盖的领域有计算机信息系统安全、网络安全、域名注册、电子商务、网络信息传播等多个方面，既有法律性文件、司法解释，又有国务院颁布的行政法规，还有各相关部门颁发的规章。

（一）我国新媒体政策法规的主要内容

我国新媒体经过十几年的发展，法律体系逐步建立，并走向国际化、成熟化。

早在 1996 年 2 月 1 日，我国国务院就颁布了《中华人民共和国信息网络国际联网管理暂行规定》，确定了国家对国际联网实行统筹规划、统一标准、分级管理、促进发展的原则，并决定成立国务院信息化工作领导小组，负责协调、解决有关国际联网工作中的重大问题，对国际出入信道提供单位、互联单位和接入单位实行经营许可证管理。同年，我国邮电部发布了《中国计算机互联网国际联网管理办法》和《计算机信息网络国际联网出入口信道管理办法》，进一步明确相关对象的责权内容。而后又相继出台《中国公众多媒体通信管理办法》《计算机信息网络国际联网安全保护管理办法》《关于加强通过信息网络向公众传播广播电影电视类节目管理的通告》《教育网站和网

校暂行管理办法》《互联网电子公告服务管理规定》《互联网站从事登载新闻业务管理暂行规定》《电信条例》《互联网著作权行政保护办法》《信息网络传播权保护条例》等等。这些政策法规的制定与颁布表明我国新媒体立法工作已日趋成熟，无论是司法的实践还是学理的研究都达到了一定的高度。

（二）我国新媒体政策法规的特色

由于新媒体的管理具有滞后性，因此，我国在新媒体立法方面与国外有着共通之处，如承认现行法律原则，政府总要从传统法律条文中去寻找新媒体立法的依据。虽然新媒体是最现代的高科技媒介，但它们毕竟是从现实社会中派生出来的，其信息传播依然作用于现实社会。因此，新媒体管制不可能逾越现有法律体系的基本原则。除此之外，与国外新媒体立法相比较，我国新媒体立法比较迅速，其指导思想、形式和内容也都有着独特的中国特色。主要体现在以下几个方面：

1. 以加强管理为核心，呈现出多头管理局面

2007 年 1 月，在中共中央政治局以“世界网络技术发展和我国网络文化建设与管理”为主题的第三十八次集体学习中，胡锦涛同志提出：“坚持依法管理、科学管理、有效管理，综合运用法律、行政、经济、技术、思想教育、行业自律等手段，加快形成依法监管、行业自律、社会监督、规范有序的互联网信息传播秩序，切实维护国家文化信息安全。”纵观我国新媒体立法的十余年历程，始终是围绕“管理”来进行，由此构成了我国新媒体法规的管理特色。此外，我国还把行政手段的监管作为网络立法管理的辅助手段。而新媒体的运行涉及新闻、教育、公安、安全、文化、广播电影电视、出版、保密等多个国家部门，因此为了保障国家的信息安全，全国人民代表大会、国务院、信息产业部、新闻出版署、国家版权局、最高人民法院、卫生部、国家保密局、国家工商管理总局等各级各类相关机构纷纷根据自身职能特色和管理范围，制定新媒体的相关管理法规。不同的组织和机构在自己的职能范围内出台大量的管理文件，构成了我国新媒体多头管理的庞大系统。

2. 以信息安全为重点，模式灵活多样

2000 年以前我国新媒体立法偏重于保护网络系统安全，2000 年以后则转向网络信息安全，即对网络信息传播行为进行规范，主要包括新媒体信息服务许可及备案制度、开办电子公告专项申请及备案制度、新媒体从事登载新闻业务审批制度、信息传播禁载内容、网络服务提供者义务责任规定等几个方面。有关网络信息安全的法规数量多、覆盖面广，构成了我国新媒体法律规范的主要内容。在立法模式上，我国充分发挥中国特色，既在现有法规中作相应的修改补充，又另行制定专门法规来规范新媒体行为，而且各部委及下属机构以“管理办法”“管理条例”“暂行规定”“实施办法”颁布了

数量众多的行政规章。这种以部门规章形式下发的政策法规便于根据实际情况的变化进行及时的修订，十分符合我国新媒体立法处于摸索阶段的发展现状。目前，我国新媒体立法还存在一些空白之处，如网络广告、电子商务、网络隐私权、网络游戏等方面都缺乏详细的规范。而且由于大部分政策法规都是部门层次的规章制度，有些规定过于简单化、教条化，真正意义上的法律较少，针对性和可操作性都不强，因此存在效力不高、各自为政、交叉重复、资源浪费等问题，亟待进一步解决。

第三节 新媒体版权与侵权

媒体与版权问题是一个较敏感的话题，也是一个一直以来都存有争议的话题，新媒体由于其媒体产品的复杂性和版权界定的模糊性，从其诞生之日起就在版权问题上存在争论。每一种新媒体的出现，都会伴随着对版权问题的思考。维持合理和客观的公平竞争条件是保证整个行业健康成长的关键。

一、新媒体出版的类型及特征

新媒体出版是伴随着互联网技术的发展，特别是万维网技术（WWW）的发展而出现的一种新型的出版形式。讨论新媒体版权问题，首先要搞清楚究竟何为版权，然后才能去考量新媒体环境中版权的特殊性。

（一）新媒体版权的问题

国际上在1886年制定了第一份国际版权条约，从此建立了国际版权的基本法律原则。1971年《世界版权公约》第六条对出版所下的定义是：“系指对某一作品以一定的形式进行复制，并在公众中发行，以供阅览或观赏。”根据国家版权法的明文规定，版权就是著作权，是文学、艺术、科学作品的创作者依法处理其作品的权利，主要由人身权和财产权两部分构成。版权具体包括：发表权、署名权、修改权和保护作品完整权、复印权、发行权、展览权、表演权等等。作品一经创作完成，无论发表与否，都自动享有版权并受法律保护。版权保护作品的表达形式，不保护作品反映出的思想方法、观点和事实本身。

这是对版权的普遍意义上的界定，而新媒体的版权问题则有一定的特殊性。新媒体出版是一种数字化的出版活动，原始作品的大量复制是用户自己进行的，复制后的作品存储在用户计算机、手机等内存或外存设备上，任何有软硬件条件及访问权限的用户都可以通过网络以有偿或无偿的方式获取新媒体出版物的内容。这之中既有避免侵犯他人原有内容产品创作版权的问题，也有保护自我创作版权的问题。而且，转载速度之快常常使得谁是原创者根本无法界定，就算可以界定，如果采用法律手段进行追究，无论从时间成本还是人力、财力方面考虑都得不偿失，因此这类侵权总是屡禁不止。新媒体的出现给版权管理带来了极大的挑战。但是，作为信息驾驭者，我们要清醒地认识到，无论环境如何发展，人类始终是社会的主宰，任何新生事物的诞生都要以利于人类社会发展为宗旨，所以要以一种客观的态度处理新媒体的版权管理问题，给予它一个健康的引导和自我繁衍的空间。

（二）新媒体出版的类型

从发布形式来看，新媒体出版的类型主要有三种：第一种是发布只能浏览不能下载的信息，受众只能通过网络对信息进行阅读；第二种是将信息制作成文本，通过电子邮件、FTP、短信、RSS 等方式把出版物发送给受众；第三种是提供出版物的下载服务，受众可以根据自己的兴趣和需求将出版物下载到自己的计算机或其他阅读器上。

从收费类型来看，新媒体出版主要分为用户收费型、免费型和广告收费型等。其中用户收费型又可分为事前长期订阅收费和访问次数收费，免费型主要是一些 BBS、新闻组、政府出版物等，广告收费型则是通过一定空间的广告版面来向广告主收费。

目前提供给用户的阅读信息是最为普及的新媒体出版形式，如互联网上用网页发布新闻资讯等都属于这种类型，而且这种类型通常都是免费的，受众可以自由、随意地享有海量资讯而不必支付任何费用。可以说，信息发布流程的简单便利以及免费带来的大量受众是新媒体出版迅速发展的关键原因。

将信息制作成电子文本向目标受众进行精准推送也是目前新媒体出版中应用较为广泛的类型之一，这是“自媒体”发展的必然趋势。一般来说，互联网上的信息订阅大部分都是免费的，但也有部分数据库等信息的定向阅读是用户收费型的，而像电子杂志等新媒体出版物的收费则通常来自于版面广告。另外，像手机短信订阅的信息都是用户事前长期订阅收费，较少有按次阅读收费的形式。

关于新媒体出版物的下载服务，基本可分为免费和用户收费两种模式。网络上许多新闻型资讯的抓取推送大多是免费的，只是用户根据自己的喜好使用不同的下载工具在自定义的时间周期内获取、更新不同的信息。而像学习资料、工作资料等数据信息则通常需要用户支付一定的费用才能获得，即使不需要支付现实的货币费用，也需要用户加入注册会员并履行一定的会员义务才能换取信息的阅读权限。到目前为止，新媒体出版物的下载使用广告付费形式的情况比较少见。

（三）新媒体出版的特点

在新媒体出版的过程中，作品存储在计算机或其他存储硬件内，通过通信网络进行传播，当用户访问作品所在网络，对作品进行浏览或者复制、下载时，就完成了对作品的复制。因此，在新媒体出版中，作品的复制和发行是同时完成的，这是新媒体出版最突出的特点。具体说来，新媒体出版主要有以下特征：

1. 交互性

传统的编辑出版部门、作者群、读者群三者是各自独立、截然分开的。编辑出版部门像一个“把关人”决定作者群发布的信息内容以及读者群能够获得的信息内容。而新媒体出版则将作者、受众、编辑放在一个平等的地位，甚至在UGC模式的主导下，许多新媒体出版物的内容是由受众参与完成的，互动出版物逐渐成为新媒体出版的热门形式。

2. 即时性

新媒体出版的高技术属性使得用户可以不受国家、地域的限制，也不再存在时间上的滞后性，这不仅扩大了出版的范围、扩大了信息共享的范围，而且使得信息交流具备了即时性的特点。只要出版物公布在网络上，世界各地的受众就都可以通过联网计算机、手机等可以联通网络的设备阅读、使用该出版物，这大大减少了出版的延迟，使得出版方在第一时间就能了解到受众的反应，从而更好地完善出版物的内容和阅读形式。

3. 多媒体

新媒体出版利用了超文本、多媒体技术的优点，使信息的组织突破了线性的局限，多种媒体信息的集成表现成为可能，大大丰富了出版物的形式，进而增强了用户体验。

4. 低成本、高效率

与传统出版形式相比，新媒体出版物没有有形的载体，而且其复制、发行的步骤几乎同时进行，这无疑节省了复制、发行的物质成本和时间成本。在新媒体环境中，选题、定稿、编辑、校对等所有出版环节都可以通过新媒体网络快速地完成；出版者也不一定非要完成所有内容才能出版，他们可以随时在网络上发布已有信息，而不再受信息完整性的限制。

5. 容量无限

新媒体的介质载体决定了其相较于传统媒介更为广阔的存储容量，从某种程度上来说，新媒体出版已经不受版面、容量的限制，一些本该发表的内容被删除或被推迟发表的概率降到最低，有利于科学文化的快速发展。

6. 可变性

新媒体出版物不仅形式可变而且内容也很容易改变，任何人都可以对其进行删减或更改，甚至可以在购买了新媒体出版物之后将其改头换面然后转手出售。

7. 可复制性

新媒体出版物具有可复制性，而且这种再生产的成本很小，这是新媒体出版与传统出版发行的规模经济差别最大的特点。也因为此，新媒体出版物比传统出版物更易得到迅速而广泛的传播。

新媒体出版的上述特点更多地体现了新媒体出版的优势，但从另一个角度看，这些特点也导致了它的一些缺陷。例如，可变性、可复制性等特点都直接成为版权问题的隐患根源。

二、新媒体版权保护的难题

新媒体技术的发展给作品的发表、传播和使用带来了极大的便利，但同时新媒体环境下的自由共享精神原则也给作品的版权保护带来了极大的挑战。

（一）新媒体版权保护的问题

版权法的核心是财产权和精神权问题，不论是大陆法系还是英美法系，版权保护的最终目的都不仅是赋予版权人控制产品复制、传播、修改的基本权利，而且还要保护作品市场不受破坏、最大化版权人的经济权利等，最后形成积极创造的良好氛围。新媒体出版给现行的版权法带来了一系列新问题，主要体现在以下几个方面：

1. 性质的界定

新媒体作为一个出版主体，它究竟是一种印刷媒介还是一种广播媒介，还是一个全球出版商，这是需要界定的主要问题。如果沿用美国“信息高速公路”的说法，那么在这条高速公路上，修路人和行驶人各自应该承担怎样的责任和义务、享受怎样的权利，发生了“交通事故”应该由谁来调节、管理纠纷？

2. 传播主体问题

ISP（Internet Service Provider，互联网服务提供商）是随着网络的发展而出现的，主要提供网络上的相关应用服务，如网络连接服务、网络新闻服务等。具体说来，ISP又可分为提供互联网连接服务的IAP（Internet Access Provider）和提供互联网内容服务的ICP（Internet Content Provider）两种类型。一般来说，大型的ISP通常集IAP和ICP于一身，而一些小型的或者个人ISP则由于条件的限制只能成为ICP。在新媒体出版过程中，ISP扮演了很多角色，既可以是作者也可以是传播者。那么，ISP是版权人还是邻接权人？还是类似于电话公司的“公共通道”？

3. 数据库的合法权益

数据库作为一种包括文学、艺术、音乐或其他形式作品的汇集，是否应该受到版权法的保护？对于那些纯粹事实数据汇集的数据库，是否也应该受到版权法的保护？如果应该受到保护，那应该如何进行保护才能真正做到保护数据库制作者的权益，同时也保证广大用户的合法权益？

4. 媒体法定问题

新媒体技术为作品的取用、阅读、下载、传送、打印等提供了极大的便利，复制、传播的发行行为也可在瞬间完成。首先，将作品上传至互联网络是否是版权人的专有权利？如果是，他将如何监控他人对其作品上网的行为？是否一旦作品上网，就进入了公有领域？上网已发表的作品还需要许可吗？网站、手机等新媒体是否享有报纸、杂志、电视等其他传统媒体一样的法定许可？

5. 收费问题

如何界定“个人目的的使用”是在合理使用范畴之内？新媒体环境下大量的“出于个人目的的使用”是否会缩小版权人的盈利空间？版权人又如何在新媒体环境中获取“出于商业目的的使用”所应有的报酬？在线教育、数字图书馆等信息利用形式的性质是合理使用还是应该征收一定的费用？

6. 其他问题

新媒体带来了“无国界”的零边界，但知识产权是有地域性的，如何在各国之间进行协调？新媒体出版物是以文字、数据、声像等多种信息形式交替表达的作品，这种作品该如何归类？网页作为网络出版物的承载者是否也享有版权？新媒体所特有的超链接是否也应该受到版权法的保护？

随着传播技术和传播方式的发展，版权保护制度也必须随之调整，从而使版权人的权益得到最合理的满足。

（二）导致新媒体版权保护难题的缘由

新媒体的版权保护之所以会出现一系列问题，主要原因有三：相关法律法规的缺失；用户对于新媒体版权保护意识的偏差；新媒体的开放本质。

1. 新媒体法律法规的缺失

从全世界范围来看，新媒体的政策法规发展始终是滞后于新媒体技术形态的发展步伐的。到目前为止，我国法律在新媒体环境中的作品是否受版权法保护、如何保护、如何进行合理使用等问题上也没有明晰确切的规定。版权法对于新媒体出版物性质的模糊使得新媒体作品侵权事件屡屡发生。要改变这种状况，就必须及时调整我国现有的版权法，使其适应新媒体环境下的版权保护。

2. 新媒体版权保护意识薄弱

由于以网络为代表的新媒体的开放性，新媒体自由的不受管制的传播媒介形象已经深入人心，网民普遍认为网络就应该是免费的、不受限制的，而保护新媒体作品的版权就是违背了其自身所提倡的信息共享与自由发展的精神。似乎不共享资源，新媒体信息就不能极大地丰富起来，新媒体的发展就会受阻。事实上，这种绝对免费共享的观点是不现实的。信息资源到了新媒体环境中一样是具有知识产权的，而任何有价值的创造都应当获得应有的报酬。在保护和合理使用两者之间进行平衡，将是现行版权法调整的关键。

3. 新媒体的开放本质

尽管现在已经开发出许多控制数字产品传输的数字版权技术，但新媒体的开放本质使得网络盗版仍然非常猖獗。在新媒体环境中，文本、图像等各类信息都以统一的二进制形式进行存储，使得这些信息具有复制更加方便和一致，一旦有一份拷贝出现就可以迅速地传播开来，网络不受空间限制的特点也使得跨境传输变得非常容易。而且，新媒体技术的普及决定了盗版者的复制成本不高、操作门槛极低等优势，因此，盗版作品传输速度极快，根本来不及对其进行必要的惩处。

三、新媒体版权的侵权与保护

由于新媒体的特定属性以及现行版权法的滞后，新媒体版权的侵权行为泛滥但现有保护措施不够得力，新媒体版权的侵权与保护问题开始被各国重视起来。

（一）新媒体版权侵权的类型

新媒体侵权的类型主要有三种：第一种是“上网”类版权纠纷，就是指未经版权人同意，擅自将传统媒体上发表的作品上传到新媒体的载体上，形成新媒体出版物，并提供给用户进行下载、复制以及再度传播。第二种是“网上”类纠纷，指未经版权人同意，擅自将版权人在某个新媒体载体上的作品转载、复制或者抄袭到其他新媒体上。第三种是“下网”版权纠纷，指将新媒体上的原创作品擅自下载，并发表在报刊等传统媒体上。

近年来，新媒体发展的一大特点就是中文网站的异军突起，其发展的根源在于内容的丰富。一些中文网站还是有版权意识的，都会注明“本报（刊）网络版版权不得侵犯”“本报（刊）发表的文章上网，支付给作者的稿酬已含在内”。但尽管如此，大量“上网”类版权侵权现象还是存在的，有些网站为了提高点击率，甚至不跟原作者事先沟通就擅自将其作品上传到自己的网站。例如，《江苏法制报》的一名资深记者，在“雅虎”等知名网站搜索自己的名字时惊讶地发现自己近年发表的许多作品都被转载，而他对此却一无所知。

“网上”类版权纠纷也是近年来新媒体版权侵权问题的焦点，新媒体在内容编辑上原创能力的匮乏是“网上”类版权纠纷发生的根本原因。目前著名的网上百科全书维基百科与英国国家肖像美术馆之间的版权纠纷就引发了学界和业界的思考。这次纠纷事件起因于维基百科的志愿者 Derrick Coetzee 用一种特殊软件将英国国家肖像美术馆网站上的 3300 幅高分辨率图片下载下来，并上传到维基百科的网页上，通过维基网传播到了世界各地。普通用户在英国国家肖像美术馆的网站上只能用放大功能浏览高分辨率图片的局部，而这名志愿者使用特殊软件却可以看到完整的高分辨率图片，他的这一行为也使得其他普通用户都能看到完整的高分辨率图片了。英国国家肖像美术馆针对这个事件对维基百科提出了付费的要求。但维基基金会副会长 Erik Moeller 认为，维基百科是一家免费的非营利机构，美术馆和其他文化机构为了收费而阻止公众查阅他们的资源是不应该的，于是不但拒绝付费，而且对英国国家肖像美术馆提起控告，称后者背叛了它的公共服务宗旨。英国国家肖像美术馆方面则称维基百科误解了美术馆真正的意图，并且认为 Derrick Coetzee 的行为违法了英国版权法——即使原作的版权已经失效，它们的复本版权也依然受法律保护。英国图片社联合会支持美术馆的举动，指出“如果版权失效的作品的图片可以随意使用的话，投机分子就会利用这些图片来赚钱，这样损坏的是每个人的利益”。

“下网”类版权纠纷是比较容易在现行著作权法中找到处理的法律依据的。因为“下网”版权纠纷所涉及的作品最终是用传统出版的方式进行复制和传播的，其侵权事实非常明显。只要解决了作品及其权利人的认定问题，著作权人就可以依据著作权法的规定获得法律上的援助和救济。早在 1998 年，北京市海淀区法院知识产权庭就审理了国内首例互联网著作侵权案。原告陈卫华在其互联网个人主页“3D 芝麻街”上以笔名“无方”发表了《戏说 MAYA》一文，并标明“版权所有，请勿转载”。然而，电脑商情报社未经陈卫华的许可就将该文章下载并刊登于《电脑商情报》上，署名为“无方”。原告陈卫华遂以电脑商情报社的行为侵犯其著作权为由，诉至北京市海淀区法院。虽然国内著作权法规定受保护的 8 类作品中没有明确规定数字化作品也属于该法保护的范围，而且当时在司法实践中也无先例可循，这些都给审判工作带来了难度，但是北京市海淀区法院按照著作权法中的有关规定和精神，并考虑互联网的特点来认定事实，判决电脑商情报社的行为构成了对原告陈卫华著作权的侵害，从而很好地保护了版权人的权益。

（二）新媒体版权保护的相关内容

新媒体出版物的种类多种多样，以下主要介绍目前在版权保护方面有所发展的几种类型的相关内容。

1. 数据库的版权保护

数据库是新媒体出版物中的一个重要类型，其在现代社会中的作用越来越大，随之发展起来的数据库产业也日益在新媒体经济中占据着举足轻重的地位。数据库被定义为以系统的或者方法学的方式组织的，以及能够通过电子方式进行个人访问的独立作品、数据或者资料的集合①。这是一个广义的定义，它不只与存储在计算机中的信息有关，如以任何形式出现的百科全书都在此定义的范围之内。数据库的表现形式更像版权法中的汇编作品，对其保护尤以版权法保护的讨论为主。

在众多国际版权公约中，1887 年生效的《伯尔尼公约》起着里程碑式的作用，我国于 1992 年 10 月加入该公约。在数据库版权保护方面，《伯尔尼公约》第二条第五款规定："文学或艺术作品的汇编，例如百科全书和选集，凡由于对材料的选择和编排而构成智力创作的，应得到相应的、但不损害汇编内每一作品的版权保护。"其中关于"文学和艺术作品"的定义，则在《伯尔尼公约》第二条第一款中规定为"文学、科学和艺术领域内的一切成果，不论其表现形式或方式如何"。虽然伯尔尼条款没有明确指出保护数据库，但根据该条款对数据库实行保护已经在国际社会达成共识。

TRIPS 协议（Trade Related Intellectual Property Statue，与贸易有关的知识产权协议）是对版权和邻接权进行保护的重要国际协议，是当前世界范围内知识产权保护领域中涉及面广、保护水平高、保护力度大、制约力强的一个公约，它使国际版权保护实现了历史性的跨越。该公约第十条第二款有明确规定："数据或其他材料的汇编，无论以机读或其他形式，由于内容的选择或安排构成智力创作，就受到这样的保护。该保护不及于数据或资料本身，不损害数据或材料本身的既存版权。"

1996 年，欧洲议会与欧盟理事会颁布了《欧洲议会与欧盟理事会关于数据库法律保护的指令（96/9EC/）》（以下简称《指令》），进一步明确了数据库保护的范围、数据库的版权保护、数据库的特殊权利保护。《指令》规定，数据库的作者是创作数据库的自然人或一组自然人，或者是法律允许的法人。数据库的作者可以享有或授权他人享有以任何形式对数据库的全部或部分内容制作暂时或永久的复制权利，以任何形式向公众提供复制件的权利，将数据库及其改变之后的结果向公众传播、展示和表演的权利。《指令》还规定了合法用户的权利与义务：不论以何种方式公之于众的数据库的制作者，都不能阻止数据库合法用户对经定性或定量所证明的数据库内容的非实质部分仅仅进行撷取或反复利用的行为；数据库的合法用户不能从事违背正常利用数据库的行为，不得无理损害制作者的合法权益行为，也不得损害数据库中所含作品或内容的版权或相关权利持有者的合法权益。

2. 多媒体出版物的版权保护

所谓多媒体作品，是指以计算机系统为核心，集文字、图形、图像、声音、视频等多种信息于一体，同时或交替表达的作品。通常创作一部多媒体作品，前期都要付出很大的时间和精力去收集、制作各种媒体类型的素材，但是多媒体作品创作出来之

① ［英］萨利·斯皮尔伯利. 媒体法［M］. 周文，译. 武汉：武汉大学出版社，2004：264.

后都会转换成较为统一的数字化形式存储在 CD－ROM 等数据载体上，因此，多媒体作品往往创作成本高但极易被复制，这就需要对其加强版权保护，以更好地维护多媒体作品版权人的合法权益。

不同媒体类型的作品受版权保护的程度是不一样的，在对多媒体作品进行分类时，大陆法系和英美法系的做法也不一样。美国信息基础设施推进委员会知识产权工作组认为，多媒体作品是包括"文本、计算机程序、音乐、静态或动态图像"这几个要素中两个以上要素的作品，因而许多情况下一个多媒体作品可以被认为是一个视听作品。所以，在美国，对多媒体作品的版权保护是参考视听作品的版权保护来进行的。而在欧洲国家，人们更愿意把多媒体作品归入数据库的范畴进行保护，因为很多多媒体作品如电子百科全书等都是建立在强大的数据库系统的基础上的。

3. 网页、超链接的版权保护

网页、超链接的版权问题是新媒体版权中较为敏感的话题，因为这是最容易被人忽视的侵权内容，却又是最常见的侵权现象之一。

网页是人们在互联网上展示信息、宣传自己的形象、推销自己的产品或服务的重要途径。为了吸引用户，网页通常都是倾注一定的人力、资金成本，经过软件设计人员、文字设计人员、图像设计人员、音乐设计人员、视频设计人员等精心设计而成。虽然网页所使用的颜色、文字、图形等已处于公有领域，但经过特定的组合给人以美感，是一种带有独创性的智力成果，因此必须对其进行版权保护。然而，现在互联网上"类似"的网页泛滥成灾，网络盗版的复杂性导致查处起来非常困难，例如，盗版者可以利用远程控制软件在几秒钟内撤下盗版网页，甚至加装自毁程序或加密程序，十分不利于法律取证，于是网络盗版日益猖獗。再者，有的小网站复制、模仿知名大网站的相关网页，在小网站发展壮大之前，这种侵权现象通常是不会引起知名大网站的注意和重视的，这在一定程度上就纵容了网页盗版者的侵权行为。不过，随着网页版权人的知识产权意识日益加强，网页的版权保护问题也会相应提上日程。日前美联社就提议在新闻网页上添加版权标签，即在每一篇新闻网页都注明作者、出处以及版权保护内容的使用限制等，一方面应对完全免费的网络新闻和信息的冲击，一方面便于搜索引擎更为便捷地进行识别。

超链接是网络上最常用的技术之一，也是网络作为新媒体最吸引用户的原因之一。正是因为超链接的存在，人们才能更加方便、快捷地直接接触到所需要的信息，只需轻点鼠标就可以从原网页跳转到本网页的其他位置或其他网页。事实上，超链接的设置过程十分简单，只要通过超文本标记语言的一个命令语句，将选定的文字、图像、动画、视频等信息加入被链接网页的 URL 地址即可，这个设置过程没有任何独创性可言，因此超链接本身不是具备版权法意义上的保护对象。讨论超链接的版权保护一般是指由超链接引发的侵权事件。如未经版权人许可存储超链接的图像、视频，由此侵犯版权人的复制权、保护作品完整权以及获得报酬权等。

第四节　网络安全与网络监管

随着信息社会的飞速发展，网络作为一种获取信息的方法受到越来越多的人青睐。我国经济的不断发展也使得计算机网络的普及率不断攀升，网络因其快速、便捷、不受地域限制等多方面的优势，已经成为人们日常生活中不可缺少的一部分。但与此同时，网络中也出现了各种各样的侵权现象。如何在用户合理、方便使用网络资源的前提下，给予著作权人的合法权益以及时的保障，已经成为我们应当重点关注的问题。

一、网络版权的定义与范围

网络版权也是著作权，是指文学、音乐、电影、科学作品、软件、图片等知识作品的作者在互联网中对其作品享有的权利。

2003 年 12 月 23 日最高人民法院通过的《最高人民法院关于审理涉及计算机网络著作权纠纷案件适用法律若干问题的解释》第二条明确规定：在网络环境下，在文学、艺术和科学领域内具有独创性并能以某种有形形式复制的智力创作成果，人民法院应当予以保护。即明确了作品的数字化形式仍属于著作权法的客体范畴。

网络版权的主体应该包括两类：作者和网络服务商。其中作者与传统意义上的作者相似，只是其创作平台从传统媒介转变到了网络上。而网络服务商对其网页的整体享有版权，可以看作是其网页的“作者”。此外，由于网络服务商对网页内容进行了数字化处理和编辑，因此作为网站内容的编辑者，网络服务商对其网站的内容整体享有版权，同时也必须承担相应的责任。

二、网络版权所涉及的主要问题

1. 作品的表现形式多样化，数字形式成为作品的主要表现形式之一

传统意义上的作品，多以手稿、印刷品、音像制品等为主要表现形式，相互之间的界限泾渭分明。而在网络环境下，所有作品都可以自由地实现多媒体化，在这一背景下，作品发生了三个显著的变化：

一是各类作品之间的分界线日益模糊。利用数字技术，对文字、声音、图像等多种表现手段进行统一处理，所形成的作品可能涵盖了若干基本的作品类型。因此，严格区分各类作品的意义将会日益淡化，在保护时可能会采取一种普适的标准。

二是作品与载体之间的联系逐渐淡化。传统意义上的作品在传播过程中必须固化在有形的载体上，而网络作品在传播时却可以直接通过网络将信息传播到世界上的每

一个角落。因此，作品可以自由流通，它与载体之间的关系也开始淡化。

三是作品受保护的标准模糊化。对传统意义上的作品而言，独创性是其受保护的唯一条件，这是因为传统作品较易分清个人的创作成果，并且能对其艺术高度进行主观上的评价。而网络作品则还有大量的数据，这些数据信息有些有独创性，有的则无独创性，因此很难对作品的独创性加以界定，也很难对各部分的著作权加以区分。

2. 作品归属的复杂化

采用多媒体技术创作的网络作品，多数是对已有作品的改编或变形，而这些作品又会不断地被分解、重组为新的作品。在这种情况下，要确定各部分的版权归属将变得十分困难。但是，即便如此，由于大量的音乐作品、文学作品、美术作品等单个原创作品还会不断涌现，法律应当对创作者的利益进行充分保护，未经许可任意篡改他人作品的行为应当明确遭到法律的禁止。

三、网络版权侵权的表现

网络版权侵权是指未经权利人许可，又无法律依据，擅自在网络上传、下载、转载或以其他不正当的方式行使专有权利人享有的权利的行为。它是在网络环境下发生的一种特殊的侵权行为。从国内外实践中已出现的情况来看，网络上常见的版权侵权行为通常表现为以下几个方面：

1. 侵害作者的发表权

所谓发表权，即决定作品是否公之于众的权利。未经作者许可，擅自将其作品发表于网络的行为，即侵害了网络作品作者的发表权。

2. 侵害作者的署名权

所谓署名权，即作者在其作品及其复制件上如何标记作品来源的权利。由于网络作品容易被复制、修改，使得篡改作品的署名也变得容易操作。侵权行为人将他人的作品标以自己或他人的姓名署名并在网络上传播，不仅侵害了作者的署名权，同时也会对作者的名誉权、荣誉权等人身权利造成损害。

3. 侵害作者的修改权和保护作品完整权

修改，通常是对已完成的作品形式进行改变的行为。保护作品完整权，即保护作品不受歪曲、篡改的权利。同样基于网络资源的特殊性，网络作品较之其他传统形式的作品更容易受到侵害。未经作者的允许而将他人的作品改变、歪曲、篡改并用于网络传播的行为极大地侵害了作者的这两项权利。

4. 侵害作者的复制权、发行权、展览权、放映权等权利

未经作者允许，擅自以复制、发行、展览、放映等方式将作品用于网络传播的行为，严重侵害了作者的这些著作财产权。

5. 侵害作者网络信息传播权的行为

信息网络传播权，是指以有线或者无线的方式向公众提供作品、表演或者录音录像制品，是公众可以在其个人选定的时间和地点获得作品、表演或者录音录像制品的权利。

在网络与数字产业迅速发展的情况下，如何有效保护版权所有者在互联网环境下的正当权益，促进文学、艺术和科学作品的合法传播，已经成为我国版权保护所面临的突出问题。网络侵权盗版行为不仅影响我国互联网产业的健康有序发展，而且将使传统出版业、音像录制业、影视业和软件业的发展面临巨大的压力。中国网络与数字娱乐产业无疑是一个潜力巨大的市场。大量盗版网站的存在和盗版作品的传播使用，不仅严重地侵害了广大作品著作权人的合法权益，更扰乱了网络市场的正常秩序，危及网络乃至整个互联网行业的生存和发展，所带来的“环境污染”将直接影响到产业的各个环节，形成严重的社会公害，同时也会造成恶劣的国际影响。

四、网络侵权的特点

由于网络自身的各种特性，网络版权也具有一些相应的特征，使得在网络中发生的各种版权侵权行为具有了与一般侵权行为所不同的特点。

1. 网络侵权对象的无形性

传统意义上的版权往往会借助一定的物质形式表现出来，如书籍、光盘等，对这些版权的侵害行为也会体现为一些有形的行为，如盗版书籍、盗版光盘等。然而在网络中，所有的资源都被转化为二进制数字编码表现出来。同时，著作权的无形性以及作品的信息本质决定了对作品使用的非消耗性，他人未经著作权人许可的擅自使用行为并不影响著作权人对自己作品的正常使用。这种无形性的特点，导致在实践中对网络侵权行为的确认、侵权结果的认定等更为困难，网络著作权保护工作的针对性和可操作性也大大降低。

2. 网络侵权的地域性

网络不受地域限制的特点，给网络用户获得信息资源提供了极大的便利。不仅是一国范围内，全世界范围内的资源都可及时、迅速地被掌握。但与此同时，这种特性也使得网络侵权行为的发生及其危害结果在地域上的认定无法及时准确地被把握。

3. 网络侵权的虚拟性

网络的虚拟性，使得虚拟的网络侵权行为主体难以准确地被把握。这是认定网络侵权以及网络著作权人主张权利的一大难题。

4. 侵权主体的集体性

一般的侵犯财产的行为涉及面仍然是有限的，法律的惩戒并不困难。但网络侵权行为却不一样，是集体性的无约定行为。

第三章　新媒体运营者素养

第一节　运营者职责分工

一、信息整合

新媒体与传统媒体一样，也在一起构建人类生存和认知的拟态环境，也即信息环境，但它并不是现实环境的“镜子”式的再现，而是媒体通过对信息进行选择和加工、重新加以结构化以后向人们提示的环境①。相对于传统媒体的“拟态现实”建构，新媒体基于自身的特性，所要处理的海量信息以及它所建构的信息世界，远为庞大芜杂，于是，新媒体工作就具有了极为强势的信息整合的特点，其担负着的信息选择汇总、传播把关、发言导向和选题策划等多种职能尤为重要。

其中，信息选择汇总就是通过对信息的收集、选择、加工等工作流程，使网络信息从混沌走向明晰，从无序走向有序。

选题策划则是通过确定选题、内容构架和版面视觉效果等程序，对信息进行深度加工和建构，以敏锐的信息意识、前瞻的动态思维对文字、音频、视频、图像、数据稿等内容元素进行再开发利用，以多层次、多角度、个性化的方式为受众提供专业、系统的信息服务，这对新媒体编辑的信息整合能力提出了严峻的考验。

新媒体工作者除了要完成选稿、审稿、加工、重构等工作，还应熟练掌握网络技术，了解网民特殊的阅读和信息消费方式，从而实现信息内容和表现形式的和谐统一。通常新媒体的专题报道最能体现新媒体编辑的信息整合能力，也是衡量新媒体创新能力的重要标杆之一。不同类型的新媒体通过不同的信息整合方式，使信息之间产生有机的联系，从而形成各具风格特点的、满足不同受众群需要的信息服务系统。

二、舆论组织

毋庸置疑，不论是传统媒体还是新媒体，都具有舆论组织的工作特点，但是由于新媒体报道极其迅速且互动性很强的特性，使得从事这种职业的编辑人员在感受和组

---

① 郭庆光．传播学教程［M］．北京：中国人民大学出版社，1999：127.

织舆论方面，对敏感度的要求应比任何从事传统媒体职业的编辑都要高，同时要求编辑人员要始终与受众保持较广泛的互动，这种互动态势对于组织、引导舆论和议程设置，是非常重要的。

新媒体的交互性使得受众成为新闻生产力的重要分子，突出体现在新媒体常设的互动频道和栏目，诸如论坛、BBS、聊天室。由于消费者的心态、动机、表达方式复杂多样，以及新媒体空间的隐蔽性、虚拟性，消费者言论大多表现出自发性和自助性、群发性和群动性、多线程性和循环性等特征，因而呈现在新媒体上的舆论形态大多零散杂乱，良莠不齐，令受众难辨真伪，无所适从甚至产生负面效应。这就需要新媒体编辑具备较强的舆论组织能力，履行正确的发言导向职能，诸如通过议程设置来把握话题的讨论时机，通过约请专家和消费者的互动来引导舆论热点，通过取舍评论来稿、发表言论等方式来驾驭新媒体的传播主动权，借助新媒体技术的先进性做好舆论的引导者。

三、人文与技术的结合

固然，传统媒体的编辑也需要人文和技术的结合，但新媒体工作者职业的这一特性在于：它比以往所有传统媒体编辑工作者特性要求都来得特别强烈，也就是说这是“必需的”，报纸编辑可以只懂文字编辑，不懂排版，但新媒体编辑却必须要二者兼备，否则寸步难行。而且新媒体在传播的可控性方面要弱于传统媒体，信息传播的速度和范围则远强于传统媒体，这也对新媒体编辑在人文与技术的结合上提出了更高的要求。

新媒体工作者应具备完善的知识与技能结构，人文和技术的结合是其重要的职业特点。新媒体编辑不仅是技术平台的运用者、操作者，也是信息人文价值的开掘者。从这个意义上讲，新媒体编辑不但是新媒体时代的“把关人”，更是一位思想者，这就对新媒体编辑的素质与综合能力提出了更高的要求。“木子美”“艳照门”等各种低俗、色情信息和不实的流言，甚至刻意的造谣，在当前，更多地通过新媒体来转播。在新疆“7·5”事件中，民族分裂势力通过互联网、手机无线网络等方式传播大量挑拨民族分裂情绪的不实信息就更是明证。因此，新媒体编辑必须要比传统媒体编辑具有更强的人文特点，面对芜杂的信息世界，要有一种人类自我关怀，对人的尊严、价值、命运的维护、追求和关切，对一种全面发展的理想人格的肯定和塑造。要关注人类的价值和精神表现。因为传统媒体编辑这方面的欠缺所带来的危害尚是可控的，而新媒体编辑如果缺失人文精神，导致负面信息传播是很难控制的。新媒体编辑必须具备强烈的自律意识和人文关怀，才能从根本上保证其信息的发布和传播工作真正有益于人类的价值和精神的实现。

新媒体编辑是基于现代传播科技而产生的职业群体，基本的现代传播技术是其职业与传统媒体编辑的重要区别。如果不掌握各种非线性的编辑、超链接的编辑、数据库管理系统、多媒体编辑的硬件、软件操作处理技能，不跟上现代传播技术的飞速更新换代，新媒体编辑职业工作者将寸步难行。

此外，新媒体编辑的职业特性，还需要具备以下几方面基本文化知识与技能：新闻传播学、计算机及网络技术基础、文字表达能力以及新媒体编辑所负责领域的相关学科基础知识，如财经频道编辑需要懂财经，车楼频道编辑至少要懂得房地产领域的基本知识，而负责时尚频道的编辑则要对时尚保持较高的敏感性与觉察力。

四、市场意识

无论是在市场化特点成熟的西方，还是在市场化、产业化色彩日渐突出的中国，媒体编辑都要具有市场意识。在中国，传统媒体还有一个从计划经济环境向市场经济环境的过渡和转型，而新媒体则是直接在市场中产生和打拼出来的。因此，新媒体编辑天生就必须具备突出的市场意识。

新媒体编辑既要考虑媒体的社会效益，同时也要考虑经济效益、市场效益，因为他必须要考虑到受众市场，不像一些机关报可以行政订阅或摊派，广播和电视有受众的接受惯性。新媒体是在媒体市场的海洋中新生并成长起来的，要在已有的媒体受众场域中区隔出自己的受众，要将传统媒体受众的“注意力”转移到新媒体，还要培育出新的受众群体。新媒体编辑只有依靠强烈的市场意识来赢得受众，才能支撑它的生存，不同于传统媒体在向市场经济转型中要艰难地处理产权问题、体制问题的转型，新媒体在诞生之初，就置身于激烈竞争的市场环境和成熟的产业体制，它们往往产权明晰，受众本位强烈。如果新媒体编辑没有受众、没有市场，媒体则必死无疑。

另外，新媒体的生存和发展，所依赖的高新科技支持和现代产业架构，都需要巨大的融资，是典型的资金密集、技术密集产业，如果不能在市场中取得盈利回报，就无法生存和发展。因此，新媒体编辑具有的市场意识，就在于赢得的受众，进而获得盈利。目前，新媒体发展的资金，尽管表面上许多都是通过资本运作来获取的，但最终还是要看其赢得广告和通过其他方式盈利的能力，这是新媒体生存的基础。

五、多媒体编辑

无论是宽带网络的普及还是无线宽带网络的辉煌前景，都给新媒体的多媒体特性提供了条件。多媒体给予受众丰富而立体的接收感受，使得人类置身于全新的媒介环境中，拓展了人类认知和感受世界的能力。多媒体编辑，是由新媒体工作的特点所决定的，新媒体编辑应该是“多面手”，这既是职业要求，也是这一职业的特点。

新媒体编辑应是多媒体人才、全媒体人才，因为互联网是一个多媒体体系，互联网上的内容有文字、图片、声音、图像、Flash……多媒体内容需要用多种媒体的编辑能力进行操作。因此，新媒体编辑应具备报纸媒体需要的文字编辑能力，广播、电视媒体要求的视频、音频编辑能力以及网络这个新媒体本身所需要的一些能力。由此看来，“全”而“专”，对于新媒体编辑这个职业而言，是十分必要的。多媒体编辑也是新媒体编辑这一职业区别于其他媒体编辑职业的一个基本特性。

多媒体编辑既有技术层面上的工作特点，也有信息发布、传播形态和建构“拟态世界”层面的工作特点，技术是其基础，多媒体的意识是其根本。掌握相关的多媒体编辑的硬件和软件操作基本自然是新媒体编辑的职业特点，用多媒体编辑软件将文本、图像、动画、视频、声音等元素组合在一起，并赋予其生命力——交互功能，就可编辑成为一套完整的多媒体系统。多媒体编辑更是一种职业意识和观念，它意味着编辑要以各种元素和多媒体手段来型构信息的表现形态，最大程度地丰富人们对世界的认证。

第二节　政治素养与法律素养

一、政治素养

政治的正确性，无论在东方国家还是西方国家都是媒体编辑的共同素养要求，只是在不同国度有不同的具体表现而已。在中国的媒介环境中，政治性，特别意味着对党和国家主流意识形态的坚守，具有强烈的政治敏感性，用正确、科学的世界观来指导自己的工作，深刻领悟党和国家的方针、政策和精神。新媒体中信息海量也极其芜杂，在多元思想文化交织并存的条件下，更需要编辑具有高度的政治敏感性。

例如，作为网络信息的编辑者、发布者和网上舆论的掌控者，坚持正确的舆论导向是新媒体编辑必须遵循的宣传规律，较强的舆论导向意识是其应该具备的一项最基本的素质。网络巨大的信息量、不断发展的网络技术既方便了新媒体编辑的查询、搜索，但同时也增大了新媒体编辑过滤、把关和汇总的难度。为了控制好网上的舆论导向，新媒体编辑更要提高自身的政治思想素质，在观念上树立强烈的新闻舆论导向意识，这样才能对网络信息进行正确的编辑和把关。

二、法律素养

新媒体编辑不但要熟悉《中华人民共和国著作权法》《伯尔尼保护文学和艺术作品公约》《世界版权公约》《中华人民共和国国家通用语言文字法》《中华人民共和国广告法》等这些本来针对传统媒体的法律，也要掌握《互联网信息服务管理办法》《互联网电子公告服务管理规定》《中华人民共和国电信条例》等法律法规。同传统媒体的编辑一样，新媒体编辑要熟知包括著作权、肖像权、隐私权、名誉权、新闻控制与新闻检查、淫秽以及传播从业人员的自律等内容的基本法律法规，树立依法编辑的意识，维护自身和他人的合法权益。例如，《中华人民共和国电信条例》第五十七条就规定：任何组织或者个人不得利用电信网络制作、复制、发布、传播含有下列内容的信息：（一）反对宪法所确定的基本原则的；……（六）散布谣言，扰乱社会秩序，破坏社会稳定的；（八）侮辱或者诽谤他人，侵害他人合法权益的；（九）含有法律、行政法规禁止的其他内容的。实际上，任何侵权行为在追究其法律责任的时候，一定会找到合适的法律规定，新媒体也不例外，新媒体世界中绝没有独立王国。所以，无论是新媒体还是传统媒体，适用法律规则都是一样的。但是，新媒体也有其特点，主要集中于隐私权、肖像权、名誉权等问题。

涉及名誉权的新媒体侵权案件已有多例。例如，第一起进入公众视野的博客侵权案件发生在 2005 年。这年 9 月上旬，南京大学新闻传播学院副教授陈某偶然在网上发现了一篇名为“烂人烂教材”的博客日记。博客主人用“烂人”“猥琐人”“流氓”等侮辱性的语言形容陈某。当年 11 月，陈某向南京市鼓楼区人民法院起诉中国博客网，后中国博客网称自己不具备法人资格，12 月，陈某转而将杭州博客信息技术有限公司告上法院。2006 年 8 月，这起被称为“中国博客第一案”的侵权案件审理完毕，法院的判决认定：网站负有监管不力的责任，应该在首页刊发致歉声明，并赔偿原告经济损失 1000 元。

根据国务院《互联网信息服务管理办法》和国家信息产业部《互联网电子公告服务管理规定》的相关规定，电子公告业务提供者发现其电子公告服务系统中出现侮辱他人或者诽谤他人、侵害他人合法权益的信息，应当立即删除或者停止传输。这就与传统媒体中新闻媒介和出版机构对于作品负有审查、核实的义务一样，新媒体编辑对网民发表的信息和评论有合理的审核义务。如果没有尽到这一义务，对于侵权的发生就具有不可推卸的责任。

在上述案件的判决书中，法院认为，在陈某告知博客网存在侮辱信息后，被告没有及时删除相关有害信息，未尽到“善良管理人”的注意义务，因此要承担相应的法律责任。对此，北京市高级人民法院陈法官说：“网络提供商原则上没有事先审查的义务，因为技术成本太高，实际操作中也不可能。但网络提供商负有事后注意的义务，当受害人提出警告，就应该及时删除、隐蔽相关内容。”

此外，近年来因手机短信引发的“诽谤罪”，也引起了业内人士和社会的广泛关注，它反映了新媒体蓬勃发展的时代里公民的言论自由和监督权以及名誉权和诽谤罪之间的关系。

目前，除了新媒体侵犯名誉权、隐私权的案件，人们还尤为关注新媒体侵犯著作权的现象。网络化在使信息传播更迅捷的同时，也使对知识产权的侵权行为变得更容易。新媒体编辑应积极主动地维护著作权人的合法权益，同时也要维护好本身的相关权益。

第三节　知识与能力要求

一、新媒体编辑工作者知识结构的优化和提升

新媒体所处的时代是“终生学习”的时代，新媒体编辑更是不但要在职业前的教育阶段全面提升自己的整体知识素养、优化自身的知识结构，也要在从业后不断提升自我。前面所说的政治、法律和文化素养，其提升固然要靠职业获得之前的培养，而相关的更多实践的应用层面，主要还是要靠在工作中积累和继续教育习得。

我国的政治环境、法律环境总的是在朝一个开放、规范而负责任的世界发展，是政治思想上的与时俱进与法律法规的完善和精细化，但是这种政治素养和法律素养的提升，不是靠对政治口号和法律条文的简单理解，而是要在编辑实践中，在各种具体而实际的编辑工作中去处理和应对。一些新媒体编辑的成功，不仅仅是对政治环境和法律环境的简单迎合，他们还主动或被动地推动了时代的进步、民主的提高和法律的完善。例如，知情权这一概念是在网络媒体兴起之后日益深入人心的，也推动了国家信息公开的相关法规的制定和推行。新媒体编辑策划和推动的“网络民意”，也在推动国家政治民主、依法治国上取得了不凡的功效。因此，新媒体编辑的政治素养、法律素养不仅仅应该局限于不犯政治错误、遵纪守法等范围，其政治、法律素养也应该是伴随着国家朝向民主、进步、法制的道路上不断提升的，而且新媒体编辑政治、法律素养的提升本身也是推动国家政治、法律进步的重要力量。

新媒体要处理和建构的信息世界是极为丰富庞杂的，它所面对的受众的知识层次也在不断攀升，其眼界也越来越挑剔。新媒体工作者不能仅仅成为传统意义上的“知识分子”，也一定要成为信息时代的“知道分子”。不论是新媒体编辑的教育培训机构还是新媒体编辑的工作单位，都要给予新媒体编辑工作者以足够、持续的知识积累、充电的条件和时间，新媒体编辑工作者自身更要有“终生学习”的习惯。新媒体编辑作为信息的“守门人”，不仅要有较强的专业基础知识，而且还应触类旁通，对边缘性学科、交叉性学科和交融性学科的内容也要有所了解。时代要求一个合格的编辑不仅要“精”，而且要“博”，只有成为复合型人才，才能成为合格的编辑。新媒体广泛地反映科技、经济、文化等各领域的基本状况和最新成果，很多的知识都是相互交叉和相互交融的。因此，作为一名编辑，必须与时俱进、不断学习，不断加强自己在经济、法律、科技、文学等各方面的知识修养。在编辑工作中，如

果让闪耀着智慧的真理被埋没，或者未能发现并及时改正原稿中的知识性错误和伪科学成分，都将贻害无穷。

此外，新媒体编辑的发展方向将更加专业化，在知识广博的基础上还应该加强对特定领域的兴趣与理解。各个新媒体编辑对其所报道、编辑的领域都应该有非常浓厚的兴趣与深刻的理解。一名优秀的新媒体编辑在从业前，应该就对一个特定的领域、专业有浓厚的兴趣与理解并长期关注，在从业后更应该在这个选准的领域或频道持续关注、积累、体验，无论是财经、IT、游戏、体育或者教育等，只有持续深入地接触，知识才会得到积累，才能看到“大厦”的全貌，而做到这一点的前提是对该领域有浓厚的兴趣。那种所谓做综合新闻，在不同专业的网站之间跳来跳去的人，将会日益落后。

新媒体编辑文化素养的提升，也应该从更积极的层面来考虑，知识的获得和不断丰富固然对于新媒体编辑是极为重要的，但更为重要的是一种不断求知和探索未知领域的谦逊态度和热情，以及为了求得真知的严谨的科学方法。当前，在网络上，伴随着信息的不断蓬勃爆发，伪信息（噪声）和低俗信息（无价值）泛滥，导致真知匮乏。例如，“国学大师文怀沙的真实年龄”这一事件，起于传统媒体，放大于网络新媒体，一段时间内，网络上充斥着关于“国学大师文怀沙”的年龄、生平、是否是“国学大师”的各种说法，这些完全能够通过严谨的调查、考证和学术判断获得的信息，却被淹没在网络的喧嚣之中，事件的热潮过后，公众仍难以得出一个清晰、明确的判定。对于受众而言，同时出现了知识泛滥的疲沓和知识匮乏的饥渴，同时新媒体还推动了知识成瘾，即一部分人在新媒体的海量信息环境中，由于无法准确地判断哪些知识是有价值的，哪些知识是无价值的，只好放纵在新媒体无限提供的知识海洋中，反而失去了对世界和自我的冷静判断。在这样一个信息爆炸的时代，新媒体编辑，不仅自身要具有深厚的文化素养和人文精神，去引导自身追求、探索真知，也要通过自己的编辑活动，构建一个健康、理性、严谨的信息世界，来引导和影响公众，在自己所编辑的新媒体上营造一种文明、现代、高品位的文化氛围和精神氛围，推动整个社会的知识积累的真正进步。

二、新媒体编辑能力结构的提升

实际上，知识和能力是很难截然分开的，求知本身是一种重要的能力，一定的知识是能力的基本，这里所说的能力结构，主要是指新媒体编辑在信息处理发布和传播等职业行为中所必须掌握的实践能力，既包括一些技术性的能力，也包括更深层次的创造性能力。作为新媒体的编辑，其工作任务早已经突破了复制、粘贴等工作，而是应该具有编辑、采集、经营、研究、组织管理、教育传播等能力以及创造性工作的能力。一般而言，新媒体编辑素养的提升，首先是技术层面，能够熟练运用和跟上日新月异的现代传播技术，诸如硬件操作、软件操作网络、无线网络、多媒体制作、数据处理等操作层面，就能够不受制于人，得心应手地运用现代传播技术来进行自己的编辑工作。

但是，仅仅在技术层面上提升，还只是技术人员，尽管技术人员在新媒体的发展中也尤为重要，但是技术人员的职责毕竟不同于新媒体编辑。新媒体编辑作为一种职业岗位，不可能也没必要像技术人员那样掌握太高深的技术能力。在新媒体产业中，技术人员有技术人员的职责，编辑有编辑的职责，新媒体大多建立了现代企业制度，内部必然有着不同的分工和合作。新媒体编辑人员只要尽量掌握和跟上各种技术层面的实用性操作即可，他们还要拥有自身职业岗位所需的信息处理、信息综合能力，要有舆论的组织能力，要有企业的管理能力，要有市场的运作和营销能力，要有更高层次的新媒体的信息创造能力。

例如，在网络媒体和更新的无线网络媒体中，信息资源分散无序、污染严重、深度的缺乏，要求新媒体编辑将其重新进行智能组合并编辑输出，编辑也将走向全能化和专业化。只会复制文章的编辑将受到冷遇，取而代之的将是具有栏目策划能力、组织写作能力和创造能力的栏目主持，只有他们才能在策划和组织自己所负责的栏目时得心应手，在选择稿件和组织栏目内容时目光敏锐，思路开阔。

对于新媒体的受众而言，他们是时代的“忙人”，尤为注重新媒体编辑的信息筛选与创新能力。创新主要体现为如何在海量的信息中，通过各种手段、方法，重组并创造出受众渴望内容。其中，专题策划是能够体现出新媒体信息处理、整合、创造能力的重要类型。

要提升新媒体编辑工作的创新性，要求新媒体编辑视角要独特，善于发现别人没有发现的内容，在海量的信息中，用自己的专业眼光，发现和挖掘独特的内容。这种发现可以是对某种现象的揭示，可以是对某个事物本质特点的把握，也可以是对某项工作内在规律的探索总结。只要你的“发现”是独特的，就一定会吸引新媒体受众的关注。同时，新媒体编辑需要有深刻的思想。思想是否深刻独到，是衡量一篇新媒体内容服务能否受欢迎的重要尺度。以深刻的思想启迪人，以独到的见解吸引人，便成为优秀的新媒体编辑所必须具有的素质。新媒体编辑要提高利用好图片、视频等视觉元素的能力。新媒体所处的时代，既是信息时代，也是“读图时代”。传统媒体由于受到印刷技术、生产成本的限制，无法做到文字、图片、视频的多媒体。而现在，利用好图片、视频等视觉元素也是新媒体编辑创新能力的一种体现。

总之，新媒体已经成为消费者获取信息的重要渠道，其面对的受众整体上是文化层次较高的群体，这就对新媒体在内容和形式上的不断创新提出了很高的要求，新媒体编辑只有以超前的思维 拓展内容、革新形式，才能有效地引导这些主流受众的兴奋点。正是因为新媒体的主体受众、年轻、受教育程度比较高，对新媒体编辑的人文气质、文化品位也提出了很高的要求。新媒体编辑必须不断深入了解其受众的社会心理和文化需求，才能够跟上受众的需要。

第四节　职业理想与道德

新媒体编辑的职业伦理意识，是对从业者自身一种自觉的规范和约束，新媒体编辑工作除了要求从业人员具备相应的知识结构和能力结构，还要求编辑具有鲜明的群体性伦理意识。新媒体编辑树立作为职业共同体的伦理意识以及不断深化和内化这种伦理意识，是其作为一个职业群体素养提升的重要标志。

一、新媒体编辑伦理意识的重要性

新闻伦理或新闻道德即指从事新闻信息传播活动的人们，在长期的职业实践中形成的调整相互关系的行为规范。它内化于新闻传播主体的品格、习性和意向之中，又通过其言行表现出来，是在新闻传播活动中发挥着特殊作用的规范性调节体系。而新媒体编辑的职业伦理意识，是对从业者自身一种自觉的规范和约束，是新闻专业人员不可缺少的内涵。新媒体编辑工作除了要求从业人员具备相应的知识结构和能力结构，还要求编辑具有鲜明的伦理意识。

伦理道德与新闻业是不可分离的。因为新闻业的实践一直是以一套必要的伦理概念为核心的：自由、民主、真实、客观、诚实、隐私、责任和义务等。道德追问是理解新闻职业实践和问题的一个重要路径。如果新闻业一旦丧失道德价值，它即刻就会变成一种对社会无用的东西，就会失去任何存在的理由。

当前，由于中国社会正处于转型期，旧的行为规范消解，新的规范尚在建构之中。随着新闻改革的不断深入，新闻媒介市场化程度的加深，我国新闻传播业取得了很多成绩，但也出现了一些新闻从业人员违反职业操守的现象。学者陈力丹认为，我国当前传媒在职业规范和职业道德方面的问题，主要有以下几方面：

（1）传媒的编辑部门与经营部门“混岗”现象普遍，造成编辑部门或人员出卖发稿权的问题。

（2）假新闻数量居高不下，利益驱动和不遵循职业规范是主要原因。

（3）要求被采访方提供各种“方便”，赶场拿“红包”、免费旅游、报销住宿费和交通费、接受各种土特产礼品等。

（4）各种传媒侵权现象仍然较为普遍，某些侵权行为甚至被作为经验传播。

（5）炒作各种绯闻和犯罪新闻，无人性的冷漠新闻增多。

（6）传媒刊播虚假广告和低俗广告相当普遍。

这些失范行为其实也同样出现在新媒体中，甚至程度更深，在受众中造成了恶劣的社会影响。处于信息生产传播系统中关键地位的新媒体编辑，应重视新闻伦理意识的培养，自觉地规范和约束自身的编辑行为，这样才能成为合格的编辑。

二、新媒体编辑伦理意识的培养

在新媒体编辑伦理意识的培养中，确立坚定不移的道德信仰是最重要的环节之一。

道德信仰的确立是道德他律转向道德自律的具体要求。道德信仰就是人们对善行的尊崇和信服，并把它奉为自身言行的准则和指南而终生追求的一种意志行为。作为编辑人员，可以通过加强道德理论修养，努力学习道德理论，进而树立起强烈的政治责任心和庄严的使命感，养成较高的政治理论水平和政策法规观念，这样才能严格把好新媒体信息传播的关口，把有价值的信息产品献给社会。任何一个有抱负的新媒体编辑，在道德信仰问题上都无一例外地归于一个总的目标，即自觉服从时代所赋予的使命。这就要求编辑人员应该采取严格的科学态度，严肃思考，选择真正符合历史发展规律的道德信仰。只有如此，才能在工作中把握时代的脉搏，适应时代的要求，以时代精神作为编辑工作的出发点。

新媒体编辑群体确立坚定不移的道德信仰，还建立在正确认识新媒体的功能观上。关于媒介的功能，中西方新闻传播学者说法不一，认识也随着时代的发展而深入。如传播学者丹尼斯·麦奎尔在《大众传播理论》中，将媒介的功能概括为五点：信息功能、协调功能、传承功能、娱乐功能和动员功能。我国学者童兵在《理论新闻学导论》中将新闻传媒的功能总结为六点：报道新闻，反映、影响和组织舆论，服务社会、指导生活，传授知识、普及教育，提供娱乐、裨益身心，刊播广告、发展经济。各种观点都表明，媒介功能既有多样性，又以其内在的道德信仰为核心。西方和中国这两种典型的关于媒介功能的概括，非常适合新媒体编辑。新媒体编辑只有培养正确的媒介功能观，明确自己的社会角色，方能明确基本的职业伦理底线和职业价值追求。

三、遵循职业规范与准则

新媒体职业群体作为一种“共同体”的确立，其标志之一是自身职业规范和准则的确立。作为个人，具有明确的自律意识，是其人格成长的重要标志，意味着个人已经超越他律，获得了自我约束和自我控制的意志和能力，从而也就具备了独立的个体意志。作为一个职业群体也是如此，仅处于他律之中的职业群体是不成熟的，只有当该职业群体逐步形成了作为职业共同体的自律机制，才标志着这一群体的成熟。对于传统媒体而言，其从业人员的职业自律亦有其行为规范与准则。

第四章　新媒体定位策划

第一节　新媒体定位的内涵

一、新媒体定位的概念与内涵

新媒体定位是近年来借鉴市场营销学理论提出的概念，是指新媒体在激烈的媒体竞争中，基于对社会传播需求和自身资源能力的深刻认知确定自身独特的竞争优势、竞争策略、内容结构和产品表现形式，以求最大限度地占领目标用户群体的心智空间，更好地实现新媒体的经济和社会价值。

具体而言，新媒体定位包括新媒体角色定位、受众定位和内容定位，其中角色定位是根本，受众定位是核心，内容定位是关键。

（一）新媒体角色定位

“角色”一词最初来源于戏剧，20 世纪 30 年代开始运用于社会学领域，代表性人物有美国的社会学家米德（G. H. Mead）和人类学家林顿（R. Linton）。米德认为，角色是由一定社会关系所决定的个体的特定地位、社会对个体的期待以及个体所扮演的行为模式的综合表现。新媒体角色是指与新媒体一定的社会地位、身份相一致的一整套权利、义务和符合一定社会期望的行为模式，主要表现为新媒体在社会中所起的功能。西方的传播学认为，新媒体的社会功能包括环境监测、社会联结、社会动员、社会教化和娱乐几个方面。但新媒体的角色和功能离不开特定的历史语境，就我国国情而言，党管新媒体的原则是中国共产党领导下新闻事业的根本原则，无论是舆论引导、舆论监督抑或是文化交流与传承，都必须秉持党性与人民性相统一的理念进行具体的实践操作。与此同时，现代社会的新媒体又是相对独立的经济主体，在承担新媒体社会功能和角色的同时也有自身的利益追求，要在二者之间取得良好的平衡。尤其是在当今融媒体时代，不仅媒介所扮演的社会角色日益多元化，而且各种媒介体系叠加，特定新媒体社会角色的履行与社会功能的实现不可避免地受到其他外部媒介操作实践的影响，要在鲜明的社会角色承担与自身经济价值实现之间寻找最佳结合点并非易事。

【案例4－1】

“毒跑道”事件中的传播媒介角色①

2015年9月，江苏省苏州市元和小学的十几名小学生陆续出现了流鼻血、头晕、起红疹等症状，家长纷纷将矛头指向学校新建的塑胶跑道。事发后，校方暂时停课，并拆光了塑胶跑道，这一场风波才逐渐平息。同样在9月，江苏无锡、南京、常州等地的小学，也遇到了类似的情况。2015年10月，北京市丰台区芳草地小学丽泽分校的学生陆续出现连续一周流鼻血、双臂出现红疹的症状，丰台区教委和校方先后出具了跑道生产方在施工之前提供的质量合格检测报告和空气质量检验报告，但这两份结果都被媒体披露造假。随后，学校将红绿相间的塑胶跑道全部铲除。

（一）媒体角色体现

1. 媒体作为“传播者”的反应。自2015年10月江苏等地被曝出疑似“毒跑道”的事件之后，各大媒体在第一时间建立起传播平台，全方位、多角度地报道了此次事件的发展。下表是2015年10月以来各大媒体对“毒跑道”事件的部分报道。

被报道地点	时间	报道单位	标题
苏州	2015－10－13	央广网	多地塑胶跑道被疑毒害学生健康
	2015－10－19	光明网	江苏学校毒跑道到底怎么回事
	2015－10－25	江苏卫视	江苏苏州：学生不适 新建塑胶跑道被拆除
	2015－11－21	中青在线	江苏督查发现：五大因素致“毒跑道”进入校园
北京	2015－12－14	央广网中国之声 《新闻晚高峰》	北京丰台学校疑现毒跑道 教委回应：将展开权威检测
	2016－6－9	凤凰视频 《东方午间新闻》	北京：再现“毒跑道”疑云
	2016－6－12	人民网	北京市教委将重点排查学校新建的操场
	2016－6－22	央视财经 《经济半小时》	谁制造了“毒跑道”
成都	2016－5－31	中青在线	“最现代小学”卷入“毒跑道”风波
	2016－6－12	《中国青年报》	毒跑道频频出现：标准宽松 低价竞争 监管不力

① 文章节选自：新媒体环境下传播媒体角色新论——就“毒跑道”事件报道谈起

续表

被报道地点	时间	报道单位	标题
综合	2016 - 6 - 12	《中国青年报》	"毒跑道"为何频频出现
	2016 - 6 - 13	央视《新闻 1 + 1》	塑胶操场：疑毒从有，行不行？
	2016 - 6 - 14	中青在线	全国多省现疑似"毒跑道"事件 检测结果均合格
	2016 - 6 - 23	央广网中国之声《新闻晚高峰》	教育部叫停在建和拟建塑胶跑道工作 严查"毒跑道"负责人

2015 年 10 月，央视曝出江苏多地学校塑胶跑道疑似有毒并且危害学生健康的新闻之后，引起了政府部门、各大媒体、学校、家长和社会的高度重视。《中国青年报》的《毒跑道频频出现：标准宽松　低价竞争　监管不力》一文，将"毒跑道"背后的利益链条揭露了出来；2016 年 6 月 22 日央视财经《经济半小时》对北京"毒跑道"事件进行了综合性的报道，曝光了"毒跑道"生产的内幕。这件事情在经过报纸、电视和网络媒体的全方位报道后，已经完全被受众了解且熟知，媒体起到了关键的传播者作用。

2. 媒体作为"推进者"的反应。媒体在这次疑似"毒跑道"的事件中，起到了很大的推进作用。2015 年北京市丰台区教委于 10 月 29 日向家长出具了跑道生产方在施工之前提供的质量合格检测报告和空气质量检验报告，但是这份报告在 12 月的《中国青年报》刊发的有关报道中被证实造假。疑似"毒跑道"事件频发，在经过媒体的大力报道之后，江苏省苏州市元和小学、北京市丰台区芳草地小学丽泽分校等学校迫于舆论的压力，将跑道全部铲除。媒体经过调查证实，中国对室外塑胶跑道的有毒检测仍然是空白，这也直接督促了政府部门加强对学校的环境质检。2016 年 6 月 8 日人民网在教育频道首页发表《北京市教委：将重点排查学校新的操场》的新闻。《中国青年报》报道的《异味操场事件频发　学者：跑道标准应为强制标准》一文中，报道了深圳市实行《合成材料运动场地面层质量控制标准》。

《中国青年报》报道的《毒跑道"频现背后：标准宽松　低价竞标　监管不力》中披露了"一些厂家图便宜用劣质材料，不等检测报告出来就开始施工""低价竞标压力下以次充好，有的专家指出了封个红包就放宽标准"等疑似"毒跑道"的深度问题。

（二）新媒体环境下媒体角色的定位

媒体具有传播信息、报道新闻、反应舆论、引导舆论和服务社会、服务受众的功能。在新媒体大环境的冲击下，媒体原有的功能遭受到了考验，媒体的角色需要被重新定义。

1. 传播者的角色：更加迅速准确地传播信息，报道新闻

随着网络技术的不断发展，人们已经不再满足于电视、报纸等传统媒体接收信息，

所以新媒体应运而生。新媒体是基于网络技术和信息技术的融合性传播平台，所以具有网络的便捷性和信息技术的智能推送等功能。新媒体环境下媒体传播者的角色定位需要加以适当的升级，传播者不能仅仅满足于把信息传播出去，不能仅仅局限于报道新闻，还需要更加注重时效性。一个事件从发生到记者采访再到媒体推送，新媒体时代下的媒体所需要的时间仅仅是几分钟，以便让受众在最快的时间内得到最新的新闻。不过也正是因为我们现在正处于新媒体时代下，当公共安全事故发生之后，各种不确定的消息才会在短时间内大量传播，媒体作为传播者，应该恪守新闻的真实性和准确性，不传播谣言，报道最真实的新闻。所以，在新媒体环境下，媒体能够更加迅速地传播信息、报道新闻。

在疑似“毒跑道”的事件中，媒体记者在第一时间内将调查到的资料编辑成新闻稿，进行了最及时的发布。随着事件的发展和记者的深入调查，越来越多的真相被媒体曝光，受众通过媒体的报道，在最快的时间里得知了“毒跑道”的生产黑幕及其背后的利益链条。

2. 引导者的角色：反映各方舆情，引导舆论

新媒体环境下的媒体引导者的角色，也必须适当地进行转变，将之前高高在上的新闻发布者转化为互为传者和受者。网络大环境使得人们发表看法变得容易便捷且及时，媒体应当更加注重与受众的互动，改变单一的点对面的传播方式，注重信息的双向沟通，只有这样，媒体才能牢牢把握各方舆情，更加正确地引导舆论方向。媒体的报道模式应变为发布新闻—获得反馈—沟通第三方—发布结果的模式。

疑似“毒跑道”的报道就采用了这种新模式，媒体在报道了“毒跑道”的事件之后，收集了众多舆情，之后对政府、学校、跑道生产方、质监部门进行了采访，将受众的舆情予以反馈。各方媒体一方面在紧跟检测结果并且不断揭露违法违规现象，另一方面在引导人们要理性看待，不要盲目跟风或下结论。

3. 服务者的角色：服务受众，服务社会

新媒体环境下的媒体应该更加明确媒体本身具有的服务社会的性质，尤其是当媒体的引导者角色发生转化时，其服务者角色的重要性则更加凸显。媒体最终是要为党、政府、人民发声，所以必须扮演好中间的媒介服务的角色。

群众希望了解到“毒跑道”事件的真实状况和真实原因，媒体经过不断的深入调查，发现了黑心厂家偷工减料、质检部门检查体制不完善、政府监管力度不足等一系列造成“毒跑道”的原因，并且将之公之于众。同时，相关政府部门在事件发生之后，对学校进行了大范围重点调查、个别省市教育部门也完善了旧的监察制度。对于政府部门的决策，媒体也尽职尽责地向群众进行了阐述，采取了有效的方式赢得了大众的

理解和支持。

4. 监督者的角色：监督政府职能，督促体制改革

在新媒体的大环境下，受众渴望了解到更多的事实真相，也更加希望政府执法透明化和公开化，媒体在这个时候则被赋予了监督者的角色，替群众监督政府的职能，并且传播给受众。在媒体的监督下，很多不完善的体制、滞后的行为规范都得以改革并实施。

2016 年 5 月 4 日，在媒体的监督下，深圳市实行《合成材料运动场地面层质量控制标准》，深圳标准检测范围从国家规定的 7 种有害物质扩大到 14 种，还填补了国标中工程建设标准的缺失，从设计、选材、材料进场、施工等阶段进行全方位的标准制定，并增加了气味评定。

（二）新媒体受众定位

现代社会中，人们的受教育水平、职业、地缘、收入水平、心理特征等方面的差异越来越明显，需求也越来越多样化，围绕细分受众群体进行差异化传播是新媒体运营的大势所趋。清晰而稳定的受众定位是决定新媒体市场价值大小的重要因素，也是新媒体长期生存发展所要面临的一项战略问题。

学者喻国明在《影响力经济——对于传媒产业本质的一种诠释》一文中指出，“传媒在市场上的真正价值在于它在多大程度上成为其所凝聚的那群具有社会行动能力的人们了解社会、判断社会乃至做出决策、辅助实践的信息来源和资讯支点。换言之，传媒作为一项产业的市场价值在于它在多大程度上能够影响它的受众，并且这种对受众的影响力能够在多大程度上进一步影响社会进程、影响社会决策、影响市场消费和影响人们的社会行为”。新媒体内容的传播能够影响到哪些社会人群，影响到什么层面，直接决定了其社会影响力的大小。尤其是在广告支撑的大众传播模式之下，新媒体的受众定位不仅决定了其后续的内容结构和风格特色，也决定了广告商对其广告投放价值大小的评判和广告投放预算安排。但受众定位并非越高越好，一些新媒体不顾自身能力优劣，盲目瞄准高收入群体，导致在竞争中力有不逮，切分不到市场蛋糕，反而陷入了生存危机。

因此，新媒体要善于对看似同一的受众进行社会、心理分析和群体划分，寻找其他新媒体尚未注意和发掘的角度切入，在新的历史时空背景下界定自己的受众群体。

【案例4-2】

《人民日报》和人民网的受众定位比较①

《人民日报》是党的机关报纸，是党和人民的喉舌，它以刊登重要的时事新闻和政策信息为主要内容，为受众提供了获知国内外大事，了解中央精神和政府决策的平台。目前它的版面主要有“要闻”“国内要闻”“国际要闻”“国际新闻”“视点新闻”“经济新闻”。作为党报，它的受众群体与功能定位都有着自己的特点。

人民网是我国目前网络媒介中影响最大的新闻网站，它成为加强党的网上宣传的重要阵地和对外宣传的重要渠道。每天24小时滚动发布新闻，日新闻信息更新量上万条，设有“新闻”“时政”“地方”“体育”“娱乐”“人民宽频”等70余个频道。这样丰富的报道内容满足了不同受众群体的需要，它在受众定位与功能定位上也具有着独特的方面。

由于《人民日报》与人民网是两种不同性质的媒介，决定了它们的受众群体是不一样的，因此在新闻内容的报道角度上会有差异，本文从受众范围、年龄结构、职业结构、兴趣需求、文化程度、社会地位以及收入水平这七个方面来对《人民日报》与人民网的受众定位进行分析与比较。

1. 受众范围的比较

《人民日报》是我国最具权威性的党报，是党和人民的喉舌。《人民日报》所面向的受众群体包括大陆读者以及海外华人、华侨、港澳台同胞，但是不包括不懂中文的国外人士。《人民日报》在网络上有电子版，但这个电子版仅仅是中文版内容，没有其他国家的语言板块，也没有可以翻译成其他语言的相关链接，这样的设置说明，《人民日报》主要是面向中国的公众来传播新闻信息、宣传党和国家方针政策的报纸（虽然《人民日报》已发行到世界的100多个国家和地区，《人民日报海外版》也发行到了世界的80多个国家和地区，但它们都是以综合性中文日报的面目发行的，主要读者是海外华人、华侨、港澳台同胞和在各国的留学生与工作人员）。因此《人民日报》的主要读者范围的定位，限于懂中文的人。

人民网的受众范围则比较广泛，由于是网络媒体，受众构成有相对灵活的特点，不仅是有上网习惯、经常浏览该网页的网民，还有很多零散的、随机的、由某些链接线索而来的读者，这些固定与不固定的人群构成了人民网的受众群体。另外，人民网的板块相对比较丰富，除了有与《人民日报》相似的传播政策信息的板块，还有大量行业、服务、娱乐板块，可以吸引不同需求的受众。更重要的是，人民网不仅有中文

① 《人民日报》人民网受众定位与功能定位比较。

版，还可以翻译成英文、日文、法文、西班牙文、俄文、阿拉伯文等其他国家的语言，让世界上使用这些语言的国家也可以通过人民网来了解中国的情况，受众范围的定位相对广泛。

2. 受众年龄结构的比较

由于《人民日报》是党的机关报，其主要作用是宣传党和国家的政策方针，宣传先进思想和先进典型，因此，《人民日报》的主流受众定位，应该是比较关心政治信息、思想相对成熟的人群，大多数人的年龄应在30岁以上。相对于市场化都市报的读者群，《人民日报》的读者群的年龄特征比较稳定。

人民网是网络媒介，这注定了它的受众群体的年龄不是很固定的。一方面，它的信息侧重和传播地位，吸引了关心国家大事和政策的比较成熟的、年龄较大的受众；另一方面，它的网络传播属性和特征，也吸引了比较年轻的喜欢前卫传播手段和交流方式的受众，甚至是一些中学生。特别是人民网的内容相对丰富，在刊登党和政府重要的方针政策的同时，还重视与受众进行互动。另外，人民网刊载的内容比较全面，不仅涉及有关生活的方方面面，如财经、汽车、房产、家电、食品甚至娱乐、旅游、游戏、动漫、彩票等板块；还可以通过“地方视窗”这个栏目，链接到各个地方的各类信息。这一特点，就决定了它的受众年龄的定位，可以是较宽范围的和较多变动的。

3. 受众职业结构的比较

《人民日报》的主要任务是传播思想信息、宣传国家政策，这就决定了阅读《人民日报》的主要是较为关心国家政治动态、希望及时了解政治信息的人群。从社会实践领域、特征和需要上看，这类人群多数为政党和社会团体部门、政府机关，事业单位和国企的部分工作人员等，职业内容多与政治工作、宣传工作、国家公共事务、行政事务等密切相关，他们需要第一时间了解党政部门的思想、政策变化，学习和掌握先进的思想观念，而《人民日报》恰恰是我国政治上最具权威的机关报纸，主要刊登的也是党务、政务方面的内容，符合这类读者群的职业需求。

人民网受众的职业结构则比较复杂，有党政机关的公务员，有金融界人士，有专家学者，也有IT行业的精英等，总体来说没有特别明显的职业范围。其主要的原因还是人民网设置的内容比较多样化，社会生活的方方面面在它的网页上都可以体现出来，这样也就吸引了各行各业的人们来关注与自己有关的信息，扩大了受众的范围。

4. 受众文化程度的比较

《人民日报》所确定的主流读者群，一般应具有较高的文化教育背景。由于《人民日报》刊登的内容多是党和国家的方针政策、党政部门的工作举措、思想理论方面的主张见解，读者要能够读懂所刊登的宣传内容，能够正确地解读报道思想，更重要的是要能够很好地将所宣传的思想、精神带到工作中去，正确地指导工作，这就要求受众要有比较高的文化程度。

人民网所定位的受众，文化程度是大不相同的，网络这种传播信息的方式会吸引比较多的年轻受众，因此浏览人民网的受众可以是学历较高、受教育程度较多的行业专业人士，也可以是学历比较低、会使用网络的人群。文化程度不高的受众可以通过网页上的视频以及网友互动等方式，来了解社会上发生的重大事情以及对事件的正确评价。网络的这种媒介形式决定了人民网受众的文化程度是参差不齐的。

5. 受众社会地位的比较

由于《人民日报》的主流受众大多为党政部门的公务人员，且受教育程度相对较高，因此它的读者群在社会上一般应处于中高地位。阅读《人民日报》的许多读者在社会都有一定的影响，一些人还在工作单位处于领导和负责人的位置。他们对政治信息、政策信息的获知欲比较强，接受信息后再传播的扩散力和影响力也比较强。

人民网受众的社会地位不尽相似，有社会地位比较高的人士，也有社会地位比较低的群体。但是相对于纸质媒体来说，它的受众在社会中的地位还是相对较低的。在人民网的网页上，像"游戏""动漫""玩机"这类板块的受众，很难明晰地确定他们的职业和社会关系特征，从而也就很难确认他们的社会地位。因此人民网所定位的受众，社会地位的差距应当是比较大的。

6. 受众收入水平的比较

由于《人民日报》的主流受众大多为党政部门的公务人员，他们的收入比较稳定，而且受众群体之间的收入差距比较小。与市场化都市报的受众群体的收入状况有明显不同，市场化都市报的受众群体比较广，受众人群比较多，什么阶层的人群都有，因此受众群体的收入参差不齐，差距比较大，而且收入是相对不稳定的。

人民网受众的收入水平，应当是相对不稳定的，而且受众之间的收入情况也会有较大差别。在浏览人民网的受众群体中，会有收入较高的高端人士去关注"经济""能源""汽车""房产""招商"等内容，也会有还没有收入的学生去关注"娱乐""游戏""动漫""玩机"等内容。由于网络是一种付费低廉甚至不用付费的媒介，只要能够上网，就可以浏览网站上面的信息，就可以知道社会上发生的事情，就可以根据自己的喜好来选择所关注的内容。因此，人民网可以吸引经济收入状况形形色色的各类群体。

（三）新媒体内容定位

良好的内容是新媒体聚合目标受众人群和吸引广告主进行广告投放的基础，也是新媒体以专业化操作对自身社会角色和目标受众定位的显性回应。应秉持怎样的原则在纷繁复杂、瞬息万变的大千世界中遴选合适的内容呢?

首先,精准化。内容定位要基于自身生存发展空间所在,恰当定位传播目标受众群体,并贴合自身的社会角色定位迎合新媒体自身目标人群的需求和偏好量身定做,避免内容编辑的泛泛之作。

其次,结构化。对于新闻媒体来说,保障目标受众群体的信息结构安全是一项基本的要求,这就需要以产品化思维和“宴席”意识对内容进行有机组合,既有满足目标受众群体信息刚需层面的硬新闻呈现,也有满足目标受众群体情感与心灵需求的软性内容,“软”“硬”结合,结构化配置。

再次,特色化。要善于挖掘自身积累的优势,打造彰显自身的特色内容“菜系”。能够争取独家的信源渠道自然是上选,但在信息爆炸、渠道泛滥的今天,更重要的是要秉持自身传播价值理念对信息进行整合处理,彰显特色化风格。

最后,品牌化。从一个较长的时间段来看,新媒体通过内容的运营沉淀下用户情感忠诚和媒介接触行为忠诚,这构成了新媒体品牌的基础要件。良好的品牌意味着一种为未来内容提供品质上的信用背书,可以为新媒体赢得持续的用户关注和广告投放,并且在经济上获得相应的品牌溢价。因此,在新媒体的内容供给方面,要有意识地发掘彰显自身特色的要素资源,打造属于自身的品牌价值,对支撑品牌价值的关键要素进行动态调整与修护。

【案例 4－3】

乐视@超级手机:新媒体精准内容定位①

在新媒体浪潮席卷而来的同时,广大用户也深刻地感受到了新媒体所带来的巨大活力和影响力,特别是其独具特色的服务性更加迎合了用户的需求。乐视@超级手机新媒体账号自开通以来,用接地气的语言风格,丰富的企业与产品内容,与粉丝形成了良好的互动,提供了全方位的乐视生态圈服务。

@超级手机对于微博、微信发布的内容严格把关,是其精准定位微博、微信的重要体现。@超级手机微博发布的要求是每一条内容都要有意义,不能变成产品或品牌的“流水账”。其特点是分时间段、分内容、分人群地去做传播,哪个时间段用户最想看哪些内容,哪些内容在哪些时间段发最合适,同时还要将这些内容巧妙地与产品、

---

① 人民网.“乐视@超级手机:新媒体精准定位,诠释“互联网＋”时代服务内涵”[EB/OL].2016 年 5 月 11 日.

品牌结合起来。@超级手机的微信每天推送的内容需要更精准更有深度。“我要买”和“我要查”这些是微信基本的功能入口，对于微信服务来说不可或缺，需要注意的是如何对产品众多的亮点进行提炼，在有限的文字描述中更具吸引力。微信H5游戏近两年是热门，@超级手机也一直在做，比较成功的案例有2015年的“双蛋活动”“全员加速”。@超级手机乐视移动传播高级总监柳志卿多次强调，虽然都是在推广产品和品牌，但切记游戏性大于广告性，否则用户都没有兴趣玩下去，何谈成功营销。

二、新媒体科学定位的价值

在信息爆炸、渠道泛滥的今天，精准科学的定位是新媒体在激烈竞争中赢得可持续竞争优势的基本前提。新媒体科学定位的价值表现在以下几个方面：

对于受众而言，基于稳定的内容预期选择契合自己需要的新媒体，可以减少目标信息搜索的时间精力成本；对于广告商而言，科学的新媒体定位与稳定的内容供给可以凝聚、吸引相对明晰稳定的目标受众人群，提升广告投放的精准程度；对于新媒体而言，科学的定位有助于在后续的采编工作中凝聚共识，聚焦核心目标受众的需求来针对性地提供内容以保持稳定的内容供应品质，同时面向内容生产的双重市场——受众市场和广告主市场造就稳定的预期以维持市场的地位。

第二节　影响新媒体定位的因素

新媒体的可持续发展需要各种内外部资源的支撑，而恰当良好的定位则是获得后续资源支撑的重要前提。因此，新媒体的定位应该基于科学的调查研究来理性决策，这是对媒介生存发展环境认知、媒介自身竞争条件和目标受众需求综合把握的结果。

影响媒介定位的因素有很多，而且不同时期各因素影响力的大小和影响方式也有差异，我们重点剖析以下几个方面。

一、社会发展状况及需求重点

新媒体生存发展的主要资源补偿方式是“二元售卖”——第一重卖内容，第二重把内容所凝聚起来的受众注意力资源售卖给广告商。伴随着媒介形态的衍变，广告形式不断多样化，从简单的版面、时段广告形态衍变为今天各种植入式、富媒体广告多元并存的局面，但总体而言，一个地区新媒体成长的可能空间与该地区的经济社会发展水平、发展速度和发展重心息息相关。地区经济出现新的发展热点，必然会催生出相应的信息需求和广告投放需求，从而带动满足这些需求的细分新媒体的成长。

二、地域人群结构和细分受众需求状况

首先要对一个区域目标市场的城市规模、人口数量、人口密度、年龄结构、性别比例、收入状况、职业结构、文化程度、家庭大小、社会阶层等有通盘了解，因为这一指标对媒介覆盖区域中可能达到的“触及率”具有预测价值；其次包括该地区人群的生活方式、价值观念、利益追求等，这一指标对媒介的功能定位具有直接参考作用；最后是该地区受众的媒介接触偏好与接触习惯，包括报纸购买和阅读习惯、频率，广播电视的视听时间、频率，对媒介的信任度等。随着移动互联网的普及，媒介用户的接触习惯逐渐向移动端迁移，借助数据跟踪和挖掘技术，关于用户使用习惯和需求的偏好可以被更为精准地把握。

在上述区域人群总体情况调研的基础上可以进行受众细分，受众细分可以采用以下几种常用方法，包括：

（一）单一变数细分法

根据影响受众需求的某一种因素为标准进行受众细分。如根据受众的年龄划分成不同的年龄段，不同年龄段的受众需求有相对的一致性，这就为面向不同年龄段受众的媒介创造了存在的基础。

（二）综合变数细分法

根据影响受众需求的两种或两种以上的因素为标准进行受众细分。这是一种最常用的方法，因为对于媒介产品来说，影响其需求的往往不止一项因素。

（三）系列变数细分法

根据影响受众需求的层次系列，逐步逐层地进行受众细分。这对于综合性、全国性的大媒介尤其适用。

（四）市场环境指数细分法

采用预先选定的某些指标来反映市场的整体环境，然后根据媒介自身的特点，选择将要进入的细分市场。媒介可以根据自身的条件选择适合进入的市场，为该市场中的受众服务。这种方法对于媒介进行资本运作时选择新的媒介进行投资很有参考价值。

在进行受众细分时，还要重点考虑两方面的因素，一个是细分受众的数量和购买能力。这是确定目标受众的首要条件。因为如果细分受众的数量达不到一定的规模，或者细分受众的总体购买能力有限，媒介产品的出售就难以形成规模，这将影响媒介的社会效益和经济效益。另一个是细分受众的信息需求获得满意的度。媒介定位应以细分受众需求全部或部分尚未得到满足为前提。

三、媒介控制者

传播制度作为社会制度的反映，其内容是十分复杂的，它体现了社会制度或制度

性因素在各个方面对传播媒介活动的制约和影响。传播制度中既包括媒介与政府的关系，也包括媒介与社会群体以及广大受众的关系问题；既包括言论出版的自由与权利问题，也包括言论出版者所应承担的责任和义务问题。总而言之，传播制度体现了全部社会结构和社会关系的复杂性。

影响媒介定位的媒介控制者包括几个方面：国家和政府的政治控制，各种利益群体和经济势力对传播媒介的控制，以及广大受众的社会监督控制。

（一）国家和政府的政治控制

新媒体与政府的关系主要涉及新闻自由的限度和政府管制的边界问题，有鉴于新媒体的公共属性和新媒体传播的社会责任，不管东方国家还是西方国家，对新媒体或多或少实施一定的控制对于稳定社会而言是必需的，但在控制的理念、依据的标准和操作的手法上存在较大差异。对言论自由的斗争始于英国资产阶级革命时期，1695 年英国废除出版许可证法，事前检查制度随之成为历史，这标志着言论自由最早在制度上得到确立。美国于 1766 年取消了加在新媒体等身上的印花税，1791 年通过宪法第一修正案，更是从法律的角度确立了言论自由的地位，新闻自由就是在这样的制度和思想上逐步完善起来的。新媒体成为制约政府权力、维护社会多元存在的一种重要力量。

与此同时，政府也规定，新闻自由也不能危害国家秩序和利益，干预司法公正，侵害公民私权。一旦新闻自由越过了这些底线，国家权力就会介入进来，对新媒体进行管制和规范。虽然新媒体无不标榜自己的公正客观，但它事实上会受到各种利益背景和价值取向的影响，从而造成对事实的扭曲。那些带有倾向性的新闻报道，不仅会侵害公民的名誉权和隐私权等权利，也会对司法审判造成影响，影响判决的公正性。1992 年美国的“罗德尼 · 金诉洛杉矶警察局案”，因为在事件的前前后后都是新媒体拽着舆论和司法（除初审外），而新媒体的新闻报道则与事实偏离甚远。为了防止新闻媒体干涉法院独立审判，美国法律规定媒体对庭审活动只能进行文字描述，禁止拍照和实况转播，并要求陪审团与媒体报道暂时隔绝。1994 年，40 多名来自世界各地的杰出法学家和媒体代表在西班牙马德里制定了《关于媒体与司法独立关系的马德里准则》，以系统规范新闻自由和司法独立的关系。同时，各国法律规定，对于那些诽谤性报道，媒体也要承担相应的责任。①

① 尹冬华．西方国家的媒体与政府［EB/OL］．2007－2－9，http：//star. news. sohu. com/20070209/n248140074. shtml.

【案例4-4】

《美国之音》的新闻管制[①]

美国之音（VOA），全称为Voice of America，成立于1942年，总部位于华盛顿，系美国联邦政府对外官方广播机构之一。同时，它也是美国BBG（广播董事会）旗下五大民用国际广播公司之一。成立之初，其传媒目的是促进自由和民主的发展，通过给海外听众提供准确而客观的新闻报道，以及关于美国与世界的其他信息与节目的多媒体传播，增强彼此的理解与信任。到目前为止，美国之音的官方播报语言有43种，全球听众数量约12.3亿。

《美国之音》是由美国政府主办的，它始终以阐明美国政府立场、为美国政府的内外政策服务作为自己的工作目标和准则。对它来说，享有新闻自由的程度要由美国政府来决定。对于世界各地发生的重大事件，美国之音除真实报道事态之外，所做出的评论大都是出于美国政府的立场，并往往有失客观和公允，甚至会为了自己国家的利益欺骗舆论。例如，2007年4月2日，伊朗反政府武装组织“真主旅”的高级头目阿卜杜勒·哈米德·里吉，出现在美国之音的电台中。美国之音把他称为“受欢迎的伊朗抵抗运动的领导者”。这一采访与报道引起了伊朗政府以及美国伊朗裔群体的不满，甚至导致两国关系进一步恶化。2008年1月，埃塞俄比亚被指控用无线电干扰了美国之音的部分节目。当时，该国政府否认了这一行为，并声称这是技术障碍造成的。但是在随后的2011年，埃塞俄比亚承认了这一行为。因为它认为美国之音几乎成了该国政府反对派的宣传机器以及美国对其恶意报道的政府工具。资深媒体人胡耀亭认为，美国之音对国际问题的控制比较严格，态度慎重。其新闻评论都是严格按照美国官方立场进行的，不能随意表态。稿件写好之后，一般都要送交政策审阅经室审阅之后才能播报。所以，从这种意义上讲，这些相关报道与社论，实际上都带有政府默许的意味。

尽管美国之音竭力标榜“客观性”与“公正性”，但不可否认的是，美国之音既是新闻机构，又是美国政府的官方电台，是美国政策机构的一部分。因此，从某种意义上说，美国之音是美国政府的政治宣传工具。其实，美国之音自1942年成立至今，七十多年的对外传播发展不断加强了其美国政府喉舌的地位与对外传播工具的作用。

（二）各种利益群体和经济势力对传播媒介的控制

我国正处在社会转型期，利益博弈激烈，存在着各种潜在的矛盾冲突，新媒体一方面在报道中需要正确行使舆论监督职责推动社会的良性进步，另一方面也必须考虑

---

① 何明烈，姚小波．美国之音的传媒特征［J］．新闻战线，2016，10：113－114.

到某些报道可能引发社会矛盾激化、出现后续局面不可控的因素。党的十八大以来，党和政府加强了对新媒体传播管理和舆论引导方面的工作力度也正是出于上述考虑。2013年2月27日，中央网络安全和信息化领导小组成立，中共中央总书记、国家主席、中央军委主席习近平亲任组长，李克强、刘云山任副组长，凸显了对新时期网络新媒体阵地的高度重视。

（三）广大受众的社会监督控制

除此之外，各种企业、社会组织包括财团也会出于自身利益需求通过各种手段操纵和利用新媒体，如投资入股一些重要媒体作为股东，或者用金钱收买新媒体从业人员进行有目的的新闻策划或者有偿新闻等，这些做法既违反了新闻职业伦理，也损害了新媒体的社会公信力。新媒体在定位之初就必须充分考虑到未来基于自身定位可能面对的潜在控制主体、控制因素和控制手段，以避免不当定位可能带来的政治或其他法律风险。

四、广告客户

虽然近年来受多元盈利模式的新媒体冲击，传统媒体出现广告收入大幅下滑的现象，但另一个值得瞩目的现象是网络广告市场规模不断飙升。绝大多数新媒体的生存发展依然离不开广告的支撑。相比于其他产业，传媒组织在产品供给方面的一个重要特点就是同时面对双重客户群体——目标受众群和目标广告客户群。新媒体首先要提供优良的产品吸引目标受众群体的关注，然后才能把所吸引的稀缺注意力资源售卖给广告客户。可以说，目标受众定位、内容定位与其吸引广告客户群体的能力息息相关。新媒体不仅在定位之初就要充分考虑自身内容所吸纳的受众注意力资源对各种类型广告主的价值大小，而且还要考虑基于自身定位的内容持续生产与其所希望重点吸引的广告投放之间的匹配程度。衡量内容与广告投放内在匹配程度的一个重要指标就是“有效投放度”，即特定广告产品所面对的目标消费群体与特定媒体内容所吸引的目标受众人群之比。因此，衡量新媒体核心竞争力的指标并不仅仅是其在目标受众市场“圈地”的规模、半径和尺度，还包括其通过内容传播所能吸引到的广告主类型、广告投放规模和投放频度。

【案例4－5】

微信朋友圈推送广告的长尾效应①

作为行业巨头的微信依靠自身强大的平台优势，依托互联网平台，在对用户兴趣

① 李傲蕾．新媒体广告中的长尾分析——以微信朋友圈推送广告为例［J］．新闻研究导刊，2016，8：322－358.

大数据分析的基础上，采取精准送达式的广告投放，同时加强自身对广告内容形态的审核，适当控制了朋友圈广告出现的频率，基本保证了用户的使用体验，使用户不易产生反感心理。这种关注用户的实际需求，实现小众化、高精准、高转化率的新媒体广告投放形式，真正实现了为广告主量身定制广告推送，为用户量身定制广告需求，从而提高了广告投放的附加价值和传播效果的延展性。

微信朋友圈广告中的长尾应用分析：

首先，新媒体语境下，传播工具的配销大众化，使得信息的快捷、无限和趋于免费的传输成本，极大地降低了生产者接触消费者的成本，也为广告商找到潜在的消费群体提供了极大的便利。而微信根据其强大的平台优势，在用户选择方面，对用户的消费心理进行了详细的分析，根据用户作为消费者的心理需求提高广告投放的附加价值和传播效果的延展性。这样一来，不管是理论上还是实际操作上，微信朋友圈广告都存在着“长尾”的可能性。

其次，对广告本身来说，微信朋友圈广告对广告商来说存在着长尾效应。微信广告界面与微信用户平时发送的朋友圈非常相似，也是“文字＋配图”或者“文字＋小视频”的形式，用户可以对收到的广告推送进行评论和点赞，并且能够看到微信好友的点赞和评论，在评论与回复中互动。更有用户通过朋友圈截图或者转发分享了自己收到的推送广告，而对此感兴趣的用户则又会进行转发，通过这些交互式的互动，广告就获得了二次传播的机会。举例来说，你的朋友圈出现了一条广告，你如果选择屏蔽它，或者根本不去碰它，那么这条广告出现在你其他好友朋友圈中的概率只有20%。但如果你与这条广告进行了互动，那么它在你好友的朋友圈中出现的概率就提高到了95%，这就形成了很好的长尾效应。

最后，微信朋友圈广告相比传统媒体，投放门槛大幅降低，投放量增加，形成了平台方广告收入即微信的长尾效应。1月7日，“微信广告助手”发布了2016年第一季度的朋友圈广告招商政策，将广告投放的最低报价从20万/条大幅降低至5万/条。这代表日后我们不仅会在朋友圈里看见奢侈品、地产的广告，更可能看到跟我们兴趣点相符的一些新产品。这样的改变很明显是对中小型企业倾斜，降低它们的投放门槛，而对微信来说，虽然单个广告的平均收入可能减少，但却符合长尾效应的规律，有利于提高整体广告收入。

五、传播渠道

任何新媒体的内容传播和影响力打造都必须依赖特定的传播渠道，而不同的传播载体具有不同的介质属性特征，总是更适合特定类型内容的传播。因此，传播渠道对内容类型会产生逆向过滤和选择作用。尤其是在新媒体勃兴的时代，新兴传播渠道层出不穷，面向社会公众的注意力争夺战日益白热化，因此必须在定位上把握载体特质，通过精准定位来吸引目标受众。同时，由于新媒体面对的是受众和广告商的双重市场，因此在定位时也必须考虑传播渠道对广告资源开发的影响。

【案例4－6】

芒果TV的传播渠道定位①

近年来，媒介融合与新技术的蓬勃发展、新媒体的不断涌现正在重塑传媒界的力量对比，传统的电视媒体在竞争中面临着巨大的压力。2014年4月，湖南广电宣布将旗下原有的“金鹰网”和“芒果TV”改版融合，推出全新互联网视频平台“芒果TV”。新产品改变了原有资讯门户网站的定位，着力打造视频网站和客户端。它以明确的定位和独到的战略眼光成功在传统电视媒体与网络视频竞争中获得了一席之地。

芒果TV在多年的发展演变中逐步修正自身的传播渠道定位，到目前为止，其传播渠道定位主要有以下两个方面：

1. 实行“视频独播”战略

在推出全新的“芒果TV”后，湖南广播电视台宣布正式实行“芒果独播”战略，即旗下所有拥有知识产权的自制节目由“芒果TV”免费独播，不对外销售版权。这就意味着对于看《我是歌手》等综艺节目的用户来说，除了准时准点收看电视，只能选择下载芒果TV来进行观看，这也体现了电视媒体对于版权的重视。它打破了原有的网站、网络视频客户端和电视台合作的形式，直接参与到视频网站和视频客户端的竞争中。从受众的数据分析结果来看，“芒果独播”战略在播出渠道收窄的情况下，不仅没有影响受众规模，反而增加了湖南广播电视自制节目的影响力，对于提升湖南广电的品牌效应也起到了非常积极的作用。

2. 多元化合作实现共赢

首先，“芒果TV”提供多元的服务内容，目前主要包括互联网电视、互联网视频、湖南IPTV、移动增值等多项视频业务，打通全终端服务，提供全方位的互动、智能化观看、多样化的增值服务及产品；其次，“芒果TV”在坚持独播战略的同时也注重多方合作，加强与其他网络视频客户端的合作，当用户搜索湖南卫视的节目时会链接到客户端和网络首页，利用其他平台巨大的网站和视频客户端流量实现自己平台的进一

---

① 宋凯，顾小雨．从内容到渠道：基于芒果TV看传统电视媒体转型［J］．现代传播（中国传媒大学学报），2016，7：166－167.

步传播；最后，“芒果 TV”旗下的移动增值部主动寻求与国内三大运营商合作，为用户提供定向的包括视频、音乐、动漫的多方面流量包，如中国联通开展的省级定向流量包业务等，免去了用户由于流量问题而减少使用芒果 TV 的烦恼，也增加了芒果 TV 的播放量。

六、市场竞争

在竞争环境下确定新媒体发展策略和应对策略，一方面要研究自己，确定自己的优势和劣势；另一方面要研究市场中的竞争力量，明确自己有哪些对手，它们的市场规模有多大，它们的优势和劣势，它们对市场的控制能力如何，等等。在知己知彼的基础上，确定自己在市场中的占位，从而制定有效的竞争策略与战术。

判断市场结构类型，经济学上一般分为四种模式：①完全竞争市场；②垄断型竞争市场；③寡头垄断市场；④完全垄断市场。

①完全竞争型媒介市场结构的主要特征包括：新媒体众多，而且新媒体之间的产品完全没有差别，提供同质的标准化产品；任何一家新媒体增加或减少产量都不会影响到价格，市场中的新媒体只是价格的接受者，而不是价格的决定者；不存在垄断、竞争程度最高的市场；企业能自由进入、退出市场。

②垄断竞争型媒介市场结构特征包括：市场中有许多的竞争者，但还没多到足以实现完全竞争的程度；这类市场与完全竞争市场不同的是，垄断竞争中的生产者生产有差别的产品。

③寡头垄断型媒介市场结构特征包括：新媒体数目不多，只有几家新媒体为市场提供产品，因而具有某种程度的竞争；由于新媒体数目较少，新媒体之间相互影响，任何一家新媒体产品价格和产量的变化都会影响到市场上其他新媒体的销售量与利润，因此，任何一家媒介在作出决策时，都要考虑到其竞争对手的反应。

④完全垄断型媒介市场结构特征包括：存在唯一的生产者，完全控制媒介产业或市场，它是价格的决定者，进入的门槛高，不允许自由进入。

第三节　新媒体定位与编辑方针

所谓编辑方针，又称编辑纲领，是决定新闻、出版机构特性和风格的准则，是新闻、出版机构立场、观点、方法的体现。它对组织报道、制作稿件、选择稿件、文字格调、版式处理方法等具有决定性影响。

每一家新媒体都会根据自身的定位与发展战略制定相应的编辑工作准则，它为新媒体的新闻产品设计和具体内容的编排确立了目标。编辑方针包括新媒体宗旨、传播内容、传播水准和传播风格特色等方面，是基于新媒体定位的总体方向性指引，为了更好地落实编辑方针，新媒体往往还要制定更为详细的总体性实施方案和阶段性实施方案，如报纸的版面分工、专栏设置与出版周期等。不同的编辑方针会直接影响到新媒体的内容选材和呈现风格。

以报纸编辑为例，结合其载体特征，编辑方针主要包括以下四点：

一、报纸读者对象的设定

读者是报纸编辑工作最终的服务对象，而且读者正逐渐成为现代传播活动的参与者。报纸的读者对象是根据报纸的性质、办报宗旨以及报业市场竞争的需要确定的。报纸的设计要针对具体的读者对象来操作，因此编辑方针首先要规定报纸的目标读者。报纸读者群的结构往往是多元组合的。如《青年报》的读者总体上说是青年，但从结构上看，它又是由不同年龄、不同职业、不同地区、不同性别的年轻人组成的一个群体。编辑方针不仅要确定目标读者的总体范围，还要进一步规定读者群中的主体是哪类人，次要的读者又是哪类人。如《北京青年报》历史上曾经有过三种不同的读者定位：20 世纪 50 年代至 60 年代主要面向团的干部和团员，80 年代前期主要面向中学生，20 世纪 80 年代后期至今全面走向社会，以全市广大青年为主。读者对象是编辑方针中最重要的内容，它对其他几项内容会产生制约作用。例如，《北京青年报》历史上三种不同的读者定位，决定了这家报纸在各个时期的传播内容不同，报纸的水准和风格特色也不同。在报纸全面走向社会以后，主体读者的范围扩大，新闻报道的内容便不再局限于青年的活动，只要是青年们关心的新闻，《北京青年报》都积极报道，而且报纸的水准也提高了，更具有锐意创新的风格特色。

二、传播内容的设定

报纸传播的内容指的是报纸新闻传播的总的报道面有多大。具体说来，包括报道对象的分布有多广、报道的领域有多宽、报道的区域有多大等。报纸新闻传播的内容是由报纸的性质、办报宗旨和读者对象的需要决定的。例如，《人民日报》作为中共中央的机关报，作为全国最大的一家综合性日报，其报道范围要比地市级的党委机关报大得多，也比各类行业报大得多。中国和世界各地发生的新闻都在《人民日报》的报道范围之内，各行各业的变化都是其报道的对象。相比之下，地方综合性报纸虽然也报道国内外大事，但本地区的新闻才是报道的重点，构成报道内容的主体部分；行业报的报道内容则主要是行业范围之内的新闻。此外，报纸还要设立何种副刊、专刊，这也是编辑方针包括的内容。编辑方针对报纸传播内容的规定，将直接指导报纸总体规模和内部结构的设计，报纸版面的分工、栏目的设置都与此有关。

三、报纸的水准

报纸的水准指报纸的思想水平、文化水平和专业技术水平所达到的高度。它具体通过报纸传播内容的深度、广度以及语言文字、版面设计、制版印刷等多方面因素综合来表现。报纸的水准也是根据报纸的性质、办报宗旨和读者对象确定的。如面向知识分子阶层的综合性报纸，对思想水平、文化水平和专业技术水平一般都要确定较高的标准，报道应该达到一定的广度和深度。面向普通市民的晚报，传播内容侧重于社会生活领域，报道讲求通俗易懂、平易近人，对语言文字的运用和版面设计与前者大不相同。至于面向某些专业读者的行业报，对行业内新闻传播的深度则有较高的专业要求。编辑方针中对报纸水准的规定也将具体指导报纸的设计。

四、报纸风格特色的设定

报纸的风格特色指报纸的整体结构、传播内容、传播方式和版面形象等所综合表现出的格调和特点。报纸的风格特色是由报纸的性质、办报宗旨、读者对象决定的。如《人民日报》作为中共中央的机关报，强调以权威性、指导性、理论性为主要特色。这种特色具体表现为重要言论多、对全国各行各业有指导意义的新闻多、报道稳健而有深度、版面庄重大方等。共青团中央机关报《中国青年报》，读者对象和《人民日报》不同，其风格特色也相应不同，以生动活泼、富有朝气而受到年轻人的喜爱。编辑方针对报纸风格特色的规定，为报纸设计指明了努力方向。

杂志的编辑方针与报纸类似，但由于杂志在目标读者群体的定位上更为细分化，内容更侧重与读者的情感共鸣和联结，并且出版周期更长，所以在版面设计、读者导读、边框底纹等细节的操作上更为精细化、精致化。

电视栏目的制作和编辑同样面临着受众定位、传播内容定位、水准和风格定位等问题，这一点与报纸编辑在本质上是相通的，但由于表达呈现手段不同，电视节目的制作和编辑是一项更为复杂的系统工程，包括了策划、选题、采访、拍摄、剪辑、合成等多个环节，后期阶段的编辑工作主要围绕“剪辑”进行，要遵循视听规律和影视语言的语法章法，对原始素材进行选择和重新组合。只有视听语言准确流畅，才能很好地讲述事件、表达观念和情绪，而视听语言的形成与表达效果，主要依赖于画面组接的质量，包括转换场景、结构段落、处理时空、组合声画等任务。在不同的指导理念和编辑水准的影响下，同一素材的命运可能会有极大的不同，传达效果也完全不一样。

【案例 4-7】

《回家吃饭》节目定位与编辑策略①

《回家吃饭》是中央电视台财经频道2015年推出的饮食类生活服务节目，每期邀请一名中央电视台知名主播走进主持人王小丫的家庭厨房，制作一道自家的特色菜肴，并在制作过程中讲述和这道独家菜肴有关的家乡记忆。嘉宾儿时画面的再现和现场的动情表达，唤起了观众潜藏于心的情感共鸣。2015年3月，《回家吃饭》重新推出日播节目，每周六期，分为三期日常版、两期特别版、一期精编版。日常版中邀请一位专业大厨和一位民间厨艺高手在厨房对决，选取美食进行点评；特别版中邀请一位重量级嘉宾展示独门厨艺，制作创意美食，与主持人畅聊美食心得和生活哲学；精编版则优选每周节目的精彩片段制作集锦。

《回家吃饭》日常版保留了竞技形态，但将比赛设置在民间高手和特技大厨之间，悬殊的厨艺差距削弱了比赛的竞技性，增加了趣味性。同时，大厨化身专家，高手象征家庭，用家庭的味道比拼大厨的味道，寓情于食，人文情怀颠覆了传统的色、香、味比拼，提升了节目价值。而且，节目将大厨的厨艺法宝与高手的民间妙招打包呈现给观众，综合多个角度，展示了烹饪教学的服务性。

《回家吃饭》特别版邀请重量级人物担任嘉宾，以明星效应提高知名度，保障节目的可持续发展。节目挖掘明星人物的生活写真，探究他们的生活态度，使明星人物更具人气，同时也增强了节目的亲和力。

在节目内容上，《回家吃饭》融烹饪教学、真人演绎、食物营养学解析等形式于一体，寓情于食，还原制作美食的乐趣和融洽的家庭氛围，避免泛娱乐化，提高节目的观赏价值，在轻松、温馨的氛围中，打造优良的电视节目传播形态，从传统饮食文化中挖掘生活哲学，满足人们物质生活极其丰富下的精神追求。

《回家吃饭》的嘉宾分为两类，包括民间高手和特级大厨，以及拥有一定社会知名度的重量级嘉宾，他们分别被安排在日常版节目和特别版节目中。在日常版节目中，民间高手和特级大厨比拼时，主持人一方面会就食物的制作步骤与嘉宾沟通，辅助嘉宾向观众介绍具体的烹饪过程；另一方面，主持人会通过食物引导嘉宾在介绍烹饪习惯中展现人生态度。在特别版节目中，主持人会以食物为引子，展开对嘉宾的生活访谈。期间，主持人能够把握嘉宾源于饮食又高于饮食的人文情怀，通过动作细节和沟通谈话，让嘉宾的生活态度和人生感悟自然流露、酣畅表达，传递了生活之道，也提升了节目的文化内涵和核心竞争力，开辟出一条独具特色的发展之路。

---

① 张圆圆．浅谈饮食类生活服务节目定位——从《回家吃饭》说起［J］．电视研究，2015，6：43-44.

第四节　新媒体的产品设计

新闻产品设计，是对媒介产品中以传播新闻为主要职能的组成部分的设计，包括确定新闻产品在整个媒介产品中的位置和比重，以及进一步设计新闻产品中的每一个组成部分。新闻产品设计是一种集体性的创造活动，也是一项难度极大的系统工程，运行过程包括设计预备阶段、方案设计阶段和方案试行阶段。

新闻产品设计需要注意的问题是：充分地占有信息并准确地分析信息，保证新闻产品设计的合理性和可行性；在可行性与超前性之间找到平衡点；产品设计应该与采编机制改革同步；正确处理借鉴与创新、变革与稳定的关系。①

每一种大众传播媒介都有其自身的载体特点，新闻产品设计也必须根植于其载体特点进行设计。例如，报纸基于出版周期的限制，在时效性上没有太大优势，因此深度报道更能彰显其高公信力的媒介特质；纸质印刷、文字呈现的特点使其在媒介体验上相对弱于广电网络新媒体，因此在传递更富逻辑性的内容方面具备相对优势。过去报纸在传播渠道上的一大弊端是传播范围受制于地理发行空间，随着数字化时代的来临，报纸内容可以通过 iPad 版、手机版等新的媒介形态呈现于读者，从而在一定程度上克服了原有内容生产方面的局限。电视新媒体具有声画合一、实时传递的特点，在视听体验上大大优于报纸，另外可以通过镜头的剪辑切换短时间内传递更多有效信息，但在呈现深度上逊于报纸，在互动性体验上弱于网络。网络的优势在于海量信息呈现、全天候不停歇的播出周期、多媒体的平台兼容性、传播范围上的无远弗届等。目前，网络日益超越传统的报刊广电成为人们信息依赖度最高的主流媒介载体形态。尤其是 2013 年以来，随着智能手机等移动端的普及，移动端的传播重要性不断凸显，基于社交网络的媒介新闻产品大规模崛起，成为我们探讨新闻产品设计需要重点关注的一个领域。

新闻产品的设计包括大众媒介新闻产品的设计、社交网络媒介新闻产品的设计和融合媒介新闻产品的设计。

一、大众媒介新闻产品设计

大众媒介新闻产品设计是指对大众媒介中以传播新闻为主要职能的组成部分的设计，即新闻产品的设计。新闻产品不是孤立存在的，而是作为整体的媒介产品的一个

---

① 蔡雯，许向东，方洁. 新闻编辑学［M］. 北京：中国人民大学出版社，2014：60－61.

有机的组成部分。因此，新闻产品的设计首先要确定它在整个媒介产品中的位置和比重，其次从媒介的规模、结构、内容、形式等多方面有意识地突出某种特性，表现出与众不同的媒介形象。

大众媒介产品因为相对复杂，通常是以“树状结构”出现的，以报纸为例，呈现出如下的树状结构，由版组—版面—专栏—稿件等几个层次组成整体的架构（图4－1）。

报纸由哪些版面构成（固定的版面与周期性呈现的版面）、版块的顺序、版面的顺序、版面的定位与构成、选题特点、栏目设置、编排风格等都构成了产品设计的重要内容。

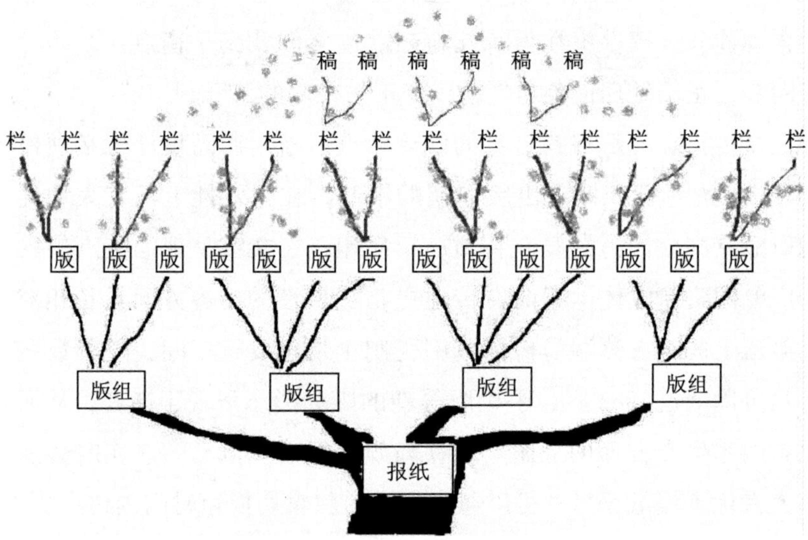

图4－1　报纸的整体结构

广播电视节目的结构是由频道—板块（栏目）—子栏目—单个节目层层构架而出，网络媒介则由主页（含频道及要闻目录的第一层网页）—频道首页（含专栏及稿件目录的第二层网页）—稿件正文（第三层网页）层层构架而成。

在进行新闻产品设计时，需要通盘考虑，把新闻产品系统置于整个传播媒介的母系统之中，服务于母系统的整体目标并且和媒介整体的目标和定位紧密联系。除此之外，还要与媒介新闻产品设计与媒介的传播机制紧密联系结合，进行精确的定量安排并确定操作规则。

大众传播新媒体新闻产品设计的内容包括整体规模设计和内部结构设计两个方面，前者指确定报纸新闻版组或新闻版、广播电视新闻频道或新闻栏目、网络媒介新闻频道或新闻网页在整个媒介产品中所占的比重，如版面总量、时间总长等。后者则重点关注新闻产品中的各个组成部分，包括报纸各个新闻版面及其中主要栏目的设计、广播电视各新闻栏目的设计、网络媒介中各级新闻网页及其主要栏目的设计等。除此之外，还包括外部形象设计，例如经济观察报推出时使用橙色纸张，一开始就在众多的报纸杂志中以鲜明的外包装特色脱颖而出。

二、新兴移动网络媒介的新闻产品设计

在大众媒介之外，近年来以移动网络和社交网络为平台的新闻产品层出不穷，如微博、微信与公众号、移动客户端应用等，这些产品的形态与传统媒介不太相同，最突出的是其更加强调用户之间的社交关联和用户体验，满足的是用户在碎片化时间里的资讯获知需求，具有“微内容”“微话题”“微传播”的特点，追求“小而美”的产品设计和用户体验，而非传统媒体的“大而全”。与其他新闻产品设计一样，微媒体的内容设计需要基于对特定目标受众群体需求的深度把握，并且充分考虑竞争性对手的内容选择与风格，追求在差异化基础上对目标用户需求的最大化满足。

因为体量相对“微小”，结构上也相对简单，这类“微媒体”在产品设计方面需要重点关注的是以下几个方面：

（一）信息内容设置的结构与重点

一般而言，新兴的“微媒体”倾向于深耕某个细分内容领域，不追求内容呈现的包罗万象。但即使在细分领域，也同样存在着内容选择的价值判断和结构化设置问题，由于目标受众定位和功能定位的差异，对内容的选择也需要有相对稳定的价值判断标准与重点倾向。

（二）信息发布的数量、时间和频率

一般而言，“微媒体”信息发布时间间隔周期相对较短，追求传播的时效性，通常以天为周期，或者一天之内按照固定时点进行数次发布的也比较常见。这样做的好处是建立起目标受众的“约会意识”，尤其是在早间或者晚间发布有助于目标受众形成某种行为习惯和依赖。在确定信息发布时点时，要充分考虑目标受众一天之内的生活工作节奏与时间安排惯性，尽量使相关信息发布与目标受众在不同时间段中的惯性注意力分配习惯兼容。例如，早间以简明扼要的硬新闻发布为主，方便受众短时间内了解本领域的重要事件，晚间以深度话题或情感、休闲娱乐话题为主。在微媒体运营领域，最典型的案例莫过于“罗辑思维”，虽然该自新媒体平台传播内容不以新闻见长，但其负责人罗振宇的理念值得“微媒体”新闻产品设计者借鉴：“抢占全国人民上厕所的时间，争取到第一个受众开始需要内容的时间。”每天早上六点半准时发布，每次 60 秒语音内容，形式上高度统一化，这与都市白领人群的作息时间吻合度很高，而且能年深日久如此坚持的微媒体非常少，有助于以这个鲜明的时间特点造就对受众独特的认知标示。

（三）信息的表现形态。

微博、微信公众号、移动客户端等移动新媒体就传播特点而言的一大优势就是多

媒体的呈现方式和良好的互动体验。因此，应该尽量组合采用文字、图片、音频、视频、动画等多种展示手段，以更为生动活泼的方式对内容进行多维度呈现，并且从用户的角度考虑产品使用的便捷性，彰显用户主权，给用户与编辑后台反馈的通道和用户之间建立社交联结的空间，此外最好能够搭建与其他社交媒体传播平台的有机链接，方便用户转发、评论等以扩大内容传播的影响。

（四）产品价值的深入挖掘

内容价值的深挖和内容与应用的结合是当今的一大趋势，微媒体内容的传播与微社区的构建往往相伴而行。当前出现了一些基于微内容聚合与分享的微社群构建，微媒体新闻产品的设计需要以产品化思维来统驭，将内容传播与延伸价值链条结合起来。

【案例 4 –8】

一财网与一财手机客户端的产品设计对比分析①

目前依托于日新月异的移动互联网技术的发展，手机客户端在功能上也不断丰富完善，从开始时简单的发布新闻，到后期的定期推送、个人定制。手机新闻客户端大致分为三种模式：一是自身生产内容，客户端本身就是内容的提供商和生产商，如传统媒体和腾讯、新浪等门户网站的新闻客户端；二是聚合式的“新闻 + 平台”模式，客户端除了自己生产新闻内容以外，也会融合其他媒体的内容，并且通过自己的编辑团队做简单梳理后传递给受众，如搜狐新闻客户端；三是依靠算法产生内容，纯粹地汇聚其他媒体的新闻资讯内容然后推送给客户，如百度新闻等。大数据时代中受众的个性化、精准化阅读成为客户端主要的内容建设重点，大数据通过对用户各种行为习惯的测算，通过云计算和云平台可以为受众提供更加适合的内容推送。

下面以第一财经旗下一财网网站内容设计与第一财经移动客户端的对比分析来透视移动客户端在内容设计上的一些特色。

一、频道设置的对比分析

频道设置是区分媒体内容建设的主要标志，通过在首页频道栏能够迅速明确内容主要架构和分类，用户可以快速选择自己感兴趣的频道和版块。

“一财网”的频道主要由首页、宏观、时政、金融、股市、商业、科技、思想、人文 9 个基本频道设置构成，覆盖了宏观经济、时事政策、行业新闻以及金融投资等主要财经方面，为受众构建了一个内容全面、结构合理、信息多样的综合性财经新闻平台。

---

① 本部分内容由中央财经大学传媒经济学硕士研究生王喆整理。

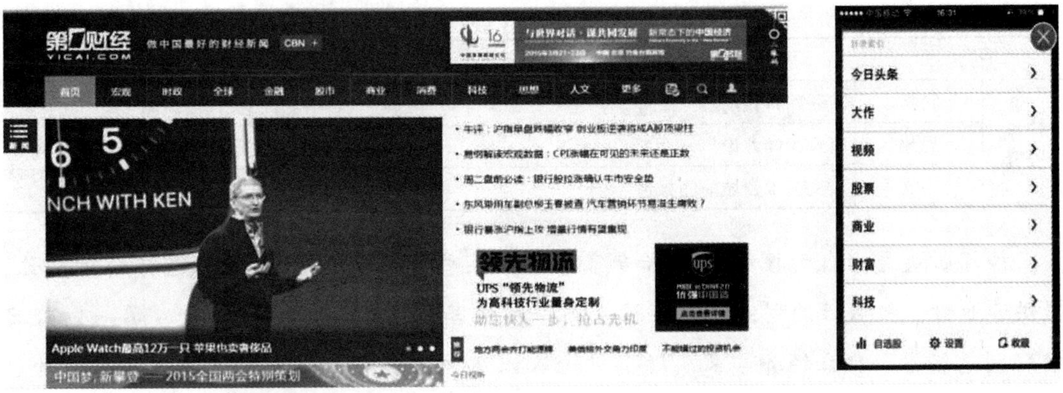

图 4－2　一财网和第一财经客户端的频道设置对比

第一财经客户端的频道设置分为今日头条、大作、视频、股票、商业、财富、科技、国策、时局、神评、8 小时等基本栏目，基本也覆盖到宏观经济、微观投资以及时政新闻和国家政策，能够满足受众对于财经新闻动态的基本阅读需要。进入第一财经客户端后，会停留在今日头条，显示最近发生的重大新闻动态。如果想浏览其他频道，需要左右滑动观看，这也是符合手机客户端用户体验的设置。

通过两者对比，我们可以看到其不同之处在于第一财经客户端的频道设置出现了大作、神评、财富等版块。大作是专注于国内外重大财经新闻事件所做的大策划，属于新闻专题写作，通常会包括若干篇新闻报道的聚合，旨在为受众全面、完整地解读重大新闻事件的来龙去脉。比如第一财经客户端关于《2015 年度两会前沿——中国会经济往哪走》的新闻专题策划，总共包括 70 条相关新闻出现，涵盖了上届两会回顾、政府执政成绩、去年反腐热点、“一带一路”、自贸区、互联网金融、房地产等热点话题，通过大批量、聚合式的新闻专题报道带给受众最具深度的新闻分析，从而形成集中效应。

表 4－1　一财网与第一财经客户端栏目设置对比

	一财网		第一财经客户端	
栏目设置	首页	国内外重要新闻	今日头条	国内外重要新闻
	宏观	宏观经济政策新闻	大作	重大新闻专题策划
	时政	时事政治新闻	视频	汇聚财经视频资源
	全球	全球相关新闻报道	股票	股市情况报告和分析
	金融	国内外金融行业动态	商业	行业动态报道和分析
	股市	股票市场解读和分析	财富	投资和理财信息
	商业	行业整体动态报道和分析	科技	互联网科技动态
	消费	消费相关行业动态报道和分析	国策	相关的国家财经政策解读和分析

续表

	一财网		第一财经客户端	
栏目设置	科技	互联网科技动态	时局	国内外相关社会新闻
	思想	财经新闻评论	神评	评论员文章和专栏
	人文	人文艺术领域新闻报道	8 小时	其他领域新闻报道

神评版块是由自由撰稿人或者专家学者对某些重大财经新闻事件进行分析评论，提供专业性、权威性的财经新闻评论。第一财经客户端的神评专家包括《第一财经日报》副总编辑、独立经济学家、TMT 评论人以及美女记者等，基本上覆盖各个年龄段和知识领域，这些评论大都短小精悍，具有发散性和思想性，能够引起受众的共鸣和互动。比如《众筹一个万达广场，如何?》将互联网金融的众筹模式与房地产实体经济跨界融合，深入浅出地为大家介绍众筹模式的新概念，让受众可以轻而易举地了解新闻内容。一财网类似内容存在于侧边栏的专栏频道，受众很难发现这个版块，进入页面后也不容易浏览到相关新闻，其并不属于一财网的重点频道。

财富版块选择发布与日常生活紧密相关的股票、黄金、房地产等方面的投资内容，更多的与手机随时随地掌握理财和投资信息性匹配，让用户可以不用坐在电脑前完成对股市和其他理财产品的配置组合。

综上所述，虽然一财网和第一财经客户端基本的频道设置类型大同小异，但是客户端更加适应受众碎片化、快速化的需求，能够在最短时间内提供受众最需要的新闻信息和动态。第一财经客户端的创新之处在于侧边栏的设置，这是一财网和第一财经独有的版面设置形式。为了尽可能的在单一屏幕显示上完成立体化的页面布局，一财网的侧边栏主要包括新闻、视听、图集、同乐坊和专栏，能够让用户轻松的在各个栏目之间进行切换，既可以选择文字新闻、电视直播和广播、也可以选择图集和互动论坛，更加方便快捷。手机客户端的侧边栏主要是为受众提供第一财经的直播视频和广播节目，满足受众则得易于第一财经的全媒体平台，能够为受众提供可视化、直接的新闻报道，也能获得实时的新闻报道。

二、内容来源及表现形式对比

本节采用跨媒体比较研究模型进行对比分析，信息源 A 代表原媒体的内容来源，信息源 B 代表财经新闻客户端的内容来源，比较变量是内容建设，通过结合原媒体和客户端具体的内容案例分析得出两者的异同以及这种特点对内容建设有何影响。

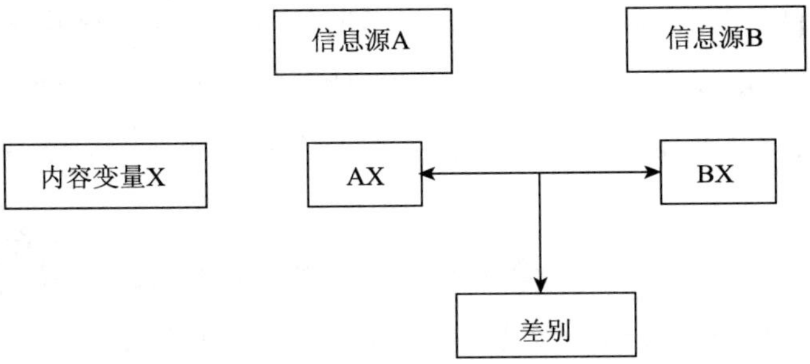

图 4-3 跨媒体比较研究模型

前面已经论述第一财经客户端和一财网类似，其内容来源都来自第一财经集团旗下的日报、周刊、第一财经频道等自有的财经新闻内容，这些内容大都保留了纸媒新闻报道的严谨性、权威性。两者也都能通过视频服务、广播服务提供第一财经的在线直播节目、财经新闻和财经评论广播节目等，可以充分利用网络平台和客户端平台，在线实时提供投资理财信息服务。

两者虽然内容来源一致，但是客户端的内容在标题名称、标题长度、排版等表现形式方面还是和一财网有所区别，比如一财网的《牛市来袭新老股民齐入场 新一波"韭菜"就要收割了?》与客户端《第五代股民跑步入场，钱多，胆大》相比而言，一财网的标题还是倾向于继承传统的纸质媒体新闻报道，但客户端在内容形式更加符合手机媒体的需要，标题更加接地气、更简洁，能够在较短时间内抓住用户的眼球；再比如一财网的《佳洁士因"PS 过度"领天价罚单 面对虚假广告可得长点心》和客户端的标题《PS 玩过了，佳洁士领虚假广告最大罚单 603 万》，客户端新闻更加接地气、吸引人的眼球，增强受众体验效果。而且客户端的新闻更新速度远远快于一财网，这是由于手机客户端可以第一时间推送最新的新闻动态，而网站的编辑、审核工作相对来说较慢。客户端的新闻内容更加适应手机客户端的特点，表现形式多样，图片、文字、视频结合起来，使手机浏览更加方便快捷，用户体验度也相对较高。

综上所述，虽然一财网和手机新闻客户端的新闻来源一致，但客户端在新闻更新速度、表现形式等方面相对于网站来说都更加符合当前的受众需求。

三、受众互动与分享对比

传统的内容建设研究维度除了上述分析以外，并没有从受众互动和分享这个环节入手。但随着媒介发展，受众环形反馈机制成为内容建设极其重要的环节。本文创造性地将受众互动和分享纳入到内容建设中来，丰富了内容建设对比的指标体系。

一财网和第一财经客户端的受众互动与分享环节主要集中在以下三个方面：

一是通过"跟帖—评论"的环节，这是传统的单向性受众评论反馈机制。在一财网注册登陆后就可以对本条新闻内容发表自己的见解，但其实际反馈效果不佳；同样在客户端的最后也可以发表评论。根据抽样统计随机选取两者评论数量来看，客户端的评论数量远远大于网页评论数量，主要在于手机客户端评论方便快捷，而且能够实时操作。

二是从内容的社交分享上看，受众可以将喜欢的财经新闻报道一键分享到微信朋友圈、新浪微博、QQ 好友、腾讯微博、豆瓣等多个社交媒体，这也是目前财经新闻客户端与社交媒体相结合的发展方向，内容通过社交媒体的带动产生二次传播效果，受众分享和互动更加积极；第一财经客户端也设置了分享键，同时添加了一个收藏功能，如果受众喜欢文章可以将本文收藏起来进行阅读，这也符合手机客户端的阅读要求。

三是一财网的受众互动社区——同乐坊。用户注册登陆以后可以从侧边栏直接进入同乐坊的页面，同乐坊聚集了一大批传媒人、分析师、投资经理和草根高手，能够通过热门博客、热门群组来直接与受众互动，回答受众的问题，为受众提供财经资讯和投资的顾问。比如同乐坊的知名人物韩云拥有关注 44669 人、粉丝 79060 人，成为社区群落里面的意见领袖，其经常对股市发表评论和股市推荐，有利于增强用户黏性、提高受众的增值服务。相比之下，客户端的用户之间不能进行相互的交流和联系，缺少横向之间的互动贴合。

综上所述，不管是客户端还是一财网对于受众互动和分享环节都基本上具备受众互动机制，并试图将线性的传播模式转变为环形，及时获得受众的阅读反馈，同时将社交引入财经新闻客户端，形成社区群体。目前一财网的用户规模已达到百万级别，每日有众多读者通过一财网接受新闻资讯、在线收听、收看第一财经的广播和电视节目。同时一财网拥有财经微博社区——同乐坊，社区用户规模不断扩大，拥有近十万人规模的各色中高端投资者和理财产品购买者进行互动交流和讨论。

四、全媒体传播时代的新闻产品设计

2008 年以来，“全媒体”开始在新闻传播中崭露头角。这是媒介融合发展到一定程度自然而然的产物，媒介融合在内容、渠道、功能层面不断深化，对同样的内容可以通过不同载体渠道进行整合传播，充分凸显每一种载体渠道的优势特征，形成传播效果上的协同效应。与此同时，针对受众则表现为超细分、高度贴合场景化、差异化需求的产品设计理念，依据不同载体对信息表现的侧重点对新媒体传播形态进行取舍和调整，使用户获得最佳体验，以此提升新闻产品的质量和竞争力。

融合媒介时代的新闻产品设计需要关注的要点包括：

（1）对特定新闻事件的报道，整合传媒组织所拥有的多种载体渠道，把产品的设计与供给作为一个整体来看待，根据新闻传播的特点和规律，把握不同载体渠道对于新闻事件各要素呈现的效果及侧重点的优势，全方位统合新闻报道的选题、角度、信息量、信息发布时间节点和后续跟进报道发布的频率以及新闻产品的表现形态等，力求形成差异化、多样化、互补性的产品组合，以此全方位满足目标受众对新闻信息获取的不同需求。

（2）注重不同内容之间的内在关联，可以在产品之间通过链接等方式实现交叉推荐和注意力导流，把受众的注意力锁定在自己的全媒体传播平台上以达到传播效果的最大化。

（3）充分把传统媒体在内容传播上的公信力、权威性与品牌优势和新媒体的社交关联性、互动性、体验性优势结合，尤其是关注信息传播的“最后一公里”——通过一些传播亮点和话题效应的设定提升信息在社交网络平台上被传播的可能性与传播范围。

（4）全媒体时代高度以用户需求为中心的传播特征也带来了媒体运营商业模式拓展的可能空间，信息的传播可以与其他延伸服务统合设计，以此实现媒体多层次多元化运营。

【案例 4 –9】

“中央厨房”的全媒体产品设计①

人民日报全媒体平台——“中央厨房”项目自 2014 年 10 月正式立项，由人民日报媒体技术股份有限公司负责设计、建设，计划于 2017 年全部建成。在概念上，“中央厨房”可以分作空间、技术和业务三个层面。

空间层面的“中央厨房”，指的是建设当中的人民日报全媒体大厅。人民日报全媒体大厅位于报社新媒体大厦的 10 层，建筑面积 3200 多平方米，包含了核心指挥区、技术支持区以及面向合作伙伴的自由工位区等。全媒体新闻大厅是“中央厨房”的物理呈现与主要载体，建成之后，它将成为整个人民日报社的“超级编辑部”——新闻采编与运营管理的指挥中枢和中控平台。按照计划，这个全媒体新闻大厅将在 2016 年底建成。

技术层面的“中央厨房”，实际上就是从“融合态”的业务场景出发所构建的一套技术体系，既有软件，也有硬件（如无人机、VR 设备等），为全媒体平台的业务运行提供强有力的技术支撑。例如从新闻热点的发掘到选题确定、任务分发，再到现场采集、产品制作，以及后期的产品推送和反馈收集……对这样整体的采编流程，通过

① 何炜．“中央厨房”——探索融合新闻生产新模式［J］．新闻战线，2016，17：68 –69.

技术化的手段使之尽可能的智能化，一方面提高采编效率，另一方面配备诸如用户行为分析、社交媒体分析之类的新能力、新手段。目前，“中央厨房”技术平台的1.0版本已经上线，由六个功能模块组成（包括：内部用户管理系统、互联网用户管理系统、传播效果评估系统、可视化产品制作工具、新媒体内容发布管理系统、报纸版面智能化设计系统），而今年下半年还将迎来更多的“中央厨房”技术产品和服务。

“打通、整合、提升”是“中央厨房”的设计思路。其中，“打通”或者说“连接”是基础性的：首先，它连接了人民日报社内部的10多种载体、数百个终端及其面对的用户；其次，又通过“媒体超市”等设计，通过版权合作、技术合作等方式连接各类媒体和单位；还可以通过媒体融合云的方式，与合作伙伴分享产品、服务和资源。所以说，人民日报“中央厨房”并非只是面向报社内部，而是面对全行业甚至跨行业的。开放性和公共性，是“中央厨房”这样一个平台的应有之义。

在“中央厨房”这个平台上，传统媒体人的策划能力、新媒体人的新闻敏感、产品经理对用户需求的把握，加上必要的技术支持，往往能激发出创意和灵感，产生优秀的新闻产品。另一方面，“中央厨房”的应用和服务，通过云化的方式，也能为其他媒体和机构使用，从而提升其业务能力。

第五章　新媒体创意策划

第一节　创意策划的意义

“1994 年 4 月 20 日，中国互联网接入世界，仅仅是一条 64k 的专线。现在，中国已经是网民规模全球第一的互联网大国，实现互联网与传统产业的广泛融合，完成了从‘追随者’向‘引领者’的转变。”

2000 年 5 月，国际电信联盟公布第三代移动通信标准，我国提交的 TD－SCDMA 正式成为国际标准，与欧洲 WCDMA、美国 CDMA2000 并称为 3G 时代的三大主流技术。2013 年 12 月 4 日，工业和信息化部正式发放首批 4G 牌照。2016 年 1 月 7 日，工业和信息化部正式启动 5G 技术研发试验，这意味着我国 5G 发展进入技术研发及标准研制的关键阶段。10 年内，我们将进入“智能一切”的时代，人们甚至不再需要手机。那时将逼近 Web3.0，即物物相连的“终端网络”时代。①

这意味着，我们正面临着一场轰轰烈烈的媒体革命。这场革命，使得表现和记录人类物质与精神世界的数字、语言、文字、声音、图画、影像等过去相互之间界限分明的信息传播方式可以通过数字化处理变得浑然一体。报纸、广播、电视、书籍、杂志以及电影等传统大众传媒在形式上的差异正在消失，传播者与受众之间的关系发生颠覆性的变化。如今，新媒体产业已经形成了以互联网广播、互联网电视、手机电视、IPTV、数字杂志、数字报纸、数字广播、手机短信、移动电视、触摸媒体等为代表的多种形态，凭借其传播速度快、覆盖内容面广、交互性极强的优势，深入影响到社会生活的方方面面。

CNNIC（中国互联网络信息中心）第 38 次《中国互联网络发展状况统计报告》数据显示，截至 2016 年 6 月，中国手机网民规模达 6.56 亿，手机上网使用率为 92.5%，比上年提高近两个百分点；通过台式电脑和笔记本电脑接入互联网的比例分别为 64.6% 和 38.5%，平板电脑上网使用率为 30.6%，电视上网使用率为 21.1%。这充分说明，随着移动通信网络环境的不断完善及智能终端的进一步普及，新媒体的影响渗

---

① 陈力丹．以互联网思维看互联网和关于互联网的研究［J］．新闻界，2015（20）：21.

透力逐步增强。但与此同时，传统媒体却在诸多方面遭遇严重挑战，急需转型。

媒体的转型，主要包括从“只进行正面宣传”转向“正面宣传的同时兼顾舆论的引导与服务”，从“单一的产品生产”转向“产品生产的多元化”，从“对内传播”转向“内外兼顾”，从“体制化”走向“市场化”，这些都需要我国媒体进行由表及里、由浅入深的创新与突破，即深化新媒体创意与策划的内涵，以期在激烈市场竞争中赢取胜利。

那么，什么是新媒体的创意策划呢？

新媒体创意策划是当代营销整合的重要核心，帮助一个组织建立并维持它与媒体之间、与公众之间的相互沟通，是企业品牌传播和市场推广的一个重要关键。它提出具有突破性与建设性的传媒创意点，整合报纸、网络、电台、电视台、移动电视、手机短信以及各种新媒体技术资源，用社会文化运作的手法，吸引公众关注，从而导航舆论，诠释职能，增加效益。因此，在传媒生存环境日新月异的当下，创意策划尤为重要，它符合这一特殊时期媒体发展战略转型的需要，并且可以很好地契合传媒生存环境的整体变化以及传播技术的飞速发展。

具体来看，新媒体创意策划的意义主要有以下两点：

1. 新媒体创意策划回应传媒大变局的呼唤

当下的传媒业正面临空前的大变局，在世界历史上，还没有一个行业像传媒业一样遭遇如此彻底的震荡：整个行业的所有细分市场，包括报纸、杂志、广播、电视、电影、音乐等，几乎在同一时间遇到了新规则的挑战；新玩家们用前所未有的速度创造着财富，比如Google，创造了在8年里获得92亿美元的年收入的历史……而“吊诡”的是，无论那些以“念旧”著称的读者和观众，还是行业里的绝大多数从业人员，都因这些新生物而前所未有地兴奋着。①

而这场传媒变局最核心的要害在于话语权的转移与扩散。正如学者喻国明所说：“传统媒介一直是作为少数人的传播工具而存在于社会里，而很少能够被社会大众所用并自由地进行分享。而互联网恰恰激活了比机构更为基本的社会基本单位——个人，使每个个人都成为这个传播系统当中的一个元素、一个基本单位。”②也就是说，话语即权力，但这一权力将不再掌握在少数人手里，而是掌握在所有人手中。因此，媒体必须选择放弃已经习惯的同质竞争，转而依靠创意和策划竞争来博异质、谋生存、求发展。

异质竞争最核心、最关键的取胜之道便是创意，只有立即从新闻报道、发行营销、

① 陈勤．媒体创意与策划［M］．北京：中国传媒大学出版社，2009.

② 喻国明．融合转型的新趋势：“高维媒介”中的“平台型媒体”［J］．中国人民大学学报，2015.

广告经营、活动等方面全方位提高传媒业的创意策划水平，中国的传媒业才会有美好的明天。这便是所谓的新媒体创意策划回应传媒大变局的呼唤。

2. 新媒体创意策划把握传媒未来发展的方向

尽管这场传媒大变局，让媒体发生了诸多方面的深刻变化。但媒体“内容为王”的本质始终没有改变，甚至反而更加凸显出来。

在数字传播时代，像 Google、百度这样的互联网公司只是提供了平台和空间，就像一个图书馆，有了建筑空间，有了检索工具，但最重要的是，人们来此的目的是希望看到其中的藏书。这说明，尽管十倍速的网络时代以变化著称，但有些东西是不变的，值得媒体长久坚持，这就是“内容为王”。①

现在普遍流行的观点是，传统媒体逐渐式微，新媒体风头正劲。实际上，新媒体的成功仅仅是商业模式和传播渠道的成功，传统媒体的没落也只是市场表现的没落，而不是内容的没落。② 诚如已故的台湾学者温世仁先生在《漫话媒体的未来》一书中所说：媒体容器、传播工具和处理平台都同质化后，媒体产业的竞争将转化为内容的竞争；原先的媒体工作者会转化为以提供内容为主的资讯生产者角色，现在各种媒体产业是以工具来区分，未来则会变成媒体内容的竞争。③

内容是区分不同媒体的标准，这是人类传播活动的基本规则。哪怕是进入了数字传播时代，内容仍然是媒体的立世之根。2007 年 5 月发生的两大传媒并购案，最能够说明“内容为王”仍然是媒体本质。无论是默多克收购道琼斯，还是汤姆森并购路透，都是对传统媒体“内容为王”的重新审视。这说明，对于任何媒体，内容依然是最重要的，媒体内容的价值正在回归，并且一定会回归。

“内容为王”是传媒未来发展的方向，而对其本质最准确的解读，应该是“创意为先，策划为上”，创意与策划始终是媒体的灵魂。

第二节　创意策划的功能与特点

一、新媒体创意策划的功能

媒体创意，简单来说，即现代传媒面对市场变化和需求，在信息传播及其运营的各个方面、各个层面所采取的具有创新性的策略和构思。媒体创意是当下市场化时代媒介生存与发展的必要手段，其视阈之广阔，涉及传播学、美学、文化人类学、社会

---

① 陈勤．媒体创意与策划［M］．北京：中国传媒大学出版社，2009.

② 陈勤．媒体创意与策划［M］．北京：中国传媒大学出版社，2009.

③ 温世仁．漫话媒体的未来［M］．北京：三联书店，1999.

学、心理学、营销学、创造学等多门学科，是一个具有交叉特色的应用型领域。①

而媒体策划，则是在新闻传播策划的基础上发展起来的一种层次更高、更广泛的策划，不仅包括了新闻报道、信息传播等新闻传播策划，还包括了媒体产业发展、媒介品牌塑造、广告经营、传媒市场营销等多方面的策划。它帮助一个组织建立并维持它与媒体、公众之间的相互沟通，是企业品牌传播和市场推广的关键之一，凭借广泛的媒介覆盖网络和对媒介的深刻了解，整合报纸、网络、电台、电视台、移动电视、手机短信等各种新旧传媒资源，用社会文化运作的手法，引导公众关注，从而达到导航舆论，诠释职能，形成良好的产品消费文化的目的。

那么，创意策划之于新媒体又有何意义呢？

目前，在“泛众化”传播时代下，传播格局已由之前传统媒介“一对多”的传播形式逐渐向“多对多”的新媒介网状传播方式聚拢靠齐，以个人为单位的传播节点被广泛唤醒与激活。在此背景下，媒体传播更需要重视媒体策划内容的社交性和人际传播效果，以此调动“earn media”，增强受众的参与感与获得感。在尊重新媒体传播规律的基础上，重策划、重创意，多造多出接地气、贴生活的“媒介产品”，将产品和受众的需求有效对接起来，增进媒介内容影响力的辐射面，从而实现最大程度的聚合效果。

综上，新媒体创意策划的功能主要体现在以下两个方面：

1. 扩大媒体传播影响 提升媒体品牌价值

优秀的媒体创意策划，具有“先声夺人”的奇特魅力，能够让受众眼前一亮并且快速接受你想要传达的对象。有意义的活动、产品，离不开媒体策划、源于创意策划，通过创意策划能鲜活内容、鲜活故事、鲜活视野，发现美好，书写真相，让内容更专业、更可信、更有实效。如巧妙借助学界“大咖”增强内容的专业性，通过中立的第三方实现内容的可信度，利用名人效应增强传播的影响力。

媒体创意策划，可以实现对整体流程的把控，用最周全的考虑、最全面的思考，联系其“上下左右”的布局，生成最优化的、最具冲击力的方案、用创意打磨出有用好看、有趣好玩的媒介产品。媒体内容想要“红”、想要“火”，必须得有新意和深度，只有通过加强前期的媒体创意策划过程，才能实现对产品的“推陈出新”，增强其感染力、提升其传播度。

在当下资讯空前发达的年代，一味的“填充知道”“百科全书”，是不会吸引最大受众群的。尤其是在面对“碎片化”传播的浪潮之下，更需要利用创意策划，实现有别于大众熟知的“小而精”，在不同角度、新意上有所突破。

---

① 陈勤．媒体创意与策划［M］．北京：中国传媒大学出版社，2009.

好的创意策划，讲求方法、讲求形式更讲求角度。对角度的选取、对切入点的斟酌，不能太虚太过，而要具象，要把具体的痛点提出来、点出来。“魔鬼在细节”，需要我们将用户思维溶于血液之中，将创意策划体现在每一个细节之中，把整体工作做踏实、做到位，通过专业导向与目标导向，提升品牌价值。

2. 开启参与传播新模式，提供观点表达平台

新媒体最重要的特性即交互性，新媒体突破了单项传播的束缚，增强了传播者与接受者之间的互动性。数据显示，相较于广播、电视和 PC 端，目前微博、微信已经成为更为普遍的获取信息的渠道。2014 年，我国成年国民人均读报时长 18. 8 分钟，读书时长 18. 76 分钟，阅读期刊时长 13. 42 分钟；而互联网接触时长 54. 87 分钟，手机阅读时长 33. 82 分钟，充分说明移动终端在网民的生活中占据较大比例。

“关注就是力量，围观改变中国”，作为一个公共传播平台，微博具有强大的影响力。微博的内容虽然多为零碎的、短小的语句，但因其速度快，传播广泛，还具备一定的自我纠错功能，瞬时就可集合信息，形成强有力的舆论风暴，掌握突发事件的发展。微信作为社会化媒体中的一种，使得人们的社交从“弱关系”转向以手机通讯录为载体的“强关系”。也就是说微信使得人们在现实生活中本来就带有的关系延伸到了虚拟世界中，使网络世界同现实世界实现了对应。微信载体的移动性和信息接收渠道的私人化，在很大程度上克服了信息传播的“噪音”，提高了人际之间的交流，增强了人际传播的人情味，推动了社会的发展。

人民网舆情监测室对 2015 年 1 月 1 ~ 10 月 31 日 500 件社会热点事件的统计表明，其中 44. 4% 的事件由互联网披露而引发公众关注；可以明确源发于“两微一端”的有 64 件，占 12. 8% 。微博、微信逐渐成为信息传播的主要工具、舆论的策源地，并逐步影响社会舆论的走势。一方面，舆论倒逼对促进调查有积极作用，如庆安枪响之后媒体和网民积极的呼吁加速了案件的侦破；另一方面，狂躁的舆论却不能倒逼出真相，成都女司机被打事件中的“人肉搜索”、四川绵阳“走廊医生”事件中的裁剪事实等，变成了一种“暴力倒逼机制”，剑走偏锋的结局是成为舆论的牺牲品，丧失公共理性也终将逾越法律的边界。

二、新媒体创意策划的特点

早在 2009 年，陈勤先生便指出，在进行媒体创意策划的过程中有这样几个主旨①：

第一，媒体的创意与策划是个文化活，其所看、所想、所做都必须以深厚的文化底蕴为依托。这会涉及文化学、传播学、美学、社会学、人类学、心理学、历史学乃

---

① 陈勤．媒体创意与策划［M］．北京：中国传媒大学出版社，2009.

至系统科学、市场营销、创新思维等多学科理论和知识。

第二，速成的创意策划方式是没有的，要想学成，不能从外面取得，而要从里面取得。创意是连接的动作，把不同的概念、事物连接在一起就会创造新的概念，创意和策划其实融合在我们生活的每一个刹那中。

第三，随着网络和数字传播时代的到来，媒体的定义已经与以往大不相同。如今的媒体，不仅仅要以表达信息内容为目的，更要有意识地收集注意力。搜索引擎早已使得媒体变得不再神秘，因此，我们的思考方式必须要颠倒过来——只有我们被搜索的频率变高，媒体才会变得有价值。

我们会发现，把这些拿到今天来看，仍对当下急需发展的新媒体创意策划具有指导意义。而要想把握新媒体创意与策划的特点，则要从以下三个关键词①入手。

1. 目标的指向性

创意策划具有极强的目标指向性，漫无目的思考并不能形成优秀有成效的新媒体产品。

在如今的中国，优秀的新媒体创意策划应该具有政治、经济、社会的三重效益，其最终的价值目标应该是正面并且积极向上的：在政治上，应该能更好地传达我国的各项政策指令，并发挥其引导舆论的作用，对政策的贯彻实行进行良好有效的监督；在经济上，应该在实现自身利益最大化的同时，带动相关产业的发展，为我国的经济建设做一份贡献；在社会上，则要发挥其舆论导向的作用，引导民众向善的一面发展，使大众感受到积极向上的生活气息。

对于一项策划来说，要实现多重效益，这个标准明显有些过高，不过只要可以有指向性地完成一种，且这种效益的影响是积极向上的，便可被称为是成功的。比如新华军事在2012年3月独家策划和组织实施的“雷锋班班长相聚北京”系列访谈活动，重点把握“策划”这一关键，形成了在策划中创意，在组织中创为，在品牌中创立，在合作中创新的独特风格，使这次以互联网为主要传播渠道的报道得到大量“粉丝”关注并转发，新华网首页和新华军事首页的点击量、访问人数再创新高，新华军事手机报图片集锦还与教育部中国人生科学学会共同主办了授予24任雷锋班班长“2012感动人生年度人物”的颁奖晚会，实现了其在政治与经济方面的积极效益，可谓是一次成功的网络媒体创意策划实践。②

① 贾永，徐壮志，樊永强．媒体创意策划的三个关键词［J］．中国记者，2010（3）．

② 张宝印，孙彦新．网络媒体创意策划的一次成功实践——从“雷锋班历任班长相聚北京”谈起［J］．中国记者，2012－4：65－66．

2. 构思的创新性

新媒体的创意策划之所以吸引人就在于它从内到外的“新”，可以说是一种对于原有僵化保守的思维模式的改革与颠覆。

理想的创意策划，应该能够完成四种突破。即，突破传统的运作领域，对原有的领域进行拓展；突破传统的传播模式，对其进行改革与整合；突破已有的技术手段，更好地利用新兴科技；突破原有的受众市场，积极大胆地在原有基础上进行开拓。

同样在“雷锋班班长相聚北京”系列活动策划中，新华军事凭借其丰富的军事新闻资源、军事原创队伍和独家主题创意，实现了“超大型访谈”“超长度一对一访谈”“超越性的系列报道”这三个具有突破性的创新，从而成功地打造了“历任雷锋班长”这个靓丽品牌，在军事网络品牌建设路上迈出了可喜一步。这便是个不拘于传统、勇于创新与改革的典型范例。

3. 程序的严谨性

再完美的新媒体创意策划，如果没有科学有效的运作程序和良好的执行能力来实现，终究只是纸上谈兵。因此，程序的严谨性必须始终贯穿新媒体创意策划活动的始末。

成功的创意策划的优越之处体现在其具备的两个高效性方面，即执行策划时的高效率和策划完成后的高回报率。执行策划的高效率，主要依靠内部资源整合与外部资源借用这二者相辅相成；而策划完成后的高回报率，则要依靠多层次开发核心产品。如此，才可以讲新媒体的创意策划是完整的。

正如在“雷锋班班长相聚北京”系列活动策划中，编辑组织协调、记者接待服务与编辑记者运营统筹等多方面配合成就了这次大规模媒体活动的高效执行，而其在有限的 4 天内开发的系列新闻产品在互联网上广受好评，则为整个策划赢得了高回报率，终使得这次新媒体创意策划活动得到了一定的效益与影响。

总之，创意能够改变传媒事业，好的创意策划往往有着化腐朽为神奇的作用。作为一项以创新性为主的事业，新媒体的创意策划无法一劳永逸，这需要我们不断求索。

第三节　创意策划的内容与方法

一、新媒体创意策划的内容

新媒体的创意策划应突破以往思维模式的禁锢，根据当今传媒业的基本规律，我们可以把新媒体在创意领域内的突破归纳为四种：突破传统的内容策略，突破旧有的形式策略，突破现有的技术平台，突破固有的市场模式。而这四个方面①，也成为新媒体创意策划的主要内容。

（一）内容策划

全媒体时代是一个信息碎片化的时代，在庞杂繁复的信息库中，能够吸引读者的内容片段一定是有观点、有见识的。新媒体不同于以往任何形式的大众媒体，追求独家新闻和第一时间没必要作为自己的首要目标，而是要力争使自己的报道能够经得起更长时间的考验，从报道的角度和新颖度、研究的深度和广度、读者的关注度和接受度等方面进行综合考虑，把作品做专、做强、做优，把市场做深、做透，把新媒体做出风格、做出水平②。同时，还要充分考虑到区别于竞争对手的特殊优势，了解它们的动向和方案，做到扬长避短，设计优化，文尽其用。

1. 选题创意

新媒体的选题策划应突破传统的理念和模式，不仅要关注报道本身，还要针对多种媒介受众群体的需要，力求新颖、适宜。例如深受广大读者喜爱的《中国国家地理》，另辟蹊径，选择了重构常识的方式开展创意式选题策划。在其策划的“中国十大最美名山”中，不仅五岳有4座落选，且高居榜首的是之前名声并不十分响亮的南迦巴瓦峰③。这种颠覆常识的战术便是一种独特的选题创意，打破了传统的公众知识体系架构，更新了读者固有的思维模式，成功吸引了公众的关注，所带来的直接收益便是当期销量的明显攀升。

2. 明确定位

目前我国许多新媒体创意策划的定位并不精确，多是综合性主题，尽管内容涵盖面广，但真正有较大影响力的屈指可数，其余内容基本如出一辙。可问题在于，读者的精力有限，只会关注其中很小比例的感兴趣的内容，如果策划内容大多与其无关，则很容易流失用户。因此，如果将低水平重复的内容按各自特色细分、重建、布局，集中力量提高专业水准与趣味度，就能把读者群分得更细，针对性更强，比起那些广而不精的撒网式内容传播可能会产生更好的整体效果。

（二）品牌策划

品牌形象是广大读者对新媒体形成品牌印记的重要标志。在全媒体时代，媒体要注重对品牌形象的策划，特别是对媒体形象识别的培育和塑造。哈佛大学乔治·米勒

---

① 李雪，黄崇亚，邱文静，李晓光，董艺，薛印胜．科普期刊全媒体出版创意探析［J］．编辑学报，2015，6：210－213.

② 麦尚文，蔡立．大众期刊“全媒体”出版转型实践［J］．中国编辑，2012，1：63.

③ 朱至刚．重构公众常识：专业媒体内容策划的可行路径：以《中国国家地理》为例［J］．青年记者，2009，1：84.

教授研究发现，给消费者留下深刻印象的品牌一般不超过 7 个。杰克·特劳特进一步研究，消费者最终记住并长期保持忠诚的品牌不会超过 2 个①。因此，世界各大传媒都在品牌策略上绞尽脑汁，以争取更多的受众资源。

我国新媒体创意策划在品牌建设中一方面应通过个性化的策划，塑造鲜明的形象，另一方面可通过新媒体技术扩大品牌影响力，提高其社会认知度。②

1. 品牌个性

正如一个人要有“风骨”一样，我国新媒体平台同样要有鲜活的风格和个性的表现力。新媒体个性的塑造和培育就是要使其形成鲜明的精神形象，体现深刻的精神价值，使读者保持长期的忠诚度。

例如深受电影发烧友喜爱的“毒舌电影”，作为全国最大的电影微信公众号，它将专业性、新颖性和趣味性相结合，通过新奇巧妙的构思、深入浅出的行文、一针见血的笔锋、恰到好处的幽默，将国内外影视作品赏析做得别具一格，耐人寻味。其对热点事件和热门影视的深入挖掘和精准提炼，对影视作品所表达核心主题的独家分析，以及直率褒奖和批评的作风都充分满足了电影爱好者的阅读心理，从而使其每篇推送的阅读量均在十万以上。

在众多同类新媒体公众号中，“毒舌电影”无论是在表现力上，还是在新媒体形象上都烙有浓厚的品牌印记，如今已成为影评领域的专家，可见品牌的精神力量。

2. 品牌创新

品牌创新是赋予品牌以创造价值的新能力的行为，即通过技术、管理、商业和文化创新，增强品牌的生命力。

全媒体时代为新媒体品牌创新增添了新的活力。计算机、手机等电子载体已经成为阅读的新增长点，新媒体拥有加载图片、音频、视频以及分享、评论等功能，增强了可视性、互动性和趣味性。新媒体创意策划者应充分认识并把握技术发展所带来的良机，通过创意理念的更新、强大内容的支撑、新媒体形象的充实，完善对新媒体产品的设计，增强其服务功能和社会适应性，实现品牌创新。

（三）平台策划

如果说内容策划和品牌策划是从新媒体的创意角度进行改革创新，以适应全媒体时代的发展变化，那么平台策划则是从产品丰富度和多样性的角度进行全面的研发和建设，提供全方位的信息传播方式。在媒体创意策划中应注意全媒体平台不仅是一个

① 王海玉．期刊品牌管理策略研究［J］．青年记者，2014，1：100.

② 李雪，黄崇亚，邱文静，李晓光，董艺，薛印胜．科普期刊全媒体出版创意探析［J］．编辑学报，2015，6：210－213.

普通常见的网页，也远非一个信息处理系统所能承载的功能，而是在全媒体运作中全方位、多角度、深层次地建立起的信息有效表达、参与和交流的综合平台。

1. 跨屏联动

新技术为新媒体平台建设提供了支持，使信息发布的渠道和方式都得到了前所未有的拓展。在创意策划时，应以此为重要契机，大力发展纸介质与新媒体相结合的跨媒体产品，用不同的媒体形式表现主题作品，跨屏联动，更好地满足全媒体时代读者的个性需求。

2. 产品延伸

新媒体创意策划是一个从单一产品到产品集群的发展过程，应广泛运用电子技术和网络技术，将传统新媒体的内容优势发挥到最大，办成一个集信息发布、知识服务、科普咨询等为一体的信息产业，真正实现新媒体的内容增值，将新媒体品牌精神发扬光大。

（四）商业策划

新媒体具有“影响力经济”的特征，就价值整合和延伸而言，新媒体的商业价值往往更多地来自于“第三次售卖”，即除了销售新媒体内容和广告以外，更重视对新媒体品牌和资源的销售，常见的方式有新媒体特刊、图书、光盘、数据库、网站、指南、会展、论坛、品牌授权等。

虽说社会效益是新媒体经营的首要目标，但在保证社会效益的基础上，应最大限度地实现经济效益。我国大多数媒体广告优势不明显，因此商业模式的创新对于新媒体的生存与发展尤为重要。

全媒体时代的传媒创意为我国新媒体创意策划开启了新的方向：有形新媒体产品是核心需求和刚性需求，是内容主体；无形信息服务是体验需求可增加阅读黏性；增值服务产品是潜在需求，可获得广泛的增值收益①。因此，在创意策划中，应以内容产品为连接点，提供满足专业用户群专业内容之外的附加需求的增值服务产品，牢牢掌握受众群体，进行盈利模式的构建，尽可能扩大第三次售卖的价值。策划者可参考以下3种类型②。

1. 衍生产品

对新媒体产业链进行开拓利用，通过后产品获得增值。例如美国《NationalGeographic》杂志充分挖掘媒体资源，推出品牌衍生产品，如电子版、图书、应用程序、

---

① 任健．从“三次售卖”到信息服务多业态平台化集成提供：对期刊商业模式创新中支撑因素的探析［J］．新闻大学，2012，1：62.

② 李雪，黄崇亚，邱文静，李晓光，董艺，薛印胜．科普期刊全媒体出版创意探析［J］．编辑学报，2015，6：210－213.

教育产品、纪录片、地图、图片库、日用品等。

2. 服务产品

有效发挥媒体的影响力和跨界优势，调动专家资源，提供专业化服务产品。例如专题论证服务产品、专题评价服务产品、市场策划产品、决策咨询产品、客户培训服务产品等，从而赢得社会认可，获取合法利益。

3. 交流活动

以新媒体专业特色和品牌优势为出发点，开展交流和培训活动。比如联合主管部门、行业协会、赞助方及媒介传播等资源开设论坛，实现增值。论坛可使专业信息由新媒体文字变成音频、视频化的语言与图像，其传播影响力远大于纸刊本身。

二、新媒体创意策划的方法

掌握新媒体创意策划的方法，首先要了解其基本理念。

1. 策划对象的理念

新媒体产品包含文化内涵和审美功能，兼具“艺术作品”与“文化产品”的属性：作为艺术作品，它是创作的产物；作为文化产品，它是策划的结果。同时，新媒体产品的双重属性也造成了它“传播”与“表现”的双重功能：作为文化产品，它要系统准确地传播特定知识单元的文化信息，建构接收者的知识与能力系统；作为艺术作品，它要表现个性化的审美体验，在沟通与互动中，影响接收者的情感与意志系统。因此，新媒体创意策划要赋予新媒体产品传播与表现的双重功能。

2. 策划过程的理念

设计与体验是新媒体创意策划的特殊心理模式。设计者和体验者与作者和读者相比，前者比后者心理位移的自觉性、间性和张力都要大的多。新媒体技术虚拟现实的逼真性和互动性保证了它在强化认知功能的同时，也强化了体验功能，成功的创意策划在于设计和体验这两个过程的和谐统一。

3. 策划主体的理念

互动是新媒体的基本技术优势，参与是新媒体的基本文化优势。互动是手段，参与是机制，而如何在双向沟通条件达成深刻理解、深层共鸣和深度体验则是创意策划的主体。

当前形势下新媒体创意策划实践操作有两个方向，一是传统媒体向媒体融合新媒体化的转型实践；二是新兴媒体的创意策划实践。

（1）传统媒体转型实践。

在互联网冲击下，传统媒体面临着三大挑战：

首先，牌照管理下的新闻信息采集权事实上已被瓦解，传统媒体独占的话语权被解构；其次，互联网改造了人与人、人与社会的连接关系，以传者为中心的内容生产和传播方式逐渐被受众抛弃，自以为好的内容由于缺乏有效抵达接收者的渠道而变得无效；再次，二次售卖商业模式坍塌，使传统媒体面临生存危机。①

因此，业界也做了诸多探索和尝试，主要有以下几种方法②：

一是与大资本合作。例如与大型互联网公司、投资者合资创办新媒体品牌，比如澎湃、界面、无界、封面、九派、并读；或接受实力企业入股，比如阿里巴巴 12 亿元入股上海文广旗下第一财经传媒有限公司，将新媒体和金融信息服务领域实现战略合作，意欲建立中国“彭博社”。

二是投身渠道。解决渠道失灵是传统媒体的当务之急，有两种选择：一种是自己做平台，比如自建 APP、微信公众号集群，但成功几率非常低，机会非常少；另一种是借势，与强势移动社会化媒体平台或者移动新闻客户端合作，占据流量入口。在这方面，以 BAT 为代表的实业资本在媒体领域特别是视频方面的布局已相当明显。

三是瘦身整合。内部剥离不良资产，优化成本收益考量，集中力量发展新媒体。这以 2014 年以来 SMG 的整合最为明显。

四是利用大股东资源多元化。这种多元化突出体现在新闻主业逐步萎缩，产业投资、资产管理、游戏、娱乐等其他产业快速发展。浙报传媒是一个比较典型的例子，其构建了 4 个业务平台：新闻传媒平台、数字娱乐平台、智慧服务平台（包括 O2O 电商、养老服务、医院挂号服务等）、文化产业投资平台。另外，公司重视培养用户基础，已建成同行业最大的用户数据库，将搭建大数据中心和云服务平台。

目前，国内这些业界实践都还没有完全看到转型成功的曙光。在市场经济条件下，媒体转型成功的核心是流量的变现，从这个层面进行的新媒体创意策划仍需要不断探索。

（2）新兴媒体创意策划实践。

对于新兴媒体而言，创意策划实践的核心则是提供增值服务，提升用户黏度。2015 年 2 月 15 日，南都报系总裁曹轲发表题为“全面转型开始了”的演讲，昭示南都进军移动互联网的决心。2015 年 3 月 5 日，南都推出“并读新闻”手机客户端，以“智能资讯推送”“新闻社交互动”及“读者获利的新闻阅读平台”为三大核心卖点，致力为广大用户提供最优质的手机新闻资讯阅读体验。

并读新闻由三个属性组成：新闻、社交和分成。新闻阅读是产品的第一功能，吸引用户；社交是阅读的嫁接功能，活跃用户，通过好友关注带动资讯关注；分成是阅

① 陈力丹．互联网重新定义了媒体［J］．青年记者，2016，5：58－60.
② 陈力丹．互联网重新定义了媒体［J］．青年记者，2016，5：58－60.

读的创新功能，黏住用户，给用户发阅薪。并读新闻是一个平台：去中介化的广告分发平台，也是“分成”属性背后的支撑理论①。

互联网时代新兴媒体创意策划的职业理念是“用户体验”。策划者所设计的每个创新点，或技术、或内容、或服务、或其他，都应该围绕用户需求、服务于用户体验展开，才能够引发用户共鸣，从而有可能获得成功。并读新闻李俊钊指出该产品的十大营销策略，包括原创（品牌优势）、热点（话题传播）、情怀（情感传播）、积分（用户激励）、征集（社交拉动）、体验（用户交流）、渠道（传播覆盖）、福利（广告主投入让用户收益）、跨界（资源整合）、公益（社会责任）在内的十种营销策略，均体现并读新闻整合一切资源为品牌做宣传，并且在宣传的同时强化与用户互动，加强用户与产品的关联，创造更高的平台价值。

据新华社数据显示，自 2015 年 4 月上线至今，并读的使用下载量已经超过 8000 万，激活用户高达 5000 万。“这份高分成绩单着实令人艳羡，但更值得行业借鉴的，或许是并读人那份细心打磨产品的匠者之心。”并读新闻，从其最终的定位及运作模式等诸多方面，已经能让我们清晰地看出其与澎湃、南都 APP 等传统意义上的媒体新闻客户端产品的不同，又因其完全互联网化的玩法和商业模式设计，增加了互联网产品的色彩。其更加接近互联网产品平台的属性，而非一个简单的媒体产品或者一个新闻客户端。如今的并读新闻，以新闻客户端亮相于世人面前，但无论在定位还是在运作模式上，都阐释了媒体融合的另外一种路径，用互联网融合传统媒体，带动媒体的转型升级，而不是反之的方向和顺序②。

第四节 创意策划文案的撰写

新媒体中，谁能先声夺人，谁就能先发制人。传统媒体入驻微信平台不仅意味着要打破介质的束缚，建立有别于报纸的采编流程，而且要保持对信息的敏锐度，紧密结合新媒体的特性，形成自己的判断标准。新媒体账号可以借助自身媒体方阵的先天优势，即天然具有的强大传播力、公信力和影响力。内容运营的关键在于内容建设，内容建设的关键又在于人。这里的人，一是指用户，二是指运营者，微信的运营者既要坚持“内容为王”的原则，又要坚持“用户至上”的原则；既要打造优质新闻产品，又要与用户多元连接，鼓励用户创造内容。

那么，新媒体怎么才能先声夺人呢？这就需要熟稔创意策划文案的写作方法，集

---

① 李俊钊. 并读新闻营销的互联网思维［J］. 中国记者，2016，2：73.
② 栾春晖. 并读新闻的运作模式创新［J］. 青年记者，2015，6：15.

中体现为信息维度、观点维度、情感维度。

一、信息维度

要撰写创意策划文案，首先要确定一个主题，所有的创意策划，都要围绕已确定的主题进行。信息维度主要强调内容的“贴近性”，一是要贴近人们的生活，如将难懂的政策文件，转化成信息图、视频等受众易懂的形式，更易引发公民；二是语言要有贴近性，致力于做有“人情味”的标题和内容，注重草根话语、网络语言的使用，符合用户的心理预期，有利于拉近与用户之间的距离。

以复兴路上工作室为例，近年来致力于创新政治传播方式、讲好中国故事。复兴路上工作室于2013 年10 月14 日在优酷推出《领导人是怎样炼成的》短片，该短片爆红网络，复兴路上工作室也由此被广大网友、媒体所熟知。之后，复兴路上工作室又推出“跟习大大走”系列短片，以及解读中国方针政策、发展状况的专题短片《十三五之歌》《中国经济真功夫》。复兴之路工作室凭借其在政治宣传中的大胆创新以及略显神秘的背景身份，现已成为具有较大传播影响力的非官方政治宣传类自媒体，在党媒、央媒的联动传播矩阵中取得更为可观的传播效果。

“十三五之歌”引海内外关注

——走进“复兴路上工作室”

本报记者 柴逸扉

《 人民日报海外版 》（ 2015年11月05日 第 04 版）

图 5－1 “十三五之歌”新闻报道

1. 紧扣政治议题含义 创新传播形式

首先，复兴路上工作室系列短片以政治议题为选题内容，一方面重点剖析国内时事热点，另一方面则关注中国大型的外事活动，总体而言不同于诸如“飞碟说”“壹读”等以“科普搞笑资讯”为主要内容的一般网络自媒体。舆论认为，这种将政治议题“去魅化”的传播方式，拉近了政治与民众生活之间的距离，为“党建”“党宣”工作注入了新的活力。

其次，短片的语言幽默诙谐，很接地气，打破了中国当下时政报道语境中较为“规矩”的宣传形式，在很大程度上能够做到从受众的角度出发，用群众喜闻乐见的语言，对政治议题做出“平易近人”的诠释。如《跟着大大走之上合金砖篇》将上合解读为“六个邻居常来常往常合作的台子”，将金砖解读为“五个新兴市场国家抱团发展的场子”。

此外，短片在传播上注重快捷精简，并运用多种表现形式呈现视频内容，更易获得年轻受众的热捧和共鸣。例如，短片《跟着习大大走之美国篇》采用“电影胶片 + 仿纪实”的形式呈现了两家有中国背景的企业在美国投资并购。《跟着习大大走之巴基斯坦篇》则采用了时下很流行的“快闪视频”形式。一度成为网络神曲的《十三五之歌》更是融入欧美乡村音乐的元素，将“十三五纲要规划”变为广受传唱的热门歌曲。

2. 把握网络传播规律，讲好中国故事

除传播形式的创新以外，复兴路上工作室的宣传短片还体现了当前党政新媒体宣传的重要责任和意义：即讲好中国故事，传播好中国声音。首先，复兴路上工作室善于将中国声音进行“本土化”的表达，这也是加强国际传播能力的有效途径。例如短片《十三五之歌》将中国政策运用欧美年轻人喜爱的饶舌音乐进行本土化传播，在推特推出后收到热议，YouTube 上的相关访问量达到数十万，CNN、路透社、《泰晤士报》等外媒都对这部短片进行了相关报道，在《中国经济真功夫》短片中，工作室借用受国际追捧的“中国功夫”的概念来解释中国经济新常态，驳斥负面信息，重塑民众信心和国际形象。其次，在“读图时代”，复兴路上工作室尊重并善于把握网络传播规律，在短片中大量应用“数据、卡通形象、图片”等具象的元素对内容进行专业化解读更利于受众在网络平台上接受“中国故事”。

二、观点维度

观点维度主要强调撰写内容的“鲜明性”，坚守自己的价值定位，在立场、观点和判断力等方面均体现出有别于其他账号的特性。新媒体的创意策划应积极发挥舆论引导作用，致力于传递主流价值观，引发网民的共鸣和深思。以中央政法委的微信号“长安剑”为例，一经创办便在以手机为主要载体的移动互联网舆论场上迅速引起轰动，得到网民普遍认同和情感共鸣，并延伸到传统媒体，占领了诸多党报、市场化报纸和门户网站的显著位置。在广西柳城爆炸、山东疫苗事件、北京雷洋案、天津律师案等社会热点中，“长安剑”逐渐成为政法信息的权威信源。研究手机端微传播的专家评价这个微信公众号：“文风清新脱俗又不乏‘独家猛料’，有强烈的说服力和感染力。”“长安剑”对舆情把握精准，政策思路阐释到位，契合了习近平总书记对宣传工作“理念创新、手段创新、基层工作创新”的要求，做到了既符合新媒体时代传播规律，又适应政法实际的工作特点，“长安剑”正在成为政法话题的权威解读者和政法舆情的重要引导者。

1. 解读政策阐释大连会议

伴随“大连会议”而生，内容专注解读政法政策、会议、案例为主的“长安剑”，积极为全面推进依法治国、深化司法改革以及各项政法工作发声，将重大政策导向、重大会议精神全面吃透、烂熟于心并向外发布，重点宣传了政法口领导人以及政法综治工作的理念和方向，取得了良好的宣传效果和重大舆论影响力。

在创办初期，《政法队伍的小伙伴们，习大大喊你为民保平安!》《一针见血！这12个金句竟出自这么高级别的领导人之口》《一图读懂大连会议十大干货》等6篇文章密集解读大连会议。系列文章以习近平总书记依法治国的精神为指导，综合运用评论、信息图等多媒体表现形式，出色地为网民解读大连会议的“干货”，形象生动地解答了“切实提高维护公共安全能力”的内涵，引发各类网络媒体竞相转载，这也是“长安剑”在公众平台占据沙场打出的重拳组合。

2. 定位精准，摸准舆情脉搏

“长安剑”以第三方的身份定位，在高层政法工作布局与普通民众之间搭建桥梁，传播政法“正能量”，权威性与亲民性并重，为进一步掌握网络话语权、优化政法工作外部环境、提高政法队伍公众形象开辟了有力的新渠道。

9 月 30 日下午，广西柳州市柳城县发生多起爆炸，造成 7 人死亡，2 人失联，51 人受伤，引发社会各界广泛关注。10 月 3 日，“长安剑”发布文章《关于柳城爆炸案的四个质疑》，对舆情把握精准，写作明快犀利。通过剖析细节和请教专业人士，站在公众的角度，以第三方的身份对网络中“破案太快，犯罪嫌疑人死无对证，警方有掩盖真相之嫌”等四点质疑做出回应。其以第三方视角对舆情脉搏把握精准、对社会心态了解透彻，取得了良好传播效果，文章可与 2015 年初上海外滩踩踏事件后《人民日报：五问事件联合调查组，外滩踩踏之殇谁之过》一文媲美，都是站在老百姓的立场，以回应公众质疑的方式澄清事实真相，也为地方政府和有关部门解围减压。

针对青岛“天价虾”事件，“长安剑”也犀利撰文，在《青岛大虾火了那么多天，还有三件事你没想到……》一文中畅谈“舆论场中法治思维的缺失”，提出不能用成见去判断问题、用无知去理解问题、用情绪去解决问题，再次“剑”指舆情要害，文章思维缜密、视角宏观，引发大量转载。

3. 打通“两个舆论场”

从转载情况上来看，“长安剑”在内容呈现方面做到了打通官方和民间“两个舆论场”的成功尝试。尊重法治是13亿中国人的共识，不存在有违法治的“舆论特区”或“舆论飞地”；但在具体的司法案件、公安执法、民事纠纷和经济纠纷中，不同社会阶层会出现认知差异，需要做好释疑解惑工作，寻求“最大公约数”，聚同化异，弥合社会撕裂。

凭借内容优势以及敏锐的舆情触角，“长安剑”的文章在网络媒体中的转载已逐渐拓扑开来。环球网、观察者网、今日头条、央视网商城、一点资讯、法制日报、海外网、东方网及四大门户等已然成为“长安剑”的死忠粉，关于“大连会议”的解读、公安形象的宣传以及对舆情事件的解读等多篇文章均被上述媒体及其公号、微博转载。“长安剑”也逐渐成为政法系统公号的转载源，如中央政法委信息中心主任陈里、公安部打拐办主任陈士渠的个人互动账号，明光政法委、平安宁波等政法系统公号，已然成为转载主力。

除上述媒体和政法系统公号外，一些体制内媒体人和体制外人士的账号如“曲解直说”、舆情账号如“谷尼舆情”、银行机构账号如“平安银行”等也转载了“长安剑”的文章，均表现出认可。

4. 微信平台的政治传播

微信平台的文案撰写，需要完整的版本，严谨的表达，“长安剑”信息发布时重视原创，提供优质内容，避免了信息碎片化和情绪化的表达。“长安剑”给人的印象，是舆论场上的骠骑营、快刀手，聚焦时事，以小见大，选题尖锐，直逼人心，让敏感问题脱敏。长安剑用新闻笔法写政法新闻，影响移动端受众，推进政策解读和主流价值观的“融合传播”。“长安剑”组织了一个专业、敬业的精干团队，用民间身份，表达官方立场，传递权威声音，挖掘和释放了体制内宣传的生产力。

在微博平台上，党政机关实名加V认证开设政务微博；在微信平台上，一些民间身份的政务微信公号，以网络化的表达方式解读政府立场，传递法治权威声音，在相关政务职能领域成为舆论压舱石。“长安剑”主打政法热点舆情解读，在敏感议题上以独到、专业的视角发声，具有直逼人心的理性力量。最可称道之处，是其对各类新媒体传播样态娴熟运用、游刃有余。各种流行文化素材，从“网红”到网络流行语，都能信手拈来、点石成金。如借热门动画电影《疯狂动物城》解读“破解社会治理难题的密码”；刊发内地“80后”“90后”给香港同龄人的公开信，推动内地“改革一代”与香港“回归一代”的坦诚对话。

三、情感维度

情感维度主要强调在文案撰写过程中把新媒体“人格化”，与用户建立情感连接。

在传统媒体和新兴媒体融合发展的大潮中，报纸等传统媒体在新媒体中的信息传播方式、价值判断标准、情感连接方式等方面的积极探索显得尤为重要。再以人民日报新媒体为例，统计发现，近期人民日报微信号发布的文章中，“中国形象”类别的文章异军突起，且多能引发网民强烈的情感共鸣。尼泊尔大地震后中国飞机第一个到尼泊尔接回中国游客、也门撤侨中国舰艇编队被誉“诺亚方舟”等事件，均传递了中国价值；中国超级贺岁大片国际版《Hi，I’m China》、韩国纪录片《超级中国》、红场阅兵式上“中国第一男团”惊艳亮相等视频微信文章均让网民感受到了大国力量，网民积极抒发民族自豪感与自信心。

在突发事件的报道中，人民日报微信同样有态度、有温度。如对“东方之星”客轮翻沉事件进行全方位、立体式、多角度的报道，发布《长江沉船事件十二个疑问解读》《东方之星陨落，救援中那些感人瞬间》《心痛！沉船遇难人数升至66人丨他们，还没有放弃》等报道，真实客观地展现了各方搜救力量的全力以赴，有效地疏导了网民中弥漫的焦虑情绪。2015年8月12日晚11时30分左右，天津滨海新区开发区发生剧烈爆炸。人民日报微博、微信对事件进展保持高度关注，立即采取24小时动态播报灾情的报道模式，引发舆论高度关注。人民日报微博共发布156条消息，转发总数超过300万次，由人民日报法人微博主持的微话题#天津港爆炸事故#已获得17.8亿次阅读量，总讨论量为311万次；人民日报微信号共发布26篇相关文章，图文阅读总人数超过710万，尤其是“向那些逆火而行的消防员致敬，向那些罹难的普通人致哀”引发公众强烈的情感共鸣。

第五节　创意策划实例分析

近年来，人民日报社在媒体策划方面亦有所建树。2009年7月1日，《人民日报》借助新一轮机构改革之机，正式成立“新闻协调部”，负责统筹报社重大报道策划，然后分配到各采编部门采写，最后由总编室落实到版面。2015年10月8日，《人民日报》加快媒体融合的举措，成立人民日报社新媒体中心，标志着人民日报社在加快推动媒体融合发展方面迈出了新的步伐。

在推进媒体融合发展方面，人民日报社实现了用户的全方位覆盖、传播的全天候延伸和服务的多领域拓展。截至目前，人民日报法人微博聚集用户8800多万，被称为“中国第一媒体微博”；人民日报微信公众号快速发展，在微信平台各类公众号中影响力排名第一；人民日报客户端上线一年零三个月，累计下载量已超过1.5亿次。

在媒体创意策划方面，人民日报法人微博的栏目创意策划颇有特色，收效显著。

一、从#让红包飞#到#中国一点儿都不能少#：微博舆论场关注重心偏移

2014 年 1 月 5 日，人民日报官方微博在微博平台给粉丝发福利，一条红包微博获得 258 万次的转发，成为人民日报官方微博首条转发“冠军”，微话题#人民日报让红包飞#话题阅读量为 10.1 万次；2016 年 7 月 12 日，南海仲裁结果宣布之际，人民日报发布微博称，“#中国一点都不能少#中国的领土主权和海洋权益，不需要别人仲裁。中国，一点都不能少，一寸都不会让”，获得 308 万次的转发量，微话题#中国一点都不能少#的阅读量为 63.4 亿次，再一次改写了历史。其中，此条微博的热门转发均由明星带动，如李易峰、吴亦凡、杨幂、赵丽颖等。从#让红包飞#到#中国一点儿都不能少#，变化的不仅是鲜活数字，更体现了整个微博舆论场的生态变化，在涉及国家主权及形象方面表现出高度的凝聚力，官方声音与民众声音共振，社会共识度逐步增强。

二、从“聚焦大事要闻”到“汇集各类信息”：微博内容丰富，服务意识凸显

随着网民数量的增长以及网络舆论场的活跃，“互动传播”与“服务意识”成为新媒体运营的重点。通过对人民日报官方微博转发量 top100 微博的内容类型进行统计可以看到，影响力较大的微博内容除“天津港爆炸”“昆明暴恐”“南海仲裁”“9.3 纪念抗战胜利阅兵”“马航客机坠毁”等国内、国际重大新闻外，“服务信息”“科普信息”总占比达 32%，涉及广大网民日常生活的方方面面，例如“一分钟教你学各式倒库”的微博受到网友及各大认证账号的广泛转发。此外，科技新闻、人物语录事迹、“你好，明天”短评等内容都不同程度上促进了人民日报官方微博互动性与受众黏性的提升。

三、#你好，明天#：阅读中国百态 记录社会变革

该栏目自开博初期，就一直伴随至今，4 年以来共计发布相关微博约 1400 条，发布时间主要集中于夜晚 11 时左右，发布频率为单日单次推送。从选题内容上分析，通过对与【#你好，明天#】有关的 100 条高转发微博进行词语出现频次的统计，分析得出频次最高的 10 个词分别为中国、生命、日本、公平、社会、国家、正义、市场、发展、和平。以上词汇能够在一定程度上反映出“你好，明天”的观点态度、价值取向和焦点维度，心怀“大局意识”、“责任意识”和“民生意识”，多以正面、积极的情感倾向引导广大网民，传播主旋律、释放正能量，对明天保持憧憬和希冀。

【#你好，明天#】在发布时机的选择上兼具敏锐的新闻洞悉力，选取当日的时政、经济、社会或教科文等热点焦点内容评论发声。【#你好，明天#】先后评论“山东招远案”“马航失联”“天津爆炸”“青岛大虾”“非法疫苗”“南方暴雨”和“南海仲裁”等热点事件，均对奠定舆论基调发挥重要作用。截至 2016 年 7 月 22 日，微博话题#你好，明天#阅读量已高达 8.4 亿，产生话题讨论量共计 24.3 万。

【#你好，明天#】始终瞭望中国社会转型发展改革之路的宏观大势，心系民间百态、关注民生热点，胸怀“民生意识”，坚持站在人民群众的视角发表观点、评论，凝心聚力唱响好声音，传播正能量，发挥好积极引导网络舆论的重大作用，开启舆论引导“微”时代。

可以说，媒体创意策划仍在探索发展的路上，我们必须要重视起来。正如人民日报社新媒体中心主任丁伟在2016“一带一路”媒体合作论坛新媒体新技术分论坛所发表的题为“重塑优势，坚守主流”的演讲中指出的，主流媒体在互联网时代重塑优势，既要研究、尊重互联网传播规律，不断创新，也要保持定力，克服不利影响，做权威信息的积极传播者、事实真相的客观调查员、虚假信息的有效过滤器、公众情绪的疏导缓释剂、社会共识的培育守护人。

第六章　新媒体内容加工与发布

第一节　新媒体信息采集与筛选

一、新媒体信息的敏感度与判断力

网络信息浩如烟海，且24小时不间断地生产出来，对新媒体从业人员来说，需要一种敏锐的筛选能力，将其中有价值的信息及时挑选出来并发布出去，这种能力就是信息敏感度及判断力。

（一）判断信息价值的主要因素

信息内容能够吸引受众，它就是有价值的。受众的范围越广泛，需求程度越高，信息内容的价值就越大。信息价值的主要因素有以下几方面：

1. 事件新鲜度

事件越异常，发布的时间越近，信息披露的价值越大。这是新闻的第一价值属性。

比如某个城市下大暴雪，那么，网上实时的播报天气状况、交通状况、各行业所受影响、相关部门的应急措施等，这类信息是大家所急需了解的，价值就非常大；如果雪停了一天再报，价值性就会减弱很多。

2. 意义重大

事件本身具有重要的意义，能够深刻地影响人们生活以至国内国际形势，这样的信息价值很大。新媒体从业人员需要不断锤炼对事件重大意义的判断，能够准确地知道每天新闻事件的优先级排序，从繁复的海量信息中抓住最重要的事情。

比如国家颁布关于数字音乐版权监管政策，对整个音乐行业甚至互联网传媒行业都产生了巨大的影响，国内数字音乐市场形成合并重组的动荡局面，对相关股票以及市场行情都又产生严重的影响。

3. 知名度高

人物、地点、机构、团体等要素在社会生活中知名度越高，越容易受到关注。

比如在奥运会游泳赛场上，孙杨的知名度高、影响力大，他的一举一动、一句话、一个表情都会受到广大网络用户的关注，无论获得金牌与否，他的个人知名度足以引起广泛关注与讨论。

4. 亲近感强

新媒体信息在地域、时间、心理、利益等方面，与受众越接近，新闻价值越大。

比如多数人关注自己生活时间久的地方的新闻，关注自己熟悉的明星，关注生活中对自己最密切相关的信息。春节放假，火车、飞机票务情况、交通信息、天气信息、旅游出行等信息都会成为人们关注的重点内容。新媒体从业人员要了解受众的关注重点，了解新媒体的运营定位，比如你所运营的新媒体针对北京地区的受众，要争取的受众群体主要是在北京生活的，推荐的信息当然更多与北京相关，偏离目标受众，则难以立足目标地发展。

5. 怪异有趣

主要指生活中非常奇特的，与大家正常想象的不一样的事情，或者让大众感到非常有趣的事情，很多人上网就是为了猎奇。

比如“渔民捕捞人脸娃娃鱼，鱼头与人面部五官相似”，又比如“屠夫宰杀自家羊取出 5 颗羊宝总价值达 300 多万人民币”，同一类事情，因为稀奇，超出一般人想象，自然关注的人比较多。

（二）判断信息价值的其他因素

1. 独家信息

对重大事件的独家报道、独家分析评论，物以稀为贵。要注意独家信息由新媒体从业人员或部门机构自行提供，内容的真实性、准确性和合法性由发布机构或个人负责。

2. 敏感信息

国家体制、法律法规、军事、外交、民生、人权、自由、平等、民主等敏感性内容，易引起广泛的社会舆论。对新媒体从业人员来说，对敏感信息的处理要注意遵从相关法律法规及上级主管部门要求，涉及国家宏观经济政策的调整或者突发性公共安全事件的发布，要以新华社等官方媒体为准；新媒体从业人员要具有高度的社会责任感，不能传播谣言，以造成社会不必要的恐慌。

3. 实用信息

介绍知识、提供资料，服务受众。

比如介绍北京春节假期七日游的文章，就需要详细介绍北京有名的旅游风景区，景点门票价格如何，哪些景点为大家所推崇，有什么特色活动举办，乘坐什么交通工具前往，自驾游什么线路更快捷，选择什么样的酒店住宿，景区周围有什么特色小吃，天气情况如何，等等。

二、新媒体信息的采集

新媒体已经改变了既有的时间、空间概念，改变了表达与交流的广度与深度，改变了社会结构与组成，更改变了我们生活、生产与流通等的方式与面貌。所谓适者生存，新媒体在面对自己的媒体特征、生态环境与发展机遇时，需要理清思路。而所有的一切，都需要从对当下新媒体生存和发展可以借助和利用的信息来源的认识开始。当前，新媒体的信息来源是多层次、多类型、多方面的。

（一）选自传统媒体的信息

以报纸、杂志等为主要代表的传统媒体，因为其长期的历史与发展，早已形成了自己稳定的生产者（记者、编辑）队伍，有序的生产程序（采、编、发）与标准、稳固的受众群—忠诚的读者。所以，新媒体可以通过与传统媒介的有效联姻，省却人力、物力、经验、程序等方面的不足，直接从传统媒体的有关信息中筛选到自己需要的信息内容。

（二）选自其他新媒体的信息

网络技术所具备的超链接功能，使得新媒体的信息来源具有更广的空间、更深的联系和更多的可能。仅靠网络媒体的技术，就可以随时随地直接转发别的新媒体的信息内容。

（三）选自受众信息

网络新媒体打破了信息传受主体的身份间隔，置身在新媒体环境中，人类社会中每个组织或个体，既可以是接收者，又可以是传播者。而在信息传受的过程中，这样的身份转换是可以即时发生的。因此，当下信息社会主要靠技术的支持，互联网则是由更多个体、私人领域和专业传媒机构共同构建的。受众提供可供筛选的信息，一是如传统媒体以前就有的形式那样，如“读者来稿”“读者热线”，由媒体的受众单向性地提供一定的信息；二则是自觉或不自觉地使用网络媒介以后的新媒体所具有的即时互动功能，在接受新媒体传播的信息时，随时发表自己的认识、看法。尤其是网络媒体如微博、微信、博客、论坛等，在相对静态或动态的环境里，使得新媒体所承载与传播的信息量激增的同时，还有机地容纳了人类个体的、更具私人性的信息，丰富了新媒体的信息来源。

（四）自己采集的信息

新媒体的成熟与否，还要看媒体从业人员是否有成熟的信息采集、编辑能力以及物力的配备。目前情况下，完全依靠外力建立自己的信息资源库并不能满足广大受众的需求，具有创新与创意的个性化信息内容才可能保证新媒体的生存。二手信息资源显然不利于新媒体的运营与发展。因此，新媒体从业人员应该通过自己采集的信息，进行原创内容的生产，以此来吸引和巩固受众。

三、新媒体信息的筛选

（一）新媒体信息筛选的原则

媒体信息资源没有统一的命名规则，因此给新媒体从业人员对信息的识别、组织和整理带来了一定的难度和不便。同时媒体信息资源的来源是多样化的，信息质量也各不相同，因此，在选择信息资源时应遵循一定的原则。

1. 计划性原则

对信息内容的筛选要统筹规划，制定长远目标和近期目标，要有计划、有目的地逐步进行，只有科学统筹和管理规划，才能建立高效而丰富的网络信息资源。

2. 针对性原则

信息内容资源的选择需要针对新媒体的定位及受众的需求。信息内容应针对受众需求，在主题的切入角度、内容的组织筛选等方面都应做到有的放矢。

3. 准确性原则

信息在传输的过程中难免失真或丢失，面对信息的不确定性，要采用科学的方法对信息是否可靠作出正确判断，进行筛选，去掉虚假的，留下真实的。

4. 科学性原则

信息资源的选择要在现代高科技的基础上，采用科学的方法，对互联网信息资源进行质量控制加工，并将选取的信息以科学的方法进行存储，即在一个可靠的检索系统中存取。

5. 连续性原则

由于互联网的动态性，对已选择的资源需要经常维护，还要不断增加新的资源。因此，必须有目的地跟踪信息的发布情况，不断地更新内容。

6. 预见性原则

进行信息资源选择时要注意用户潜在的、未来的信息需求。

（二）网络信息资源的筛选的标准

由于互联网的开放性，任何个人和单位都可以在新媒体上面发布信息，从而使信息的质量判断起来很困难。一般来说，互联网信息质量的判断主要包括信息的真实性判断、权威性判断、时效性判断、趣味性判断和覆盖性判断等方面。

1. 信息的真实性判断

由于互联网信息发布具有很大的自由性，任何人都可以在网络上发布信息表达自己的观点。因此，不可避免地受到发布者偏见、成见、个人价值观点和政治观点的影响，信息并不能准确客观地反映现实。此外，由于商业性原因，一些网站在信息的准确性方面也会受到影响，如搜索引擎中的检索结果会受到广告或赞助商等因素的影响；有些网站为了提高点击率，将与网页主题无关但流行的关健字放在网页标识中等。在网络中，不真实信息的传播速度可能要快得多，后果可能也要严重得多。因此，在网络信息筛选时，对信息真实性进行判断非常重要。

要判断信息的真实性，需要从以下几个方面着手：

（1）明确信息的来源。

只有明确了信息的来源，才能对信息提供者进行考察，从而判断信息是否具有真实性。对于来历不明的信息，绝不能轻易使用。

（2）判断信息要素。

判断信息要素是指对信息要素如事件发生的时间、地点、人物、原因、过程等进行判断，判断其是否齐全。完全的信息要素不仅能让读者获得必要的信息量，还能增加信息的可信度，也方便在必要的时候与事实进行核对。另外，对于信息中的引语、背景资料等也要进行考察，证明其真实性。

（3）判断信息的准确性。

信息的准确性判断是指判断文字和语言是否表述正确；是否能客观、准确地反映事实本身。由于网络中文字信息占多数，表述的正确与否，在很大程度上影响着人们对信息的理解和交流，只有客观、准确的信息才能客观、准确地反映事实。

信息的真实性不仅要求信息是客观存在的、真实的，同时对信息的细节也要做考察与分析，可以通过逻辑推理、调查以及与有关方面或有关资料核对等方法，对信息进行深入的判断。信息中所引用的一切资料，也要有可靠的来源。

2. 信息的权威性判断

有时，对于同一个问题，从不同来源获得的信息可能会大相径庭，甚至相互矛盾。这使得人们无所适从，不知道应该相信哪条信息。这时，对信息进行筛选时，除了判断信息的真实性，还要分析信息的权威性。

判断信息的权威性，需要从以下几个方面着手：

（1）信息的来源。

要判断信息的来源是否具有权威性，首先要考察来源方的声誉、权威性和知名度。一般来说，权威机构或者知名机构发布的信息在质量上比较可靠，尤其是政府机构、著名研究机构或大学发布的文献信息，具有较高的可信度。

（2）网络文献的作者。

网络文献作者的个人情况，如作者的声誉与知名度，作者的 E-mail 地址、电话，能否与作者取得联系等。通常某领域的著名专家、学者或者社会知名人士发布的文献信息可信度较高，更能赢得用户的信任。

（3）数据成果。

对于从网络中得到的各种信息，最好能把它与同类信息进行比较，特别是其中的一些数据，通过比较可以发现这些信息之间是否有差别，从而进一步去找到最具权威性的材料。

3. 信息的时效性判断

信息的时效性是指信息的新旧程度，即与社会现实、技术前沿的接近程度。目前，由于信息量大，信息更新速度加快，所以信息的时效性逐渐成为人们获取信息时关心的主要问题之一，尤其是对于新闻信息和商业信息来说，拥有了最新的信息在某种程度上就意味着拥有财富。

一个信息陈旧、不涉及当今热门话题、可用性很差的新媒体，是不能吸引受众的。另外，由于时过境迁，一些信息要素在经过一段时间后，会发生变化，所以这些信息准确性也会受到影响，需要及时更新。

4. 信息的趣味性判断

从受众的角度来说，上网是他们消闲或调节心绪的一个手段。因此是否具有趣味性也是判断新媒体信息质量的一个方面。

信息的趣味性可以表现为两种情况：

（1）信息本身内容轻松有趣，能让人读后心情愉快。按照一般心理，人们喜欢轻松幽默的文字、轶闻趣事等，或有关动物、自然、旅行、美食等话题。

（2）趣味性也可表现为它能引发的情感，如人的爱憎、喜悦、同情等各种感情。这也被称为人情味。但是，在提供有关轶闻趣事的报道时，应该注意它们是否符合科学原理，不能仅凭道听途说，传播一些没有根据的小道消息。

另外，重视信息的趣味性，还要防止将趣味性和庸俗性画等号。目前，互联网中庸俗信息的确存在，因为网络是一个相对自由的空间。因此重视信息的趣味性，而又不对此作庸俗的理解，才能提供真正能引发人们轻松情绪、唤起人们美好感情的信息。

5. 信息的覆盖性判断

信息资源所涵盖的范围是否广泛；是否针对相关领域或人群；新媒体传播的目的是什么；有何针对性；所提供的信息的广度、深度如何，等等。这些都可作为受众评价和选择新媒体信息资源的标准。

（三）新媒体信息筛选的方法

如今，网络已成为世界范围内查询信息最具现代化、应用最广泛的手段和途径。由于网络信息的数量庞大，人们无法对所有的信息进行搜集并对它们逐一进行评价。

因此，可以运用有效的途径和工具在无序的海量网络信息中搜集所需的信息。

1. 搜索引擎

搜索引擎是指根据一定的策略、运用特定的计算机程序搜集互联网上的信息，在对信息进行组织和处理后，为用户提供检索服务的系统。从使用者的角度来看，搜索引擎提供一个包含搜索框的页面，在搜索框输入词语，通过浏览器提交给搜索引擎后，搜索引擎就会返回跟用户输入的内容相关的信息列表。搜索引擎是用于网上信息资源选择的主要工具，按照工作方式的不同可将其分为：全文搜索引擎和目录搜索引擎。

全文搜索引擎是通过从互联网上提取的各个网站的信息（以网页文字为主）而建立的数据库检索与用户查询条件匹配的相关记录，然后按一定的排列顺序将结果返回给用户的搜索引擎，如 Baidu、Google、Fast/AlltheWeb、AltaVista、Inktomi、Teomat 等。

目录索引类搜索引擎虽然有搜索功能，但在严格意义上算不上真正的搜索引擎，仅仅是按目录分类的网站链接列表而已。用户完全可以不用进行关键词查询，仅靠分类目录也可找到需要的信息，如 Yahoo 雅虎、搜狐、新浪、网易搜索等。

另外，还有垂直搜索，垂直搜索是针对某一个行业的专业搜索引擎，是搜索引擎的细分和延伸，是对网页库中的某类专门的信息进行一次整合，定向分字段取出需要的数据进行处理后再以某种形式返回给用户的过程。

2. 网站

专业网站所提供的信息容量大、内容全面、数据准确。专业网站是最简单、最直接地获取信息的方式。一般来说，网站被用户访问的次数越多，说明该网站上的信息越有价值，而一个网站被链接的数量越多，也可以断定该网站的内容越重要。

3. 网络数据库

网络数据库具有信息量大、更新快，品种齐全、内容丰富，数据标引深度高、检索功能完善等特点，是经济研究最重要的信息源，也是获取信息的一个有效方式。

4. 数字图书馆

数字图书馆是全球信息高速公路上信息资源的基本组织形式，其中的信息资源经过加工整理，可以通过标题、关健词、作者、内容分类特征等“无数据”进行关联检索，甚至可以进行简单的全文任意词检索，这就使网络信息资源的选择变得更为方便、快捷。

5. 自媒体平台

随着移动互联网的发展，自媒体平台的信息内容越来越多，尤其是以专家、名人为代表的具有专业权威性的自媒体平台更是提供了大量的优质信息内容。因此，在筛选信息内容的时候，可以通过自媒体平台挖掘出有价值的信息，并合理运用信息。

第二节　新媒体信息的编辑与整合

一、新媒体编辑工作的基本原则

（一）整合原则

原创信息是新媒体得以“胜出”的重要筹码。但我国的新媒体尚无自采自编的权利，新媒体进行原创性的采编还未现实。因此，必须依托传统媒体极其丰富的信息资源，对现有的信息资源进行二次加工、深度开发，实现信息资源的重组与整合。

信息资源整合，是通过分析媒体、组织及个人提供的信息资源，运用筛选、集成、配置和深度加工等编辑手法，编辑出符合网络特点的信息，进而增加其价值，达到1加1大于2的整合效果。操作方法主要包括：

1. 信息的筛选

信息整合的第一关。新媒体传播的即时性和开放性特征，使人人都可能成为新媒体的受众，也可能成为新媒体的传播者，这就必然使网络信息选择的内容更加广泛，信息含量更大。因此，新媒体从业人员更要把握好选稿原则。一般来说，信息的筛选应坚持四个基本的标准：①真实性；②新鲜性；③全面性；④平衡性。

2. 信息的梳理

信息的梳理是对选定的信息进行净化和优化处理，主要包括信息的纠错与综合两个方面。

由于新媒体信息发布者的素质参差不齐，很多又是随意发布，信息可能会出现很多错误。因此，需要对信息的事实性差错（违反常识、不合情理、主观想象、言过其实、前后矛盾、以偏概全等）、政治性差错、知识性差错和文字性差错进行纠正。

在此基础上，编辑人员还应对新媒体信息加以综合编排，以增强信息的吸引力和影响力。综合编排的具体手法包括：首先要对同类事件进行综合；其次要对某一时段的信息进行综合；再次要对同一事件的不同报道进行必要的综合。

这些综合方法的共同要求是“抓出干货”，简洁明了。这种综合充分利用了网络容量无限性的特点，但并不拒绝适度的重复，而这种重复只是部分内容在不同栏目和不同时间的重复，适度的重复是为了强势推出重要信息的编辑和配置手段。也可采取“递进式”编排强势推出重要消息，从发布单篇消息到发布综合信息，再到组织热点专题，由浅到深、由点到面。

3. 标题的制作

标题是用文字表达信息的事实与思想的一种形式。传统媒体稿件的标题制作形式灵活，风格多样，有叙述式、描写式、章回式、结论式、引语式、繁衍式，有主标题、副标题、肩标题。制作标题讲究对偶、排比、层递、含蓄、双关等。新媒体信息由于基于互联网这一特殊介质，且主页上只呈现消息标题，受众通过点击标题才能获得详细信息，因此新媒体信息整合得再好，如果标题没有吸引力，其他工作几乎徒劳。因此，标题的制作应该注意：

（1）应该简洁明了，言简意赅；

（2）必须是一行实题；

（3）求新求活，富有内涵，努力把一行实题做出报纸多行标题的韵味和效果；

（4）重要的消息标题应被特殊处理，应最醒目地体现在最为明显的地方。

（二）策划原则

策划，不是策划事件，而是策划信息传播活动，策划传播和报道，是新媒体从业人员对具体报道进行有创意的谋划与设计，其目的是更好地配置与运用信息资源，办出特色，取得最佳效益。“凡事预则立，不预则废。”策划是传统媒体加强深度报道的重要武器，也是网络编辑工作的一个重要法宝。大体而言，报道策划主要包括以下类型：

1. 阶段性报道策划

新媒体的整个报道要做到高潮迭起，环环相扣，就必须做好阶段性报道策划，即对一个时期的报道作总体上的部署和安排。阶段性报道时间跨度大，少则一季度，多则一年度，而且涉及范围广，涵盖社会各个领域和媒体内部的各个方面，因而需要有超前意识和宏观视野。

2. 专题性报道策划

专题性报道策划是围绕某一主题或事件所作的系统报道，这种报道最能体现媒体的报道特色和水准。一般说来，专题报道有几种组合形式：

（1）同类组合。把空间或时间相接近的新闻组合在一起，或就某一新闻现象组织受众参与讨论，与受众一起思考，引起受众共鸣。

（2）相对组合。把内容相对或反映同一事物矛盾双方的稿件组合再通过正反对比，形成强烈反差，给受众留下深刻印象。

（3）相关组合。把一些有着因果、呼应、递进等关系的稿子组合在一起，或互为背景，衬托渲染；或循序渐进、步步深入，对信息进行诠释、分析和延伸，让受众对消息背后的信息一目了然。

（4）系列组合。对时空跨度大的重大题材，需要较多的内容才能全面反映它的一个侧面，可采用系列报道的方式。

（5）追踪组合。对受众关注的正在发展过程中的事件作进行式动态报道，它具有很强的阶段性，能不断从新角度反映事件过程的发展及在社会上引起的反响，引起受众的兴趣。

3. 即时性报道策划

这是对突发事件报道的策划。突发事件具有很强的突发性，这种报道不可能事先策划，然而又具有很高的新闻价值，是新媒体竞相报道的对象，需要临场加以策划。这不仅需要扎实的基本功，更需要积极进取的敬业精神，是对新媒体从业人员综合素质的一种检验和考验。尽管网络的特性决定了网络在突发事件的报道中具有得天独厚的优势，但如不精心策划和组织，大量信息就可能群龙无首，成为一盘散沙。

（三）美感原则

受众在线阅读时，有对美感追求的倾向，即既要求客观反映事实真相，又希望得到审美的愉悦和心灵的感动：希望了解人物的真实处境、悲欢离合以得到浓烈的情感体验；希望从视觉新闻中来感受美、体会美，以获得全新的信息和审美享受。不同的页面要素组合，将产生不同的审美效果。因此，新媒体编辑必须注重页面设计的美感，给受众阅读带来美的享受。应注意的美感原则如下：

1. 对比

对比两个并列的事物，可以产生显著的差异。这种差异呈现在形体上，形有大小、长短、曲直、粗细、高低之分，色有明暗、强弱、黑白之别。对比关系被认为是产生视觉刺激的基础。因此，版面设计应当体现对比、统一、平衡、节奏、动感的原则，并处理好主次与聚散、图与地（背景）、群组与间距、四角与对角线、空白与版面等比例关系。具体到页面，对比关系主要体现在色彩的对比，文字与图像的对比，不同层次级别的字符（如栏目标题、文章标题、正文）在大小上的对比等。

2. 统一

统一是一种理性的结合，页面各种元素的统一不仅是方便阅读的需要，也是产生视觉美感的要求。统一原则的真谛是“统一中求变化，变化中求统一”。

3. 律动

柏拉图说，律动是运动秩序。凡是规则与不规则的反复，或同期性的现象都可以产生律动。用一个视觉单位，作规则性的连续表现，借形或色作反复、重叠、综合的灵活安排，且在平衡或比例上稍加变化，使其成为变化而又富于韵律效果的视觉造型，让受众产生轻快、激动、秩序的美感，即是律动的表现。律动用在编排上，需靠文字及图片作节奏性的搭配，因为眼睛的运动完全是随着文字与图片的动线（即文字与图片的流畅性、顺序性及系统性）安排，做规律性的移动的。

4. 平衡

一般而言，页面中的平衡可以通过页面标志、栏目导航区、图片（包括广告）几部分的大小位置关系来获得。这几部分通常具有比较醒目的色彩，占有较大的面积，并且可以从文字中凸现出来。如果能处理好它们之间的关系，页面就会获得平衡。大部分网页都把标志放在正上方，栏目导航放在左部，图片放在中间或偏右位置，这样使页面看上去显得比较稳重。

5. 符合视觉规律

人们接触页面时，首先感知的是两个方面：一是页面中最具有刺激强度的部分，如图片、标题、色彩等；一是页面各局部所组成的复合刺激，即页面的整体外貌。也就是说，人们阅读时存在一个“视觉接触中心”（The Center of Visual Impact，CVI）。一个有创意的和谐的页面设计，就是要在页面上安排一个强有力的CVI。因为一个没有变化的表面，不能引导观察者向任何明确的方向移动。目前，一些网络广告就以这种飘浮形式呈现，来吸引受众的注意力。专业机构对受众阅读习惯的研究发现，人的眼睛在阅读时被某一点吸引住后，通常总是先往这一点的上端看，然后顺时针方向绕一圈；对于横排文页面，受众总是先把注意力放在左上角，然后依次向右移。遵循受众的阅读习惯，将最重要的新闻、信息、图片或者是广告放在页面的左上角，可以吸引更多的注意力。

二、新媒体文稿编辑

（一）文稿的审读

在新媒体信息编辑中，文稿审读是在稿件归类以后紧接着要做的另一项工作。文稿审读又称为“审稿”。审稿是文稿编辑中重要的一环，也是文稿修改的前提。

与手写、印刷文稿相比，作为电子文稿存在的新媒体文稿有自己的特点：文稿以一种原生态的形式出现，篇幅短小，一般不讲究传统写作的形式，有意用生造词，这是由新媒体文稿作者心态不同于传统写作的心态（表达急切、渴望“瞬间”真实、虚拟世界不负文责）决定的；作者群体扩大、素质相对低下，“把关人”缺失或把关力度不够，导致文稿质量不高；过分关注文稿的时效性和上传速度，不能把问题消灭在“襁褓”中，文稿质量难以保证。

审读工作的重要性往往被新媒体编辑所忽视。新媒体编辑工作有自己的特点，如时效性要求更强，审读制度尚不完善，但不能因此而牺牲信息传播的真实性。新媒体编辑的审读主要在于从传统媒体和网络中发现适合新媒体传播的文稿，判定其作为新媒体传播文稿的价值（哪怕只是一些思想的火花），指明其从形式到内容的不足，为下一步改稿工作做准备。

在审读中，有一点特别值得注意：只读不想或不进行深入思考，是新媒体编辑不能深入问题本质、所编文稿毫无特色、“人云亦云”的根本原因，因此，加强自身学识和理论修养是新媒体编辑做好审读工作的必然要求。

新媒体信息发布者在复制、粘贴过程中会产生一些问题，如技术所引起的版面格式转化问题、随传播语境变化而改变传播信息的问题（新闻稿电头、时间、地点、人物明确化）等。

网上即兴文稿因未经“把关人”把关而在网上传播，观点偏激、事实不清等是其常见问题，不拘形式的传播途径也是酿成各种问题的原因。新媒体编辑应该具备一种独特的辨察力，才能沙里淘金，把其中朴拙的真理充分挖掘出来。

具体而言，文稿在审读时要特别注意这四类问题：

第一，政治性错误。新媒体文稿中不能有违背党和国家路线、方针、政策的内容，不能违背国家利益、泄露国家机密。有害国家稳定民族团结、易引起外交纠纷、危害青少年健康成长，及对其他民族宗教性别偏见等内容都是文稿编辑中应努力避免的。这类错误易激化矛盾，造成的社会影响大，往往成为文稿修改中最应关注的问题。

第二，事实性错误。文稿中事件牵扯的人物（人名、照片或职务）、时间、地点有误，或者事件前因后果、人物关系与事实不符，统计数据存在问题。这些都是文稿的事实性错误。网上信息，尤其是权威性不够的网站的新闻信息或来历不明的个人提供的信息要慎用，如该信息确实有价值，则须多渠道仔细核对事实。同传统编辑工作相比，新媒体编辑一般不能直接接触文稿的作者，这就为事实性错误的校正增大了难度。但新媒体也有新媒体的优势，如利用搜索引擎的关键词搜索，可以找到大量的相关信息进行比照，从而订正错误。

第三，知识性错误。每个人的知识都是有限的，文稿中难免出现各种知识性错误，如诗词引用不准确，历史事件时间、地点、人物差错，地理知识紊乱，以及其他学科知识误用等。对于自己不理解、不能判定的问题，编辑要善于翻阅查找资料予以求证，也可利用网络专门的数据库释疑，或请教相关学科专家学者。发现错误后及时更正，以免以讹传讹。编辑工作本身就是知识学习、积累的过程。当各种知识积累到一定程度时，编辑工作会越来越顺手，效率会越来越高。

第四，辞章性错误。辞章性错误主要是文字表达方面的问题，如错别字、语法错误、标点符号误用、数字使用不规范、行文格式不统一等，这是文稿修改中最常见的错误。

（二）文稿的校对

“校对”是个并列词组，包含“校”（校是非）和“对”（校异同）的双重含义。

“校是非”指校出原稿被编辑忽略的差错和版式设计中存在的问题；“校异同”指校出有违原稿之处。传统编辑观认为，“校对是出版物付印前编辑保证出版物文字和内容质量的最后一道工作程序”。新媒体文稿不存在付印不付印的问题，但在其被发布之前，同样要保证文字与内容质量，校对仍是新媒体编辑工作中重要的一环。

目前的新媒体编辑工作同传统编辑工作相比，在校对方面有四个突出特点：一是编校合一，校对工作完全依赖编辑个人。没有传统编辑工作中的印刷厂校对、出版社专职校对和作者自校类型；至多作出“两个编辑负责一个文稿的，要互相将另一人的稿件复审一遍；三人组成的，则分工复审”等规定，而这样的规定遇到时效性要求，将无异于一纸空文。二是只有校样，没有原稿。校对以校是非为主，最后定稿与否完全由编辑瞬间决定，没有理性思考的时间。三是新媒体文稿错误更多，文稿编辑更易出错。新媒体文稿可说是录排差错与写作差错合二为一。电子文本的下载、复制离不开格式转换，转换中往往出现意想不到的格式问题、字体号问题。四是编辑时效性要求高。如重大事件的发布几乎要求与新闻同步。网络的互动性建立在时效性基础之上，如何保持高质量与时效性之间的平衡，仍是新媒体编辑工作者需要思考的问题。

传统编辑工作中校对的方法有点校法、折校法、读校法、通读法和电脑校对五种。点校法也称对校法，指校对者先默读原稿若干字，用左手指点原稿，再默读校样，右手执笔随目光所示，发现有错立即改正。折校法也称叠校法，指校对者将原稿置双手拇指、食指与中指中从上至下折叠，直至原稿上每一行文字与校样上的文字紧密靠近，目光在校样与原稿间上下移动，逐字逐句进行比较发现错误。读校法需两人配合才可进行，指一人读校样，一人看原稿；或者一人读原稿，一人看校样，比较原稿与校样的不同。通读法一般指对原稿内容较熟悉者可脱离原稿直接通读校样，这样可快速发现文意不通畅、可能存在问题之处，乃至其他错误。在传统编辑工作中，通读法是其他校对方法的补充，不能单独使用。电脑校对是利用校对软件对电子文本进行扫描，发现其不合语言常规（如现代汉语、英语）的地方，引导编辑加以改正。电脑校对因无原稿，主要校是非。在电脑校对中，可进行二次开发（如增加专业词汇、自定义错误库等），扩大校对范围和提高准确率。

新媒体编校没有原稿、校稿之分，时效性要求很高。传统校对法中点校法、折校法与读校法三种方法因需要原稿与校稿配合使用，在新媒体编校中便失去了用武之地。可以寄希望的只有通读法和电脑校对法两种。那如何才能充分运用这两种方法为新媒体编校工作服务呢?

在传统编辑工作中，通读法只是一种辅助性的校对方法，其优势在于校是非。而是非往往因校对者个人偏见而难以判断准确，面对同一文稿，同一人校对再多的次数结果都是一样的。如何弥补因个人偏见而造成的是非不明呢？唯一的办法就是增加同一文稿校对者的人数。综合考虑质量与时效，要获得传统编校的效果，两人以上三个校次（编辑编完该文稿之后一次校对，同频道或栏目另一编辑交错校对一次，该文稿编辑二次校对）应是比较合理的选择。现在有些网站强调部门监制和主编对文稿质量的监督，这种监督如果被狭义地理解为重复编辑的校对工作的话，那会影响到网站其他方面的建设。除校对人次保证外，当然还要保证校对者的水平。也就是说，校对者必须是经过专业训练的，即使是编辑也应该接受相关训练。

因新媒体文稿文本都已电子化，电脑校对是一种理所当然的选择。但电脑校对软件再先进也不是万能的，对之不能寄予过高期望；它只是校对者手中掌握的一种工具，辅佐校对者，而不是取代校对者。

借鉴传统编校工作中特殊情况增加校次的方法，新媒体文稿中的重要稿件、加急稿件（如时政专题）不妨采取电子文本与纸质文本同时校对的办法，集全网站之力打“歼灭战”。

三、新媒体文稿标题编辑

不管是在传统媒体中还是在新媒体中，标题都是新闻文稿的“眼睛”。在传统的纸质媒体如报纸中，其新闻标题和正文处于同一个版面，读者在阅读时可以同时扫视标题和正文；但是在网络媒体等新媒体中，文稿的标题和正文处于不同的页面，受众只有通过点击网络文稿的标题才能够看到正文，网络文稿标题是网络文稿发挥作用的起点，是引起网民阅读兴趣的关键所在。稿件再好，如果标题不能够引人入胜，吸引网民的眼球，网络文稿的传播功能是无法发挥的。因此，网络文稿的标题在网络媒体中的重要性远远超过了任何传统的新闻媒体。

由于中国的特殊国情，大陆的大多数网站还没有新闻采访权，新媒体只能转载和整合传统媒体的信息资源。传统媒体上稿件的标题虽然都经过编辑的制作和加工，新媒体照抄照搬一般没有问题，但是新媒体也应该按照自己的传播特点和整合信息的需要，制作合适的标题，使新媒体文稿的标题成为网站的有机组成部分。

（一）文稿标题的构成

新媒体传播的特性决定了新媒体稿件的标题多是单行实题，即单一型标题居多，复合型标题较少。新媒体文稿标题，主要由主题、小标题、准导语、题图和一些附加元素构成。其中主题是新媒体文稿标题的必要构成要素，其他的均为非必要构成要素。

如果稿件反映的实事比较复杂，由几个方面构成或者文稿的内容可以划分为几个明显的阶段时，就需要使用小标题。在网络专题中运用小标题的情况较多。小标题的作用表现在两个方面：首先在内容上，可以提炼文稿正文的内容，提示文稿要点，也可以对主题进行补充和延伸；其次在形式上起连接作用，小标题可以将复杂的内容连接起来。

准导语与传统报纸消息的导语作用类似。它是指位于主标题之后的一段文字，以一段较为具体的话对文稿标题做出解释或者提纲挈领的概括文稿的主要信息、实事等，一般用于比较长或者是比较重要的文稿中，也可以成为“内容提要”。准导语与标题处于同一页面，可以补充新媒体文稿标题因为字数限制造成的信息量不足的情况。受众通过准导语可以了解文稿的核心内容信息。这样能够增加新媒体文稿的点击率，还符合受众的阅读习惯。

在新媒体文稿标题上配上图片，可以解释标题，起到引起受众注意、引导受众阅读的作用。题图主要包括照片、图表、漫画和动画等。与纯粹的文字报道相比，题图更加具有强烈的现场感、表现力，更简洁明了。而且图片对于受众的吸引力更强。“图文并茂”在传统媒体中就有着非常重要的作用。在新媒体中，互联网的多媒体优势，使得图片的作用更加突出。图片不受地域、文化、语言、年龄、学识、国籍等的限制，易于被各层次的受众所理解和接受，符合网络传播广泛性的特点。

图片运用得好，能够活跃页面，还能够调节网民的视觉疲劳。但是图片占用的储存空间比较大，太大和太多的图片会影响信息传输的速度，受众会因为等待时间过长而放弃阅读。因此，网络文稿标题中出现的图片一般较小，数量也不是太多。

新媒体文稿题图的图片一般都有文字说明。图片展示的是事件发生的瞬间，需要加以文字的配合将事件的来龙去脉讲清楚。这些文字说明起到了画龙点睛的作用。但注意在撰写时要简明扼要，同时还要给受众留下思考的空间。

由于传播特性的不同，新媒体文稿标题也与传统媒体稿件标题构成不同。网络文稿标题有一些附加的元素，主要是随文部分、主观标示和效果字符等。随文部分是指在主标题下面标明稿件来源、发布日期、发布时间等内容的部分。新媒体文稿大多为转载，原创的较少，因此需要在随文部分中解释一下。

主观标示是评价稿件、表达编辑意图的一种特殊手段。是指编辑在编辑发布文稿内容信息时，在该文稿标题上所贴的特定评价或示意符号。例如，【关注】、【推荐】、【必读】等字样表明稿件具有较大的价值。但是，随着受众价值取向多元和搜索引擎技术的成熟，此类的标记正在逐渐减少。

效果字符是指通过技术手段使标题发光、能够移动或者能够变换色彩等，以此来吸引眼球，提高点击率。比较常见的字符效果是变化标题色彩，来突出某一篇或者几篇文章，形成视觉冲击力，吸引受众。

（二）文稿标题制作的原则

制作新媒体文稿的标题一般遵循如下原则：

1. 亮点凸出

互联网承载着海量的信息，一篇新媒体文稿能否得到受众的阅读，主要是由标题是否具有吸引力决定的。这要求编辑在制作标题时，将文稿内容中的亮点找出来。哪些内容有可能成为突出的亮点呢？一般来说，文稿中最新鲜、最重要、最显著的内容、广大网民有共同兴趣的内容、和广大网民关系密切的内容、在社会上已经产生重大影响或者将产生深远影响的内容、新异的或反常的内容，都可作为突出的亮点。

2. 准确具体

新媒体文稿标题最主要的功能就是向受众传递信息，这就要求文稿标题不仅准确、符合实事，还要具体、详细。所谓的准确即是标题要依据文稿内容，实事求是地反映文稿的中心思想。新媒体文稿标题制作的准确性原则要求在制作和编辑网络文稿标题的时候，用词准确，对事件发生的时间、地点和整个事件的概况要准确，同时对事件的评述要把握分寸。

新媒体文稿标题制作的具体性原则是指，在文稿所涉及的众多信息中，选取最具亮点的一个或者几个放在标题中，从而吸引受众的眼球，提高文稿被阅读的次数。上文提到的那些最新鲜、最新奇、最重要、最显著的内容，那些广大网民最感兴趣的内容，那些具有重大影响和深远意义的内容都可以放进标题。

3. 创意新颖

创意新颖的标题能够在新媒体海量的标题中脱颖而出，给人留下深刻印象。文稿标题制作的新颖性原则首先表现为立意的新颖，这要求编辑站得高、看得远，“明别人知而不明之理”“见别人视而不见之物”。其次表现为角度的新颖，不同的文稿对同一事件的描述不同，因此标题在制作时的侧重点也不同。“横看成岭侧成峰，远近高低各不同”，编辑应根据网络文稿的侧重点，选取最吸引网民的角度来制作标题。

标题制作新颖性原则还表现为语言的新颖，这要求标题语言要有清新时尚的风格，“唯陈言之务去”，陈词滥调的套话和空话只能引起受众的反感。同时，很多创意新颖的标题语言已经“飞入寻常百姓家”，成为我们日常生活词语的重要组成部分，使我们的生活语言更加的丰富多彩。

4. 语言简练

标题是新媒体文稿的“眼睛”，同时也是引起受众阅读兴趣的关键所在。好的标题要达到“立片言而居要”的效果。这就要求编辑用心锤炼标题语言，使标题做到字字珠玑。具体要求包括：一要使用概括性强的语言，用最少量的词语表达最丰富的内容，言简意赅。二要字斟句酌，将某些不需要的修饰成分和意思已经包含在标题其他词语中的字词删去。三要巧用简称。一些国名、地名、单位名称等专有名词一般能够被大多数的人所理解，在这种情况下，可以使用简称。

5. 亲切贴近

在传统新闻理论中，贴近性原则是新闻价值的一个重要因素。在我国曾经提出过新闻的“三贴近”原则。亲切贴近主要是指文稿所包含的信息与受众的心理和地理距离越接近，就越易受到人们的关注。在新媒体中，随着交往空间的扩大，贴近性原则已经不仅仅局限于地域的接近性。有着共同兴趣爱好的人们不管在物理空间中存在多大的距离，在网络的世界中都可以“类聚”和“群分”。因此心理的贴近性原则成为网络文稿标题制作的一个重要的原则。构成心理贴近的因素很多，比如相似的年龄、人生经历、思想意识和文化修养、相同的性别等。一些能够引起受众普遍心理共鸣的因素，也能够打破时空的限制，使多数的受众对同一新媒体文稿产生兴趣。比如难以割舍的亲情和友情，浪漫的爱情，人们共有的同情心等。编辑在制作新媒体文稿的标题时要注意选取这些内容要素，在标题中凸现出来，使之能够在受众的心中产生亲切的贴近感，从而产生共鸣，提高文稿的阅读率。具体可从以下角度来进行考虑：

（1）从受众感兴趣的角度进行考虑。受众只有对有兴趣的东西才会去看，兴趣是人们从事一切工作最重要的内驱力之一，编辑在制作标题的时候，要从受众最感兴趣的角度切入，将新媒体文稿中最有趣的内容挑出来标在标题中。

（2）从受众易于接受的角度进行考虑。有一些文稿是有关科技、学术、财经和法律的内容，编辑在制作此类文稿的标题时，要注意做到通俗化、感性化和形象化。尽可能地使网民易于理解和接受。相反，如果这些专业性很强的文稿标题很学理化，肯定不会引起受众的注意。

（3）从受众最关心的角度进行考虑。受众上网获取信息的目的之一就是要排除对身边事件的疑问，为日常生活提供信息服务。因此，在制作文稿的标题时，要考虑下哪些信息是受众最关心的，把这些受众最关心的内容放在标题中，肯定能够引起受众的注意和点击。

（4）从距离受众最近的时空角度进行考虑。接近性原则是新闻价值要素的重要组成部分，在新媒体文稿中，不论是新闻类文稿或是非新闻类文稿，时空的接近性都是制作标题要考虑的重要因素。

（三）文稿标题制作的方法

要想确定标题的内容，首先要精心阅读稿件，提炼出文稿的主题，这是制作文稿标题的前提。只有熟读稿件才能做出好的标题来。文稿标题内容提炼出来以后，要用适当的文字把它表现出来。需要注意以下几个方面：

1. 长短适中

新媒体文稿标题中常常出现空格，以此来进行断句，所以必须把握好标题的长度和字数，遇到表意复杂的长句标题时，可将之简化为短句。但是标题也不能太短，太短的标题容易造成阅读顺序的混乱，因为读者在阅读时需要频繁地上下左右移动视线。一般来说，人们在阅读文字，眼球跳动时是不能感知文字的。眼球停顿时感知的文字也只有6~7个，若超过6~7个文字则需加标点或者是空格来“换气”。所以网络标题最好控制在16~20字之间，最好中间用空格分成两部分，各部分由7~10个字组成。

如《习近平致电祝贺特朗普当选美国总统》《中国足协强烈谴责偷拍行为 封杀两平台报道活动》等，这几条标题的长短适中，字数都控制在20字内，中间用空格隔开来方便阅读。

2. 单行实题，虚实兼顾

在制作标题的时候还考虑标题的结构是采用单一型还是复合型，一般来说，新媒体中多使用单一型的标题，即单行题居多。但是这不等于说新媒体标题不需要虚题，只是说以实题为主，根据情况注意二者的合理搭配，虚实兼顾。有些内容复杂的稿件是可以运用复合型的标题的。标题如果过实，缺乏悬念，会使网民丧失继续阅读的兴趣；标题如果过虚，网民看不明白，同样还是会打消网民的积极性。因此做到既准确概括文稿的信息内容，又能吸引受众眼球，使受众继续点击阅读，这样的标题才是真正的好标题。例如《100万的房子缴税4200 房产税真的要来了?》该标题为单行题，有两个部分组成，前半句是实题，后半句则是虚题，虚实搭配，无疑能够引起网民极大的阅读兴趣。

3. 标题要有文采

标题是稿件的“眼睛”，有文采的标题对整篇稿件才能起到“画龙点睛”的作用，要使标题具有文采，可从以下几个方面考虑：

（1）活用动词。动词是汉语中最活泼、最具有表现力的词语，它善于描绘事件的发展和变化，善于表情达意。一个生动、活泼、富有个性的动词，往往会引起受众无穷的遐想。

（2）善用各类修辞手法。修辞手法包括比喻、对比、比拟、借代、反复、对偶等。修辞手法在新媒体文稿标题中的使用主要是增强标题的可读性和感染力，受众在阅读时能够产生美的感受。

（3）借用诗词佳句、俗语、流行歌曲和口语化、大众化的语言。中国的文化博大精深，尤其是一个诗词王国。在文稿标题的制作时恰当的引用古典诗词佳句，可以使标题言简意丰，情趣盎然。

第三节　多媒体的编辑与制作

一、新媒体图片的编辑

（一）新媒体图片的分类

在新媒体时代，计算机所处理的图片主要有图像与图形两种。

图像，也叫位图，亦称为点阵图像或光栅图片，是由称作像素的单个点组成的。像素是位图的最小单位，位图通过像素的排列组合构成画面。

图形，也称为矢量图，是一种面向对象的绘图技术，矢量图形是以一组指令的形式存在的。它不直接描述数据的每一点，而是描述产生这些点的过程及方法。这些指令描述一幅画中所包含的直线、图、弧线等，也可以用更为复杂的形式表示图像中的曲面、光照、材质等效果。矢量文件中的图形元素称为对象，每个图形对象都是相对独立的实体，可以在绘图过种中对它们进行移动与属性的修改而不影响画面上的其他图形对象。

图形又分为二维图形与三维图形两种，二维图形的变换在二维空间中进行，组成图形的基本单位称为图元。元是图形中的一个独立单元。图元可以用来描述如线型、颜色、层次等一系列参数。三维图形要实现的是三维空间的图形显示和变换。三维图形的应用领域越来越广泛，例如三维地图、计算机辅助设计、仿真系统、虚拟现实系统等。三维图形及其真实感的生成，需要耗费计算机更多的计算时间与储存空间。

（二）新媒体图片编辑原则与方法

1. 图片编辑原则

从理论上说，图片编辑的任务，就是在规定的时间内、在符合传媒整体风格和版面内容要求的条件下，将一块固定面积的平面组织、设计成一种具有整体风格的表达方式，以期最大限度地发挥单幅图片和组合图片的传播效能。图片编辑的基本原则，在纸介传媒和网络传媒中，任务是一样的。不同之处在于，传统的纸质媒体图片编辑会根据一个或多个固定的版面，以一种注重整体感、突出重点和图片与图片以及图片与文字搭配关系的方式，对图片进行选择、组织、排版；而新媒体时代要面对的是容量更大、更富于多变性的载体：手机屏幕、户外电子屏幕、互联网网页等。同时，电视图片编辑的编辑素材除了记者提供的数码摄影图片之外，更多地是要处理已经以数字化方式存在的大量电子图片。电子图片编辑一方面有更多的可能性和选择空间来决定使用那些电子图片，另一方面必须面对性质复杂、表现方式丰富的各种新媒体。因此编辑原则与传统纸质媒体的图片编辑有明显的操作层面的差别。

（1）明确图片的形式与内容的关系。

电子图片的存在形式是一系列有规律可供计算机处理的数据文件。其形式特点是可按一定要求和规律，予以全画幅做同步变化，也可对局部全部做复制合成修改填补等变换处理。

而对于电子图片编辑来说，图片的内容是考虑是否对图片的形式进行修改的决定因素。图片内容也是客观存在的数据，这些按一定逻辑关系组成的不同的色块、线条细节的像素构成了我们公认的可辨视的有具体内容的生活或自然场景，是一个具有形象意义的图像。通过辨别形象可发现和体味图像内在含义。这些含义对作者和受众而言，能产生主观感受。实际上纪实或新闻摄影主要是拍摄自然或社会生活中曾出现过的事实片段，展现事实的基础，在数码照片上由像素组成，而在胶卷上由银盐或染料形成。由于数码照片的表现形式是很严密且可变化的数据，因此通过电子计算机可对内容做天衣无缝式的修改，所以在改变内容时可操作性要比传统胶卷来得容易且不易被察觉，这也是数码照片的固有属性之一。

一般来说，对纪实性照片或新闻照片不能做后期修改。不过这里要仔细定义“修改”的内涵。因为数码图片需要根据观看者所观看的媒介（各种屏幕）“个别成像”，而每个媒介所呈现出的影像本身又有很大差别，尤其在缺乏色彩管理的情况下，同一幅照片出现在不同的媒介上视觉效果差别可能会很大。因此，对数字图片，包括纪实类照片，进行适当的颜色、色度、明暗、对比度等方面的调整是被允许的。实际上，经过传统暗房成像的时候，摄影师也常常会通过各种手段对照片进行修整。而不被允许的“修改”则是那些影响照片真实性的变动，比如对出现在照片上的物体进行增减，改变物体颜色、形状、大小、质地等。而对于非纪实类作品来说，电子图片编辑则可以利用日益精进的电子图片软件（后面有相关介绍），发挥想象，进行重新创作。

（2）充分考虑新媒体图片的使用环境和接受方式。

新媒体图片的使用方式和使用环境比传统图片要广泛和复杂得多。传统媒体上的图片使用主要包括出现在书籍、杂志与报纸上的图片。因此传统媒体的图片编辑过程中，需要考虑的因素较少。通常包括图片出现的版面顺序，每张图片的大小安排，多图片出现在同一页纸质媒体上时图片之间的呼应与配合等。

而由于传统纸质媒体页面的大小变化不多，因此在处理图片大小、图片间的配合等问题的时候，没有太大的创作空间。最大的图片就是占报纸的一整版大小，或者书籍与杂志的一张页面的大小。而且，读者在观看纸质媒体图片的时候，是出于一种“完全占有”该媒体的心理，并且可以反复、或者长时间观察某张图片的细节。

新媒体图片既然以新媒体为载体，就会出现在所有的新兴媒体之上。这些电子图片的呈现方式和接受方式都与纸质媒体上的图片不同。首先，新媒体上的图片以一种历时性的方式存在。观看者只能在一个时间片断内，看到图片提供者提供的众多选择中的一部分。读者很难“完全占有”电子媒体上的图片。其次，观看者可能同时面对多种新媒体，他可能同时从自己订阅的“手机报”、电脑屏幕、户外广告牌上看到各种图片。他甚至可能自己把电子图片经由网络传播出去。再次，观看者可能在运动过程中观看图片，比如在走路时看到户外数码广告牌，或者在浏览网站看到某个图片。同时，电子图片也可能被以运动的方式呈现出来，比如制作成 Flash 文件播放等。

因此，理解观看者对数码图片的接受方式，对于新媒体图片编辑来说，至关重要。

2. 图片传播的法律问题

新媒体图片编辑拥有便利的图片库资源，图片获得的途径也远超过纸质媒体编辑主要依赖作者投稿的情形。不过，从大量来历各异的图片中进行选择，并且将之编辑出版有可能面临严重的法律问题。图片编辑在工作中应该基本了解著作权法的相关规定，尽力避免出现侵犯别人名誉权的情况。以下部分对这些法律问题进行了集中归纳，图片编辑可以以此为框架，通过阅读相关法律和案例加强自己的法律意识和法制修养。

（1）未经授权使用他人图片的法律问题。

图片属于著作权法保护的作品范畴。本书所提及的图片在法律意义上指摄影作品（参见《著作权法实施条例》第四条第十款）。

根据第四十七条著作权法，未经同意擅自使用他人图片，应界定为侵权行为。具体来讲属于侵犯版权人的复制权（参见第十条第五款），并按照侵权程度承担停止侵害，赔礼道歉，赔偿损失等民事责任。

除宪法所保障的人格尊严权利之外（参见《宪法》第三十八条），几乎任何权利都非绝对权利。按照《著作权法》第二十二条第二款规定：为介绍、评论某一作品或者说明某一问题，在作品中适当引用他人已发表的作品，可以不经著作权人同意，不向其支付报酬。前提条件是：一、使用人有自己独立的作品；二、使用他人图片的目的是评论或阐释问题。

（2）关于肖像权和名誉权的法律保护。

根据民法通则第一百条规定：公民享有肖像权，未经本人同意，不得以营利为目的使用公民肖像。在《最高人民法院关于贯彻执行民法通则若干问题的意见》中，最高法院对“以营利为目的的行为”在第一百三十九条进行了非限定性解释。比如广告、商标、装饰橱窗等。可以得出如下结论：未经他人同意，非营利性质使用他人肖像（具体来讲照片或含肖像权的图片）原则上是允许的。前提条件是此图片获取的来源正当并合法。

公民享有名誉权。禁止第三人以侮辱、诽谤等方式损害权利人的名誉（参见第一百零一条《民法通则》）。在通则意见中，最高人民法院虽然明确将这种侵权行为的表现方式限定在书面、口头形式。但由于其属于非限定性表述，应得出结论：不论侵权行为以何种媒介为载体，公民的名誉权受法律保护。在使用图片或者在作品中不应对图片进行侮辱性使用和评论。相关程序法上的问题参见《最高人民法院关于审理名誉权案件若干问题的解答》，［1993］15 号通知。

（3）有关偷拍的法律规定。

图片编辑虽然不一定直接参与偷拍活动，不过按照《通则意见》第一百四十条的规定：以图片等形式宣扬（传播）他人隐私的，应承担民事侵权责任。此行为应认定为名誉侵权。仅仅是以偷拍形式非法获得图片并不以传播为目的时，法律如何判定？在中国的《刑法》《刑法修正案》《最高人民法院关于办理利用互联网、移动通讯终端、声讯台制作、复制、出版、贩卖、传播淫秽电子信息刑事案件具体应用法律若干问题的解释》中并没有相关规定。

受害人唯一可以使用的法律保护来自于“最高人民法院法释［2001］7 号文件”：《关于确定民事侵权精神损害赔偿责任若干问题的解释》第一条：违反社会公德侵害他人隐私或其他人格利益，受害人以侵权为由向人民法院起诉请求赔偿精神损害的，人民法院应当予以受理。有管辖权的人民法院位于侵权行为地（偷拍地）或被告所在地。（参见《最高人民法院关于审理名誉权案件若干问题的解答》第四条）。

不过，各个国家对于偷拍问题的法律处置有很大的差异性，比如德国刑法 §201a 第一款中，不仅将个人的隐私或私人领域的保护纳入刑法范畴（处以一年以下有期徒刑或罚金），还对偷拍行为（并不以传播为处以刑罚的前提条件）加以管制。

3. 新媒体图片编辑基础

新媒体的图片编辑涉及数字技术的双重使用问题，图片编辑在编辑电子图片的过程中，应该将两者都考虑在内。所谓双重使用：一是指在图片处理过程中，图片编辑应该牢记新媒体图片是依赖数字化构成本身被呈现出来的，因此在处理图片过程中要注意对各项数字化指标进行的修改，并使其能够以最佳方式呈现数字图片；二是由于新媒体图片具有极强的流动性和交流的便利性，它们可能受到图片观看者的二次使用，甚至编辑，而经过二次使用和编辑的图片还有可能再次回流到新媒体中。因此，数字图片的使用环境和接受环境也应该得到新媒体图片编辑的重视。

（1）图像大小。

图像大小是指图像像素的高度和宽度的数目。当制作网络上显示图像时，像素尺寸显得十分重要。如果图像在 14 英寸显示器上显示，用户可能就要将图像大小限制为最大 640×480 个像素。屏幕上图像的显示尺寸是由图像的像素尺寸以及显示器的大小和设置确定的，图像的文件大小与其像素尺寸成正比。

（2）分辨率。

分辨率是图像处理中一个极其重要的概念，指一个图像文件中包含的细节信息和大小，以及输入输出或显示设备能够产生的细节程序。操作位图时，分辨率既会影响最后的质量也会影响文件的大小。

分辨率 = 图像在某一方向上的总像素数/图像在该方向上的实际输出尺寸。例如，72ppi 分辨率的 1×1 平方英寸图像包含总共 5184 个像素，即 72×72 = 5184，所以要确定使用的图像分辨率，应考虑图像最终发布的媒介。

对于图形来说，基于矢量的绘图与分辨率无关。

屏幕分辨率：屏幕分辨率是显示器上每单位长度显示的像素数目，通常以点/英寸（dpi）为度量单位。显示器分辨率取决于显示器的大小及其像素设置。大多数新显示器的分辨率大约为 96dpi。

输出分辨率：输出分辨率是激光打印机等输出设备在输出国像时产生的每英寸的油墨点数（如 1）。多数桌面激光打印机的分辨率为 600dpi，而照排机的分辨率为 120Mpi 或更高。大多数喷墨打印机的分辨率约为 300～720dpi。

（3）颜色深度。

颜色深度是指存储每个像素的颜色所用的位数，颜色深度决定彩色图像的每个像素可能有的颜色数，或者确定灰度图像的每个像素可能有的灰度级数。

1 位：仅黑白

8 位：256 灰度阴影或 256 色

16 位：高彩，65，536 色

24 位：真彩色，16，777，216 色

32 位：真彩色，4，294，967，296 色

（4）颜色空间。

颜色空间决定用于显示和打印图像的颜色模型。Photoshop 的颜色空间是建立好的用于描述和重现色彩的模型的基础。常见的模型包括 HSB（色相、饱和度、亮度）；RGB（红色、绿色、蓝色）；CMYK（青色、品红、黄色、黑色）和 Lab。Photoshop 也包括用于特别颜色输出的模式，如索引颜色和双色调。

位图模式：该模式只有两种颜色值（黑色或白色）表示图像。位图模式下的图像称为黑白图像。

灰度模式：该模式有多达 256 级灰度，图像中的每个像素都有一个 0（黑色）到

255（白色）之间的亮度值。灰度值也可以用黑色油墨覆盖的百分比来度量（0 等于白色，100% 等于黑色）。使用黑白或灰度扫描仪生成的图像通常以灰度模式显示。

索引颜色模式：该模式有最多 256 种颜色。当转换为索引颜色时，Photoshop 将构建一个颜色查找表，用以存放并索引图像中的颜色。如果原图像中的某种颜色没有出现在该表中，则程序将选取现有颜色中最接近的一种，或使用现有颜色模拟该颜色。通过限制调色板，索引颜色可以减小文件大小，同时保持视觉品质不变。

RGB 颜色模式：RGB 分别代表红色、绿色和蓝色。图像的形成是由 3 种颜色的光线叠加而成的。它们可以在屏幕上重新生成多达 1670 万种颜色。

CMYK 颜色模式：CMYK 为青色、品红、黄色和黑色的缩写。该模式图像由以上 4 种颜色组成。由黄、品和青 3 种颜色的油墨混合在一起，理论上讲可产生完整彩色图像。但实际印刷中，3 种颜色混合只能产生深灰色，而不能产生纯黑色，所以又加入了黑色。

Lab 颜色模式：Lab 模式通过两个色调参数（A、B）和一个光强度参数（L）来控制色彩。它是一种具有“独立于设备”的颜色模式，即使用任何一种显示器或者打印机，Lab 的颜色不变。

（5）图像处理软件。

图像处理软件就是用于处理图形图像的软件。这类软件很多，常用的有 Photoshop、CorelDraw。过去在暗房里的一系列艰苦的加工活，如改变影像的明亮度、对比度、灰度、色彩饱和度、色彩平衡、重新构图等，用这些软件，只要轻易地点几下鼠标就全解决了。它们可以将影像重新分割、重组、调色、修改、换背景、加入文字；让其任意转向、变形、加柔和重聚焦。正片负片的互换，将照片制作成木刻、浮雕式样等一系列特效滤镜。当能熟练使用各种绘图工具后，就可将原影像按自己的审美情趣重新绘制或创造出符合自己意愿的图形图像来。

一般来说，在对新闻图像进行编辑处理时，一般只用调整的方法就可以达到传播要求。因为新闻的生命是真实，后两种编辑方法有时会损害新闻的原意，一般不用于新闻照片的编辑处理，但可用于处理其他类的艺术图像，特别是一些网络广告图像等。

二、新媒体音频编辑

（一）流媒体的概念

流（Streaming）是一个较新的技术词汇，目前有很多不尽相同的相关定义与解释。本书所指的流媒体主要具有以下特征：

（1）通过相应的媒体服务器，流媒体可以实现互联网或者局域网范围内的声音、视频或多媒体内容的实时播放（Real - Time），也可以方便的实现多媒体点播（On -

Demand）。

（2）流媒体服务器应用程序负责传播流媒体内容，客户机的播放器程序负责处理与播放。客户机接收到足够的可以用来缓冲的数据后，就可以开始播放媒体内容，而不用等待整个媒体文件下载完毕。这样可以有效地减少用户等待时间，提高传播效率。

把传输中的数据暂存在缓冲区里，顺序播放缓冲区里的文件，就可以实现媒体文件下载的同时播放，这是流媒体的一大优势。但要注意的是，这个特点并不为流媒体所独有。现在一些采用伪流媒体技术（Pseudo－Streaming Techniques）的媒体格式，允许用户在进行顺序下载（Progressive Download）时，就可以播放媒体内容，而不必等整个文件下载完毕。所以，能够在下载完成之前就进行播放，并不是流媒体的独有特征。

（3）用户终端接收到流媒体文件后，会进行同步实时处理，播放过的媒体内容会被丢弃。播放完成之后，不会像传统的下载或顺序下载那样，在硬盘上保留已播放过的流媒体内容。

可以说，从本质上来看，流媒体广播更接近于传统媒体的广播。它不但能减少用户等待的时间，而且也不会占用大量的硬盘空间，这种特性还可以用来进行有效的版权保护，防止媒体文件被未经授权的人复制与使用，这也正是流媒体受欢迎之处。

（4）流媒体支持交互特性，可以提供非线性的媒体访问方式。用户在观看流媒体的时候，可以方便的根据需要选择多媒体内容点播、直播，也可以在操作的时候进行暂停、回放与跳转等操作，还可以参与互动内容等。

（二）常见的适合网络传播的音频格式

1. WAV 格式

WAV（WAVE）是 Waveform 的简称，也叫波形声音文件，是 Microsoft 公司开发的一种声音文件格式，被 Windows 平台及其应用程序广泛支持。Windows 平台下，基于 PCM 编码的 WAV 是兼容性最好的音频格式。因此，基于 PCM 编码的 WAV 可作为各种音频编码相互转换的一种中介格式，例如，将 MP3 转换成 WMA。

WAV 格式支持多种音频位数、采样频率和声道的编码，但并不对数据进行压缩。WAV 音质很好，但文件体积较大，只有很少的对声音品质要求较高的网站，采用 WAV 格式进行网络传播，如 BBC Radio 的部分内容，就采用 WAV 格式进行网络直播与点播。

2. AIFF 格式

AIFF 是音频交换文件格式（Audio Interchange File Format）的英文缩写，是苹果计算机公司开发的一种声音文件格式。AIFF 格式被 Macintosh 平台及其应用程序所支持。

标准的 AIFF 格式采取未压缩的 PCM 编码。AIFF 格式的扩展版本 AIFF－C 和 AIFC，则支持多种格式的压缩编码，这样能有效减小文件体积，便于网络传播。采用标准 AIFF 无损压缩格式编码的音频文件扩展名为 AIFF 或者 AIF，压缩格式的音频编码格式扩展名为 AIFC。

3. MP3 格式

MP3 是 MPEG1 Audio Layer－3 的简称，是 MPEG1（Motion Picture Experts Group）的衍生编码方案，1993 年由德国研究成功。MP3 使用有损压缩编码，可做到 12∶1 左右的压缩比，并保持了较好的可听音质。这样每分钟音乐的 MP3 格式只有 1MB 左右，在网上传播非常方便。

从 1994 年上半年开始，MP3 格式开始在互联网上蓬勃发展。直到今天 MP3 格式仍然是最流行的网络共享音频格式。

4. WMA 格式

WMA 的全称是 Windows Media Audio，是 Microsoft 针对 MP3 格式和 AAC 格式推出的竞争格式，是 Windows Media 媒体技术的一部分。WMA 的编码速度很快，尤其是在低码流时编码效率较高。

WMA 包括四种编码格式：WMA 格式是 Microsoft 公司推出的与 MP3 格式和 RA 格式相竞争的一种音频格式。WMA 在压缩比和音质方面都超过了 MP3 和 RA（Real Audio），即使在较低的采样频率下也能产生较好的音质。WMA 7 之后开始支持证书加密，未经许可，即使是非法拷贝到本地，也无法收听。

WMA Pro 是支持多声道和高保真音频编码的高级编码格式；WMA Lossless 是无损压缩音频格式，相同时间的数据量仅仅是音频 CD 的一半左右，支持版权保护。WMA Voice 是针对低码流环境下语音内容的压缩编码方案。

5. RealAudio 格式

RealAudio 是 RealNetworks 公司开发的网络音频格式，最初定位于低码流环境下的在线播放，包括支持边下载边播放以及网络流媒体在线播放。20 世纪 90 年代中后期，很多网络电台都采用 RealAudio 格式实时播出。

RealAudio 文件格式现在已经做了很多扩展，如可以支持无损压缩、多声道编码，但由于 RealAudio 是 RealNetworks 公司的封闭格式，面对众多新兴免费开放文件格式的竞争，RealAudio 的影响力越来越小。RealAudio 音频文件扩展名为 RAM 或者 RA。

除以上介绍的专属音频格式之外，还有 ASF、MOV、FLV 等支持流媒体功能的多媒体文件格式。

（三）数字音频编辑软件简介

常见的音频编辑软件，根据软件的功能（能否处理视频）可分为两类：一类是专门的声音编辑软件，如 Audacity、Adobe Soundbooth、Adobe Audition、GoldWave、Nuendo、Sony Sound Forge 等。这些软件都只能进行音频的录制、混合、编辑制作和处理，不支持视频图像的处理。

另一类是 Adobe Premiere Pro、Final Cut Pro 、Sony Vegas 等视音频编辑软件，这些软件都以处理视频图像为主，但也兼顾音频编辑，有些软件还有较强的音频编辑和处理功能，如 Adobe Premiere Pro。

尽管这些声音编辑软件种类众多，性能上也各有千秋。但作为声音处理软件，这些软件的操作界面相仿、功能相似、基本原理相同。都是通过调整声音波形的频率、振幅、相位、速度、时间等基本物理属性，来实现声音的录制、混合、编辑、特效制作等多种功能。

Adobe Premiere Pro CS4 是美国 Adobe 公司推出的最新版本的音视频编辑软件，在影视制作、多媒体制作等领域得到了广泛的应用。它的界面友好、可以使用的配套软件众多，对计算机硬件配置要求低，不需要非编板卡或专业硬盘等硬件支持，属于纯软件系统，价格相对便宜。本章就以 Adobe Premiere Pro 为例，简单介绍一下声音的基本编辑过程。

一般来说，使用编辑软件进行音频的编辑处理，主要工作流程如下：①设置软件的基本参数；②导入与浏览声音素材；③声音的剪辑与调整；④应用声音特效；⑤进行混音；⑥预演与输出。

1. 设置软件的基本参数

如果是第一次使用此软件，需要对软件的编辑模式等常用参数进行基本设定，以确保正确的编辑环境。另外也可以根据需要，对软件的工作界面与布局做出调整，使其更符合自己的操作习惯，提高工作效率。主要操作步骤如下：

（1）在新建 Sequence（序列）时，设置与音频素材相同的 Sample Rate（采样频率）：一般 MP3 的采样率为 44100Hz，DV 音频的采样率为 48000Hz。

（2）在软件的编辑界面，选择主菜单 Window > Workspace > Audio，把软件的工作模式设置为音频编辑。

（3）单击主菜单 Edit > Preferences > General，在弹出的 Preferences 对话框中进行基本的设定。

其中 General 选项中的 Audio Transition Default Duration 可以设定声音转场的持续时间，默认为 1 秒；Appearance 选项可以调整软件界面的亮度；Audio 选项可以对 5. 1 声道混合类型等参数进行设定；如果使用了专业音频设备，还需要对 Audio Hardware 参数进行设置。Audio Output Mapping 则可以对 5. 1 声道音频输出映射做出设置。

（4）如果想对声音进行精确的调整与剪辑，单击 Timeline 面板右上方的按钮，从面板菜单中选择 Show Audio Time Units，把当前的编辑单位由默认的视频帧率切换为音频采样单位。

2. 导入与浏览声音素材

（1）声音素材的导入。

选择菜单 Flie > Import，或者在 Project 面板的空白处双击鼠标左键，在弹出的 Import 对话框中，选定一个或多个音频文件后，单击 Open，就可以把文件导入软件的 Project 面板。导入到 Project 面板中的声音素材，可以通过面板上的属性信息栏，或者通过右键菜单 Properties 查看其采样率、时长等属性信息。

（2）Source Monitor 声音素材浏览。

浏览素材、熟悉音频内容是进行节目编辑制作的基础。双击 Project 面板选中的素材，就可以把音频素材导入到 Source Monitor 面板中进行浏览，设置入点和出点。Source Monitor 面板有多种素材时间显示或控制工具，可以快速、精确地浏览和定位相应的素材内容。参看图 6－1。

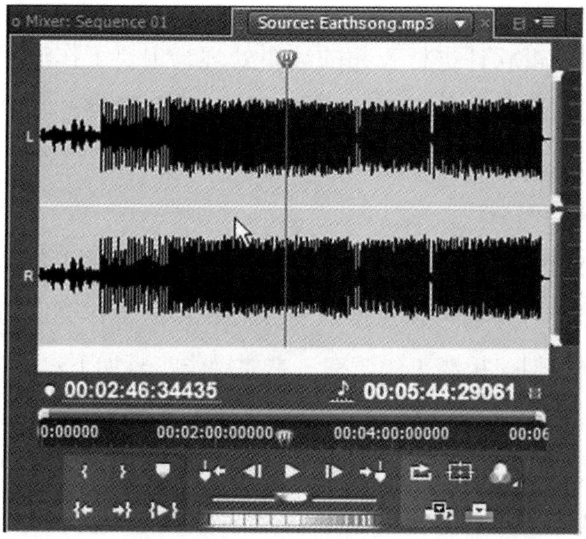

图 6－1　Source Monitor 面板

按▶键可以播放素材；播放头指示当前的播放位置，可以通过拖移播放头来快速寻找及预览素材；找到素材的入点位置后，按 In Point 按钮或者按键盘上的 I 键，即可设定当前位置为入点；同样找到此段素材的结尾点后，按 Out Point 按钮或者键盘上的 O 键，即可设定出点；单击{▶}，可以播放入点与出点之间的素材。

（3）时间线音频数据浏览。

Adobe Premiere Pro CS4 对同一音频素材提供了多种不同的预览方式，以便浏览与剪辑声音素材。单击轨道名称左侧的小三角形可展开声音轨道波形。

其中选项 Show Clip Keyframes 显示添加到轨道上的音频剪辑关键帧，Show Clip Volume 显示剪辑音量，Show Track Keyframes 显示轨道关键帧，Show Track Volume 显示轨道音量。

在 Timeline 面板的 Sequence 轨道上，声音数据可以波形的方式显示。波形是音频素材属性随时间变化的视觉表示。波形的高度代表声音的振幅，振幅越大，声音越响亮。通过音频轨道的波形查看，可以快速直观地了解一段声音剪辑的基本属性。参看图 6－2。

图 6－2　单击小三角形，展开和浏览音频轨道和波形

（4）时间线音轨操作。

Adobe Premiere Pro CS4 的一个 Sequence 中可以包含单声道、立体声双声道和 5.1 声道格式的多种素材。单声道 Mono 只包含一个声音轨道，立体声 Stereo 包含左右两个声道，5.1 声道包括三个前置声道和两个后置或环绕声道（左、右）和一个低音声道。时间线面板默认有 3 个 Audio Tracks（声音轨道）和一个 Master Track（主音轨）。

Audio Tracks 上可以添加实际的声音素材，是声音剪辑的主要工作轨道。在时间线上可以随时通过右键单击轨道头部，从弹出的菜单中选择 Add Tracks，或者选择菜单 Sequence > Add Tracks 来增加或删除声音轨道。当向最低的音轨下拖放素材时，系统也会自动创建一个新的轨道。

Master Track 控制其他所有音轨混合后的输出结果，对 Master Track 的调整相当于同时调整所有的 Audio Tracks。

3. 声音的剪辑与调整

在 Source 窗口中监听声音素材，选取有用的部分打上入点和出点，添加到 Timeline 面板的 Sequence 轨道中，即可实现声音的剪辑。

素材添加到轨道上有两种方式。第一种是 Insert（插入）模式，在这种编辑模式下，添加到时间线轨道上的素材会从插入点把轨道上的素材切开为两段，后一段素材会自动后移，而不会被新插入素材覆盖。选定素材后，单击 Source Monitor 面板上的插入按钮，就可以执行插入编辑。

另一种素材的编辑模式叫做 Overlay（覆盖）模式，在这种编辑模式下，添加到时间线轨道上的素材会从编辑点开始，覆盖轨道上当前位置已有的素材内容。设定好了素材的入点和出点后，在 Source Monitor 面板上，单击覆盖按钮，就可以把入点和出点之间的素材，覆盖到指定的音频轨道。

在音频编辑的过程中，可以通过多种方法调整素材的音量：如改变声音剪辑的增益；通过音频特效来调整音量；还可以在 Sequence 轨道上使用音量控制线来方便的调整音量。主要操作步骤如下：

（1）添加声音剪辑到 Sequence 轨道上。

（2）单击音频轨道名称前的小三角形，展开轨道控制选项。

（3）在音频轨道面板，单击 Show Keyframes 按钮，选择 Show Clip Volume 选项。如果要调整轨道音量，则选择 Show Track Keyframes 。参看图 6－3 。

图 6－3　Show Keyframes 菜单

（4）单击面板上的钢笔工具后，按住 Ctrl 键，鼠标单击音频剪辑上的黄色音频控制线，增加关键帧。参看图 6－4 。

（5）左右拖动音频控制线上的关键帧按钮，可以改变关键帧在时间线上的位置；上下拖动关键帧按钮，则改变音量的大小。

（6）选中某个关键帧后，按 Delete 键，即可删除。

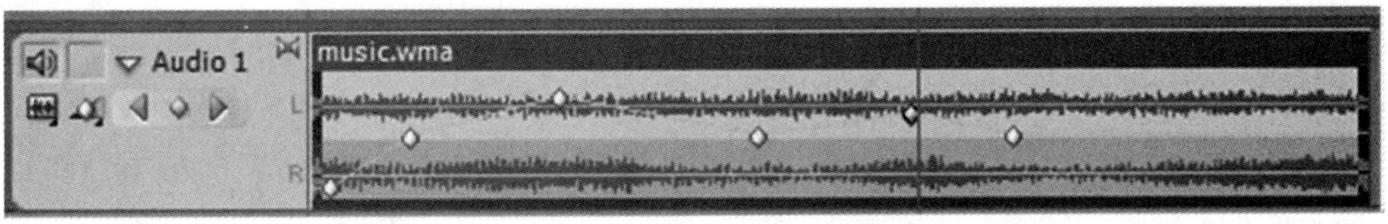

图 6 -4　音频轨道上的关键帧

4. 应用音频特效

音频特效可以添加在某个音频剪辑上，调整和创造特殊的音频效果。在 Effects 面板的 Audio Effects 文件夹下面还有 3 个子文件夹，它们分别是 5.1（用来处理 5.1 声道音频素材的特效）、Stereo（用来处理立体声音频素材的特效）和 Mono（用来处理单声道音频素材的特效）。它们的功能类似，使用方法相同，只是处理的对象不同。

在 Effects 面板的 Audio Effects 文件内，把鼠标左键放到需要添加的音频特效上面，按住鼠标左键后，把选中的音频特效图标拖放到 Timeline 面板 Sequence 轨道上的音频剪辑上即可。单击应用了特效的剪辑，在 Effects Controls 面板上就可以对特效进行参数调整和关键帧设置。参看图 6 -5。

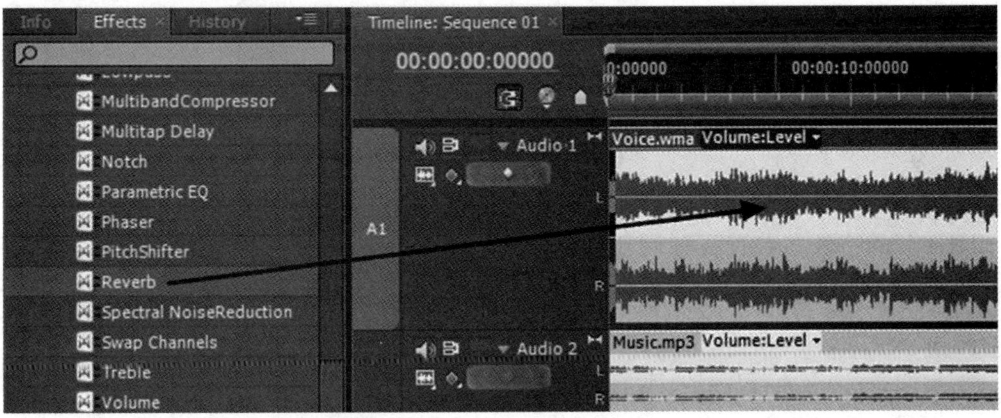

图 6 -5　音频特效的添加

音频特效分为固定特效和标准特效两种。固定特效不需要添加，在 Effects Controls 面板上可以直接调整参数。音频的固定特效只有一个 Volume，用来调整声音剪辑的音量。标准特效有 30 个，手工添加后，特效名称和参数才会出现在 Effects Controls 面板中。

我们以 Reverb（混响）特效为例，简单地了解一下特效的应用方法。Reverb 特效能够通过模拟在室内播放音频，来给原始音频素材添加环境音效，通俗的说，就是添加家庭环绕式的立体声效果。

（1）在 Effects 面板的 Audio Effects 文件内，找到 Reverb 特效后，通过拖放的方式，把特效添加到 Timeline 面板音频轨道上的相应素材上。

（2）单击 Timeline 面板音频轨道上的相应素材，在 Effects Controls 面板上就可以对 Reverb 特效的参数进行调整。参看图 6－6。

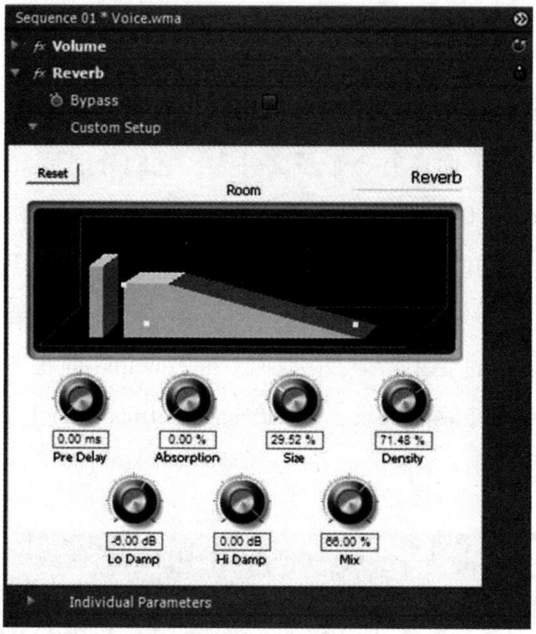

图 6－6　Reverb 参数设置

Reverb 的特效参数有两种调整方法：一种是 Custom Setup 的图形化调整方式；另一种是 Individual Parameters 的独立参数调整方式。Custom Setup 的调整方式较为直观、易于理解、便于操作。其主要参数的含义如下：

- Pre Delay：设置原始信号和混响信号之间的时间间隔，即音源与反射物之间的距离。
- Absorption：设置声音被反射物吸收的比例，相当于设置房间材料产生的吸音效果。
- Size：用来设置声音传播空间的大小，相当于定义房间的大小。
- Density：设置混响信号的密度，也就是混响信号的持续时间。
- Lo Damp：设置低频阻尼数值，避免出现低沉的隆隆声。
- Hi Damp：设置高频阻尼数值，较低的设置能使混响效果更加圆润。
- Mix：设定原始信号与混响信号之间的混合比例。

（3）如果想临时关闭音频特效，对比特效添加前后声音的效果变化，可以单击

Effects Controls 面板上 Reverb 特效名称前的图标，关闭图标，特效将不起作用。再次单击，恢复图标显示 ，就可以重新启用特效。

（4）如果想删除 Reverb 特效，在 Effects Controls 面板上单击 Reverb 特效，然后按 Delete 键即可。

Adobe Premiere Pro 的音频特效还有很多：如 Balance（平衡）特效可以调整左右声道的相对音量，平衡左右声道；Bandpass（频段过滤）特效可以用来滤除特定频率范围之外的频率；Delay（延迟）特效可以为剪辑中的声音添加回声；PitchShifter（音高转换器）可以进行声音的变调处理。这些特效的添加和参数调整的方法基本相同。对于同一段音频素材，根据需要可以添加多个不同的特效，对素材进行较为复杂的组合特效处理。

5. 使用 Audio Mixer 进行混音

在音频编辑过程中，有时需要对两个或更多的音频轨道进行混音，这时可以使用 Audio Mixer（音频混合器），对多个音频轨道的音量进行实时调整。Audio Mixer 类似于传统的调音台，它可以对每条音轨进行实时控制，能够在播放节目的时候有效地调整声音效果。通过 Audio Mixer 设置的轨道音量关键帧会同时出现在 Timeline 面板的音频轨道上。

选择菜单 Window > Audio Mixer 命令就可以打开 Audio Mixer 窗口。使用 Audio Mixer 进行混音的主要操作步骤如下：

（1）在 Timeline 面板的 Sequence 不同音频轨道上添加两个或多个音频剪辑。

（2）选择菜单 Window > Workspace > Audio 打开 Audio Mixer 面板。

（3）在 Timeline 面板相应的音频轨道头单击 Show Keyframes 按钮，从下拉菜单中选择 Show Track Volume 选项。要注意的是，使用 Audio Mixer 窗口时，是对 Track 的属性进行调整，所以不能选择 Show Clip Volume。

（4）单击 Audio Mixer 面板上左下角的 Play 按钮 ►，播放时间线序列，监听声音。从下拉菜单中选择相应选项，打开要调整音轨的 Automation Mode（自动控制模式）。参看图 6－7。

- Read（自动读取模式）：读取该轨的 Automation 设置，并在回放时用它们控制该轨。如果该轨没有设置，调整其某个参数（如 Volume）将会统一影响整个轨道。

- Write（自动写入模式）：回放一开始，Write 模式就开始记录 Automation，而不必等待有参数的调整。

- Latch（锁存模式）：同 Write 的区别是，参数值有变化时，Automation 才开始记录；当停止调整后，会保留以前的值。

• Touch（接触模式）：同 Write 的区别是，当参数值有变化时，Automation 才开始记录；在数值调整结束后，当前数值经过一段时间后，将返回调整开始时的数值。

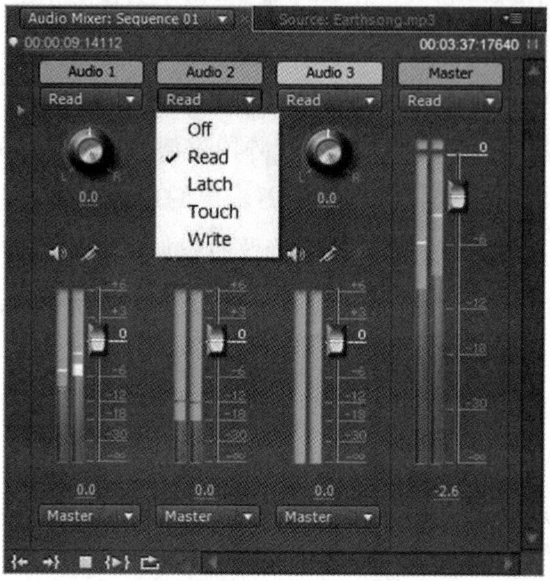

图 6－7　Audio Mixer 面板

（5）单击 Play 按钮▶ 播放时间线序列，根据需要向上或向下移动相应音频轨道的 Volume 推子，以增加或减小相应轨道的音量。

（6）打开 Master 轨的自动控制选项，从下拉菜单中选择相应的参数。然后按照同样的方法调整 Master 的最终输出音量。

（7）使用 Audio Mixer 进行音量调整时，相应的关键帧会同时添加在 Sequence 轨道上。如果需要，可以对这些关键帧进行调整或删除。参看图 6－8 。

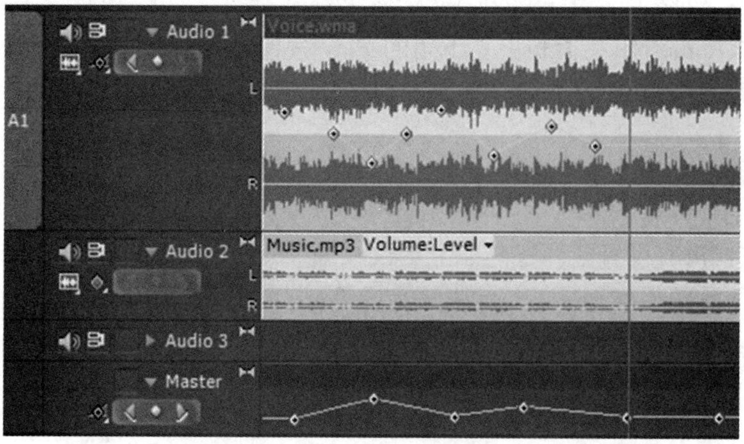

图 6－8　音频轨道和 Master 轨道的 Show Track Volume 显示

6. 预演与输出

在编辑音频节目的过程中，经常需要播放部分或全部音频来监听编辑效果，这个过程就是节目的预演。预演的目的主要是查看各个剪辑点的衔接是否流畅，应用的特效是否存在问题，节目整体是否符合预期效果等。拖动播放头到节目的开始位置，按 Program Monitor 面板的 Play 按钮，或者按键盘上的空格键，就可以进行节目预演。

当编辑好的节目预演没有问题后，就可以把节目保存为指定格式的音频文件，这个过程一般称作节目的输出。主要操作步骤如下：

（1）选择主菜单 File > Export > Media，打开 Export Settings 对话框，参见图 6－9。

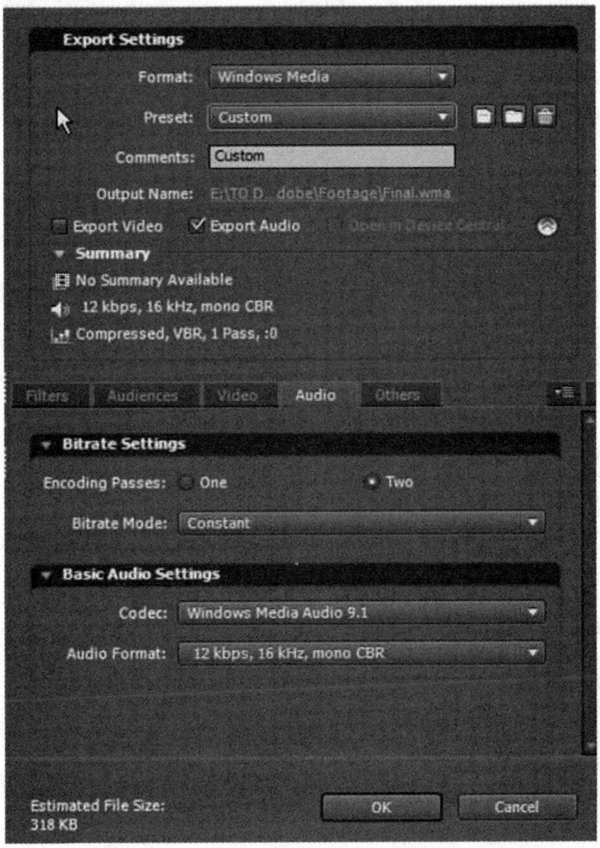

图 6－9　Adobe Media Encoder 对话框（部分）

（2）单击 Format 下拉菜单，选择想要输出的文件格式。

（3）单击 Output Name 后的路径链接，指定输出文件的存放地址。

（4）如果需要，可以单击输出设置区的 Audio 标签，设置音频文件的码流与编码方法。

（5）单击 OK 按钮确认以后，就会出现 Exporting Data 的进度条提示，然后会出现

Adobe Media Encoder 的对话框。

（6）Adobe Media Encoder 可以进行批量任务导出。如果设置好的输出参数不需要更改的话，单击 Start Queue，对话框下方 Encoding 的进度条就会显示当前任务的完成进度。

（7）输出完成后，Adobe Media Encoder 对话框下方的进度条消失，上方任务栏窗口输出任务的 Status 栏会出现绿色的对号，表明当前的输出任务已经顺利完成。

Adobe Premiere Pro CS4 音频处理的功能还有很多，限于篇幅，本节只介绍了使用此软件进行音频剪辑的简单工作流程，以使读者对软件有整体的认识与了解。有关音频处理的其他内容，有兴趣的读者可以进一步自行学习。

第四节　新媒体信息发布

一、新媒体信息发布的主要特点

（一）新媒体信息发布的政策规制程度与硬件成本降低

长期以来，由于传统媒体的重大社会影响力，各国政府一直通过法律和行政等手段对传统媒体的信息发布进行较为严格的政策规制。尤其是广播电视业，除了具备作为公共产品的特点，广播电视频率资源的稀缺性也是政府规制的重要原因。因此传统的平面媒体如报纸、期刊、图书等在发行之前，要经过主管单位新闻出版总署以及政府宣传部门的批准与审查。广播电台、电视台在节目播出之前，也要经过国家广播电影电视总局和相应政府宣传部门的批准。所以说，对传统媒体的信息发布，我国政府采用的是以“事先预防”为主的规制手段。

新媒体发布涉及的行业与技术众多，新媒体的信息内容庞杂、实时性与互动性强，信息发布主体分散，这些特点决定了政府对新媒体的信息发布以发布主体的自我审查为主，行政规范为辅。政府对新媒体信息发布一般事先不予检查，发布后如发现有违法内容则依法惩处。因此可以说，对于新媒体信息发布，政府采取的是以“事后追惩”为主的规制手段。

传统媒体的印刷设备与发行渠道，广播电视的播出设备与网络建设等硬件成本较为昂贵，设备维护和工作运行的费用高，个人或中小公司难以承受。而新媒体信息发布的门槛则大大降低，一台普通的计算机服务器通过互联网就可以方便的进行信息发布。新媒体信息传播打破了传统媒体的话语权垄断，为普通群体或个体参与新媒体传播提供了可能与条件。

（二）新媒体信息内容丰富多彩，形式新颖多样

从内容上来看，传统媒体由于受到版面、发行成本、频率频道资源限制等原因，

能够发布的信息资源有限。新媒体的信息发布主要依靠计算机网络，网络数据存储的成本较低，因此新媒体较传统媒体更适合大量数据信息的发布。

从形式上来看，新媒体消解了报纸、广播、电视的边界，融合了印刷媒体与广播电视媒体的优势，可以综合运用文字、图片、音频、视频等多种表现形式，在最大程度上扩大了信息与媒介使用者的接触面。

另外，对于同一信息内容，新媒体发布时可以提供文字、图片、音频、视频等多个版本，可以充分满足不同层次的受众需求。新媒体各种信息符号的综合作用，强化了传播内容对信息接收者的心理、态度与行为的影响，有效地增强了传播效果。

（三）新媒体可以运用线性与非线性两种发布方式

我们在收听广播、观看电视时，虽然可以选择不同的频率与频道，但对于任何频道，我们只能按照电台、电视台既定的播出顺序进行观赏，既不能暂停、快进或快退，也不能按照主题或内容等线索进行跳转。在阅读印刷品时，虽然理论上可以进行任意顺序的阅读，但在逻辑和习惯上，我们一般都会按照报纸的版面或图书的页码顺序阅读。所以可以说，传统媒体采用线性即单一时间线的方式进行发布，媒介使用者只能按照信息发布者既定的逻辑顺序连贯的接收信息。

以非线性网络传播为主的新媒体融合了传统媒体的优势，其信息发布可以综合运用线性与非线性两种方式。例如，网络流媒体直播，就是与传统电视播出一样的线性时间线发布的。而网络媒体的图文信息发布，则以非线性方式为主。网络媒体的栏目顺序、超链接、导航条、搜索工具等为网民提供了众多的信息阅读顺序与方式，网民可以按照自己的兴趣或需求，进行非线性的个性化阅读。

非线性发布的新媒体改变了传统大众传播中传播者与受众的关系，使原来单一接收传统媒体“推”（Push）信息的受众，变为可以主动“拉”（Pull）信息，通过互动手段反馈信息的媒介使用者与传播参与者，从根本上促进了传播模式的变革。

（四）新媒体信息发布的实时性与互动性增强

传统的广播、电视能够以直播的形式进行信息的实时发布，但一方面广播电视直播涉及的环节众多，技术复杂，需要大量的准备时间与成本；另一方面在有些特定的工作环境下，广播电视直播设备可能会无法正常使用，因此传统媒体能够实时发布的信息资讯有限。

通过网络、手机等有线或无线终端发布新媒体信息，以文字、图片、音频或视频等方式对新闻信息进行实时发布，是新媒体信息发布的一大突出优势。新媒体信息的实时发布，大大增强了信息价值和时效性，也增强了新闻信息的现场感、真实感与感染力。

新媒体信息发布的互动性是指，受众的反馈成了新媒体信息发布的补充和延伸。由于新媒体信息发布与修改的便捷性，信息发布者可根据事实的发展或受众的相关反馈及时修正、补充已发布的信息内容。而传统媒体出错以后，只能在下期节目中采用刊发单独“更正”的方式进行弥补。

新媒体信息的互动特性使广大受众能够充分参与到新媒体信息发布的过程中。一些网友在浏览网络信息时，可能会以评论或跟帖的形式发表自己的感想、建议或意见。很多网站也对网友的精彩跟帖以摘录、集合与推荐等方式进行互动信息的发掘与整合。因此可以说新媒体的信息发布不是止于一个时间点，而是始于一个时间点的一段持续的过程。信息互动的过程与结果，成了新媒体信息发布内容的有机组成部分。

（五）新媒体信息发布的可控制程度提高

在媒体进行信息发布时，出于经济成本、经营策略与政策限制等原因，有时需要对信息发布的时间范围与空间范围进行控制。对于已发布信息的时间控制，传统媒体是无能为力的。传统媒体限制信息发布的空间范围主要有地理/区域限制和付费限制两种简单的控制方法。地理/区域限制是指媒体通过限制出版物发行渠道与设置广播电视节目播出的技术参数，把信息发布控制在一定区域范围之内。付费限制是指开设必须单独付费才能收听、收看的专业化广播电视频道，进行专业化的信息发布。

新媒体在信息发布时，由于网络技术与数字通信技术的特性，可以很方便地进行时间控制。例如，电子出版物可以通过程序设置，来限制阅读时间与阅读次数；网站可以方便地控制发布信息的生存周期；通过设置注册用户的权限，网络媒体还可以进行不同级别内容的访问控制；IP 地址过滤则可以像传统媒体一样，控制信息发布的国家或地区；此外新媒体发布时还可以通过电子邮件列表、RSS（Really Simple Syndication，聚合内容）订阅、手机推送等形式对特定信息进行有针对性的传播。

二、网络信息的发布

（一）网络信息发布的原则

1. 正确处理好时效性与真实性的关系

时效性强是新媒体的显著特征，在当前媒介竞争加剧的情况下，很多媒体尤其是新媒体都在争夺第一时间发布信息，吸引受众。目前由于缺少相应的政策监管和行业自律，新媒体上充斥着大量的虚假信息，严重误导了广大网民。

新媒体传播速度快，一条新闻几秒钟就可传遍全世界，而且新媒体的信息保存方便，转载率高，出错后很难消除影响。因此新媒体在进行信息发布时，一定要兼顾时效性与真实性。如果失去了真实性与客观性，新闻信息发布的越快、越多，社会危害也就越大。

网络新闻信息的真实性包括信息来源可靠、事实真实、图文搭配正确等几个方面。目前我国的新媒体没有独立的新闻采访权，只能转载传统媒体或传统媒体网站的新闻信息。但转载并不意味着责任的免除或降低，新媒体以转载的形式发布新闻信息时，同样要对内容的真实性负责。在信息发布时，要避免转载那些消息来源模糊如“据说”“据传”“消息人士透露”的新闻信息，对要发布的信息内容要多分析、多思考，不要盲目跟风。另外，新媒体对转载的国内新闻或翻译的国外新闻信息，最好能够给出原文出处与链接，以方便读者查看原始信息。

2. 为受众提供互动参与的条件

互动是互联网传播的核心与灵魂。如果一个新媒体只供浏览，而不能为受众参与信息的传播提供便利条件，那么它的吸引力显然是有限的。只有当受众能方便地和信息发布者或其他网民交流时，信息发布的魅力才能充分体现出来。新媒体在信息发布时，首先要为网络互动提供技术条件，然后还要通过多种手段支持受众的互动热情，鼓励受众创作、生产优秀的信息内容，使受众能够充分参与到信息传播的过程中来。

3. 要考虑到不同网络环境与需求的受众

传统媒体发布信息时，不需要考虑受众的信息接收环境。也就是说，不同的阅读环境不会影响读者对印刷物的理解，不同品牌的电视机也不会使电视节目呈现出不同的显示效果。但新媒体信息发布时则有所不同。受众的上网环境各不相同，使用的互联网操作系统与浏览器也可能有着较大的差异，因此新媒体在信息发布时，必须要考虑到这些因素，在技术上保证发布的信息良好的兼容性。

4. 发布之前要进行系统的测试

正如报纸在出版之前要有校对，电视节目在正式播出之前要试播一样，新媒体在首次正式发布信息之前，也要进行细致周密的测试。测试是指在新媒体内容正式发布前对传播硬件平台和软件系统进行的一系列检验和评价。

（二）网络信息发布流程

一个完整的网络信息发布流程包括网络环境搭建、行政许可与备案、信息编辑与审核、预览效果与测试、正式发布与维护五个环节。

1. 网络环境搭建

要通过网络发布信息，首先要向 ISP（Internet Service Provider，网络服务提供商）租用服务器或虚拟主机，进行网络站点的建设与管理，如部署 CMS 系统作为网络信息发布的工作环境。

服务器配置完成后，还要向 ISP 申请域名和 IP（Internet Protocol，互联网协议）地址，才能把信息真正发布到网络上。域名是互联网络上识别和定位计算机的层次结构式的字符标识，与该计算机的 IP 地址相对应。简单的说，域名就是个人或企业在互联网上注册的名称。像传统广播必须有电台名称一样，网络信息发布必须有自己的域名。申请域名的时候要注意，域名既要与网络媒体的内容和性质相符，又要尽可能简洁。考虑到网络媒体的全球化传播，域名应以英文字母或缩写为主，尽量不要使用汉语拼音或缩写。域名需要向 ISP 单独购买。

实际上对于计算机网络通信来说，域名没有任何意义。我们访问网络时输入域名后，网络会自动通过 DNS（Domain Name System，域名服务器系统），将其转换为计算机网络可以识别的 IP 地址，这就像收听广播节目，我们必须要知道广播电台的播出频率，而不是名称。之所以使用域名来访问网络资源，主要是因为域名直观、易记，还有一定的意义。所以申请域名之后，还要申请相对应的 IP 地址。IP 地址一般是在租用服务器或虚拟主机时由 ISP 提供。

2. 行政许可与备案

在网络环境搭建完毕后，如果要利用网络来发布信息或进行网络媒体经营，还要申请相关的“营业执照”，即申请相应的行政许可并进行网络备案。国家对经营性互联网信息服务实行许可制度；对非经营性互联网信息服务实行备案制度。未取得许可或者未履行备案手续的，不得从事互联网信息服务。

根据国务院的《互联网信息服务管理办法》，经营性网站必须向当地通信管理局申请办理 ICP（Internet Content Provider，互联网内容提供商）经营许可证，即《增值电信业务经营许可证》，否则就属于非法经营。从事非经营性互联网信息服务的单位应在 www.miibeian.gov.cn 网站上办理报备手续。

根据国务院新闻办公室与工业和信息化部发布的《互联网站从事登载新闻业务管理暂行规定》，在国内从事登载新闻业务的互联网站，应当报国务院新闻办公室或者省、自治区、直辖市人民政府新闻办公室审核批准。根据国家广播电影电视总局的相关规定，要在网上发布音视频新闻，需获得《广播电视节目制作经营许可证》和《信息网络传播视听节目许可证》。

另外，从事互联网信息服务，拟开办电子公告服务（即留言板、电子论坛等交互信息服务）的，应当在申请经营性互联网信息服务许可或者办理非经营性互联网信息服务备案时，按照国家有关规定提出专项申请或者专项备案。

只有这些相关材料都审批完以后，一个网络媒体才能正式合法的发布信息。按照规定，网络媒体应当在网站主页的显著位置标明其经营许可证编号或者备案编号，一般网站都将其放在首页的最下方。

3. 信息编辑与审核

网络环境搭建完成后，网络编辑就可以通过 CMS 的信息编辑模块进行网络信息的编辑、排版等工作。一般网络媒体都会有多个网络编辑，他们根据业务需要，在 CMS 用户管理模块的授权下，负责不同的栏目编辑与管理。按照一般网络媒体的权限管理，普通编辑不能直接发布信息，需要主编或其他管理人员审核签发后，信息才能进入发布序列。

4. 预览效果与测试

通过审核的信息在正式发布前，最好要使用 CMS 的预发布功能预览一下最终显示效果。虽然 CMS 提供了所见即所得的可视化编辑环境，但有时由于软件功能、编辑的误操作等原因，CMS 环境的编辑效果可能和最终发布效果会有所不同。

5. 正式发布与维护

预发布测试后没有问题的信息，就可以正式发布并且供网民浏览与访问了。与传统媒体的信息发布不同，网络媒体信息发布后，还要对已发布的信息进行专门的管理与维护。网络媒体的交互能力，使得网民能够方便地和已发布信息进行互动。因此对于已发布信息，编辑还要及时修正发现的文字或事实错误，管理网民的互动信息，删除违反法律规定的不良评论等。可以说，网络媒体的信息发布，在一定时间内，是一个持续和交互的过程。

第七章　新媒体营销策略

第一节　新媒体营销的优势

一、创新的理论性

新媒体营销是在众多新的营销理念的积淀、实践和探索的基础上发展起来的。新媒体营销理念吸纳了众多新的营销理念的精髓，但又不同于任何一种营销理念。计算机科学、网络技术、通信技术、密码技术、信息安全技术、应用数学、信息学等多学科的综合技术，给予了网络营销以厚重的技术铺垫；近半个世纪以来对多种营销理念的积极探索，给予网络营销以丰富的学术内涵；电子商务和网络营销的多种开拓和实践，给予网络营销以冷静的思索和理性升华的机遇和可能。因此，新媒体营销具有创新的理论特色。传统的营销理念都没有本质地反应网络经济的内涵和特点；都没能准确地把握网络对传统经营理念的碰撞和冲击；都没有充分地揭示网络营销带给企业的深刻变革和无限生机；都没能有效地整合各种资源，形成一种开拓市场的进击能力；都没有真正地做到把客户当作财富，当作企业的一种战略资源；都没有顺利地实现买家和卖家的最短路径连接和最快速度成交；都没能从根本上提升企业的核心竞争能力。

因此，新媒体营销是以往一切营销理念所无法比拟的。网络经济是对传统经济的一种扬弃，网络营销理念，同样是对传统营销理念的一种扬弃。在网络经济实践过程中，需要探索指导市场营销的新的理论和观点，结合中国的经济特征，设计符合中国特色的新媒体营销模式，这些实践探索必定会在营销理论方面带来创造性突破。

二、先进的技术性

新媒体营销是建立在以高技术作为支撑的基础上的。企业实施新媒体营销必须有一定的技术投入和技术支持，改变传统的组织形态，提升信息管理部分的功能，引进懂营销与电脑技术的复合型人才，在未来才能具备市场竞争优势。

在营销的实践中，信息的搜索、资源的整合、商机的寻找、市场的开拓都要运用一定的网络信息技术或商务软件。这些网络运营工具不仅具有提升能量、提升效率的作用，而且具有保护我们的商业秘密，进行安全网上支付的重要作用。

三、市场的跨时空性

营销的最终目的是占有市场份额。新媒体具有的超越时间约束和空间限制进行信息交换的特点，使得脱离时空限制达成交易成为可能，企业能有更多的时间和更多的空间进行营销，可每周 7 天，每天 24 小时随时随地提供全球营销服务。在此之前，任何一种营销理念和营销方式，都是在一定的范围内去寻找目标客户。而新媒体营销，是在一种无国界的、开放的、全球的范围内去寻找目标客户。利用互联网，中小企业只需花极小的成本，就可以迅速建立起自己的全球信息网和贸易网，将产品信息迅速传递到以前只有财力雄厚的大公司才能接触到的市场中去，平等地与大型企业进行竞争。从这个角度看，网络营销为刚刚起步且面临强大竞争对手的中小企业提供了一个强有力的竞争武器。网络营销能使消费者拥有比传统营销更大的选择自由。消费者可以根据自己的特点和需求在全球范围内不受地域、时间限制，快速寻找满足品，并进行充分比较，有利于节省消费者的交易时间与交易成本。

四、资源的整合性

在新媒体营销的过程中，将对多种资源进行整合，将对多种营销手段和营销方法进行整合；将对有形资产和无形资产的交叉运作和交叉延伸进行整合。还可以对营销人才和管理人才进行跨国的调度、管理、交流、引进和吸纳，这就给予了营销人才以更大的活动舞台和创造空间。

互联网络上的营销可由商品信息至收款、售后服务一气呵成，因此也是一种全程的营销渠道。另外，企业可以借助互联网络将不同的营销活动进行统一规划和协调实施，以统一的传播资讯向消费者传达信息，避免不同传播渠道中的不一致性产生消极影响。

数字化信息技术在这种多维整合中发挥了重要作用，扮演了重要角色。无形资产在营销实践中的整合能力和在多种资源、多种手段整合后所产生的增值效应，也是对传统市场营销理念的重大突破和重要发展。

五、显著的经济性

通过新媒体进行信息交换，代替以前的实物交换，一方面可以减少印刷与邮递的成本，可以无店销售，免交租金，节约水电与人工成本；另一方面可以减少由于多次交换带来的损耗。新媒体营销具有资源的广域性，地域价格的差异性，交易双方的最短连接性，市场开拓费用的锐减性，以及无形资产在网络中的延伸增值性。所有这一切对网络营销经济性的关系和影响，都将使企业极大地降低交易成本，提高企业利润。网络营销无店面租金成本，且又能实现产品直销，帮助企业减轻库存压力、降低经营成本。国际互联网覆盖全球市场，通过它，企业可方便快捷地进入任何一国市场。尤其是世贸组织第二次部长会议决定在下次部长会议之前不对网络贸易征收关税，网络营销更为企业架起了一座通向国际市场的绿色通道。

六、极强的实践性

新媒体营销是数字经济时代的一种崭新的营销理念和营销模式，是近年来众多营销理念的进展、凝练和升华。新媒体营销是一门实践性很强的学问。它的理论根底深深扎在营销实践的沃土中。新媒体营销的每一步发展，都呼唤着新媒体经济理论研究的深入。新媒体营销的实践性还突出表现在：它对以往营销理念的审视性和对新论断广泛的检验性。而这一切都需要经常的、大量的、丰富的网络营销实战去体验和锻炼，去把握和运用新媒体营销技术，去进行数字化信息价值的开发。

七、有趣的体验性

体验营销不仅要满足消费者喝水的需求，还要满足消费者对水的喜爱和偏好，让消费者感到商家对其的理解、尊重、体贴，同时给他带来美的享受！因此，新媒体成为了进行创业致富的理想空间。相当多的人愿意通过体验新媒体营销的全过程，尝试和享受进行创业的新奇和甘甜。

八、良好的交互性

新媒体营销不仅是理性的、消费者主导的、非强迫性的、循序渐进式的 ，是一种低成本与人性化的促销。它避免了推销员强行推销的干扰，并通过信息提供与交互式交谈，与消费者建立长期良好的关系。

互联网还帮助企业实现与消费者的一对一沟通，便于企业针对消费者的个别需要，提供一对一的个性化服务。由于新媒体环境的特点，企业网站已经被推到企业营销同消费者沟通的第一线。由于新媒体传播的无边界特点，企业网站的传播范围远远超越了国界。传播范围的扩大意味着企业市场的扩大。如果一个企业的网站有很好的英文页面，就可以直接同海外的消费者沟通。消费者通过企业的网站，可以很直观地了解企业的管理水平、个性、文化和品牌内涵。企业应该从品牌管理的角度，根据新媒体传播的规律和网民的特点，把网站设计好、管理好，使企业网站成为自身品牌与消费者接触的第一窗口。

九、信息的对称性

传统营销中，信息是不对称的。消费者只能从电视、报纸甚至到分销地点才能得到相关产品的信息，而且这种信息是不完全和不及时的。在重信用的前提下，新媒体营销中，消费者可以通过各种新媒体搜集到相关产品的信息，有充分的时间对各种产品和价格做出评判。各企业也会通过新媒体及时发布本企业最新的产品信息。但是，在新媒体的环境中，企业同以往相比，在信息方面更多地暴露于受众和消费者面前。

传播已经成为企业在经营管理中的第一要务。企业必须面对新传播环境的挑战，尽可能地把自己的内部事务处理好，并解决好历史遗留问题，建立一套适应新媒体环境的信息传播和应对机制。

十、具有潜力的发展性

新媒体同时兼具渠道、促销、电子交易、互动顾客服务以及市场信息分析与提供等多种功能。新媒体所具备的精准营销和整合营销能力，符合定制营销与直接营销的发展趋势。新媒体的使用数量快速成长并遍及全球，使用者大多年轻，属于中产阶级，具有高教育水平。由于这部分群体购买力强而且具有很强的市场影响力，因此是一个极具开发潜力的市场。

新媒体营销是促使企业开辟广阔市场，获取增值效益的马达；是连接传统营销，又引领和改造传统营销的一种可取形式和有效方法；是用信息化技术进行的全部营销活动；是提升企业市场竞争能力的重要渠道。新媒体营销是广大企业、营销组织，特别是中小企业提升网络经营能力，开展电子商务的切入点；是企业进入跨国营销市场，参与国际竞争的最便捷、最快速的一条渠道；是企业最大范围获取网上商机，开辟客户资源，建立庞大的网上客户群的有力形式；是广大创业者利用网络进行群体性创业活动，尽快崛起的最好平台和载体。特别是在当前，网络经营能力已经成为跨国企业的一种核心竞争力，在网上营销市场已经成为跨国企业争夺的前沿阵地和竞争焦点的情况下，企业开展网络营销具有更加重要的意义。

第二节 新媒体营销的类型

一、社区论坛运营

网络社区是虚拟环境下的社区，社区里的人通过社区论坛、电子邮件、即时通信等方式分享交流信息，一般情况下不会在生活中发生面对面的接触，绝大部分交流行为在网上进行。

社区论坛又名网络论坛 BBS，是互联网上的一种电子信息服务系统。它提供一块公共电子白板，用户在上面发布信息或提出看法。它是一种交互性强、内容丰富且及时的电子信息服务系统。用户在 BBS 站点上可以获得各种信息服务，发布信息、进行讨论、聊天，等等。

（一）社区论坛的特点

1. 虚拟性

互联网发展早期基本提供的就是论坛服务，交流意见都是在虚拟的环境中进行的。

任何人都可以用各种允许注册的用户名变换多种身份，出现在网络论坛里。只要你不公开身份，没人知道你的真实姓名是什么。有一句有名的话形容互联网的这种状况：你不知道跟你说话的是一个人还是一只狗。

2. 聚众性

论坛信息更新快、话题多，通过论坛来获取信息非常节约成本和资源，因此极容易聚集人气。论坛 24 小时不间断更新话题，吸引广大网友参与交流、争论，通过炮制网民感兴趣的话题，引发炒作新闻事件，导致传播的连锁反应。

3. 平等性

网民有同等机会表达心声。网络社区中最底层或最边缘的人，与网络中其他位置上的人一样，拥有同等的机会陈述自己的意见。现实社区的人际交往常常受制于社会身份、经济能力、权利地位，不同阶层的人很难实现跨越阶层的交往，但在社区论坛里，再底层的人也拥有与其他人一样的发言机会。

4. 隐匿性

就中国目前的网络管理政策来说，论坛比博客、微博要更具有隐匿性，博客、微博提倡实名制，而论坛里的用户名基本都不是真名。网络社区的人际互动灵活性更大，既有公共性又有隐匿性。网民往往不需暴露太多的自我真实面貌，即能在网民社群中进行“社交活动”，以与他人保持社会距离，获得更大的隐私空间。

5. 趋同性

这主要指同一论坛的网友往往有共同的兴趣和利益诉求点。大多数人都有特别热衷的事物，例如，户外活动、摇滚乐、旅游、购房、买车等。很多网络社区都是建立在共同兴趣上，这些社区聚集了许多分散各地，但对某一主题有共同兴趣或专长的人，或者在现实生活中具有相同遭遇的人。他们可以互相倾诉安慰，建立有意义的人际关系。

6. 服务性

利用论坛的超高人气，可以为企业提供有效的营销传播服务。选择不同的论坛版面可以为企业客户精准地投放产品宣传或展开口碑营销。例如，运动品牌可以在体育类论坛推广，奶粉品牌则适合在母婴类论坛宣传等，通过各类论坛活动，调动网友与品牌之间的互动。

（二）社区论坛的运营

论坛一般由站长或称创始人创建，并设立各级管理人员对论坛进行管理，包括论坛管理员、超级版主、版主等。

一个社区论坛要很好地发展，需要做到以下几点：

（1）有清晰的定位。如天涯论坛以直面社会、充满人文关怀凝聚了大批有思想的网友，猫扑论坛则以花边八卦聚集了一批充满活力的青少年。

（2）拥有一批骨干版主，积极、热心，善于团结网友，发展新用户。

（3）培养出本论坛的意见领袖，引领论坛评论。

（4）拥有一批擅长写文章的网友，每天产生无数原创文章，吸引更多关注。

（5）熟悉论坛运营步骤。

论坛建设前期，版面要少而精，网友使用论坛非常方便，持续做搜索引擎优化工作。网站编辑要给每一个发帖网友答疑解惑，提供足够多的免费资源，允许精华内容转载，扶持精华帖子和有写作实力的作者。在线人数要真实，精做标题、精选内容、拓展人脉，吸引更多网友参与。论坛有一定活跃度后，要在其他网站加强推广宣传，注意培养时间上有保证、尽心尽责的版主，通过设定宽松的会员等级和权限、发放勋章、多做论坛活动等，培养出一大批忠实的网友。

论坛建设中期，强化论坛的定位与特色，制定完善的论坛规则、等级制度、勋章授予规则、新手指南等，内容可适度丰富，逐步形成自己的风格。对版主要加强管理培训，定好职责任务。培养高质量的原创文章，精选精华内容推荐。能够引起广泛共鸣的帖子，是社区最核心的价值所在，最让人称道的如 1997 年老榕在四通利方体育沙龙发布的帖子《大连金州不相信眼泪》，写自己带孩子目睹中国足球队冲击世界杯失利的历程，感情饱满、催人眼下；又如 2002 年慕容雪村在天涯连载的网络小说《成都，今夜请将我遗忘》，情真意切，阅读量迅速超过 20 万次，创造了网络文学史上的一个奇迹。

论坛建设成熟期，让版主与骨干会员发挥核心作用，进一步授权他们自行组织活动，论坛给予一定的物质支持与宣传推广，线下活动对于社区的用户黏度提升，价值是巨大的。通过激励性政策让编辑、版主等保持热情，保证论坛的流畅、稳定运转。在论坛内容方面栏目安排基本成型，培养人气作者，打造意见领袖，制作精品专题，吸引更多网友关注。在宣传推广方面加强与媒体合作，炒作社会热点，让更多的搜索引擎收录本站内容，搜索引擎靠关键词来检索，导航靠关键词来分类，SNS 靠关键词来聚合，把握关键词，然后进行大量同类话题的聚合，是做社区管理的基本功。社区的优势得到极大发挥：有各种网民自己感兴趣的资讯，社区为网民提供了一个方便的发表个人观点的场所，能找到兴趣相投的网友交流信息，能结交各种朋友，用户原创文章图片更多。同时论坛要多做线上线下互动，帮助商家有效营销，赚取广告费用，增强生存能力。

（三）社区论坛的推广

1. 人脉关系推广

一个社区论坛创立之初，创始人的人脉关系是论坛能否最快让大家熟悉的关键。

亲朋好友同事，凡是能上网会发帖的，全都叫来、发帖、宣传、维护论坛，一传十、十传百，很快就能聚集众多网友，提高网站的发帖量和人气。

2. 搜索引擎推广

互联网已进入到搜索时代，大多数网民在网上是通过搜索引擎来获取更多信息的。因此论坛网站需要发布到搜索引擎，让搜索引擎收录，并从中获取大量流量。

3. 资源合作推广

通过交换友情链接、交换网站广告、内容植入合作、用户资源合作等方式，与合作伙伴之间互相推广，让报纸、电视、广播等传统媒体多给报道，是快速提高网站流量的方法之一。

4. 超链接信息推广

在人气较旺的相关网站论坛，通过发帖、发博客，提供精彩的或实用性的内容，巧妙设置超链接，让用户主动点击进入你的网站，有效导入流量。

5. 其他推广方式

如网址导航推广、电子邮件推广、QQ 聊天群推广等。根据网站实力，在较大的网址导航站如 hao123 等进行推广。通过电子刊物、会员通信做电子邮件推广。利用常用的通信工具，如 QQ、MSN、UC 等，可以采取文字介绍加网址的形式，发送给朋友、聊天群等。

三、博客的运营

博客其前身是网络日志，记载个人思想言行，由于网络日志私密性强，难以满足网友日益强烈的互动交流的需要，Blog 应运而生，它增强了交互功能，博客主人在表达个人思想的同时，互相之间可以评论交流，使得互联网的开放、分享精神得到更好地体现。

（一）博客的特点

1. 自由性

只要能上网，就可以把自己所见所想写在博客里，随时随地，不受时间空间的限制，非常自由。

2. 自主性

博客是个人展示平台，博客界面设置上，博客主人可以根据个人喜好选择由网站提供的模板，还可以自主上传背景模板、音乐等，彰显个性；博客内容发布上，博客主人可原创、可转载，长短随心，有非常强的自主性。

3. 交互性

博客是网络交友的地方，博客主人通过展示兴趣、爱好、才华，可以让更多的人了解自己；同时通过互动留言评论结识各类网友，互相学习交流；对企业来说，则可以通过博客展示自己的企业形象或企业商务活动信息。

（二）博客的管理

博客作为自媒体，是需要花时间、花心思打理的。由于博客写作群体的广泛性，使得大量有质量的原创随时生产出来，作为网站编辑，除及时重点推荐优秀博文、写手外，还要不断提醒与督促博客使用者做到以下几点：

1. 多互动评论

每篇博客文章的下面要鼓励网友公开评论，并通过跟帖、电子邮件、站内短消息等回应网友的意见，加强双方互动。

2. 多交换友情链接

多与好友交换友情链接，不仅可以获得很多直接的访问量，还可以扩大博客交往圈子，与好友的好友也建立起良好的关系。

3. 将原创内容向搜索引擎提交

搜索引擎如 Google 非常喜欢博客，因为博客当中有非常高质量的原创内容。如何让搜索引擎来抓取自己的原创博客内容，需要博客使用者主动向搜索引擎提交，并制作生动的标题让网友容易搜索到。

4. 通过加入“博客圈”、参加官方活动等扩大交流范围

博客网站一般都有“博客圈”产品，一般按照兴趣爱好分类，如体育博客圈子、文学爱好圈子、军事迷圈子等，每个博客使用者可依个人兴趣加入相应的博客圈子，以得到更多志同道合的朋友关注。博客使用者也可通过参加官方活动，如征文、聚会等，获得更多的关注度。

四、微博的运营

微博是微型博客的简称，相较于博客，微博篇幅更短小，一句话甚至一个词、一幅图片都可以是一篇微博。它不仅可以通过 WEB 网页发布，还可以通过 WAP 及各种手机客户端发布；可以“跟随”成为其他微博使用者的粉丝，随时了解对方的微博更新情况；可以“评论”及“转发”微博文章。微博先进便捷，非常好地满足了网友信息传播、获取与分享的需要，因此极受网友喜爱。

微博真正开启了公民媒体时代，人人都是记者，由于大批量的名人被各大网站微博招揽，各路名人也以微博为平台，在网络世界里聚集人气，使得微博影响力与日俱增，从 2010 年微博在中国起步，到 2013 年，中国网民微博用户数已经超过 3 亿（据中国互联网信息中心 2013 年 1 月 15 日报告数据）。有评论称，微博的粉丝超过 100，就好比一本内刊；超过 1000，就是布告栏；超过 1 万，就是一本杂志；超过 10 万，就是

一份都市报；超过100万，就是一份全国性报纸；超过1000万，就是电视台。

微博产品为何如此火爆？首先，微博特性充分满足了人们的沟通需求，一句话微博，用手机随时随地发，由“关注”“粉丝”直接到达受众群体；其次，微博可以为网站的内容带来更多原创，增加更多新用户；再次，微博上墙、微博抽奖、微访谈等形式有助于营销，从而为公司增加收益；最后，微博成为门户网站标准配置，兵家必争。

（一）微博相对于博客的先进性

1. 技术要求门槛低

相对于强调版面布置的博客，微博的内容只是由简单的只言片语组成，从这个角度来看，对用户的技术要求门槛很低。

2. 更新简便

在语言的编排组织上，没有博客那么高，只需要反映自己的心情，不需要长篇大论，更新起来方便。另外，但是字数有限制。

3. 操作方式灵活

微博可以通过WEB网页、WAP、手机客户端等方式来即时更新；微博网站现在的即时通信功能非常强大，通过QQ和MSN直接书写，在没有网络的地方，只要有手机就可即时更新自己的内容，其实时性、现场感以及快捷性超过所有媒体。

4. 主动关注与传播

相对于博客来说，用户的关注属于一种“被动”的关注状态，写出来的内容其传播受众并不确定；而微博的关注则更为主动，只要轻点“关注”，即表示你愿意接受某位用户的即时更新信息；同时可随时通过“转发”将其推送给自己的“粉丝”，从这个角度看，微博对商业推广、明星效应的传播更有价值。

5. 利于维护人际关系

对于普通人来说，微博的关注友人大多来自现实的生活圈子，用户的一言一行不但起到发泄感情、记录思想的作用，更重要的是维护了人际关系。

（二）微博的管理

1. 发展名人微博

名人的一言一行都是大众关注的焦点，名人微博能带来巨量的粉丝，因此，各网站从微博发展伊始就展开了名人抢夺战。

2. 发展官方微博

主要包括机构官方微博、企业官方微博、CEO官方微博、产品官方微博等。由官方发布重大社会问题、重要产品、营销活动、重要信息、制造悬念话题、突发事件解释；适度参与热点事件与话题的讨论，包括相关政策新闻与社会热点；展示机构形象、企业文化和产品特质。

3. 组织微博活动

组织微博访谈，邀请名人嘉宾参与，密切与业界联系。组织微博营销论坛等，扩大品牌影响力。

五、微信公众平台的运营

微信公众平台是腾讯公司在微信基础平台上新增的功能模块，通过这一平台，每个人都可以用一个 qq 号码，打造自己的微信的公众号，并在微信平台上实现和特定群体的文字、图片、语音的全方位沟通、互动 。目前微信公众平台支持 PC，并可以绑定私人帐号进行群发信息。主要面向名人、政府、媒体、企业等机构推出合作推广业务。在这里可以通过这种渠道将品牌推广给上亿的微信用户，减少宣传成本，提高品牌知名度，打造更具影响力的品牌形象。

（一）微信公众平台的特点①

1. 点对点精准营销

微信拥有庞大的用户群，借助移动终端、天然的社交和位置定位等优势，每条信息都是可以推送的，能够让每个个体都有机会接收到这条信息，继而帮助商家实现点对点精准化营销。

2. 形式灵活多样

用户可以发布语音或者文字然后投入大海中，如果有其他用户“捞”到则可以展开对话，如招商银行的“爱心漂流瓶”用户互动活动就是典型案例。

位置签名：商家可以利用“用户签名档”这个免费的广告位为自己做宣传，附近的微信用户就能看到商家的信息，如饿的神、k5 便利店等就采用了微信签名档的营销方式。

二维码：用户可以通过扫描识别二维码身份来添加朋友、关注企业账号；企业则可以设定自己品牌的二维码，用折扣和优惠来吸引用户关注，开拓 O2O 的营销模式。

开放平台：通过微信开放平台，应用开发者可以接入第三方应用，还可以将应用的 logo 放入微信附件栏，使用户可以方便地在会话中调用第三方应用进行内容选择与分享。例如，美丽说的用户可以将自己在美丽说中的内容分享到微信中，可以使一件美丽说的商品得到不断地传播，进而实现口碑营销。

公众平台：在微信公众平台上，每个人都可以用一个 QQ 号码，打造自己的微信公

---

① 微信公众平台三大优势［EB/OL］. 三联教程，http：//www. 3lian. com/edu/2013/12 - 28/119735. html.

众账号，并在微信平台上实现和特定群体的文字、图片、语音的全方位沟通和互动。

3. 强关系的机遇

微信的点对点产品形态注定了其能够通过互动的形式将普通关系发展成强关系，从而产生更大的价值。通过互动的形式与用户建立联系，互动就是聊天，可以解答疑惑，可以讲故事甚至可以“卖萌”，用一切形式让企业与消费者形成朋友的关系。

（二）微信公众平台的运营①

1. 公众号的定位

（1）自媒体。

自媒体（We Media）又称“公民媒体”或“个人媒体”，是指私人化、平民化、普泛化、自主化的传播者，以现代化、电子化的手段，向不特定的大多数或者特定的单个人传递规范性及非规范性信息的新媒体的总称。自媒体平台包括博客、微博、微信、百度官方贴吧、论坛/BBS 等网络社区。

（2）纯粹卖货销售。

开公众号的目的是吸引粉丝，增加卖货量。

（3）做品牌。

这是一些大公司玩的策略，微信公众号成为其品牌宣传的一个窗口，既不销售，也不做客户维护，就是跟企业挂钩在一起，成为一个宣传触点，如可口可乐、麦当劳等。

（4）新老客户的关系维护

微信公众号成为数据库营销的主战场，全网营销所有品牌触点最终落地于微信公众号，微信承担了 CRM 的角色。这个思路应用在一些带有实体性质的企业中尤为突出，如餐馆、酒店、KTV、美容场所等，以会员形式结合微信公众号运营来操作，所有广告投放，最终通过二维码或者微信号形式入住公众平台。

2. 用户定位

用户的性别占比、年龄、收入、学历、居住城市、喜好、经常出没地点。如公众号 91 运营网的目标受众对象会是网络营销、电子商务、产品经理等互联网从业人士。清晰的用户定位有助于后期推广方法的展开，还有图文信息的方向，最后还关联到盈利模式。

① 如何系统运营公众微信号［EB/OL］. 91 运营网，http：//www.chinaz.com/manage/2015/0318/390969_5.shtml.

3. 内容运营

（1）做好内容的规划。

内容规划非常重要，每一个月都要把下一个月的内容规划好，这样就能每天都有推送给读者。最好的方法是集中时间，把公众号要推送的 1～3 个月的内容都准备好，甚至可以把一年的内容都准备好。对于读者来说，需要的是可以长时间通过公众号，详细了解一个行业里的专业知识，而不是杂乱且没有联系的文章内容。

（2）内容形式差异化。

内容形式差异化表现在语音推送、视频推送，长期性干巴巴的文字内容的推送会容易引起读者视觉疲劳，试着用语音或者视频的展现形式来组织内容，如果能做成互动游戏的形式就更好了。

（3）内容整合。

推送内容不可能每篇都是自己原创，但是可以招募一些投稿者，从中选取一些优秀的稿件推送。另外也可以跟那些写原创文章内容的作者相互合作，帮助他们推广自己的文章和公众号，同时作者也帮助你推广公众号和文章。

（4）让粉丝产生依赖。

时间依赖：注意推送的时间，每一天都要按时推送内容，假如每天推送内容的时间为 6∶15，那么一定要在 6∶15 推送给读者。还有每一次推送内容的间隔天数，例如每两天推送内容一次，那么过两天，就一定要推送内容，长久以往读者就会形成习惯，到了时间就会主动去阅读公众号里面的内容。

内容依赖：可以采用内容分批推送的形式，例如，今天推送第一个章节，以后每天推送一个章节，直到完结，这个跟写连载小说一样，让粉丝有习惯等待的心理。

（5）坚持。

内容运营是持久战，3 天粉丝破万的这种运营策略笔者不是很赞成。用心经营公众号的运营者在乎的是粉丝的质量，而不是数量。

第三节　新媒体营销的原则

媒体发生的种种变化给营销活动带来了更多的机会和可能性。新媒体具有的种种新特点，要求无论是广告主还是广告公司，在新媒体营销设计时，首先必须要去了解和认识新媒体。围绕新媒体产生了许多新的营销模式，如社区营销、病毒营销、数据库营销等。新媒体营销是相对于传统的营销模式而言。如病毒营销，也可以说是口碑营销，任何产品营销都在用，但在新媒体领域，可以利用新技术把口碑营销发挥到极致，其传播速度也达到了前所未有的高度，广告主或广告代理公司可以在极其短暂的时间内获得消费者的反馈信息。又如数据库营销，这种营销模式传统媒体也用了很多年，但是由于技术方面的限制，始终没有把这种营销的优势发挥到最大化。而新媒体就可以轻而易举地利用新技术，运用数据库营销，详细地统计出消费者的特征，从而建议广告主有针对地展开营销。

因此，正如新媒体和传统媒体之间出现的相互融合的情况一样，新媒体营销也不是对传统营销模式的颠覆，只是利用了新的技术，创新了营销的手段。如何做好新媒体营销？我们不妨借鉴约翰·查古拉（John Zagula）的新媒体时代的五条营销法则加以说明①：

（1）个人化。

传统的老规则总是希望为公司设计完美的“品牌人格”，为自己的公司打造一个形象，使其同公司的定位相吻合。但问题是无论这种设计多么完美，表达如何清晰，如果它反映不出公司、公司领导层以及员工的设计价值观和特点，它就会变成一个自我分裂的矛盾体。既然如此，与其辛辛苦苦为公司设计一个精致的公众形象，还不如干脆在公司内部找一个真诚的、实实在在的人来代表公司。这样，客户听到的内容就会是真实坦诚的，并且更具说服力。使用真人来代表公司，最简单的方法之一就是为他们建立博客。你可以让公司的CEO建立博客，代表公司对外发言，也可以找一名杰出的员工代言公司。

（2）开放性。

成功的营销公司不仅付出大量时间来思考理想的品牌人格，还投入大量时间和金钱对自己传达给市场的信息进行严格的控制。然而，真正的沟通并非自言自语的独白，而是你来我往的交流。当你坦诚与客户对话时，你既能获取市场情报，又能赢得客户信任。怎样才能开展坦诚的谈话呢？对客户，要通过新媒体积极开放地获取反馈，并采纳客户建议；对员工，你应该以开放的胸怀传递即使对自己不利的信息；对竞争对手，也要坦然面对。为此，无论是对正面还是负面的信息，都要采取坦率和开放的态度。

（3）趣味性。

过去，企业设计好了产品，就研究如何将这个产品投放到影响力最大的媒体中，砸下大把的金钱和时间，却很难知道这样做是否有效。现在，许多公司正在寻求另一种方式：不再去寻找适合做广告的媒体，而是开辟自己的新媒体空间。有三种方法可以让你的内容变得有趣，由此可以建立的空间也分三种类型：可以展现专业知识和信

① 董家骏．新媒体时代的五条营销法则［J］．企业科技与发展，2008（5）．

息的专家空间；激起受众共鸣，并给他们以鼓舞的激发空间；授权客户自己来创造有趣内容的授权空间。

（4）与客户同在。

过去，我们考虑更多的是产品如何到达消费者面前，以及为此所花费的成本。现在我们需要做的就是通过新媒体弄清他们每天可能会在什么地方，然后跟随他们，融入他们的生活，在他们需要的时候出现，和他们亲密接触，这样营销活动才能产生成效。

（5）迅捷性。

企业只展示产品或概念已经远远不够，更重要的是根据市场的反馈迅速做出修正。

在新媒体时代，新旧媒体的共存仍将是一个长期现象。就目前而言，传统媒体仍然居于主流、主导地位。因此，在传统媒体条件下行之有效的现代营销原则，如需求创造原则、目标诉求原则、非价格竞争原则、流通网络化原则、企业主体性原则、科学认识市场原则、全面营销原则、推拉结合原则、社会责任原则、创新原则等，仍有坚持的必要。与此同时，还要针对新媒体的特性，遵循以下原则：

一、整合营销原则

新媒体改变了以前用户单个存在的形态，随着网络和用户之间界限的淡化，用户可以通过网络而聚合，使社群关系得到了加强。随着像 Blog、SNS、RSS、Podcast 等以 Web2.0 为代表的网络新技术的普及，用户可以在网上尽情交互，最终变成信息的节点，既是信息的创造者，也是信息的传播者、消费者。这种传播形态的变化为商家的营销传播提出了新的挑战，也为整合营销传播提供了继续发展的土壤。

整合营销传播（Integrated Marketing Communication，IMC），兴起于商品经济最发达的美国，是一种实践性极强的操作性理论。整合营销传播既是一种营销手段、理念和营销模式，也是一种沟通方式和管理体制。对外具有整合各种信息、综合传播企业信息和品牌的功能，对内则有通过各种沟通渠道和方式实现有效管理的作用。同时，整合营销传播在被广泛应用于企业营销的基础上，强调三点核心价值：营销即传播，传播即营销；全面整合优势资源；建立并长期维持与利益攸关者的良好关系。

而目前具体实施整合营销遇到的难题则是利益相关者的多少，因为人数越多越难以与每位利益相关者建立深厚的人际关系。因此，如何培育众多顾客与品牌之间的密切关系就对整合营销传播的继续发展提出了新的挑战，以 Web2.0 为中心的网络新技术的出现恰好为整合解决了难题。

网络新媒体为整合营销传播提供了发展契机。Web2.0 的出现使用户可以通过网络而聚合，使社群关系得到了加强，是互联网的一次理念和思想体系的升级换代，由原来自上而下的由少数资源控制者集中控制主导的互联网体系，转变为自下而上的由广大用户集体智慧和力量主导的互联网体系。Web2.0 内在的动力来源是将互联网的主导权交还个人，从而充分发掘个人的积极性，广大个人所贡献的影响与智慧和个人联系形成的社群的影响替代了原来由少数人所控制和制造的影响，从而极大地解放了个人的创作和贡献的潜能，使得互联网的创造力上升到了新的量级。

目前，实践 Web2.0 成型的应用元素包括博客（blog）以及 Rss（简易聚合）、wiki（维客）、tags（分类分众标签）、bookm ark（社会性书签），SN（社会网络）等，这些应用又都是在一些 Web2.0 体系下的理论和思想的指导下形成的，包括六度空间理论、长尾理论、去中心化等。这些应用带来的主要变化：一是改变了传统的传播形态及媒体环境，个人用户成为 Web2.0 时代网络的主体，他们主动创造、消费和传播，形成以用户为中心的媒体环境；二是更新并丰富了营销手段，如何把品牌放到用户多对多的对话中以及如何更有效地应用社区的影响力来做营销是 Web2.0 时代带给我们的思考。因而，体验营销、病毒营销、社群营销、创意营销、互动营销等多种营销手段应运而生。①

二、精准营销原则

随着信息技术的发展，市场竞争的加剧，大众市场分裂成众多的分众市场，大批量生产被定制化生产所取代，大量分众媒体、移动媒体涌现，分散着消费者的注意力，消解着大众媒体的影响力。品牌广告主和消费者之间的沟通效果降低。与之相对应的是，以 Web2.0 技术为支持的新媒体迅速崛起，以其开放的、互动的参与方式和丰富的信息量吸引受众并且如病毒般的自发传播，成为新一代强势媒体。市场营销行为由“传播”变成了更加对等活跃的“对话”，消费者的态度可以在“对话”的进程中被塑造和改善、被强化和被监测。同时，新媒体揭示出消费者个体间的内在社会联系，广告主可在用户之间攀附的各种“关系”和“聚合”的道路上寻找合适的营销空间，通过“对话”的方式影响消费者的态度，并奖励消费者的“态度忠诚”和“行为忠诚”。在新媒体环境下，面对消费者聚集形态的变化、媒介使用习惯的变化和消费观念的变化，要积极调整营销传播方式由大众营销向精准营销变化。

所谓的精准是跟着传播策略走的，这就要求企业在进行网络活动之前对自身的产品、目标人群进行差异化的精准定位，随之选择与自身传播相匹配的新媒体，并在活动中有能力对各项执行细节及时间节点进行精准把握，当企业自我灌输了精准意识后，将会矫正其对新媒体营销方向的选择。另外，讲精准首先要看媒体本身的受众，每个

① 张艳．新媒体技术条件下的整合性营销传播策略［J］．中国青年政治学院学报，2007（4）．

媒体都会覆盖具有共同特征的人，但针对某一部分人群，每个媒体都有自身不同的表现特征及影响力，所以任何媒体所切分的范围都是一定的。突破传播中国区 CEO 郑香霖认为，精准对于广告主意味着省时间、省钱、提高效率，因此整体效益会增加。

精准营销强调的是“精确”和“准确”，就是以客户为中心，运用各种可利用的方式，在恰当的时间、地点，以恰当的价格，通过恰当的渠道，向恰当的顾客提供恰当的产品。其关键在于“恰当”二字，通过企业提供的价值与客户需要的价值之间的恰当匹配，可以为企业实现更精准、可衡量和高投资回报的营销绩效。精准营销的主要特征包括目标对象的选择性，即尽可能准确地选择目标消费者，进行针对性强的沟通；目标对象的稳定性，即产生消费的消费者要加以巩固，保持其持续的忠诚度；沟通策略的有效性，即策略尽可能有效，能很好地触动受众；沟通行为的经济性，即与目标受众沟通的高投资回报，减少浪费；沟通结果的效益性，即沟通的结果是为了销售产品和服务，要产生效益。分众化、精确性、个性化、交互性所造就的实效传播正是新媒体营销传播赖以生存发展、与传统媒体形成竞争并占尽优势的独门绝技。

第四节　新媒体营销的方法

新媒体营销是指在新媒体创建与发展的全过程中，为提高其知名度和影响力，打造新媒体品牌、突出新媒体特色、提升关注度和浏览率，以此来带动新媒体全部营销活动的开展，所进行的全部推广宣传活动和网站建设活动的开展。

新媒体推广包括两个层面：一个是技术层面，一个是内容层面。

技术层面包括搜索引擎加载和搜索引擎排名、广告互换、交换链接等内容。通过技术手段可以在一定程度上，提升或提高网站的点击率和浏览量。但是，仅仅依靠这种技术性的推广不足以全面提升网站的形象。

在做好技术性推广活动的同时，必须做好内容吸引性推广活动。新媒体应以内容为王。因此，内容吸引性推广活动不仅是网站建设过程中的内容，也是网站建设中的一个必经阶段。技术性推广将成为网站流量和点击率的支撑和客流导入的支撑，而内容建设则是一种根本性的“吸引支撑”和“黏度支撑”。只有把两者结合起来，形成一个完整的、长期的推广链，新媒体宣传与推广活动才会取得明显的经济效果。

下面我们可以通过如下方法来进行营销：

一、网站的前期推广

网站的推广工作并不是等网站建成了才开始进行的。在网站建设的全过程中都要考虑怎样有利于网站形象的提升。例如，在网站建设中就要思考：如何丰富网站的内容；怎样突出网站的特色；探寻市场对网站主产品的接纳程度；调查和研究网上目标客户，并且区分其中哪些是稳定的客户，哪些可能成为稳定的客户等；要建立网站的动态管理机制，通过这种动态变化发现其中“凸现”的亮点；及时总结网站初期运行的经验。必须首先确定需要传达的主要信息，然后细心斟酌，把所有意念合情合理地组织起来，设计一个页面式样，试用于有代表性的用户，再修订，务求尽善尽美。

以上这些工作的完成和完善，本身既是网站建设的延伸，又是网站推广的一项重要内容。这些工作做好了，网站才会形成一个完整的商务框架、完善的运行机制和管理机制。

二、搜索引擎的注册与推广

在网站建设的内容中，我们应该强调网站要有方便的导航功能、完善的帮助系统、尽可能快的下载速度、简单友好的用户界面，以及对搜索引擎友好的 META 标签设计等。注意了解新用户的状况，由于新用户可能并不十分了解我们网站的状况，因此，提供网站的导航并在搜索引擎上注册具有重要意义。

像 Yahoo、搜狐、搜索客、网易等都是搜索引擎，它们的网站功能相似，都是把众多的网站分门别类的放到一个网站里，以便浏览者查询。这些门户网站将自动收录提交的网址。提交网站网址、搜索目录时要注意：

（1）提交内容最丰富的 URL，不要只提交根网址，如 www. company. com。因为很多公司习惯将主页做成美观的图形，像图书的封面，而搜索引擎对图没有特殊的好感，自动搜索的软件只喜欢收录文字内容详细、贴切的 URL，如 www. company. com/products. html。

（2）META 的使用。META 标签对网站发展非常重要，它可以用于鉴别作者、设定页面格式、标注内容提要和关键字等。有几个著名的搜索引擎，如 Altavista、Hotbot、Infoseek 使用 META 作为识别标志，所以要正确使用这些信息。

（3）关键字要准确选择与放置。选择与站点内容最为贴切的三个以上的关键字，并且保证这些关键字在标题中出现。如果关键字选得不好，密度不高，被点击的可能性会非常小。

（4）不要提交分栏 Frame 页面。大部分导航台不识别 Frame，所以一定要提交有内容的主页。如果这个页面与其他页面没有做链接，那就需要一个桥页，也就是新设计一个符合各项要求的页面。

（5）将网址提交到最合适的目录下面。查明同类产品或服务的网址在哪一个目录下，例如，产品是衣服，就查 Cloth 在什么目录下，就到该处提交网址。

（6）在网站内容不错的前提下，可以考虑以付费方式完成网址提交。

三、注重产品展示

产品是企业的命脉，将产品通过企业网站成功地展示出来是吸引网络流量、树立企业良好形象最重要的一环，是企业网站建设永恒的主题。网站设计中的产品展示就成为非常重要的因素。对于一个完整的产品展示而言，主要应做好：

（1）直观展示。在网站产品展示页上根据产品定位进行展示风格设计，突出宣传产品的卖点，形成符合该企业产品特点的产品展示。

（2）用户体验。企业在网站中主要应从视觉和效果上展示产品，让顾客产生身临其境体验产品的效果。

（3）网站互动。通过在线询盘、经销商通道等为经销商会员或指定会员开设绿色通道使他们能够浏览企业最新产品，获取最新产品信息资料，这既能保护企业的商业机密，同时又能适时发布新产品信息，对开展市场营销活动起到积极作用。

（4）相关产品/服务/内容的推荐，站点作为公司向用户提供自己产品信息或服务的平台，我们可以将自己的网站理解为公司的推销员。当用户对某种产品产生兴趣时，也可以向用户介绍一些其他相关的产品、升级换代产品、配套产品等。如介绍公司的产品时，首先，我们可以在其相关位置放置新产品介绍，做到相互配合兼容，提高产品的曝光率。其次我们应该注意加深用户的印象：当公司推出中心产品，或者有重大新闻价值的事件时，应在网站首页重点介绍，提高用户对产品的熟知度，从而扩大新用户群体。

四、注重关键词的使用

我们应该认真地考虑最适合于网站的关键词，尤其注意与公司产品的紧密联系，因为关键词（如使用建站指南等）要与潜在访问者最可能输入搜索引擎的词语相匹配，一般用户首先会输入通用的词汇，然后才会逐步缩小关键词的范围。我们有必要为用户着想，用户可能寻找什么，可能使用哪些关键词。关键词的作用十分重要。

五、与知名网站开展活动

与知名网站开展相关活动，扩大知名度。如网上调查，有奖知识竞赛等市场推广活动。我们开展此类活动可以获得如下效果：

（1）产生良好的新闻效应，扩大网站知名度，比常规推广手段具有更为明显的效果。

（2）对于许多新用户来说，新上网者可能首先成为知名网站的用户，所以，通过与知名网站合作，可以吸引到新用户。

（3）了解行业竞争状况。进行网上调查，对于保持行业良性竞争具有重要意义。根据多种因素、按“服务质量”的差别对服务商进行排名，有利于促进服务商从总体顾客满意程度入手改进经营模式，而不仅仅是通过价格竞争。从而可以做到知己知彼，扩大市场竞争能力，提高我们自身的服务水平，从而赢得更多潜在客户源。

六、提供交互性和营销功能

在网站上提供交互性与营销功能。互联网最重要的特色就是其交互性，如果不将这种功能与营销功能结合起来，显然是一种巨大的浪费。当一个用户在介绍某一产品的网页停留较长时间，或者反复查看有关内容时，就可以利用这一信息，实时地向用户提供帮助或者介绍相关的最新信息。利用网站的交互性来充分增强营销功能应该是我们进行网上推广的一个发展方向。

七、友情链接和专栏合作

与知名站点、个人站点、代理商等进行友情链接和产品专栏合作。为了提高网站知名度和推广公司产品，有必要与相关站点进行此类合作，以此赢得更多的用户和流量。

（1）栏目内容合作。创造一些很多网站都需要的有价值的内容，主动与可能会感兴趣的网站联系。

（2）品牌站点借力。与品牌站点互联是网站借力的重要途径。

（3）多类型公司互联。与主题有相似之处而非竞争对手的网站建立联盟。

（4）友情链接。在搜索引擎中查找访问量大的网站，选择与网站主题相似或互补的网站，向他们发出邀请函，说明自身特色及网站友情链接的互惠优势。

八、进行数据库营销推广

利用在经营过程中收集、形成的各种顾客资料（如电话，e-mail 等），经分析整理后作为制定营销策略的依据，并作为保持现有顾客资源的重要手段。使用此手段可以获得如下效果：

（1）更加充分地了解顾客的需要。

（2）为顾客提供更好的服务。

（3）对顾客的价值进行评估。

（4）分析顾客需求行为。

（5）市场调查和预测。

九、培育网站特色

营销网站必须具有经营特色，专一化经营就是培育网站特色的一个重要方法。它是根据当前网站建设中的大而全、小而全的现象进行的一种反向思维。专一化强调的是网站内容的专一。在商务网站建设中，这种专一化经营一般是按行业的分类进行划分和确定的。如化工、机械、粮食、木材等行业性网站，都属于专一型营销网站。专一化经营有三大优点，即注意力集中，客户群集中，赢利点集中。这三个集中，能把网站有限的人力、财力、物力、社会的关注力、网站的潜在力，集聚在某一专业，力求从某一专业或某一局部进行渗透和突破，形成和凸显出局部优势，进而通过局部优势的能量累积，争得竞争中全局的主动地位和有利形势。专一化经营的网站，栏目分类比较细，适合当前市场细分的要求。因此内容的适应性强，容易满足网民个性化的需求，从而形成稳定的客户群。

十、传统方式宣传推广

传统方式宣传推广是网站宣传推广中一种最基本、最普通的方法，其可以进行的推广活动很多。例如：在公司信笺、名片、礼品包装上印上网址名称，让客户随时看到并记住网址；可以直接把网址通知所有老客户；可以在报纸、电视或刊物上做广告的同时，标注和宣传公司网址；可以将公司资料加入到世界著名的专业数据库，如香港贸发局数据库、中国进出口贸易网、中国企业网等便于别人查询。

十一、保持网站新鲜感

在互联网上不断有新事物出现，每天都有新花样。如果网站主页不经常改变，用户很快就会厌倦。在主页上预告即将有新产品、新资料推出，可吸引用户再次浏览。不妨在页头以大字标题宣布新消息。可以定期改变主页上的图像，或更改主页的样式。趣味性的事项可以持续或自动更新，例如，列出浏览网站的人次。为保持新鲜感，应时刻保证主页提供的是最新信息。确保链接项目运作畅顺，以免用户在荧幕上收到“无法查阅所需档案”的信息，导致用户丧失兴趣。

第五节　新媒体营销案例分析

【案例一】

小米

小米营销是当今互联网时代最成功的营销模式之一，广受营销人士的赞誉，其近乎免费的营销模式使广大营销精英们望尘莫及。也许它的成功模式我们无法复制，但是从它的成功中我们可以学到很多很多。小米的网络营销步骤如下：

一、通过论坛做口碑

早期一般是没有关注群体的，黎万强带团队首做论坛，通过论坛找资深用户。具体做法是：1. 找一些流量较大的知名 Andriod 论坛（这和前期小米要推广的 MIUI 论坛主题相关)；2. 几个人注册上百个账户到论坛里发广告（在这里不赞成一开始就发广告贴，尽量通过优质的内容去引导网友、在帖子后加上推广网址才是上策)；3. 从吸引的1000人中再选出100个作为超级用户，参与MIUI的设计、研发、反馈等。当然这100个人也成为了MIUI操作系统的点火者，是小米粉丝文化的源头。以此方式纯靠口碑，慢慢积累用户，直至现在，MIUI的用户数达到1700万。

二、建论坛

2011年中期，借鉴MIUI论坛，手机论坛迅速建立起来。之后相继建立了几个核心的技术板块：资源下载、新手入门、小米学院，后来也增加了生活方式的板块：酷玩帮、随手拍、爆米花等。这些板块的人气为小米手机后期实施的“饥饿营销”起到了极大的宣传推广作用。

三、微博造势

早期的小米微博仅仅是作为客服使用，但小米赶上了微博蓬勃发展的时刻，搭上了微博的顺风车，于是迅速地扩大了宣传效果，增强了影响力。

小米微博的营销步骤：1. 数据炒作，通过微博可以看到很多公司甚至名人在短短的时间内微博粉丝增长数万、数十万。其实这是通过数据做出来的，人们通常都有从众的心理，喜欢粉丝数多的微博。2. 推广，在这点上，雷军的名气应该发挥了巨大的作用，首先雷军纵横互联网行业多年，有巨大的网络人气，其私人微博对于官微的推广意义重大。其次就是小米公司的员工了，员工们动员了不少私人的力量为微博造势。还有当然就是论坛上部分忠实坛友了。(这点给我们的启示是微博营销早期的拉粉应该是要动员一切可以动用的力量，上至公司老总，下至普通员工)。3. 营销，小米做的主要是新闻炒作，每隔一段时间就会拿出几台小米手机，让粉丝们抢，当然要求就是关注并转发他们的微博，后续带动他人关注和转发的人多就有机会得到一台小米手机，这往往会吸引更多的人去关注和转发。毕竟关注和转发是不需要钱的，而且一台手机也是数千元，这就抓住了人的趋利心理。所以小米就是这样以最少的付出获得了最大的回报。

小米是一个新兴的互联网公司，主要借助的营销手段也是网络营销。所以在营销团队的组织上也和其他的公司大相径庭，小米新媒体营销团队有近百人，小米论坛30人，微博30人，微信10人，百度、QQ空间等10人。从小米的这种组织架构上，可以很清晰地看到这种网络营销战略。黎万强在解读几大新营销渠道的配合时说：“论坛是我们用户的大本营，一些深度的用户沉淀还是会通过论坛来完成的，微博和微信上你所能够提供的方式是有限的，数据库的管理也是一个问题。对于微博来讲，微博本身还是一个媒体，在客服的管理基础上，会有很多天然的这种营销传播的优势。微信来讲到今天来看，我们更多的是把它当成客服工具来用，还没有想把它当成营销工具，因为它本身是私密圈子。”

【案例二】

百事可乐[①]

现在，互联网进入 Web 2.0 时代，大型品牌广告主以及网站经营者却还在使用过去老旧的观念以及 Web 1.0 手法进行网络营销。事实上，网络营销已经进入了“花钱买 130 万人深度参与”的时代。这其中的关键，在于“人际传播”，而这正是 Web 2.0 的强项与核心精神。可以很简单地说，传统的广告是我播你看，而 Web 2.0 广告则是我告诉你，你告诉他，品牌迅速的在人际网络里扩张。

百事可乐在 Web 2.0 营销上堪称经典的案例。在这个案例中所进行的为期一个月的活动中，吸引到 130 万人报名参加，总投票数达到 1.2 亿票，活动期间用户留言数量达到 680 万则。

这个活动是百事可乐的年度大型网上活动，名称叫做“百事我创，我要上罐”。简单地说，提交自己的照片报名参赛让别人投票，得票数最高的前几名，就能把自己的照片印在百事可乐的罐子上。

活动分为初赛及决赛。百事可乐分别与五家大型网站合作站内初选，五个赛区选出的再参加总决赛。其中，初赛的 51.com 赛区，其参赛者高达 130 万人，比其他四个赛区全部参赛人数加和的两倍还多。

这种成绩主要是由于 51.com 是个完全的 Web 2.0 网站，其运用新媒体营销成功案例并且完全发挥了 Web 2.0 实时互动特性。因此，我们有必要理解这个网站与传统的博客网站到底有何不同。

一、品牌如何在 Web 2.0 网站里扩散

51.com 是个类似美国 MySpace，以博客、相册、社区为主的社交网络（Social Networking Service）。用户平常在上面写日记，也看看别人写什么，有自己的好友清单。

与传统博客不同，51.com（游戏社区）并不重视内容。很多博客登录后第一个画面是用户看到自己的文章，而 51.com 登录后第一个画面是告诉你谁来看过你，你的好友有谁在线，其中多少人写了新的日记。这使得 51.com 的用户间互动非常频繁。只要发布文章，没多久系统就会通知，刚写的文章有谁来看过；若你链接过去看对方博客

---

① 百事可乐独特的新媒体案例［EB/OL］. 搜狐公众平台，http://mt.sohu.com/20151014/n423244648.shtml.

并留下评论，对方马上收到通知，很快会再回访，自然的人际交流就此形成。这种实时互动特性使得51. com的用户几乎都是“挂”在网站上的，因为随时会有关于好友的信息通知。也因此51. com打下一个“人际传播”动能强大的平台。一旦任何活动推出，扩散将非常的迅速。

在本次百事可乐活动中，51. com首先通过各种方式告知用户这个消息并吸引用户参赛。报名参赛者，51. com会自动在用户博客首页上生成一篇文章，上面刊登一张大图，上面写“支持我，成为百事明星”。由于参赛者的博客上有这篇新文章，于是他的好友清单上的人都收到通知，当这些人点选过来看的时候就会发现百事的活动，因此又有部分的人成为参赛者，而这批新的参赛者的好友又收到了通知。

二、人际圈子合纵联盟加大传播效应

如此，这种人际传播，以非常恐怖的速度在51. com里扩散。社交网络最常被提及的就是六度空间理论，并且老是被跟“挖掘商业人脉”扯上关系。然而，我们第一次看见六度空间理论可以这样运用。

在本次的初赛活动中，其余的赛区不乏大型的博客服务提供者。然而他们做不到这种实时互动的扩散效应，还是依靠传统的“我播，你看”营销模式来吸引用户参赛，信息扩散的效应相差很多！最有趣的事情不止于此，在本次活动中，观察到51. com的用户群体有许多自发性的行为是超乎想像的，比如说：1. 没有参赛的人，在自己的博客上帮参赛的朋友拉票，再次提高活动曝光度。2. 由于用户自己就可以开设群组，有的用户因为平日经营得当，群组人数高达数万人，俨然成为一方之霸。当该用户参加本次比赛时，即鼓动他所经营的群组会员帮他投票、拉票。3. 许多群组之间彼此形成联盟，例如，最大的51. com第一联盟，其所属的会员人数高达200万人。这些群组自己先举办群组内初选，推派代表参赛，之后联盟内的200万人倾全力支持自己派出的代表。

三、Web 2.0 营销就是口语和人际传播

很多人会说，这种票选活动还不就是帅哥美女选拔。然而跌破眼镜的是，51. com赛区的票选第一名，居然是个外号“糊涂山人”的和尚。事实上，在本文刊出的时候，他的照片已经印在可乐罐上了。然而这其实不那么令人意外，首先，拥有8000万注册用户的51. com本身就已经是个小型社会，里面什么人都有。其次，看到上述用户自发性的活动，透过合纵联盟，胜出的战略有太多可以运用的了。本次活动的参赛者、拉票者、投票者、以及他们在六度空间上的朋友，将很长一段时间不会忘记这个品牌。百事可乐在本次活动中买到了130万个深度参与的用户，而这绝非130万次广告点击可以比拟。

第八章　新媒体技能之摄影摄像

第一节　无人航拍设备的操作技巧

无人航拍是指运用无人机从空中对事件现场、自然风光、地形地貌等进行的拍摄活动。航拍作品的全景视角能产生强烈的视觉冲击力，随着无人航拍机性能的不断进化，其在各领域的运用日益广泛。熟练使用无人航拍设备已经成为现代新闻记者不可或缺的技能。

一、航拍摄影的发展历史

历史上有记载的航拍历史是从法国著名摄影师纳达尔开始的。他经过数次空中摄影尝试，于1858年在升空的气球上实验成功，当时的摄影工具还是老式的湿版照相机，拍摄过程很复杂，在气球吊篮里安装了暗室，使得从涂制感光板到拍摄、冲洗等过程顺利完成。纳达尔凭借其大胆的创新精神终于完成了这一伟大创举。

20世纪初期无人机诞生后，摄影设备完成与无人机的结合，最初无人航拍运用在军事领域比较多，作为勘察军情的侦查手段得到了发展。诸如在阿富汗战争中，美国的无人战机就是通过无人机监视，找到了本·拉登的行踪，并且将其炸死。近年来，随着无人机的研发由军用转向民用，无人机在技术和性能上实现了一次又一次的突破和飞跃。各类消费级的无人航拍设备大量兴起，曾经“高冷”的航拍走下神坛，带领大众从“上帝的视角”观看世界变化。

二、无人航拍机的优势

1. 全景画面丰富

相比较载人直升机必须在高空飞行，无人航拍机的拍摄高度调节更为自由，可以在1千米的高空进行大景别镜头拍摄，也可以在距离地面200米的空中穿行拍摄，具有调度丰富的景别，同时具有很强的宏观展现能力。同时，相对于轨道拍摄，因为其具有灵活的运动方向，在小景别的镜头拍摄中也可以达到很理想的前后景关系镜头调度。因为无人机航拍既能展现场面的宏伟气势，又可展示场景的细微之处，所以其拍摄的画面是电视新闻画面或者新闻图片中冲击力最强、最富有表现力的。

2. 高危地区探测

在重大自然灾害中，利用搭载了高清拍摄装置的无人机对救援人员无法靠近的受灾地区进行航拍，不仅在争分夺秒的灾后救援工作中发挥了重大作用，而且也为新闻工作者提供了第一手的影像信息，意义非凡。无人机航拍影像图片清晰度高、画面比例尺大，特别适合获取带状地区的图像如公路、铁路、河流、水库、海岸线等。另外，飞机起降受场地限制较小，在操场、公路或其他较开阔的地面均可起降，方便及时。

2016 年 2 月 18 日，2016 年第 59 届荷赛（World Press Photo）各奖项揭晓。《新京报》记者陈杰拍摄的天津爆炸案获一般新闻类三等奖。本次比赛获奖作品将会在超过 45 个国家巡回展出。

三、无人航拍机的一般组成

无人航拍机构造主要分为三大部分：飞机平台系统、信息采集系统和地面控制系统。飞机平台系统和信息采集系统构建了无人机的主体部分，根据负载能力和执行任务的不同，一个平台可以配载多套信息采集系统，实现不同的功能。如搭载测绘信息系统可以实现地理地貌绘制的任务，搭载摄影图像信息采集系统可以帮助新闻工作者获得高清晰的新闻图片。

无人航拍机的地面控制系统的主流趋势是可视遥控器，可视遥控器遥控飞行器和操控机载拍摄设备的同时，可以实时观看航拍的视频、观测飞机飞行姿态的情况，并日益呈现体积小、重量轻的方倾向，具有更方便携带和更智能的操控等特点。

四、无人航拍机的类型

无人航拍机可以从多个维度进行分类。最常用的机型按照结构来分，主要有无人直升机、固定翼无人机和多旋翼无人机三大平台。新闻行业和休闲娱乐拍摄主要是选择后两种类别。

1. 多旋翼无人航拍机

多旋翼无人航拍机根据旋翼数量的多少，可分为四旋翼机、六旋翼机、八旋翼机等类型。它可指定飞行高度任意悬停，具有飞行机动性良好的特性。这种无人机起飞降落不需要跑道，环境适应能力强，甚至可以进行手上起飞、降落作业。同时，因为航拍机可配置不同型号的陀螺稳定云台，方便挂载微单、单反、数字摄影机等高清晰度拍摄设备，获得质量较高的航拍画面。在无人机的操作方面，机载的飞行控制系统可独立完成飞机的姿态稳定控制，结合 GPS 卫星定位系统，可以方便地进行半自主控制飞行，具有相对简单的操作特性。这种无人航拍机型较为适合活动直播、体育赛事等日常新闻报道。

2. 固定翼无人航拍机

固定翼无人航拍机根据动力系统性质的不同，可分为电动机、油动机、气动机等类型。它具有航速快、航程远、航时长的特性。固定翼无人航拍机由载机平台、动力系统、遥测系统、伞降回收系统组成。受航拍机载荷限制，一般的固定翼航拍机无法安装陀螺稳定云台，只能将拍摄设备固定于机身下部。固定翼航拍机因其飞行范围广，多用于重大灾情报道的航拍。虽然相对于多旋翼无人航拍机来说，固定翼无人航拍机获取的影像画面稳定性较差，但是突发的重大灾情报道往往以第一时间获取有信息量的画面为重心，此时固定翼无人航拍机就显得更有优势。

五、无人机航拍设备的选购

1. 明确自己的需求

购买航拍设备是用于娱乐活动，旅行记录，还是公司业务应用；视频画面需要得到什么品质的照片或视频；航拍设备的尺寸大小和飞行稳定性。

2. 设备品牌选择

市场占有率高的品牌，在用户群体中口碑好，质量相对有保障，零件的供应相对有保证，而且品牌无人机航拍设备厂家重视售后服务。

3. 充分了解售后服务

选择好的产品就是选择好的服务。无人航拍设备价格不菲，新手操作时无人机的折损率高，这就需要专业的售后指导。主要了解无人机航拍设备保修时间的长短、保修零部件的种类、免费培训课程以及免费培训人数。

4. 根据自己的资金预算来确定选购范围

航拍器的价格相差较大。自娱自乐用途的航拍器可选择千元以下的玩具级。这类航拍器通常只配备有一个小摄像头，不带增稳的云台，不带 GPS 和智能地面控制端，风力较大时需要手动修正航拍器的位置，但价格低廉、维修简单、后期投入小，加载一部轻便的智能手机就能在空中进行实时拍摄取景。上千元的航拍器，全套配置，带有增稳的云台和 GPS，功能丰富，稳定性较玩具级无人航拍器好，简单阅读说明书就能轻松上手，到手即飞。专业级航拍器价格都在万元以上，拍摄画质优秀，稳定性较高，需要飞手和云台手的配合，但是体积和重量较大，仪器的灵敏度较高，使用者如不具备一定的航模经验和摄影摄像的知识储备，一旦发生误操作，会造成比较大的财物损失。尽量选择大厂出品的成套专业设备，品牌厂商往往都会附送相对完善的培训和良好的售后服务。

六、云台

在无人航拍机上，云台就是无人机和摄影摄像机的连接装置，云台最主要的作用就是避免拍摄画面抖动，保证画面的清晰度。航拍飞行器设计之初是直接将摄影摄像的器材固定在飞行器上，这种设计的不足是当飞行器在飞行过程中发生抖动时，即使很轻微的抖动，相机的画面也会因此模糊不清，大大影响拍摄的质量，甚至造成拍摄任务的失败。

云台在无人航拍机上的使用是伴随着陀螺仪技术的成熟而发展起来的。陀螺仪平稳飞行的原理即无人机云台绕 X、Y、Z 三轴旋转以满足相机转动的活动自由度，每个轴心内都安装有电机。当无人机倾斜或者转向时，云台电机配合陀螺仪加强反方向的动力，防止相机跟着无人机“倾斜”，从而避免相机抖动。

1. 固定式航拍云台

固定翼无人机所采用的拍摄云台，大多数是固定式航拍云台，垂直视角拍摄地面，没有运动补偿等稳定画面的装置。固定式云台的优点是成本低、重量轻、省电，有利于延长飞行时间，缺点就是航拍画质较差、拍摄视角固定。

2. 带轴稳定航拍云台

这种存在形式的云台分为两轴稳定的航拍云台和三轴稳定航拍云台。航拍云台轴杆加设微型陀螺仪，摄影角度可以旋转，在无人机前进、后退时，航拍的影像得以弥补。

两轴和三轴稳定航拍云台只是轴杆数的变化。三轴稳定航拍云台是现在主流航拍无人机所采用的类型，优点是对航拍时的画面有全方位的稳定，保证画面清晰稳定；而缺点是工程造价较贵，由于是电机控制，所以相对会耗电，降低航拍的续航时间。两轴稳定补偿云台价格便宜，省去了垂直方向上的稳定补偿，拍摄效果还可以接受，被市场上低端产品的无人机大量采用这种云台。

七、无人机航拍注意事项

驾驶无人机进行航拍需要不断训练，积累经验，培养手感，以下是几点关于初学者无人机拍摄的重要提示。

（1）选择试飞地点时，必须选择远离人口和高层建筑集中的地区，切勿在人群头上飞行。这关系到公众的安全，在某些地区，这种飞行属于违法行为。

（2）绝对禁止在机场附近飞行，这会给民用航空飞机带来严重安全威胁，也会给操作者带来法律上的麻烦。

（3）在飞行之前，查看天气预报并观察飞行地实际的天气条件。现代大多数无人机设备因为体积较小、重量轻，对抗风雨的性能低，即使极小的风雨也有可能导致操控者的不适应，造成试飞的失败，导致不必要的经济损失。选择天气条件较为有利时进行航拍是明智的做法。

（4）每次飞行之前做好计划。目前市面上绝大部分的无人机航拍设备续航能力有限，一般在 30 分钟左右，所以要最大限度地提高拍摄效率。

（5）要想获取理想的航拍画面，需要在已经选取的背景中，保持无人机缓慢、匀速、流畅地连续飞行，直到所需的景色完全展现在画面之中。

（6）无人机航拍注重的是拍摄画面的质量。操作者不仅要具备良好的飞行操控技术，还要加强学习摄影摄像器材知识和技术，了解摄影摄像器材的设置，知识丰富，才能收获更多。

第二节 网络直播的运用

“网络直播”大致分为两大类，一类是采集电视模拟的信号转换为数字信号输入电脑，实时上传网站供人观看，例如，中央电视台以及地方电视台视频网站，也称为“网络电视”；另一类是指在事件或者活动现场架设音频和视频设备采集声画信号，通过导播或平台，直接通过网络上传至服务器，发布至直播门户网站供人观看，称之为网络现场直播。爱奇艺、优酷等视频网站都采取的这类直播方式。

一、电视网络直播

“网络电视”将电视直播技术和网络技术相结合。“网络电视”大部分是电视媒体网站的转化，是顺应科技发展和传播交流方式变化的结果。这种网络直播利用了网络的交互性、直观、快速的特点，对电视媒体各类节目的服务进行了延伸，挽留了基本观众，满足网民的需求，开发网络新受众群，同时借此提升电视媒体的形象。但在电视媒体的整体构架中网络直播基本处于从属地位。

电视网络直播主要需配备转播车，配置视频切换台、调音台、监视器、录像机、微波发射机等设备。

二、网络现场直播

这类网络直播属于真正意义上的直播。按照直播内容分为两大类型，一类是商业性质的直播，如演唱活动的直播，淘宝店商家的销售直播等；另一类是日常生活的分享视频直播。

1. 网络现场直播的优势

（1）直播门槛低，成本相对低廉。

电视直播所需设备繁多，价格昂贵，成本动辄上百万元是电视直播的常态。目前网络现场直播中费用比较高的类型是娱乐活动的直播。其主要设备是数字摄像机，十万元以内的机型即可做到高清采集，所需专业直播人员人数也不多，传输过程均在网络上进行。拍摄成本只有电视现场直播的百分之一。日常生活的直播造价更低，往往一部配置较高的手机、摄像头外加麦克风借助直播平台就能完成直播。

（2）操作方便高效。

电视现场直播需要接洽、勘察场地、直播前的准备等，其执行周期相对较长，同时需要各类专业人员的合作，如需要电力部门确保充足的电力供应等。网络现场直播完全可以由个人完成，现场不需要额外的电力支持，不追求大空间、大场地，直播准备时间可以按小时计算。

（3）互动性强。

网络直播的最大特点即“交互”，由于直播在网络平台上进行，观众的选择权与参与度得到了巨大的拓展。网络直播创造了全新的内容生产方式，互动方式从文字到图文，再到语音，现在已经进入了视频互动的时代。

2. 网络现场直播设备

高清数码摄像机是活动现场直播的关键设备，在本章摄影摄像章节介绍。此处主要介绍日常生活直播设备的简介和运用。

日常生活网络直播以场景进行划分，可以分为室内直播和户外直播两种。

（1）室内直播。

室内直播所需的设备比较简单：视频设备（摄像头）、音频设备（话筒），保持网络的畅通。

（2）户外直播。

首先，选择高配置的手机。因为只有配置强大的手机才能满足直播过程中的高编码要求，也能解决直播软件的兼容性问题。市场上的智能手机像素普遍较高，都能保证直播画面的质感，其美颜效果也可以增加直播主体的艺术感。

其次，流量充足的4G上网卡。信号稳定、流量充足，网速快的流量卡是户外流畅直播的有利保障。因为网络信号的不连续会造成直播时出现画面断续甚至黑屏的情况，引起观看者的不适感。

最后，手持稳定器和多个大容量充电宝。智能手机都设计有光学防抖，但因为户外直播经常到处走动，最好还是选择搭配手持稳定器以保证画面的稳定性。目前国内价格在一两千元的稳定器性能较好。出门在外充电不便，直播用电量巨大，因此户外直播需要随时补充电量。

第三节　图片摄影设备的应用

一、照相机的基本构成

照相机由镜头、光圈、快门、联动调焦装置和机箱等部分构成。

（1）镜头：镜头是照相机最关键的光学部件。照相机的镜头都是由多片透镜组成。

（2）光圈：光圈是装在镜头里的金属叶片装置，主要作用是控制镜头的进光量。光圈的大小可以调节，光圈值代表镜头透光的能力。

（3）快门：快门是从时间上控制镜头的进光量。其作用是调节快门启闭时间的长短，控制胶片的曝光量。

（4）联动调焦装置：由取景器和调焦装置组合而成。取景器设置拍摄画面的范围。调焦器调整物距和像距的装置，以保证景物成像清晰。

数码相机在构造上稍显复杂，如图 8－1、图 8－2 所示。

图中所示的照相机为取下机身卡口盖、热轮盖、同步插孔保护盖、三角环后的状态。

图 8－1　数码相机构造

图 8-2 数码相机构造

二、数码相机的分类

（1）卡片相机：携带方便，价格低廉，能够满足日常的需求；

（2）单反相机：可以更换镜头，成像优秀，专业首选；

（3）长焦相机：具有多倍光学变焦和一定的手动功能，适合创作使用；

（4）微单相机：可更换镜头，单反画质，卡片轻巧。

三、摄影镜头分类

镜头的原理就是光学成像，有焦距、视场角和相对孔径三种要素组成，镜头内不同的镜片组合以及镜片的材质对分辨率、对比度、景深等成像质量的几个最主要指标都有影响，镜头对成像质量的重要性不言而喻。

镜头的种类繁多，从焦距上分类，可分为短焦距、中焦距、长焦距和变焦距镜头；从视角的大小分类，可分为广角、标准、远摄镜头；从结构上分类，可分为固定光圈定焦镜头、手动光圈定焦镜头、自动光圈定焦镜头、手动变焦镜头、自动光圈电动变焦镜头、电动三可变镜头（指光圈、焦距、聚焦这三者均可变）等类型。

需要说明的是，在与镜头的相关概念中，变焦镜头的“倍率”与焦距的含义往往容易混淆。焦距是光线穿过透镜在相机内部会聚成点，焦点和镜头中心的距离即为该镜头的焦距，镜头可以是固定焦距，也可以是变焦，是所有镜头都必须具备的光学特性技术参数。倍率是变焦镜头的最长焦距与最短焦距之比，是一个相对值。有些人认为倍率越高则看得越远。其实不然，例如，同样是6倍镜头，市面上常见的就有6～36mm、7～42 mm、8～48 mm和8.5～51 mm等多种不同厂家的不同品种，其中8.5～51 mm镜头的远视特性显然比6～36mm镜头的远视特性要好，但它的近视（广角）特性却不如6～36mm镜头好。

四、斯坦尼康

斯坦尼康是摄影摄像的稳定器。在陀螺仪稳定器出现以前，摄影摄像都使用斯坦尼康稳定器。

手持陀螺仪稳定器和斯坦尼康的最大区别是在设备的适应性和使用方式上，手持稳定器一般承重比较有限，只能使用单反之类的小型拍摄设备，一般需要双手握持，这就限制了一些场景的灵活性，优点是由于采用了电控系统，精度高、扩展性好，相对于大型斯坦尼康更轻便易用，适合单人操作，只需关注画面和焦点就可以了。斯坦尼康现在有很多的类型，从单手握持类型到专业领域使用的带承重背心的大型斯坦尼康，选择面非常宽，对使用者的要求更高，作为一种高度人机结合的机械装置，其发挥空间更多的还是在人的表现，想要运用自如还是需要多加练习。

拍纪录片时设备便携、易用、持久性应该是首要考虑的，可能更适合用手持斯坦尼康，因为记录片着重突出的是事物本身，不需要强烈的镜头语言，一些摇晃的镜头可能还会显得更真实。拍电影时，大型斯坦尼康必不可少。具体使用哪种稳定器，还是根据工作的需要和条件来确定。

斯坦尼康的主要品牌有威尔帝（wieldy）、万德兰（wondlan）、Tiffen Steadicam等。

五、正确的持机方法

拿稳相机是成功拍摄的第一步。哪怕拍摄时只有一瞬间的抖动，成像质量也会因画面模糊而大大降低。虽然可以用三脚架来减震，但更多的时候都是非预定拍摄，以手持相机拍摄多见，特别是对突发事件的拍摄，关键画面稍纵即逝，根本不允许摄影者花时间去放置三脚架并固定照相机。

数码照相机相对于传统照相机而言，它对拍摄稳定性的要求更高。

1. 持机的正确姿势

按照自己的习惯，常用的手紧握相机一侧的握手位，食指轻触快门键，以备随时拍摄。

另一只手的手掌托住机身底部，用拇指和食指握住相机来稳定镜头，上手臂尽量保持自然下垂的状态并且紧贴身体。肩膀放松，尽量不要耸肩。因为长时间耸肩拍摄，双肩肌肉僵硬，手臂的力量和灵活度会降低。

站立摄影时，双脚宜微张，或以前后步方式站立，以舒适的身体状态稳定重心。选择诸如树干、栏杆或墙壁这些固定的物体作为依靠，效果更佳。

下蹲摄影时，一只脚应该弓起，另一只脚跪地，托起机身底部的手则支撑在弓起的脚上。人体下蹲时，通常难以找到身体的重心，稳定性控制能力较差，最好也能借助固定物体。

2. 相机带的维稳作用

将相机带缠在手腕上，虎口处环绕两圈再拉紧，以拇指穿过带圈后再握紧相机，使相机和人手合二为一，不但可以减轻手的颤动，还可以防止不小心松手时相机摔落地面。

六、光线的运用

照片是光影艺术，光线是摄影的源泉。要拍摄好照片，必须掌握好光线这个关键的元素。

1. 光线的性质

（1）直射光。

在晴朗的天气里，阳光没有经过云彩的遮挡直接射到被摄者身上，受光的一面就会产生明亮的影调，背光的一面则会形成明显的阴影，这种光线称为“直射光”。在“直射光”下，受光面与不受光面会有非常明显的反差，立体感即时显现。

在多云的天气状况下，当太阳被薄云遮挡，阳光仍会穿透白云扩散，这时所产生的照明反差虽然有所降低，但光线相对柔和，非常适宜人像摄影。

（2）散射光。

在阴天，阳光被云层所遮挡，光线需要透过中间介质反射到被摄对象上，光会产生散射作用，这类光线称为“散射光”。“散射光”形成的受光面及阴影面差别相对不是很明显，明暗反差弱，光影的变化也较柔顺，因此产生的效果比较平淡柔和。

“直射光”会产生反差较强的光线，致使阴影较浓厚，调子变化较少，所拍出的影像线条及影调较硬。而“散射光”会产生反差较弱的光线，故阴影较淡，调子变化较丰富，会得出柔和的影像线条及影调。所以摄影者应根据不同的情况选择适合的光线。

2. 光线投射的不同方向

运用不同方向投射来的光线对同一景物进行拍摄会产生不同的效果。

（1）顺光。

亦称“正面光”，光线从照相机背后投射过来，与照相机拍摄方向一致，正面投向拍摄对象的光线叫做“顺光”。

“顺光”照明的特点是拍摄对象正面受光面积大，照明均匀。同时，因为是被自身遮挡阴影面积不大，影调比较柔和，能隐没拍摄对象的表面凹凸。顺光的优势在于能很好地体现景物本身的色彩效果。缺点在于色调对比和反差对比表现力较差，对象的立体感不能靠照明光线反映出来，立体感不强。

（2）斜顺光。

也称“侧顺光”，光线从照相机左后方或右后方的投射与拍摄对象形成大约 45 度角。这类光线影调明快，使拍摄对象产生明暗的变化，很好的展现拍摄对象的立体形态。在摄影艺术创作中，常用来表现摄影对象的轮廓和事物表面的质感。

（3）侧光。

光线从照相机左后方或右后方的投射与拍摄对象呈 90 度。处于侧光中拍摄对象，其中一半受光，另一半则处于阴影中，有明显的阴暗面和投影，有利于表现对象的起伏状态，对景物的立体形状的表现力也较强。缺点是明暗影调过于折中，需要考虑景物受光面与阴影在构图上的比例关系。

（4）侧逆光。

亦称“反侧光”“后侧光”。光线从照相机的左前方或右前方的投射与照相机拍摄方向成大约 135 度的角度。侧逆光让拍摄对象的大部分处于阴影中，拍摄对象的一侧往往有一条明亮的轮廓。在外景拍摄时，可以较好的表现大气的透视效果。在人物近景和特写拍摄时，如果采用侧逆光拍摄，需要辅助照明，避免出现脸部太暗的状况。

（5）逆光。

亦称“背面光”，光线由被摄对象背后正面射向照相机，只能照亮被摄对象的轮廓，所以也称之为轮廓光。在逆光条件下，可以清楚地展示对象的线条，呈现的是景物和人物的轮廓和侧影，突出了物体的质感和形状，也可以层次分明地表现两个不同景物之间的区别，表现大气的透视效果优秀。在明朗的天气下使用“逆光”更会创造出一种强烈的反差。在拍摄全景和远景中，采用“逆光”可以获得层次丰富的画面。

（6）顶光。

光线来源于拍摄对象上方。日正当中的太阳光便是一个好例子。顶光照射下，景物的亮度间距较大，常会在拍摄对象上造成强大的阴影。使用顶光摄影的人像，人脸部的鼻下、眼眶、颚下等处会形成浓黑的阴影，产生反常奇特效果，例如，颧骨突出，鼻影下垂，加用辅助光线提高阴影部分亮度，也可获得较好的塑性造型。

（7）底光。

亦称“脚光”，“底光”的光源位于拍摄对象的下方，是由下向上的照明光线。在日常生活经验中较少见，在一般摄影场合应用较少。因其有怪异和戏剧性的效果，可以用作刻画特殊人物形象、渲染特殊气氛的造型手段，如拍摄鬼片的电影海报，从人物的背后进行底光拍摄，可以充分的表现诡异的感觉。

3. 光线的反差

“反差”是指拍摄对象上最大值“亮点”与“暗点”之间的色调关系。所谓“反差强”是指光线在主体身上呈现的最亮部位与最暗部位的差别大，而且由最亮到最暗的转换过程中变化剧烈，对比度强烈。相对的，“反差弱”，表示最亮部位与最暗部位的差别不太大，由最亮到最暗的转换过程中变化非常柔顺，令色调很丰富。

七、摄影的构图

构图是在照片有限的空间内安排人、景、物的结构关系。

构图的目的是通过人、景、物的位置的选择和安排，强调及突出主题景物，同时把辅助次要的东西恰当地安排为陪衬。构图好的照片，人、景、物的安排均匀、稳定、舒服、有规律，可以引导视线到主题点。构图不当，会出现人、景、物的安排杂乱不平衡，因主题不突出导致没有视觉焦点等问题。

摄影构图的基本模式

1. 黄金分割法构图

黄金分割是一种数学上的比例关系。黄金分割具有严格的比例性、艺术性、和谐性，蕴藏着丰富的美学价值。应用时一般取0.618 。

徒步者在黄金分割点、线上或附近，徒步者在画面的左右两边，实现了构图的平衡。背景颜色纯净、对比明显。徒步者在画面中的主体地位得以体现。

2. “S”型构图

这种构图是指拍摄主体以“S”形状从前景向中景和后景延伸表现纵深感。主要用于河流、道路、铁轨等物体的拍摄。特点是画面比较生动，富有空间感。

3. 水平构图

也称二等分构图，就是把画面分成两部分，横向延伸营造出广阔的氛围，通过设置不同水平线位置，表达出不一样的情趣。画面构成的线条要保持水平或垂直，线条要美，水平或垂直线条造型要布满全画面，拍摄时使用三脚架。

水平线位于画面三分之一处，将画幅留给河水和天空。画面中河的水平线，沙滩线，多条平行线配合画面颜色的色调对比，和谐地表现了天空的绚丽，增强了画面的延伸感，充分表现了河边美丽的景色。常用于风景和建筑物的拍摄。

4. 对角线构图

把主体安排在画面两组对角的连线上，对角线构图可以获得有趣的风景画面，以往水平线为主的风景照，在对角线构图下显得更为生动活泼，画面被对角线构图切割后呈现两部分的照片内容。对角线拍摄人像也是常用的手段，让呆板的人像照片更具有想象空间，画面也更活泼一些，立体感、运动感十足。

5. 对称构图

对称式构图就是以一个点、一条线为分割标准，分割的两边形状和大小一致，形成对称，在色彩、影调、结构上都是统一的。作品给人一种稳重和沉静感。这种构图法是一种图表式形式，具有平衡、稳定、相呼应的特点，缺点是缺少变化。对称式拍摄景物非常广泛，最有代表性的就是建筑的线条、风景的倒影。

利用河水的倒影复制天空。以水平面为平分线，将广阔的天、气势的云、平静的水都表现得淋漓尽致。

6. 三分法构图

也称作井字构图，三分法构图把画面横竖分三份，划分成九格，如同是中文的“井”字，得到4个交叉点，然后将表现主体重点放置在4个交叉点中的一个即可。按照三分法安排主体和陪体，构图鲜明简练，画面显得紧凑有力。

7. 圆形构图

圆形构图通常指画面中的主体呈圆形，把主体安排在圆心中所形成的视觉圆心。圆形是封闭和整体的基本形状，除圆形物体以这种图式表示其圆外，生活中有许多场景可用圆形构图表达形式和意愿上的团结一致。如圆桌会议、粉丝围绕明星签名等，均可选用圆形构图。

圆形构图给人以团结一致的感觉，没有松散感，但活力不足，缺乏冲击力。

8. 直角三角形式构图

直角三角形式构图是将画面划分成直角三角形，主体的运动方向或景物面对着三角形的斜边，使运动物体的前面或景物的面前留有空间，给以出路。构图时注意拍摄对象的方向性。

直角三角形式构图，在横幅或竖幅画面中均可选用，其特点是竖边直线可显示景物之高耸，底边横线又具有稳实、安定感，富有运动感，具有正三角形式和倒三角形式构图的双重优势，同时左右直角边灵活多变，为摄影师常用的方法。

以上介绍的是常用的构图方式，随着社会的发展和进步，一些新潮的摄影家为了反映新时代的生活节奏和特点，不断锐意创新，主张打破均衡传统，这些构图具有不稳定、不和谐、紧张刺激、动荡不安等特点，表现景物形象的动势较为理想，表达焦躁不安的情绪、不协调的行为、注意力的不一致等具有优势，展示战争的残酷、革命风暴、狼藉现场等场面，亦可取得良好的效果。生活的魅力在于多姿多彩，只要是内容的需要和创作意图的需求，形式可以任意选择。

八、摄影的曝光

1. 曝光量与光圈的关系

光圈是照相机镜头中可以改变大小的孔洞。它控制进入镜头的光线量。在其他因素不变的情况下，光圈开得越大，通过镜头进入的光量就越多。这就好比房间里的窗子，它开得越大，进来的光线越多。

光圈的数值通常用 f－stop 值来表示，要注意的是：f－stop 值越大，光圈开得反而越小。例如，f16 的光圈就比 f8 的光圈小。在快门速度不变时，光圈的大小决定了相片的明暗。光圈太大，曝光会过度，照片就会白茫茫一片。光圈太小，曝光会不足，照片就会是黑漆漆的。

2. 曝光量与快门的关系

快门是控制光线进入的闸门。在其他因素不变的情况下，快门速度越高，通过镜头进入的光量就越少。反之亦然。它相当于开窗子时间的长短。光圈与快门都可以控制曝光量，它们的组合是控制曝光量的主要因素，并互相影响。如果将光圈收小一级（如由 f4 收小至 f5.6），将快门速度调慢一倍（如由 160 减至 130），它们的曝光量是一样的。

3. 对焦的重要性

对焦是指将镜头对准被摄对象后，调整镜头的焦距，使图像变得最清晰的过程。只有对焦正确，图像才可能清晰，否则图像就是模糊的。

4. 景深与光圈、距离、焦距的关系

景深的“景”是指我们要拍摄的景物，“深”就是清晰度的纵深范围。当镜头对焦于拍摄目标时，这一点对应在 CCD 感光元件上能清晰成像。它前后一定范围内的景物也能被记录得较为清晰，这个范围就是景深。景深越大，纵深景物的清晰范围也就越大。景深越小，纵深景物的清晰范围也就越小。影响景深的三大要素是：

（1）光圈：在镜头焦距及距离不变的情况下，光圈越小，景深越大，反之则相反。

（2）距离：在镜头焦距及光圈不变的情况下，越接近拍摄的目标，景深越小，越远离拍摄的目标，景深越大。

（3）焦距：在距离及光圈不变的情况下，镜头焦距越短，景深越大。即短焦镜头的景深大，长焦镜头的景深小。

九、手机摄影

智能手机拍摄性能的不断升级为手机摄影提供了技术保障。在读图时代，手机摄影正在崛起为信息形象交流传播方式的新势力。掌握并不断提升手机拍摄的技艺将日渐成为每个现代人的基本能力需要。

操作技巧：

1. 提前设置摄影功能

智能手机拍照功能不断进化，其功能的选择日益多样和丰富，一些基本的拍摄设置如聚焦模式，白平衡，图片尺寸、感光度等，都可以在手机上调节，这为获得更为丰富的画面提供了可能。智能手机都有选择照片尺寸的功能，它们通常具有低、中、高三种拍照分辨率可供选择。拍摄时需将拍摄分辨率调整到最高，以获取最佳品质影像。自动聚焦模式能提高拍摄的成功率，在光线较暗的环境下，适当提高感光度。

2. 强化构图意识

养成良好的手机摄影习惯，拍摄之前要有明确地构图意识。手机地拍摄视角大约为 35 度，尽量选取大场景，当然也可以自拍。无论是横式还是竖式构图，运用黄金分割法，尽可能把拍摄主体安置在三分线上，突出主体的最佳位置。目前，手机景深的控制性能有限，不可能如单反相机可以使用大光圈镜头虚化背景突出主体。因此尽量选择线条干净的背景

3. 选准焦点

不同的焦点，能体现画面中不同景物和人物的重要性，营造不同的效果。例如，拍摄书桌，对焦在电脑，突出的是电脑的外形，或者是电脑屏幕显示的内容，弱化了观众对书桌上其他事物的关注。所以手机焦点对准选取好的拍摄对象，保持快门的半按状态，等手机对焦显示稳定，再按下快门，防止照片发虚。

4. 缩短与拍摄对象的距离

虽然手机的摄影性能不断提升，但毕竟不如照相机功能多样、变焦性能丰富，拍摄时要靠近拍摄对象，可以尽量让拍摄对象充满镜头，照片会更清楚，能够拍摄到尽能多地细节。

5. 双手握持拍摄

手机拍摄的延迟现象比较明显，拍摄时要注意持稳手机，按下拍摄键后稍等一两秒，以免拍出的照片模糊不清。在按下快门时屏住气，避免造成影像虚化导致失败。

第四节　视频摄像的实际操作

摄影是对事物或者事件动态的记录。虽然与图片拍摄在拍摄设备和表达形式上不同，但都是通过视觉的认知和平面造型来表现对象，同属于影像造型艺术，在构图、用光等方面具有相同的原理，本节主要介绍摄影机的类型以及实战使用技巧。

一、视频摄像与图片摄影的区别

视频摄像与图片摄影虽然都是造型艺术，但在拍摄方式和表现形式等方面表现出

明显的不同。

1. 表现方式的不同特性

图片摄影表现的是对象瞬间的动态，是瞬间画面的凝固，图片呈现出来的事物状态是静止的。视频摄影是对表现对象连续运动的记录，是由一系列单帧的瞬间画面组合而成。图片摄影是静止的“默片”，是“哑巴”艺术，展现无声胜有声的魅力，让人在宁静中观赏美的神韵。视频摄影是声画艺术，出现画面的同时，配上人物的对白、现场的声效，以及后期录配的音乐，从视听两个方面进行叙事传播。

2. 制作程序的复杂性不同

图片摄影中，单一的画面就能表达一个主题，一般一个人就可以独立完成。视频摄像拍摄之后还需要剪辑、录音等后期制作，才能完成主题的表达。

二、摄像机的分类

市场上的摄像机造型各异，功能各有特点，购买者首先要了解摄像机的功能和类型，才能挑选出符合自己需求的利器。根据不同的分类标准，摄像机分类也有所不同。

（1）按照专业用途分类，摄像机可以分为家用型、专业级和广播级三种。

家用型摄像机就是俗称的“掌中宝”，体积小巧，便于携带，拍摄技巧要求不高，操作也比较简单。主要用于家庭聚会、小型娱乐活动的拍摄。

专业级摄像机，主要用于广播电视以外的专业领域，例如，电化教育、工业、医疗等。这种摄像机比较轻便，价格适中，只是在影像质量、耐受度和特殊性能等方面稍稍劣于广播级摄像机。

广播级摄像机主要用于电视台、影视制作公司以及专业的广告公司等。这类机器功能强大，影像质量优良，体积较大，重量也比其他两种类型的机器重，价格昂贵。广播级摄像机主张手动操控，对附属设备的要求多而高，如在演播室内使用，必须使用三脚架支撑，或者是放在高大的摇臂上。

（2）按照画面的清晰度，可以分为标清摄像机、高清摄像机和全高清摄像机。这类划分主要区别在于视频画面的物理分辨率视频格式和画面的长宽的差异。

表 8－1

类 型	分辨率视频格式	画面的长宽
标清	720×576	4:3
高清	1280×720	16:9
全高清	1920×1080	16:9

（3）按照具有摄像功能的介质不同，可以分为手机摄像和数码相机摄像。这类划分主要源于科技的发展使得摄像的功能不再是摄像机的专属，新型的摄像工具正在迅

速发展。智能手机摄像大众耳熟能详。数码相机摄像主要是模糊了摄像机和摄影机的界限，现在主要用于微电影的拍摄。数码相机摄像具有其自身的特点，例如专业数码相机感光元件较大，拍摄的视频画面更清晰、景深的效果更佳。相机可更换镜头，配件选择多样。

三、摄像机的基本结构

摄像机一般由镜头、主机、辅助器材等部分组成。摄像机的基本工作原理就是把光学图像和声音转化成电子信号，记录在存储卡上。

1. 镜头

摄像机的镜头也是由若干组透镜组成的。镜头可分为固定镜头和变焦镜头。固定镜头又可分为标准镜头、长焦镜头和短焦镜头。变焦镜头则是把这三类镜头组合在一起，并可以在相互之间连续变化。现在广泛使用的是变焦镜头。

2. 主机

主机包括摄录控制系统和存储、输出与录音系统部分。主要部件有镜头对焦和变焦装置、光圈快门、摄录开关、存储卡、麦克风、音频和视频的输出接口。

3. 辅助器材

获取精彩画面需要摄像机和各种辅助设备的配合使用。日常配置的器材主要是稳定摄像机的脚架、调节拍摄角度的移动云台、减震防抖的斯坦尼康装置、滤镜、遮光斗、外置话筒等。在较大型的活动或者影视剧、广告等拍摄现场，常常还需要配置合理大小的摇臂、轨道、影视灯等。

四、摄像成像的基础知识

1. 摄像机拍摄模式的选择

不同用途的摄像机设计了不同的拍摄模式。专业摄像机上主要是自动光圈模式和手动光圈模式，家用便携式摄像机上通常设置有智能场景的模式。在实际的拍摄操作中，不同的拍摄要求常常需要摄像师选择特殊的拍摄模式，如按下微距摄像模式（微小事物的放大拍摄）、高速摄影模式（慢动作拍摄）、红外线拍摄模式（夜间拍摄）等。

2. 摄像镜头拍摄方式的选择

摄像拍摄的方式可以分为固定拍摄和运动拍摄两种。

（1）固定拍摄。

固定拍摄指拍摄一个镜头的过程中，摄像机的机位、镜头光轴和焦距都固定不变。镜头内的事物和人可以是动态的，也可以是静态的。固定镜头的优点是视点稳定，有利于事件环境背景的拍摄。如对会场、庆典等活动的拍摄中，常常用远景、全景等大景别的固定画面交待事件发生的地点和环境，符合人们日常生活中观察环境的视觉体验。

（2）运动拍摄。

运动拍摄是通过移动摄像机机位，使镜头的视角不断发生变化来实现的。运动镜头突破了人们习惯的固定视觉局限，画面变化多样。运动拍摄有推、拉、摇、移、跟等动作，这些动作可以单独使用，也可以结合、交织在一起使用。

推镜头在一个镜头中就可以将环境和主体的关系交代清楚，并真实的展现出主体人物动作表情变化的过程，突出了主体人物及其细节，强调了人物的内心活动。

拉镜头是视觉上将主体人物拉远的拍摄，可以是将摄像机逐渐拉离被摄主体，也可以是摄像机机位不变，镜头由长焦端到广角端的变焦操作。拉镜头通过纵向空间变化的画面形式形成对比、反衬或比喻等效果，常被用作结束性和结论性的镜头。

摇镜头是指摄像机机位不动，以三角架上的活动底盘或拍摄者自身作为中心点，变动摄像机光学镜头轴线，做水平或者垂直拍摄的方法。摇镜头就犹如人们转动头部环顾四周或将视线由一点移向另一点的感觉。

移镜头指摄像机机位发生变化，按一定的运动轨迹边移动边拍摄。移镜头拍摄的画面中，各种景物的前后关系发生了多层次的变化，人物造型也呈现了多角度的变化，使镜头表现出一种流动感，使观众产生一种置身其中的感觉，视觉效果强烈，增强了艺术感染力。

（3）摄像的白平衡。

摄像器材对光线的颜色不会自动调整适应，成片的颜色可能不够理想。浪漫的白色富士山拍成惨白一片，毫无味道；金色的晚霞变成了一道白光。白平衡功能就是为调节色调而出现的。白平衡的英文名字为 White Balance，在机器上显示为 AWB。

白平衡的设置由色温决定。

色温从字面解释为色彩的温度，其实质是表示光源中光谱成分含量多少的物理量，是衡量光源颜色的国际标准，并不是通常意义上温度的概念。日常生活中，色温现象很普遍。如打铁过程中，黑色的铁加热之后随着温度的不断提高，颜色发生了红色—橙黄色—白色的变化。

色温的单位以“K 值”作为量度色温的单位，“K”是“Kelvin”（绝对温度）。色温数值越低越偏向红色（愈暖），数值越高越偏向蓝色（愈冷）。如红色、黄色我们称之为“暖色”，而青蓝绿色我们称为“冷色”。

在不同的光线条件下，相同事物的色彩会发生变化。室内钨丝灯带有橘黄色，灯下拍摄的白色衣物就偏黄。在蓝色天空下拍摄，白色衣物就偏蓝。为了尽可能减少外来光线对拍摄对象的颜色造成的影响，在不同的色温条件下都能还原出被摄目标本来的色彩，就需要在摄像机上进行白平衡调整，纠正色彩，达成正确的色彩平衡。

摄像机有“手动”“厂家预设”“自动测试设定”三种调节白平衡的方式。“厂家预设”白平衡就是厂家在机器内预设“阳光、阴影”两个光环境下的白平衡数值，你用的时候直接根据光的情况调整白平衡值就可以了。也有些机器具备每隔 100 色温值改变白平衡的方式。例如，广播级的 DVCPRO、DVW 系列，业务级的 EX1R 系列。“自动设定”就是由摄像机检测环境并设定白平衡值。手动设定由摄影师指定一个白色，一般是一张白纸，让机器拍下这个白色并认定为白。

手动设定最准确，自动不准确但是用起来方便。选择手动调整白平衡，镜头对准灰卡或白纸，并让它充满取景器画面，快门拍摄下来，设置确认以此为新白平衡标准。

（4）摄像的起幅和落幅。

起幅是运动镜头开始的场面。落幅是运动镜头终结的画面。起、落幅画面都要求构图精确，有适当的长度。有表演的场面应使观众能看清人物动作，无表演的场面应使观众能看清场景环境。固定画面和移动画面能平稳、自然，尤其重要的是准确的相互转换，即能恰到好处地按照事先设计好的景物范围或主要拍摄对象位置停稳画面，当画面停稳之后要有适当的长度使表演告一段落。具体长度可根据情节内容或创作意图而定。由固定画面转为移动画面时要自然流畅。

如拍摄一束玫瑰花，从其枝叶茂盛处摇到最外侧的一朵，然后把焦点逐渐从花丛转移到背景上的“喜”字，然后推上去用“喜”字满屏。通过摇推运动镜头，从“起幅”玫瑰花束枝叶茂盛处的拍摄到“落幅”定格“喜”字结束，清楚地交代了场景的特殊意义。

五、摄像实战运用

1. 会议拍摄

会议是最常见的拍摄任务。看似简单的拍摄，要想将其拍摄好，需要相当丰富的技巧和经验。

（1）会前准备。

首先会前要了解拍摄的主题、会议的主次关系，会议的重要嘉宾，对会议的内容和流程做到心中有数，提前准备好摄像器材。在拍摄现场，提前开机，检查机器，拍摄背景资料，如会场的布置，重要来宾的签到以及来宾之间的握手交谈等，在后期的剪辑中可以起到很好的烘托会议气氛的作用。

（2）会中拍摄。

全景拍摄人物进场的主席台和会场，以及人物全部就坐后的主席台和会场。重点拍摄会议重要领导或者专家、学者的发言讲话和重要的议程，如颁奖等。正面拍摄人物，注重人物眼神、表情和姿态的抓拍，可采用特写。观众听讲的画面采集也不可或缺。

（3）会后资料整理。

拍摄结束后，及时回放拍摄影像，检查画面、声音等素材是否齐全，有无错漏。及时在现场查漏补缺。

2. 企业宣传片拍摄

企业宣传片由企业自行投资拍摄，旨在让消费者直接、充分地了解企业的形象、品牌、产品和文化的发展状况。根据宣传片的作用不同时长不同。通常展会播放的宣传片不宜超过5分钟；给领导观看的宣传片在8~15分钟较为合适；给专业观众观看的宣传片在8~10分钟较好。

（1）明确拍摄目的。

传统的企业宣传片主要是企业阶段性总结、动态化记录，回顾企业的历史是传统企业宣传片内在的核心线索。随着市场需求的日渐个性化和多元化，企业宣传片千篇一律的传播方式让人出现审美疲劳。打破常规，从宣传片的制作角度、内容、表现形式方面探寻创意方式的突破，对企业理念和企业文化进行深度的挖掘。

精准寻找企业文化的精髓，明确主体，或通过故事的形式，或通过记录的形式，或者通过动漫的形式，或通过立体交叉的形式对企业形象进行战略层面的宣传和传播。

（2）信息量大、艺术感强。

网络世界的海量信息极大地拓宽了消费者的视野，也提高了消费者的审美水平。企业宣传片作为传递商品信息、促进商品流通的重要手段，吸引消费者是企业宣传片的第一要务。充分运用现代先进的摄像技术手段和创新的用光技巧，巧妙地创造构思和高科技的数字后期手段，使之成为赏心悦目的艺术作品，准确、真实地将企业的文化、历史、发展呈现在消费者面前，让消费者在视觉盛宴中，加深印象，增强对企业的认同感。

（3）解说词和画面并重。

宣传片的内容信息量较大，为时间所限解说词叙事简洁，惜字如金，句型短小，语言晓畅易懂，力求口语化、形象化。解说词不是画面的简单重复，而是画面及同期声的评价补充、延伸和深化，阐释画面及同期声无法传达的信息。解说词把电视画面与同期声连接起来，使其形成一个完整的集合体。解说词切忌空话、废话。

（4）注重细节表现。

干巴巴的说教只会引起观众的反感，栩栩如生的人物形象、色彩鲜明的画面、生动感人的生活场景才能吸引观众的视线，这就需要注意表现细节。细节是表现人物、事件、社会环境的最小单位，有特点的细节能以少胜多、以小见大，起到画龙点睛的作用，从而给观众留下深刻的印象。

（5）配音专业，配乐出挑。

声画合一的艺术，听觉艺术和视觉艺术相辅相成，互促互进。红花也要绿叶扶。精美的画面配上符合主体风格的音乐，才能将宣传片打造成一个完美的艺术品。

3. 电视新闻摄像

（1）电视新闻画面要求稳定，拍摄时多用固定镜头，少用推拉摇移镜头。每条新闻长度有限，资讯类电视新闻时长通常要求不超过 1 分钟，运动镜头少则 5 秒，固定镜头时间短，在有限的时间内增加画面的信息含量，加快了新闻节奏。少用推拉摇移，并不是不用，而是要用得恰到好处，根据新闻内容的需要，有目的的使用，有效地增加新闻表现力。

例如，参加新浪媒体电视峰会，分会场的会议桌前围坐着是参会人员，面对着网络传输来的视频影像，拍摄一个从电视屏幕到真人的摇镜头，清楚明白地呈现了会议召开方式。

（2）电视新闻画面要有连贯性，所用的镜头内涵都围绕新闻事件进行说明，展现现场环境状况，交代人物关系，事件的逻辑关系和发展的前后顺序，要能表现完整的过程，不能脱离事件主体。

（3）拍摄镜头要突出个性，角度常新。

角度，是摄像机与被摄对象之间的夹角。不同的拍摄角度有不同侧重点和表现力，变化的拍摄角度能传递不同的情绪，表达人物之间、人物与环境之间的不同关系，影响新闻事件主体与客体、背景环境各因素的变化。角度具有两面性，它能够突出某个事物，也能弱化它。

（4）新闻中的运动镜头。

实际工作中，有的新闻工作者为了追求运动变化，把没有必要的两个画面用运动镜头联系起来。这种没有明确的意图，为了运动而运动的做法，常常适得其反。

运动镜头起落幅要注意稳定，如同飞机的起飞与降落都有速度的缓冲，不能突然加速，也不能戛然而止。落幅要准，不能落幅没到就开始减速，拍摄快停的时候发现还没到落幅接着向前摇。要摇出感觉就必须长期的练习，寻找节奏和韵律。

新闻的运动注意速度的控制，严防突快突慢。一般在运动镜头中，由于摄像机运动速度与主体的运动速度不一致，拍摄主体在画面中位置不确定，常常忽左忽右，甚至出画。要避免这样的现象，除注意选取的景别不要太小之外，还要留心主体的速度变化，对主体的速度变化进行预判。注意摄像机的速度和拍摄主体运动速度差距不要太大。

（5）新闻拍摄中的“等”和“抢”。

“等”是说要有等待的耐心，等待捕捉在平静中爆发的精彩瞬间。“抢”就是当巨大变动出现在面前时，要不失时机地捕捉，让瞬间定格成永恒。无论是“等”还是“抢”都有一个共同点，就是拍摄者能正确判断出事情发展的动态，新闻当事人的思想和行为路线，预见事件的“下一步”，在这些准确判断的基础上，才能在正确的时机、正确的位置获取到好的拍摄角度。

第九章　新媒体技术设计与大数据运用

第一节　HTML5 的设计与运用

一、HTML5 网页基础知识

在网页制作中我们要依靠 HTML 语言来构建网页，要知道 HTML5 是什么我们先要熟悉一下 HTML。

HTML（Hyper Text Markup Language）是一种超文本标记语言。我们平时浏览的网页是由 HTML 这种超文本标记语言编码的文本文档，设计制作网页的过程就是生成 HTML 代码的过程。HTML 是 Web 页面的基础，它通过标记将文字、图像、声音、影像等连接起来。在网页上点击右键打开查看源码，看到的密密麻麻的代码就是 HTML 语言。

使用 HTML 编写文档的扩展名是“. html”或者“. htm”，是一种可供浏览器解释显示的文件格式。HTML 文件是一种纯文本文件，可以使用记事本、写字板等文本编辑器来进行编辑，也可以使用 FrontPage、Dreamweaver 等网页制作工具来快速地创建。W3C（The World Wide Web Consortium 万维网联盟）是推行 HTML 标准化的主要国际组织。

HTML5 是 HTML 的一个最新版本，即 HTML5. 0。它的特点是功能更加强大，其中有一些有趣的新特性，如增加了用于绘画的 canvas 元素和用于媒介回放的 video 和 audio 元素。虽然 HTML5 仍处于完善之中，但是大部分最新版本的现代浏览器已经具备了某些 HTML5 的支持。

二、HTML 语言

（一）HTML 标签书写

HTML 语言使用标记对的方法编写文件，标签必须放在“<　　>”尖括号中，标签分为单标签和双标签。

双标签：由开始标签和结束标签两部分构成，需要成对出现，开始标记由 < 标签名称 > 组成，如 <head>；结束标记由 </标签名称 >组成，如 </head>。形式为

<标签名>输入内容</标签名>

例如，<html>……</html>

<body>……</body>

<head>……</head>

<title>……</title>

单标签：用于说明一次性的指令，只有一个开始标记，没有结束标签，如
、<hr>等标签。

标签拥有属性，属性能够为页面上的 HTML 元素提供附加信息。属性需要放在开始标签的“< >”中，一个标签可以有多个属性项，各属性项的次序不限定，各属性间用空格进行分隔，其语法是：< 标签名字 属性 1 属性 2 属性 3 … >，如<table width=" 300" height=" 80" border=" 1" align=" center" cellpadding=" 2" cellspacing=" 2" bordercolor=" #000000" bgcolor=" #FFFCCC" >这种标签就是由颜色、高宽、边框粗细等属性组成。属性通常由属性名和值成对出现。属性值应该通常被包含在双引号中。例如，标签<table>定义了一个 HTML 表格。使用一个附加的 border 属性告诉浏览器这个表格是没有边框的，代码是：<table border=" 0" >。

对文件的格式、特性进行描述 HTML 标记和属性，称之为“HTML 元素”。HTML 文档是由 HTML 元素组成的文本文件。

HTML 标记不区分大小写，W3C 在他们的 HTML4 建议中提倡使用小写标签，此外 XHTML（下一代 HTML）要求小写字母形式，开发人员应当考虑尽量采用小写。

HTML 文件为文本文件，其列宽不受限制，多个标记可写成一行，甚至整个文件可写成一行；一个标记的内容可以写成多行。多数标记可以嵌套，但不可以交叉。

在 HTML 中使用的注释语句为：<！ − −… − − >。注释语句可以放在任何地方，注释内容在浏览器中不显示。

（二）HTML 标签运用

下面的表格将介绍一些主要的 HTML5 中的标签，更详细的标记符号可参考 W3School 网站的 HTML 手册。

表 9−1 HTML5 中的标签示例

标记分类	标记描述	简单说明
基本标记	<html> </html>	创建一个 HTML 文档
	<head> </head>	设置文档标题和其它在网页中不显示的信息
	<body> </body>	设置文档的主体部分
标题标记	<title> </title>	将文档的题目放在浏览器的标题栏中

续表

标记分类	标记描述	简单说明
格式标记	<p> </p>	创建一个段落
	<p align = "" >	将段落按左、中、右对齐
	 	插入一个回车换行符
	<blockquote> </blockquote>	从两边缩进文本
	<dl> </dl>	定义列表
文本标记	<pre> </pre>	预先格式化文本
	<h1> </h1>	最大的标题
	<h6> </h6>	最小的标题
	<b> </b>	黑体字
	<i> </i>	斜体字
	<tt> </tt>	打字机风格的字体
	<cite> </cite>	引用，通常是斜体
	<em> </em>	强调文本（通常是斜体加黑体）
	<strong> </strong>	加重文本（通常是斜体加黑体）
	<font size = "" > </font>	设置字体大小，从 1 到 7
	<font color = "" > </font>	设置字体的颜色，使用名字或 RGB 的十六进制值
图像标记	<img src = " name" >	在 HTML 文档中嵌入一个图像
	<img src = " name" align = "" >	排列对齐一个图像：左、中、右或上、中、下
	<img src = " name" border = "" >	设置图像的边框的大小
	<hr>	加入一条水平线
	<hr size = "" >	设置水平线的厚度
	<hr width = "" >	设置水平线的宽度。可以是百分比或绝对像素点
	<hr noshade>	没有阴影的水平线
链接标记	<a href = " URL" > </a>	创建超文本链接
	<a href = "mailto:EMAIL" > </a>	创建自动发送电子邮件的链接
	<a name = " name" > </a>	创建位于文档内部的书签
	<a href = " #name" > </a>	创建指向位于文档内部书签的链接
表格标记	<table> </table>	创建一个表格
	<tr> </tr>	表格中的每一行
	<td> </td>	表格中一行中的每一个格子
	<th> </th>	设置表格头：通常是黑体居中文字
	<table border = "" >	设置边框的宽度
	<table cellspacing = "" >	设置表格格子之间空间的大小
	<table cellpadding = "" >	设置表格格子边框与其内部内容之间空间的大小
	<table width = "" >	设置表格的宽度。用绝对像素值或总宽度的百分比
	<tr align = "" >	设置表格格子的水平对齐方式（左中右）

续表

标记分类	标记描述	简单说明
表格标记	<tr valign = "">	设置表格格子的垂直对齐方式（上中下）
	<td colspan = "">	设置一个表格格子跨占的列数（缺省值为1）
	<td rowspan = "">	设置一个表格格子跨占的行数（缺省值为1）
	<td nowrap>	禁止表格格子内的内容自动断行
帧标记	<frameset rows = "value, value">	定义一个帧内的行数，可以使用绝对像素值或高度的百分比
	<frameset cols = " value, value">	定义一个帧内的列数，可以使用绝对像素值或宽度的百分比
	<frame>	定义一个帧内的单一窗或窗区域
	<noframes> </noframes>	定义在不支持帧的浏览器中显示什么提示
	<frameset> </frameset>	放在一个帧文档的<body>标记之前，也可以嵌在其他帧文档中
	<frame src = " URL">	规定帧内显示的 HTML 文档
	<frame name = " name">	命名帧或区域以便别的帧可以指向它
	<frame marginwidth = "">	定义帧左右边缘的空白大小，必须大于等于1
	<frame marginheight = "">	定义帧上下边缘的空白大小，必须大于等于1
	<frame scrolling = "">	设置帧是否有滚动栏，其值可以是" yes"," no" 或" auto"
	<frame noresize>	禁止用户调整一个帧的大小

1. 文字的布局

下面，我们先来试着编写一段示例程序，用文本文档来编辑下面一段 HTML 代码，如下源程序，并且保存为扩展名为“.html”的文档，保存类型为所有文档，编码选择 UTF-8，保存在桌面上。然后我们会在桌面上看到一个网页文件，打开之后我们将得到图 9-1。

```
<html>
<head>
<title>汉乐府</title>
</head>
<body bgcolor=" #ccFFFF" >
……………………………………
<b><p>江南</p></b>
<p>江南可采莲，莲叶何田田。</p>
<p>鱼戏莲叶间。鱼戏莲叶东，</p>
<p>鱼戏莲叶西，鱼戏莲叶南，<br> 鱼戏莲叶北。</p>
* * * * * * * * * * * * * * * * * * * * * * * * * * * *
</body>
</html>
```

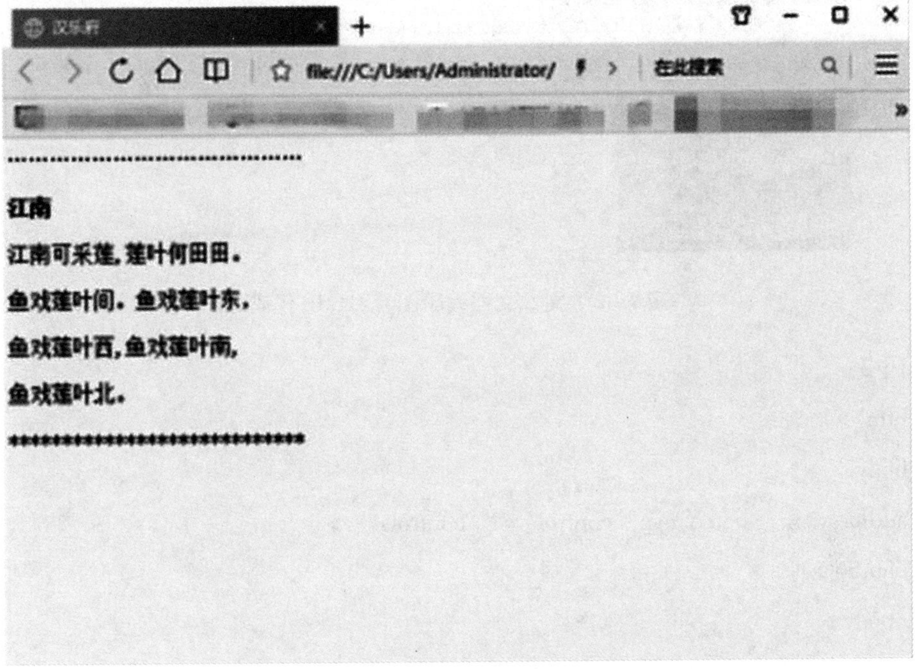

图 9－1　文本文档编辑文字 HTML 代码

从上文我们可以看出，<html> </html>是创建一个 HTML 文档，<head> </head>中间的文字是设置文档标题和其他在网页中不显示的信息，<title> </title>中间写文档的标题，<body> </body>中间的内容是文档的主体部分，<body bgcolor =" #ccFFFF" >是背景色，“ = ” 后面可以写颜色的代码，<b> </b>是把文字设置成黑体，<p> </p>是创建一个段落，
是单标记，表示此处换行。

2. 图片、音乐、视频标签

我们同样用文本文档来编辑下面三段 HTML 代码，分别为图片和音乐，如下源程序，并且保存为扩展名为“. html”的文档，保存类型为所有文档，编码选择 UTF－8，保存在桌面上。然后我们会在桌面上看到一个网页文件，打开之后我们将得到图 9－2、图 9－3。

代码 1：

```
<html>
<body>
<img src =" pic. jpg" alt =" picture" />
</body>
</html>
```

图 9－2　文本文档编辑图片 HTML 代码

代码 2：

```
< html >
< body >
< audio src = " horse. ogg" controls = " controls" >
</ audio >
</ body >
</ html >
```

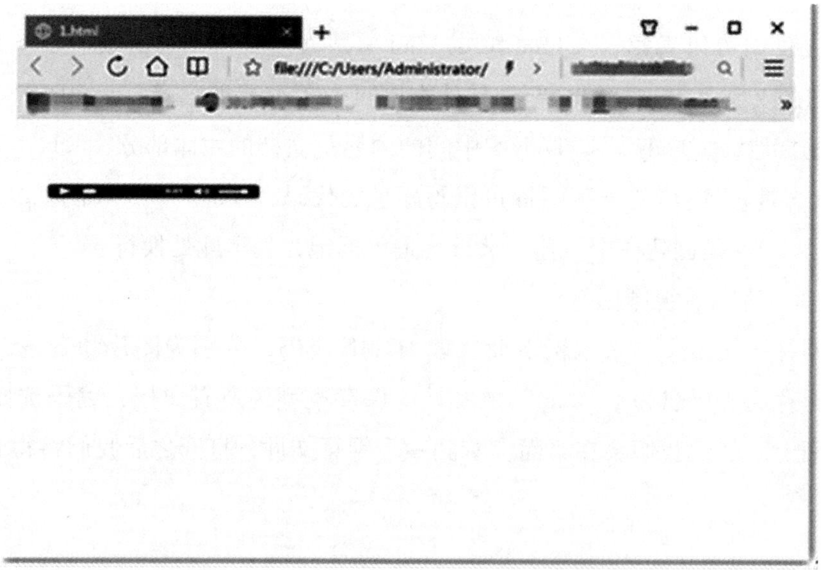

图 9－3　文本文档编辑音乐 HTML 代码

视频标签的插入方法和上述类似，具体更多标签和属性见 W3school 的 HTML 5 视频/音频参考手册。要注意的是，插入的文件需要路径符合，最好的目录架构，是单独创建一个文件夹，如 img 等，将图片资源放入其中。

3. 表格布局

表格在 HTML 使用的频率很高，先介绍创建表格需要用到的标签：

<table>——表示创建一个新表格，相关的属性包括 bgcolor 定义表格的背景颜色，background 定义表格的背景图像，bordercolor 定义表格边框的颜色等。

<th>、<tr>、<td>——表头、表行、表列，相关的属性包括 rowspan 定义该单元格所跨行数，colspan 定义该单元格所跨列数，align 定义表格内文字的对齐方式，取值有 left，center，right。

<caption>——指定表格标题，相关的属性包括 align 定义表格标题的对齐方式，取值有 left、center、right，valign 定义标题和表格之间的对齐方式，取值有 top、bottom。

下面我们按照前文所说的步骤来试一试。

代码 1：

```
<html> <head> <title>表格的使用</title> </head>
<body>
<table width="300" height="80" border="1" align="center" cellpadding="2" cellspacing="2" bordercolor="#000000" bgcolor="#FFFCCC">
<caption>表格的使用举例</caption>
<tr>
<th rowspan="2" align="center">开支项目</th>
<th colspan="2" align="center">金额</th>
</tr>
<tr>
<td width="43" align="center">1 月</td>
<td width="41" align="center">2 月</td>
</tr>
<tr>
  <td align="left">租房</td>
  <td align="center">900</td>
  <td align="center">900</td>
</tr>
<tr>
  <td align="center">交通费</td>
  <td align="center">200</td>
```

```
    <td align = "  center"  >300 </td >
</tr >
<tr >
    <td align = "  right"  >餐饮费 </td >
    <td align = "  center"  >950 </td >
    <td align = "  center"  >900 </td >
</tr >
<tr >
    <td align = "  center"  >服装 </td >
    <td align = "  center"  >350 </td >
    <td align = "  center"  >400 </td >
</tr >
<tr >
    <td align = "  left"  >礼品 </td >
    <td align = "  center"  >150 </td >
    <td align = "  center"  >100 </td >
</tr >
</table >
</body > </html >
```

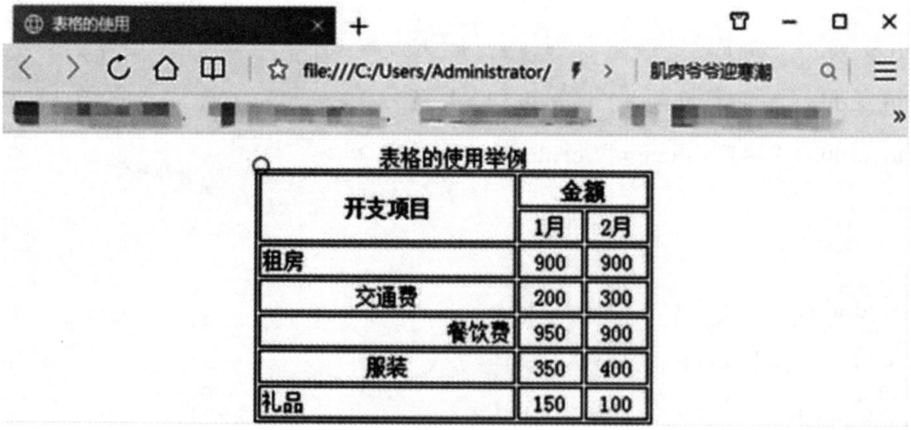

图 9 – 4　创建表格

4. 框架标签

使用框架，可以在一个浏览器窗口中显示不止一个页面。

<frameset>是双标签，定义了如何将窗口拆分成框架，取代<body>，每个frameset可以设置不同的属性，其属性主要有：cols设置水平窗口尺寸大小，rows设置垂直窗口尺寸大小，bordercolor设置框架边框色彩，framespacing设置窗口间空白区域的大小。

<frame>定义了每个框架中放入什么文件，其属性主要有：src指定窗口的文件名称，name定义窗口的名称，marginheight设定文件与上下边框的距离，marginwidth设定文件与左右边框的距离。

浏览器不提供框架功能的话，在 <noframes> 标记后的文字将只出现在不支持框架的浏览器中。需要注意的是在使用 <frameset></frameset> 标签时，不能使用 <body></body> 标签。不过，在为不支持框架的浏览器添加一个 <noframes> 标签时，应将此标签放置在 <body></body> 标签中。

以下这个例子说明了如何使用框架标签。

```
<html>

<frameset cols=" 25%, 50%, 25%" >

  <frame src=" /example/html/frame_ a. html" >
  <frame src=" /example/html/frame_ b. html" >
  <frame src=" /example/html/frame_ c. html" >

</frameset>

</html>
```

以上内容只是粗浅地讲了HTML5的基础知识，作为新媒体从业人员，应掌握HTML5的常用标记和属性，理解HTML5语言和HTML5实体。在实际操作中，HTML5语言更多地运用于Dreamweaver这个网页制作软件。网页版式布局的类型、网页的内容编排以及网页布局技术都需要用到该软件，具体内容看第八章第三节。

第二节　Photoshop 的后期制图

一、Photoshop 基础知识

Photoshop 是一款是由 Adobe Systems 开发和发行的图像处理软件。人们常常使用它处理以像素所构成的数字图像。它在平面设计、广告摄影、网页制作等领域都是必不可少的工具。不仅包括图像的编辑，还有文字、视频等也可以通过该软件进行处理。在新媒体运营的内容后期制作中有着极为广泛的运用。

要了解 PS 首先要了解图像，计算机所表示的图像类型分为矢量图和位图两种类型，在 Photoshop 中处理的图像都属于位图图像。

位图：位图也叫点阵图像，是由若干个单位的像素组成，每个像素都有各自的排列和颜色，当把一幅图像放大到一定倍数时，就能够看到大量的像素点。

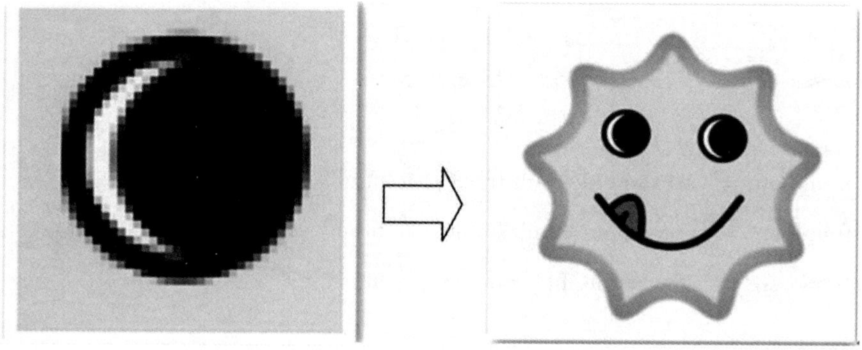

图 9－5　位图

分辨率：分辨率分为显示分辨率与图像分辨率，图像分辨率是指单位英寸中所包含的像素点数，分辨率决定图像的精细程度，每英寸包含的像素越多，分辨率就越高。分辨率越高，图像品质就越好。

图像的大小和尺寸：图像大小是指图像容量大小，用字节表示。图像尺寸一般以厘米或像素为单位。在图像尺寸不变的情况下，分辨率越高，像素越多，图像越大。而在分辨率不变时，图像尺寸越大，像素越多，图像越大。

二、Photoshop 功能介绍

下面以 Adobe Photoshop CS3 为例，进行组成部分与功能使用的讲解。

菜单栏：菜单栏包括：文件、编辑、图像、图层、选择、滤镜、视图、窗口和帮助九项，这些几乎可以实现 Photoshop 的全部功能。

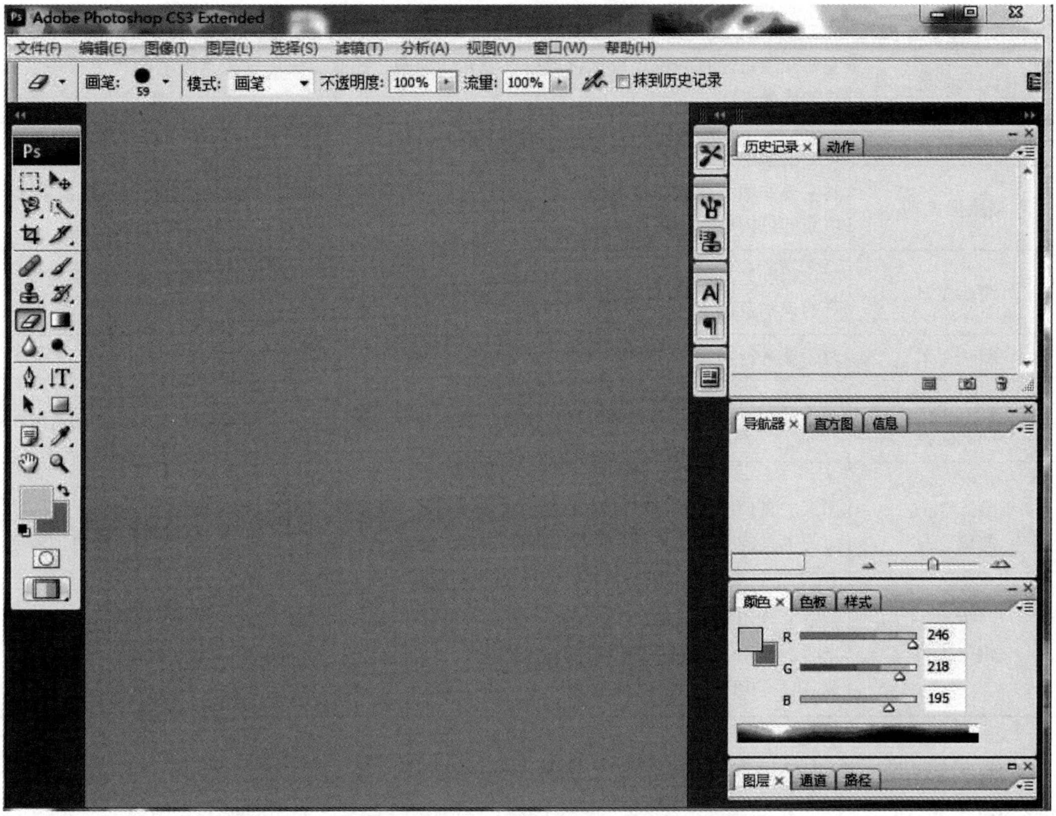

图 9－6　Photoshop CS3 界面

工具箱：工具箱中的工具可用来选择、绘画、编辑以及查看图像。如橡皮擦、剪裁工具、选框工具、印章工具等。单击可选中工具或移动光标到该工具上，会显示该工具的名称。有些工具的右下角有一个小三角形符号，这表示是一个工具组，右键点击可以显示其中包括的若干个相关工具。

以下举例几个工具的使用功能：

表 9－2　PS 工具使用示例

移动工具	可以对 PS 里的图层进行移动
矩形选框工具	可以对图像选一个矩形的选择范围，一般对规则的选择用多。还有椭圆、单行、单列选框工具
套索工具	可任意选择一个不规则的选择范围，还有多边形套索和磁性套索
抓手工具	当图像未能在文件窗口中全部显示出来时，用来翻动图像
缩放工具	主要用来放大或者缩小图像的比例，可以使用快捷键，Ctrl +“ + ”则为放大，Ctrl +“ － ”则为缩小
图章工具	用来复制图像，前提要求先用矩形选择一范围，有仿制图章工具和图案图章工具

续表

历史记录画笔工具	主要作用是恢复图像最近保存或打开原来的面貌，还有历史记录艺术画笔会产生一些水波纹的效果
文字工具	可在图像中输入文字，分竖排和横排
油漆桶工具	其主要作用于用来填充颜色，填充的程度由右上角的选项的“容差”值决定，其值越大，填充的范围越大
魔棒工具	制作轮廓复杂的选区，使用方法与原理和矩形选框工具相似，可以使用容差来控制魔棒工具的识别范围
裁切工具	对图像进行剪裁，设置图像的大小
模糊、锐化、涂抹工具	模糊工具是将颜色看起来柔和，锐化工具则相反，涂抹工具使图像看起来有涂抹的效果
加深、减淡、海绵工具	加深工具使图像产生变暗的效果，减淡工具使图像产生变浅的效果 海绵工具的去色是使图像原有的颜色逐渐产生灰度化的效果。加色使图像看起来更加鲜艳
钢笔工具	钢笔工具用来勾画路径，在已经勾画好的路径上每单击一次可以增加一个锚点。在平滑锚点时，拖动其控制手柄可改变路径的形状 按 Alt 键可临时转换成锚点工具

编辑窗口：中间窗口是图像窗口，用于显示图像，各种编辑操作都是在此区域中进行的，是 Photoshop 的主要工作区。窗口的上方是标题栏，标题栏中可以显示当前文件的名称、格式、显示比例、色彩模式、所属通道和图层状态。主窗口底部是状态栏，由文本行、缩放行、预览框三部分组成。

控制面板：可通过“窗口/显示”来显示和隐藏面板，包括历史记录、颜色、色板、样式、动作等。浮动调板也可以称为调板区，用来安放制作需要的各种常用的调板，如导航面板组、历史纪录面板组、颜色面板组、图层面板组。

三、PS 的基础操作

（一）新建文件

新建图像的方式可以使用菜单【文件 新建】，或快捷键 Ctrl + N，也可以按住 Ctrl 双击 Photoshop 的空白区。点击后将会出现如下图的对话框。可以输入文件名进行保存。

从图 9 - 7 可见，预设指的是已经预先定义好的一些图像大小。如果在预设中选择 A4、A3 或其他预设，打印分辨率会自动设置，高度也会转化成毫米。就比如选择 A4 纸，下面的宽度、高度和分辨率就会自动转化为 A4 纸的大小。如果选择 240 × 320 这类的预设，分辨率则为 72，高宽单位是像素。在填入高度和宽度前应先注意单位的选择是否正确。避免像素输入厘米单位。

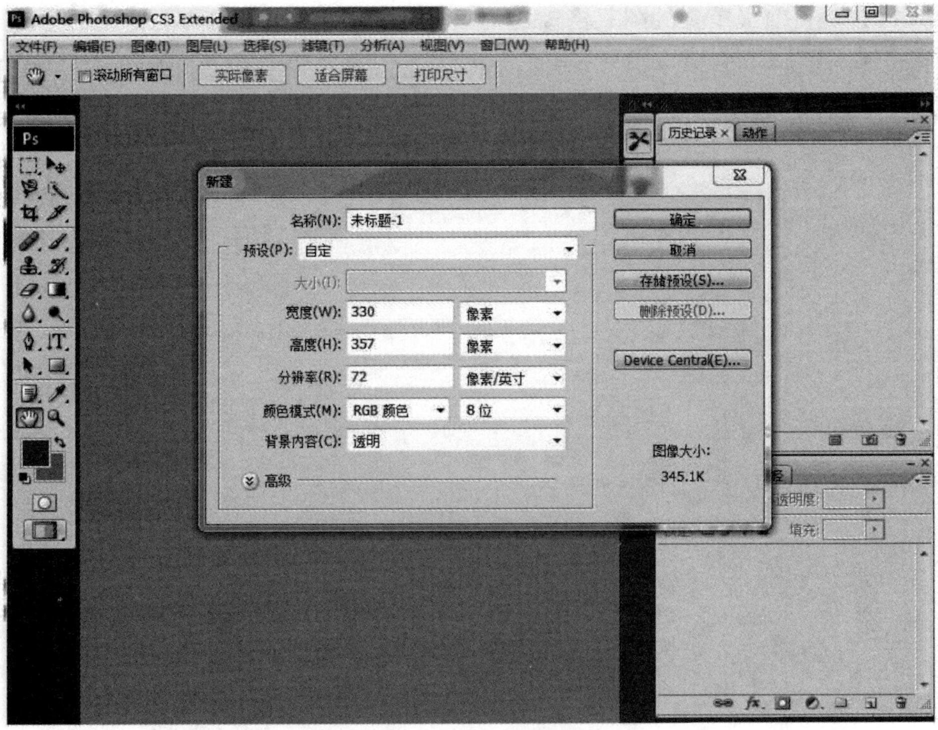

图 9－7　新建图像

在“模式”选项中，有 RGB 颜色（红/绿/蓝）设置。Photoshop CS2 将 RGB 颜色作为缺省设置，因为 RGB 是视频显示器显示颜色的标准色彩模式。在 RGB 模式中，颜色由红、绿、蓝三种颜色组合而成。当设置成 RGB 颜色模式的时候，Photoshop CS2 的所有绘图和编辑属性都是有效的。如果你的计算机没有设置为 RGB 颜色模式，可以通过点击“模式”的弹出式菜单选择“RGB 颜色”来设置 RGB 颜色。

再下面一个是背景，如果你想要把新建的图层背景设置成透明的，请点击组合框的“透明”按钮，你将工作于一个没有颜色值的背景层上。如果你选择“白色”，就是一张背景为白色的图像。如果你选择了“背景色”选项，Photoshop 上次使用的背景色将作为你新建文档的背景色。

（二）保存文件

使用菜单【文件 存储为】或快捷键 Ctrl + Shift + S，在文件格式中选择想要的类型即可。

以下是一些常用格式：

JPG：JPG 全名是 JPEG ，是常用的图片格式之一。JPEG 图片以 24 位颜色存储单个光栅图像。如果图片已经完成，可以保存成 JPG 格式。

PNG：常用图片格式之一，一般用于透明图象。

GIF：它是目前最重要的图象格式之一，主要用于 WEB 和动画。

PSD：Photoshop 的自身格式，能保存 Photoshop 的全部信息，可以在下次打开之后在原有的基础上继续做。

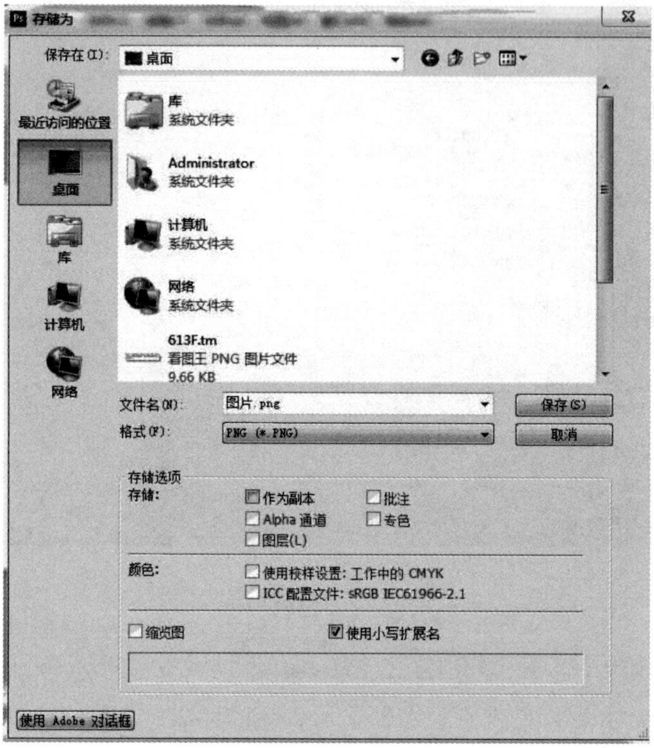

图 9-8　图片另存为

四、新闻图片后期处理

照片为什么要进行后期处理？有以下几个原因，第一，照相机不是人眼，虽然照相机能拍到很远的事物，但是它的缺陷也是很明显的，在色彩、明亮、角度适应方面会和人眼存在差距。第二是由于各个新闻网站页面设计、栏目特点不同，对新闻照片的清晰度、格式、大小等要求也不同，因此，处于版面编辑的需要，有必要对新闻照片进行后期加工处理。第三是有些照片不是专业人士拍的，有可能是事件的目击者无意拍到，或者是出自业余的摄影者之手，他们的照片在呈现方面可能会无法真实地呈现出新闻的原貌，所以适度且适当的后期加工处理，会强化照片的真实性。例如，可以将照片上与新闻事实毫无关系的划痕、污点去掉，调节照片的对比度、灰雾度、明暗度，或者裁剪照片等。所以对照片进行后期的处理就变得相当重要。

（一）新闻照片的真实性

那么，什么是照片的真实性呢？新闻照片的真实性包括三层含义：事实真实、文字说明真实和图像真实。

（1）事实真实指所拍摄的对象必须是事实，新闻记者对所报道的事实必须要负责，必须是客观呈现出来的，而非策划新闻图片或者摆拍导演出来的新闻图片。

（2）文字说明真实要求文字说明对照片画面情景内涵的解释必须客观、具体、准确，对背景、时间、地点、人物等新闻要素的交代必须准确。

（3）图像真实是图像必须保证最真实地呈现新闻面貌，不可以通过修图而改变新闻原本的特性，如改变犯罪分子肖像的肤色或者眼神的深邃程度，使人物看上去更加凶狠，这样是绝对不可取的。

（二）新闻照片处理注意事项

（1）对于新闻图片的后期修图，不得损害新闻的客观真实性，以避免个人和群体的刻板印象。

（2）不允许在原有的新闻画面上进行合成、添加等行为造成视觉混乱，不允许裁剪掉对于反映事件客观性的要素。

（3）对新闻图片可以做适当调色、剪裁，或是图片尺寸的调整。其中，色彩控制应保持在不失去真实性的范围之内，不可以虚构现场气氛，如增加火灾烟火的浓度、过度改变人物的肤色这些都有违新闻真实性原则。

（4）过于血腥的画面，可以加大字水印压住，做适当的遮蔽；对于过于情色的画面和涉及他人隐私的部分可以采用马赛克或者虚化等形式。

第三节 网页制作与网站管理

一、网页制作的基础知识

网页及其组成

网页是网络上的基本文档。网页中包含文字、图片、声音、动画、影像以及链接等元素，通过对这些元素的有机组合，就构成了包含各种信息的网页。其中，文字是网页中最常用的元素；图片具有生动直观的视觉印象，适当运用图片，可以美化网页；链接的设计，可以使我们进行选择性的浏览；声音、动画等多媒体信息的加入，使网页更加丰富多彩。

最初，人们利用超文本标记语言（Hypertext Markup Language，HTML）在文本编辑器中制作网页，用来描述网页的结构，但在编辑时不能直观地描述网页在浏览器中的效果。后来出现的一些网页制作工具（如 CDIDA 软件），虽然降低了对 HTML 语言的要求，但是要实现某些功能，还必须输入相应的 HTML 代码。FrontPage 系列软件的问世，才将人们从HTML代码中解放出来。用FrontPage软件制作网页就像在文字处理软件中编排多媒体文档一样，具有“直观”的特性，而真正描述网页结构的HTML代码，则由FrontPage自动生成。目前，使用较多的网页制作软件除了FrontPage外，还有Dreamweaver等。

Adobe Dreamweaver，简称“DW”，中文名称“梦想编织者”，是美国MACROMEDIA公司开发的集网页制作和管理网站于一身的所见即所得网页编辑器，DW是第一套针对专业网页设计师特别开发的视觉化网页开发工具，利用它可以轻而易举地制作出跨越平台和浏览器限制的充满动感的网页。

二、网页版式设计

网页作为视觉传播的一个重要形式，极其讲究页面的版面和布局。版面，是网站中的一个网页的展示界面，类似传统报纸的一个页面，其中包含众多同类的信息，也有分类的信息。而布局是在一个限定的面积范围内，对图像和文字的安排和规划，图片应该放在哪个位置，文字应该放在哪些位置。同时，网页的设计跟网站的定位方针也有很重要的关系。

（一）网页版式设计的基本原则

网页版式设计与编排一般要遵循以下基本原则：

1. 重点性

在页面上要突出重点，做到主次分明。最重要的是要考虑视觉的中心，这个中心通常会放些重要的文章和图片，一般在屏幕的中央或中间偏上的位置，其余次要的内容可以安排在视觉中心以外的位置。

2. 生动性

页面做得是否生动也是能否吸引读者眼球的一个重要因素。要使页面有丰富的内容，最好做到图片和文字的协调统一。如果页面上文字太多，会显得沉闷，缺乏生气。然而页面上图片太多，缺少文字，则会减少页面的信息容量。因此，最合适的效果是合理搭配文字与图片，两者互为衬托，形成一种相互补充的视觉关系。

3. 有序性

页面内容的编排要编排有序，布局合理。一般情况下应该让页面形成一种错落有致的界面，避免重心的偏移。不管是长文章还是短文章之间都要有一定的间距，可以将长文章和短文章的排版相配合，不要整个页面出现都是长文或者短文的现象；对待图片的安排也是，要相互错开，使大小图片之间有一定的间隔。

4. 简洁性

设计网页的主要目的是为了了解信息，网页内容要便于阅读，所以简洁是版面一个非常重要的原则。网页编辑可以通过使用醒目的标题、限制所用的字体和颜色的数目，保持版面的简洁。形式大于内容的做法是不可取的，应避免页面设计太过花哨。

（二）网页版式布局的类型

网页版式布局常见的类型有“T”字型、“国”字型、左右框架型、封面型、Flash型、标题正文型等。具体采用什么类型的布局结构，要具体情况具体分析。

1. “T”字型。

“T”字型是网页设计中运用最广泛的一种布局方式，就是指页面顶部为横条网站标志+广告条，下方左面为主菜单，右面显示内容的布局，整体效果类似英文字母“T”。这种布局的优点是页面结构清晰、主次分明。缺点是规矩呆板，难以做出新颖的界面，只适合初学者。

2. “国”字型

又称为“同”字型，被大型网站普遍采用。最上面是网站的标题以及横幅广告条，接下来就是网站的主要内容，左右分列一些小条内容，中间是主要部分，与左右一起罗列到底，最下面是网站的一些基本信息如关于我们、联系方式、版权声明等。优点适合内容比较多的网站，信息量丰富。

3. 标题正文型

这种类型最上面是标题之类的内容，下面是正文，比如一些文章页面或注册页面等就是这种类型。适合内容不算多，主要是一些说明性的文字较多的网页。

4. 左右框架型

这是一种分左右两页的框架结构，一般左面是导航链接，有时最上面会有一个小的标题或标志，右面是正文。大部分大型论坛都是采用这种结构，有一些企业网站也喜欢采用。这种类型结构非常清晰，一目了然。缺点是结构变化不灵活，限定在框架里面。

5. 海报型

这种类型基本上是出现在一些网站的首页，大部分为一些精美的平面设计结合一些小的动画，放上几个简单的链接或者仅是一个“进入”的链接甚至直接在首页的图片上做链接而没有任何提示。这种类型大部分出现在企业网站和个人主页，如果处理的好，会给人带来赏心悦目的感觉。

6. Flash 型

结构与海报型结构类似，只是采用了功能强大的 Flash，页面所表达的信息更丰富，要求技术高，设计难度大，讲究艺术感。Flash 型灵活，但不能表达过多的文字信息。

（三）网页的内容编排

现在的网站通常组成的内容包括文字、图片、音乐、动画等，其中文字占很大的比重，因为现在网络基本上还是以传送信息为主，使用文字还是非常有效率的一种方式。其次是图片，图片的加入为网页带去了更多的色彩。动画的加入较为复杂，但是可以使页面看上去更加活跃，所表达的信息更加丰富。接下来简单说一下每种形式的基本要求。

1. 文字

文字在网页中的构成因素有字体、字号、行距等。

字号大小可以用不同的方式来计算，如磅（point）或像素（pixel），建议采用磅为单位。最适合于网页正文显示的字体大小为 12 磅左右，较大的字体可用于标题或其他需要强调的地方。对于一些大的综合性站点，由于在一个页面中需要安排的内容较多，通常采用 9 磅的字号。需要注意的是，小字号容易产生整体感和精致感，但可读性较差。字体的选择需要依据网页的总体设想和浏览者的需要。在同一页面中，字体种类少，版面雅致，有稳定感；字体种类多，则版面活跃，丰富多彩。关键是如何根据页面的内容来掌握这个比例关系。一般情况下，同一版面内字体不要超过 3 种。

行距的变化会对文本的可读性产生很大影响。一般情况下，接近字体尺寸的行距设置比较适合正文。行距的常规比例为 10：12，即用字 10 点，则行距 12 点。这主要是出于以下考虑：适当的行距会形成一条明显的水平空白带，以引导浏览者的目光，而行距过宽会使一行文字失去较好的延续性。除了对于可读性的影响，行距本身也是具有很强表现力的设计语言。有意识地加宽或缩窄行距，可以加强版式的装饰效果。例如，加宽行距可以体现轻松、舒展的情绪，应用于娱乐性、抒情性的内容恰如其分。另外，通过精心安排，使宽、窄行距并存，可增强版面的空间层次与弹性，表现出独到的匠心。

2. 图像

除了文字之外，图像是网页上一个举足轻重的元素。图像与文字相比更加直观，而且应用起来使网页更加美观、有趣，同时也是传达信息的重要手段之一。

选择图像需要注意：首先，网页中使用的图像可以是 JPEG、TIFF、GIF、PNG 等格式的图像文件，其中使用最广泛主要是 JPEG 和 GIF 格式。其次，图片的大小要适中，不能过大或者过小，过大的图像网页显示速度慢，太小的图片又看不清楚。通常情况下，为了使网页的下载时间不超过 8 秒，每张网页的大小最好不要超过 100KB（包括网页上的图像），但是要在保证所需清晰度的情况下压缩图像的大小，必要时可以运用图片优化软件处理。图像的大小搭配也讲究主从关系，重要的图片和次要的图片在大小上应该有区分，大图片讲究冲击力，小图片注重穿插于文字中解释说明。再者，页面上需要有大图片也需要有小图片，才能和网页看上去更加协调、精致。

图像的编排即图片的组合和排列。图片的组合是将多张图片组合在一张网页上，形成新的形式传递给读者，一般有块状组合和散点组合两种形式。块状组合是贯穿于整个版面的，摆列具有整齐性、规范性、艺术性，一般是通过水平、垂直线分割，将多幅图像在页面上整齐有序地排列成块状。散点组合，即图像之间的组合相对来说比较自由，可以分散排列在页面各个部位。这种结构比较注重图像的主次关系和疏密程度，但是不要因为自由度高而忽略主题，应做到“形散神不散”。图片的排列应符合网页的风格，同时要贴合内容的需要，做到整体与部分的统一，避免喧宾夺主，失去重点。

3. 多媒体

除了文本和图像，还有声音、视频、留言板、搜索功能等形式，它们在网页布局上也十分重要。

声音在网页中的表现形式一般为背景音乐、在线播放、音乐下载等形式，音频的常见格式有 MP3、WAV、MIDI、PA 等。

视频是一种非常直观而有效的表现形式，是网页中常见的一种形式。新闻视频能让浏览者直观地看到新闻事件发生的整个过程，包括细节的展现，使浏览者感受到新闻的真实性和客观性。但是视频的运用会受网速的限制，下载一个视频文件往往要花费很多的时间。视频文件格式主要有 MPEG、AVI、MOV、FLV 等。将视频文件放入网页有两种方法：链接和嵌入。

很多新媒体平台都有“搜索”这一项功能，这项功能可以让读者在一段时间内，快速地从大量的资料中找到符合要求的资料。建立一个搜索功能需要有相应的程序及完善的数据库支持，而建立这些数据库是需要耗费非常大的人力物力，这也是平台的管理者需要注意的一个要点。

另外，留言板可以为读者提供一个信息交换的地方。读者可以就个别的产品、话题展开讨论，也可以就一些问题提出咨询。如微博和微信的留言版很大程度上是对信息的一种反馈，在某些重大事件中也体现出了舆论的走势。

（四）网页布局技术

Dreamweaver 提供了诸如表格、框架、层、CSS 等网页布局技术。

1. 表格

表格的嵌套是网页排版常用的手段，常常用于在页面上显示数据以及对文本和图形进行布局。

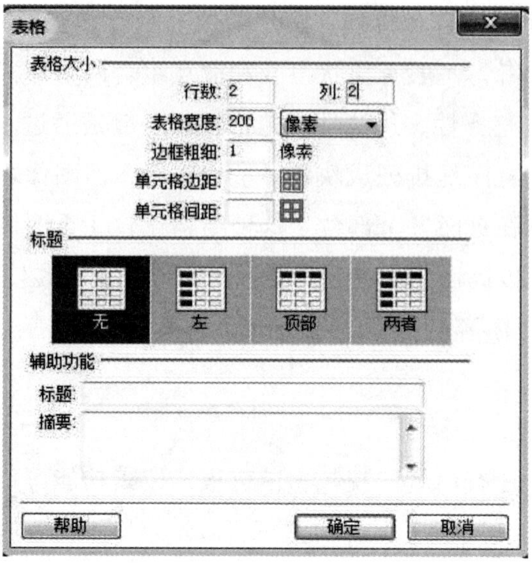

图 9－9　表格嵌套

在左上角的“设计”视图下，单击菜单栏中的“插入”，再单击“表格”，或者按 Ctrl + Alt + T，会出现“表格”的设置对话框，在其中可以设置表格的行数、列数、边框粗细、边距等属性，表格宽度的单位可用百分比或像素表示。如图 9－9 所示。最后单击“确定”按钮，即可在页面中插入一个表格。

插入表格后，在底部的属性面板里可以更改表格的属性，如宽、高、行、边框粗细等。另外，拖动边框可以改变表格的大小。接着，可以按照一定的方式，向表格单元格中添加文本、图像、视频和嵌套表格等要素。

2. CSS、层与 Div 标签

在 Dreamweaver 中，可以使用 CSS 样式对页面进行布局。可以手动插入 div 标签并对其应用 CSS 定位样式，也可以使用层来创建布局。

CSS（Cascading Style Sheet）即层叠样式表，是现在被广泛使用的格式控制技术。CSS 样式表的类型主要有外部样式、嵌入式样式、内联式样式。一个样式表文件可以作用于多个页面，甚至整个站点，具有很好的易用性和扩展性，它可以精确地控制页面中的每一个元素。灵活地控制页面的布局和显示。

下面利用外部样式表来定义页面中的文字样式，具体操作过程如下：

步骤一：打开使用样式表的页面如 website. html，选择【窗口】→【CSS 样式】子菜单打开文件的样式面板。

步骤二：单击样式面板底部的新增样式按钮，会弹出“新建 CSS 规则”对话框，设置“选择器类型”为类，“名称”为 lz，“定义在”设置为“新建样式表文件”，如图 9－10 所示。

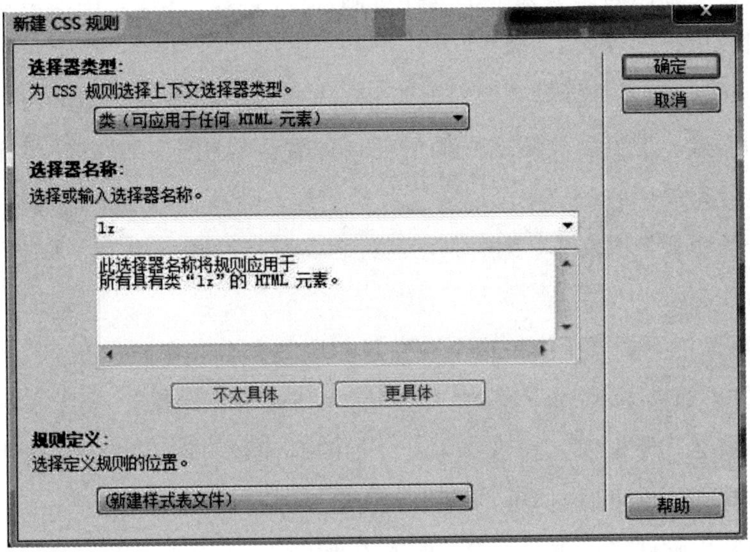

图 9－10　新建 CSS 规则

单击“确定”按钮，进入“将样式表文件另存为”对话框，选择保存路径，命名为 one. html。单击“保存”按钮，进入“CSS 规则定义”对话框，如图 9－11 所示。该对话框左侧共有 8 类选项，选择其中一类，右侧会出现相应的选项，在此定义样式的具体格式。

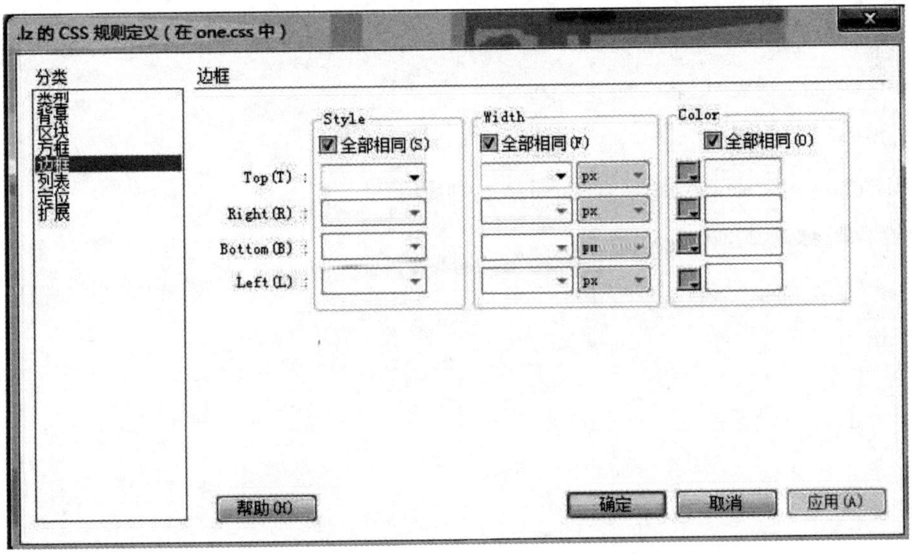

图 9－11　CSS 规则定义

在页面中选中需要应用样式的文字，在其属性面板的“样式”选项中选择创建的 one. html，即可应用样式。如果在其他页面应用此样式，打开该页面的样式面板，在样式面板中右击，从弹出的选项菜单中选择“附加样式表”操作，出现链接外部样式表的对话框，对其进行设置。

Dreamweaver 中的层是指具有绝对或者相对位置的 Div 标签，包含了一切在 HTML 文件中出现的元素。层可以放置在页面的任何位置，使用它可以方便灵活地进行定位页面元素，进行布局。一个层中可以放置背景图像，然后在该层的前面放置第二个层，它是一种有着透明背景的文本。同时，层与许多高级特性紧密相关，如使用行为可以对层进行操作与控制。

Div 标签可以把网页分割为一个个独立且相同的部分。单击“插入”，再单击“布局对象”后选择“Div 标签”子菜单，会出现“插入 Div 标签”对话框，完成对话框，点击“确认”插入 Div 标签。在选择 Div 标签的时候，可以在“CSS 样式”面板中查看和编辑它的规则，也可以向 Div 标签添加内容。

下面我们利用软件来呈现一下 Div 标签的使用。

【例 9－2】

```
<body>
<h1>新网站</h1>
<p>这里是一些文字</p>
<div class=" news" style=" color: #00FF00" >
<h2>新标题 1</h2>
<p>这里是一些文字. </p>
</div>
<div class=" news" style=" color: #00FFF0" >
<h2>新标题 2</h2>
<p>这里又是一些文字</p>
</div>
</body>
```

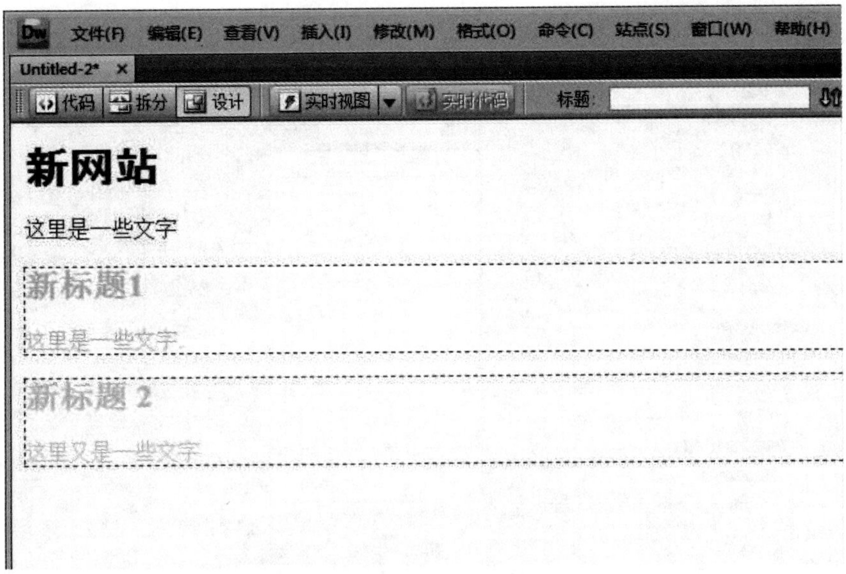

图 9－12　D10 标签

3. 框架的应用

框架可以把页面分成若干个独立的区域，每个区域都可以进行独立的编辑，并可以通过超链接相互联系，实现文档之间的相互控制。最常见的方式是将左方或上方的区域设置为目录区域，用于显示文档页面的目录索引或导航条，而将右方或下方的区域设置为主体区域，用于显示网页的主体内容。通过单击不同的目录索引项或导航条按钮，就可以在主体区域实现网页之间的导航，在浏览网页的同时，目录索引或导航条始终显示于页面的目录区域中，这样便于用户继续浏览其他的网页。

单击工具栏中“插入”，再点击 HTML，找到框架，选择需要插入的框架类型如【上方以及左侧嵌套框架】，插入框架，如图 9－13 所示。

选择【文件】→【保存全部】子菜单，将框架集和框架内容全部保存。框架是由框架集和框架页组成的。因此在保存的时候，不但要保存框架集的内容，还要保存框架页面的内容。若要单独保存框架集，选择【文件】→【框架另存为】子菜单即可。

图 9－13　工具栏插入选项

三、网站管理

网站的好坏决定了新媒体公司的生存状态。公司对网站进行正确有效的管理至关重要。正因如此，许多新媒体公司也渐渐开始重视网站管理，除了网站的内容展示，还有网络营销，如进行网站推广和参加一些培训课程。

（一）网站管理的问题

（1）维护成本较高，在人力投资方面不仅需要网站编辑，还需要美工设计、程序设计、网站推广和安全维护等专业的技术人才，加上劳动力价格上升，不管是培养人才还是引进人才都需要一笔不小的开支。

（2）网站的管理难度提高，随着网站的发展，网站的规模增大，数据量会迅速膨胀，不断考验网站管理者的素质。

（3）技术要求高，现在的网站提供的信息服务已经不再是单纯的文字信息和数据，更多地添加了音乐、视频、动画等多媒体的表现形式，在网页的布局上也呈现出多样化、个性化的特征，网站的建设要符合用户的定位，更加注重用户的体验感。

（二）网站管理的要点

（1）更新与推广。大数据时代，信息爆炸化的大数据时代，信息更新的速度非常快，如果一个网站没有做到及时更新，那就会降低用户的黏度。同时，一个制作精美又及时更新的网站没有多少人知道，也会造成资源的浪费。

（2）安全与备份。网站信息应做好定期的备份以免丢失后无法修复。同时，由于网络存在一些不法分子，也要保持警惕，定期进行网站病毒的处理，对于一些垃圾代码及时清理，优化防火墙代码等保护措施。

（3）注重网站美感。注重网站的美观性，对页面内容进行合理的布局规划，主次分明、配色合理，注重图片的质量，符合网站的定位和风格，注重网站的平衡美，提高网站的品味，让用户一看就觉得这个网站是用心做出来的。

第四节　大数据时代下的用户筛选与投放

当电脑、互联网进入人们的生活后，人们能比以前获得更多的信息，而信息的共享性也表现地尤为明显。以博客、微博、微信为代表的社交平台改变了传统的人际网络格局，信息传播效率的提升为社交营销的发展开辟了新的途径。如今的社交营销呈现出了个性化的特征，而大数据的新兴又让互联网广告进行精准营销成为主流。

很多人会有这样的经历，如果近期在网上挑过袜子，在使用浏览器的时候，页面会出现袜子的广告，这其实是因为你的浏览经历已经被浏览器和电商所记录，通过对用户的浏览记录进行大数据分析，就可以推出符合消费者购物习惯的广告，这便是大数据技术在用户筛选和投放的应用。另外，无论是我们在使用新浪微博、微信，还是一些其他客户端上，都会有商家为消费者量身定做的广告，这其实是组织或者个人利用这些平台进行营销的一种手段，下面就以“粉丝通”和“广点通”这两个常见的广告投放工具为例说明大数据时代下如何运用社交平台进行用户筛选与投放。

一、粉丝通

（一）什么是微博“粉丝通”

微博“粉丝通”是可以将微博用户所要传达的信息精准地投放给目标人群的一个产品。微博“粉丝通”具有多次传播、投放精准、信息海量等特色，但同时会有一定的收费标准和审核要求。一般情况下，7 天内的微博有资格进行推广，最长推广期为发布后 15 天。另外，它也具有转发、评论、收藏等微博的常用功能。

（二）粉丝通的优势

（1）依托新浪微博，用户量大、覆盖范围广。粉丝通推广信息不受粉丝数量的限制。

（2）粉丝通以用户基础属性、行为、兴趣等为属性匹配用户。

（3）使用粉丝通能100%的将信息传达给用户。

（4）粉丝通的费用可以在后台控制，按效果付费。

（三）如何运用微博“粉丝通”

步骤一：注册新浪微博帐号并登陆；

步骤二：进入主页面，在自己所发的微博下面找到“推广”按钮；

步骤三：点击“推广”按钮之后会弹出一个支付页面，在支付页面找到“粉丝通”按钮；

步骤四：点击“粉丝通”之后，在新弹出的窗口进行注册；

步骤五：注册成功后，点击进入粉丝通界面，可以进行充值操作或查看数据；

步骤六：在后台投放页面新建广告，编辑投放内容，注意内容合法真实；

步骤七：提前给账户充值，选择投放目标和设置价位，投放目标应保证精准，最后点确认即可。

二、广点通

（一）什么是广点通

广点通是于2013年推出的一个广告平台，可以将用户所要传达的信息精准地投放给使用腾讯软件的目标人群。通过广点通，用户可以在QQ空间、QQ客户端、微信等平台投放广告，进行产品推广。广告的形式多样，不仅包括开屏广告、Banner广告、应用墙，还有插屏广告、信息流广告等。

（二）广点通的优势

（1）广点通拥有QQ、QQ空间、QQ音乐等腾讯大社交平台的优质用户，为主优质展示位置；

（2）丰富的位资源也带来了丰富多样的展现形式好友之间拥有较高信任度和强关系链；

（3）同时与众多外部网站一起聚集更多流量，打造广点通联盟和PC联盟，触达总用户数超8亿，日均量过百亿。

微信广点通是广点通联手微信团队推出的基于微信公众平台的形式，信息显示在公众账号文章详情页底部，展现形式有：文字链、图片、图文、卡片。

（三）如何运用广点通

步骤一：登陆e. qq. com后注册，补全信息；

步骤二：进行开户审核，开户可以是个人或者组织，需要符合法律规定；

步骤三：进行账户充值，并且新建推广计划，编辑广告内容；

步骤四：确定广告投放时间、展示平台以及样式；

步骤五：设定广告展示范围即定向目标人群，精准定向到目标受众。

第五节 微信公众平台的二次开发与应用

微信公众平台是腾讯2013年在微信上开发的应用平台，通过公众号、个人或者组织可以发布文字、图片和音频等，同时用户可以留言，和发布者进行互动。一开始个人或者组织只是利用微信公众平台来群推送消息，后来一些公司对平台做了二次开发，使公众号不再是单纯地提供信息，而是增加了许多功能。

微信公众号的服务性

微信公众号首先是一个服务平台，可以进行在线互动、获取信息；其次，这是一个广告平台，发布者可以根据受众定位，进行精准营销，推广产品与服务；再次，这是一个营销平台，利用微信公众平台，进行一些促销活动。例如，移动公司的微信公众号就可以提供多种自助服务，用户可以在上面享受话费充值、实名制等级、抽奖活动、签到领流量等功能。许多快递公司的公众号上有收派员上门取件、服务点自寄、查快递、快递费支付等快捷功能。还有许多酒店公司的公众号具有酒店预约、住酒店、看房间、在线支付等功能。

二次开发的类型

（1）微官网——利用微信公众号打造的一种移动网站，相对PC版网站来说的优势是，不用注册域名，不用购买空间，也不用进行网站备案。适用于智能手机与平板电脑。可以在上面提供购物、支付、预约等服务功能。

（2）微店——组织利用微信公众号在线上进行产品交易的店铺，支持在线订购、在线支付，类似于淘宝店铺，但是降低了开店的门槛。如微信上涌现出许多外卖平台，以更加小众化的方式服务于消费者。

（3）微会员——通过在微信内植入会员卡，将会员设置成不同的级别，帮助企业进行会员管理的一种功能，微会员不需要挂失、方便携带、一切信息记录在其中，可以代替传统的会员卡。这种微会员的功能一般出现于微店中。

（4）微活动——在某一特定时期商家利用公众号中发起的营销活动，表现在发布优惠券进行商品促销，或者是引爆人气的刮刮卡、大转盘等微信抽奖工具。这种微活动常见于微店或者微官网。

（5）微投票——微信二次开发中一个简单实用的投票系统，以单选的形式，设置20个以内的问题，帮个人和组织收集调查数据。

那么如何进行微信公众平台的二次开发呢？微信平台的二次开发需要懂HTML、

CSS、PHP 或者 Java 语言，一般情况下可以找第三方专业机构，可以节约大量的人力物力已经时间。

【例 9－2】

这是一家 KTV 的微信号进行二次开发在网络上发布的要求。

一、微信下拉菜单

包括以下内容：

1. 商家介绍、包厢环境、包厢价格、联系方式、地址导航；

2. 会卡卡申领、专属会员卡、会员卡积分 、微信特惠预定；

3. 促销活动、歌神排行榜、越聚越开心。

注意的几点：

1. 订单可以实现微信支付；

2. 订单预定可以直接发送到制定的 3 个微信号上；

3. 每个会员都能生成带有专属的二维码的会员卡，可以发给别人使用；

4. 包厢能实现 360°全景展示；

5. 能给会员卡发送优惠券；

6. 能很方便的对会员卡的计分进行管理，即很方便的录入计分，最好通过如见或者网址就可以实现计分录入功能；

7. 微信订单，可以直接选择包厢、房间号、酒水、食品等，就像微商城一样。

最重要的是，要实现这些功能：需要一个与微信的自定义接口，通过微信与后台数据库进行会员认证，认证会员管理，积分管理。微站：有企业相关介绍，产品信息，联系方式电话直接呼叫和地图（要与百度地图做连接实现自动搜索导航）。

店铺：展示产品，并能下订单，可以后台管理订单，有下单短信通知功能。

摘自“猪八戒”企业服务平台

案例【9－3】来自于一个叫“猪八戒”的企业全生命周期服务平台，打开它的微信开发的论坛，可以看到上面挂满了来自组织进行微信二次开发的需求，根据条件不同，每个单子都有相应的“赏金”，如有的人需要微商店的开发、微餐餐饮的开发等。

微信的核心功能是通信，公众号的产生又为微信用户提供了资讯，而随着二次开发的技术越来越成熟，微信公众平台上又添加了服务化和商业化功能，使微信不再是简单的聊天工具，附加的功能使用户的黏性更加牢固。对企业来说增加了获利的机会，对用户来说是为生活增添了色彩。

第六节　大数据运用案例分析

大数据是巨量数据的集合，麦肯锡全球研究所给出的定义是：一种规模大到在获取、存储、管理、分析方面大大超出了传统数据库软件工具能力范围的数据集合，具有海量的数据规模、快速的数据流转、多样的数据类型和价值密度低四大特征。

摘自《大数据时代要有大数据思维》

一、大数据的运用

在维克托·迈尔·舍恩伯所写的《大数据时代》中，详细阐述了大数据时代下商业的变革、思维变革和管理变革，信息正在改变我们的生活。大数据具有海量、真实、迅速等特点，大数据应用领域广泛，不仅包括电视媒体，还有社交网络、公路交通、医疗行业、金融行业、体育行业、能源行业、生物制药等。

（一）大数据运用领域

大数据应用是利用大数据分析的结果，为用户提供辅助决策，发掘潜在价值的过程。根据数据的生成方式和结构特点不同，本文将数据分析划分为 6 个关键技术领域：大数据应用归纳为 6 个关键领域——结构化数据分析、文本分析、Web 分析、多媒体分析、社交网络分析和移动分析。

1. 结构化数据

结构化数据简单来说就是数据库，它一直是传统数据分析的重要研究对象，目前主流的结构化数据管理工具，如关系型数据库等，都提供了数据分析功能。目前应用的领域包括企业 ERP、财务系统、政府行政审批、医疗 HIS 数据库、教育一卡通、其他核心数据库等。结构化数据的分析方法较为成熟，这主要得益于关系型数据库技术的发展，这些分析方法大部分都以数据挖掘和统计分析为基础。

2. Web 数据

十几年来，互联网信息呈现爆炸式的增长，而 Web 技术是伴随着互联网技术来发展的，它极大地丰富了获取和处理数据的方式，同时也是大数据的主要来源。Web 的世界中主要以 html 为标记语言技术、呈现信息，而 Web 数据库的技术访问主要通过 CGI 技术、ODBCWebASP、JSP、PHP 技术来实现。分析旨在从 Web 文档和服务中自动检索、提取和评估信息以发现知识。Web 分析一般建立在数据库、信息检索、自然语言处理和文本挖掘等研究领域之上。此外，Web 内容涉及诸如代号、文本、图像、音频、视频以及超链接等多种类型的数据。

3. 多媒体数据

多媒体数据简言之就是将数据库技术与多媒体技术相结合。近来，多媒体数据（主要包括图像、音频和视频）正以惊人的速度增长，几乎无处不在，新华社多媒体数据库就是一个例子。但是目前由于多媒体数据具有数据量大、数据类型多、输入和输出复杂的特点，如今也面临着媒介种类增多、媒体间差异大、数据服务质量严格、信息分布对多媒体数据库影响等问题，提取信息这一任务正面临着巨大挑战。多媒体分析的研究涵盖学科种类广泛，如多媒体注释、多媒体摘要、多媒体的意见、多媒体事件检测、多媒体索引和检索等。

4. 社交网络数据

人们现在花越来越多的时间在网络社交上。社交网络数据从一定程度上反映了人类社会活动的特征，对于研究人类的社交网络具有重要的价值。许多流行的在线社交网络在近年来渐渐普及，如 Twitter、Facebook 这样的国外社交平台，国内有微博、微信等社交平台。这些在线社交网络通常都含有大量的链接和内容数据，其中链接数据主要表示两个实体之间的通信，而内容数据则包含有文本、图像、视频以及其他网络多媒体数据。这些丰富内容给数据分析带来了不小的挑战，同时也带来了机遇。分析社交网络的方法有很多，如 Python 这种使用广泛的高级编程语言，可以将复杂的社交网络数据呈现出一种可读性比较强的形式。

5. 文本

文本是常用的存储文字、传递信息的方式，也是最常见的非结构化数据。文本相比图片音频是存储信息最常见的形式，如新闻网站、社交平台、电子邮件、手机客户端上的文本内容都是储存在网络中。在大数据的运用中，对文本的处理要用到文本分析，或者也可以称为文本挖掘，指的是从一些文本中提取有价值的信息。大致过程不外乎搜索文本、挖掘文本并解析文本。这是一个跨学科领域，不仅涉及信息检索、计算统计，还涉及计算语言和编程，尤其是数据分析和数据挖掘。

（二）大数据的典型应用

1. 大数据与交通

大数据运用于交通领域包括用户出行的一卡通、车辆全面监控、路网监控等。如一些城市的一卡通具备识别用户的历史乘车路线，车辆全面监控是将所有运输车辆都与 GPS 卫星连接起来，可以时时监控运输车辆的路线。

【例 9-4】

早上十点，张先生准备从位于城南的公司出发去城北的咖啡厅见客户。出发之前，他打开手机导航 APP，选择了一条车流量最少、交通状况最好的出行线路。二十分钟后，张先生顺利抵达目的地。令他感到舒心的是，咖啡厅附近新建了停车场，以往他可是因为有急事却找不到停车位吃了好几次罚单。在与客户寒暄的过程中，张先生得知客户这次没开车，而是选择了打车软件，原本 40 元的车程，他只花了十几元。

如今，越来越多的人和张先生一样感受着智能交通带来的便利。但是他们可能并不知道，经常遇到的摄像头、电子卡口、电子警察等系统，在保障城市安全、维持交通秩序的同时，也在不断产生大量数据信息，不仅能够节约时间，也能大大提高交通工具和道路的使用效率，减少能耗。

摘自搜狐公众平台

这正是大数据技术在交通方面的应用带来的便利。利用大数据，可以辅助交通规划辅助决策，定期对驾驶员进行评估，预测城市的人口规模等，这些技术都为人们的出行提供更加精确的服务。

2. 大数据与娱乐

现今娱乐市场的竞争愈演愈烈，而大数据技术更是给一些行业带来了春天。如游戏行业的大数据技术可以处理玩家信息，分析出玩家的喜好以及习惯；音乐行业的大数据技术可以为用户生成个性化的歌单。除此之外，还有体育行业、影视行业、直播行业等都有着大数据技术的运用。

【例 9-5】

小张在闲暇时间喜欢听音乐，现在他使用的某听歌软件，可以根据他平时听歌的风格、常听的歌手，每天自动推荐 10 首歌曲。小张使用的这款音乐软件具有识曲功能，他将手机靠近某一特定的歌曲，软件就可识别是哪首歌。音乐软件会根据用户下载过和喜爱的歌曲的海量数据，自动生成歌单，小张在其中可以很快地找到适合自己的音乐，某些热门的歌单播放次数甚至达到了数千万。

小张在一家游戏公司做数据分析，最近公司新发布了一款游戏。小张每天的工作内容是采集和处理数据，包括注册人数、平均在线人数、充值金额、玩家级别等核心数据，分析该游戏在一些时间节点的流失率，玩家在某等级的流失率，绘制实时数据分析图。

摘自搜狐公众平台

3. 大数据与新媒体

新媒体作为最新的媒介形态，近些年来发展迅速。大数据技术的应用使信息的传播变得更有效率。

一方面，在新媒体时代，人人都可以发布新闻，深度报道成为了传统媒体的核心竞争力所在。大数据在数据新闻方面有着非常广阔的运用空间，而且以数据说话的一手材料更加体现了新闻的准确性。由于媒体拥有比普通人更多的资源，依托人才和技术的优势，运用真实、客观的数据新闻可以保持媒体的话语权、公信力。

另一方面，信息大爆炸时代人们获取新闻也呈现出越来越个性化的特点。所以利用大数据可以获取用户的区域、性别、喜好等属性，便于帮助用户进行信息的筛选。同时也有利于新媒体从业者进行精准的推送，提高信息的到达率。

【例 9-6】

小王在国庆节时打开“今日头条”，看今天有发生什么新鲜事。他看到全国对国庆节资讯关注度，北京地区最关注的境外游国家等数据新闻。这些都是平台通过统计新闻的点击量、回复量、回复率等数据，来统计出的一些信息。“今日头条”，统计出不同类型的新闻的读者性别比率，如科技类、体育类新闻男性读者占比例较大，平台的受众主要以 19~30 岁的年轻人为主，阅读量排名前十的省份是哪些省等，因此，凭借其大数据的“今日头条”可以为小王推荐其想看的信息和广告。

摘自搜狐公众平台

无论什么行业，在大数据的运用上，都要经历以下几个过程。首先是采集数据，其次是数据可视化，再次是分析数据，最后是应用数据。如果是媒体行业，最后的应用便是发布共享数据新闻，或者是根据数据进行精准的新闻推送和广告投放。这是一种以用户需求为导向，以数据分析为基础的运营模式。

4. 大数据与消费

【例 9-7】

招商银行通过数据分析识别出招行信用卡价值客户经常出现在星巴克、DQ、麦当劳等场所后，通过“多倍积分累计”“积分店面兑换”等活动吸引优质客户；通过构建客户流失预警模型，对流失产品予以挽留；通过对客户交易记录进行分析，有效识别出潜在的小微企业客户，并利用远程银行和云转介平台实施交叉销售，取得了良好成效。

淘宝分析交易时间、商品价格、购买数量，这些信息可以与买方和卖方的年龄、性别、地址、甚至兴趣爱好等个人特征信息相匹配。淘宝数据魔方是淘宝平台上的大数据应用方案，通过这一服务，商家可以了解淘宝平台上的行业宏观情况、自己品牌的市场状况、消费者行为情况等，并可以据此进行生产、库存决策，而与此同时，更多的消费者也能以更优惠的价格买到更心仪的产品。

上述例子说明为了更准确地了解消费者的使用行为，挖掘新的商业模式，商家可以利用大数据关联分析，通过大量数据比较，进行合理的商业规划。例如，在运营方面可以提高运营效率和满意度，合理配置劳动力的投入，对人员配置的要求需要有精准的预测，避免产能过剩造成的资源浪费；在销售方面可根据用户的心理与需求改变商品的价格，投放广告时更加注重精准营销，保证定位的用户可以完全收到信息；而在供应链方面，则可以利用大数据进行库存和物流优化、供应商协同等工作，以缓和供需之间的矛盾，控制销售规模、提升服务等。

（三）大数据运用的要求

1. 人才培养

大数据从业人员必须了解所在行业的发展现状，立足于用户需求，熟练掌握数据分析的原理，提高对数据的敏感度。在组织中应建立团队，尤其是新媒体领域，更应该培养复合型人才，善于从一堆看似枯燥的数据中挖掘出有规律的信息和新鲜的故事，不同专业背景的人才能将数据从不同角度挖掘出具有新闻价值的素材。

2. 提高技术

大数据技术（Big Data）的发展离不开计算机技术的进步，计算机技术成为进行数据处理的刚需。大数据处理流程一般包括：数据采集、数据初步处理、数据分析、数据应用或展现。常见的技术有运用 IBM 的 SPSS 软件进行预测分析、用 Cognos 进行数据可视化、用 IBM 的 STREAMS 进行流式分析，除此之外，还有数据整合、建立数据库等。

3. 注重隐私

大数据技术建立在数据分析的基础之上的精准定位，把握和分析了海量用户的信息，为用户提供个性化服务的同时，也存在隐私泄漏的风险。一方面，注重对信息的管理，从法律方面保护隐私。另一方面，公司应该自觉承担社会责任，积极努力创造良好的网络氛围，不将用户的信息泄露给不法分子。

第十章　新媒体的运营管理

据 CNNIC 第 38 次《中国互联网发展状况统计报告》显示，截至 2016 年 6 月，中国网民规模达 7.10 亿，中国手机网民规模达 6.56 亿，网民中使用手机上网人群占比达到 92.5%。伴随着从 PC 端的传统互联网向移动互联网的过渡，各类应用软件与移动终端新媒体迅速发展，在为传播领域带来变革的同时，也为内容创业者和电子政务工作提供了新的平台和机遇。从博客的盛行到微博、微信公众号的风靡，自媒体创业者犹如过江之鲫，生长迅速，但不计其数的内容创业者的涌入也使竞争愈加剧烈，二八效应已然显现。对于政府而言，新媒体的出现为国家政治生活带来了新的便利，为政务工作和政民互动提供了新的渠道，但同样也为执政环境带来了新的变化。移动互联网时代之下，新媒体领域现状如何？市场类新媒体如何在激烈的环境中实现商业价值，政务类新媒体又如何适应新的对话方式方法，落实“服务型政府”的定位？

本章将从上述问题入手，探讨包括盈利模式、团队组建、运营现状与运营方略在内的新媒体运营管理话题，并分别针对市场类新媒体与政务类新媒体的发展特点与趋势提出运营建议，探究新媒体的发展之道。

由于市场类新媒体有个人自媒体与机构自媒体（非新闻机构）之分，其中机构自媒体有自身商业主体和产业链，自媒体仅作为宣传企业形象、介绍产品信息、提供相关服务的窗口平台，在内容生产方面表现较弱，因此文章对新媒体的盈利模式、团队组建及运营和经营方略的介绍着重于对个人或数个自然法人运营的媒体机构。

第一节　新媒体的赢利模式

我国的自媒体自 2000 年从博客兴起后，搭乘着科技创新、技术创新的快车已如火如荼地发展了数十年，经历了从博客到社交平台（微博、微信等），再到多平台发展的百花齐放阶段，并逐步由最初的内容生产演变成靠内容获得盈利的商业化模式。具体而言，当前自媒体的基本盈利模式有以下几种：

一、广告模式

广告模式是目前自媒体最为直接的赢利模式，也是微信、微博、APP 等多种自媒体平台获得盈利的主要模式，它指自媒体依靠自身的优质内容与用户基础，吸引广告主的广告投放或是在聚合平台通过用户点击实现平台广告分成。

微信自媒体目前的广告管理模式主要有两种。一种是部分影响力较大的自媒体公众号利用自身优势通过接受广告主的广告内容投放在自己的公众号上获得赢利。广告形式主要分为硬广和软文两种：硬广是通过明码标价售卖广告位，如在文章末尾或是其他位置以图文形式或是插播链接进行推广，或是以多图文头条形式投放广告；软文则是自媒体公众号根据自身平台的定位和需求，结合自身行文风格进行植入式的广告软文推广。广告费从几百到上万元不等。以原创电影公众号“毒舌电影”为例，该公众号多以软文形式结合广告特征与公众号定位推送广告贴，且多以车、快消品等品牌居多，软文的数量一般不超过文章总数的10%。“毒舌电影”的品牌广告一般是会通过软文的形式来推广，配合一些电影内容进行宣传，对于软文的内容，运营者称“粉丝打开我的一篇文章，我要让读者看到足够多的内容，内容足够精彩的话，在某种程度上便能抵消读者对广告的反感程度”。第二种广告模式则是“自媒体联盟分单”，由来自于各行各业、各个领域的自媒体创建者组成联盟并选出负责人，负责人统一接收企业的广告需求，再依据不同自媒体的特点把广告派发到联盟中的自媒体个体。自媒体联盟使得各个自媒体公众号都有了更为广阔的推广空间和商业资源。微博自媒体账号则通过转发、植入广告获得盈利。一般而言，粉丝基数越大，广告费用越高。但值得注意的是，广告的植入一定程度上会影响账号的运营，过多的植入甚至会导致粉丝数量的减少和人气指数的下降，粉丝运营和广告收益之间的平衡需要把握。以微博人气博主“回忆专用小马甲”为例，该帐号目前粉丝数量达到2764万，会结合微博自身内容——萨摩耶“妞妞”和折耳猫“端午”的生活动态转发原创广告，牛奶、网络机顶盒、涡轮发动机等商品都在其广告范围内，而鉴于其庞大的粉丝基数，广告报价也会水涨船高。APP中的广告则多以横幅广告、全屏及插屏广告、公告广告等形式呈现。

平台广告分成则指部分媒体平台在自媒体内容页面投放广告，并依据用户在该自媒体页面的广告点击量、转发量等指标制定相关分成比例与自媒体分成。2015年11月，“今日头条”推出“千人万元计划”，在未来的一年内确保至少1000名创作者单月获1万元保底、至少100个“群媒体”单月获2万元保底收入。腾讯则在2016年3月开启“芒种计划”，对于坚守原创、深耕优质内容的媒体/自媒体，给予全年共计2亿元的补贴，其在文章页面上的所有广告收入，也将100%归其所有。

二、众筹打赏模式

为了构建良好生态，推动微信公众号平台良性发展，鼓励原创优质内容的生产，微信官方从2015年春季起，推出公众号“原创”“打赏”功能，对于一些拥有持续原创能力的媒体机构和个人主题发放“原创标识”，绝大多数拥有这一标识的公众号可以开通“打赏”功能，在文末放置“打赏”链接，接受用户通过微信支付实现的现金“打赏”，“打赏”价钱可以从1～256元不等。新浪微博则在2014年8月推出“打赏”功能，随后向全体用户开放。用户在开通这一功能后，其发布的长微博会加入“打赏”按钮，粉丝在PC端和移动端均可通过微博支付的方式对认可的微博文章进行“打赏”。打赏行为的实质相当于物质性的“点赞”，是一种非强制性的付费模式。“打赏”模式的产生可以说是对优质内容的奖励，也是对作者版权的尊重，一定程度上有助于激发公众号运营者的创作热情。总的来说，“打赏”功能对公众号的内容质量要求较高，真正能够通过“打赏”功能进行赢利的自媒体数量较少，但对于拥有极高人气的公众号而言，一篇推送赞赏过万并非难事。目前打赏收入较为稳定的自媒体多是个人化色彩明显且具有一定的IP雏形，如“X博士”“槽边往事”“社长从来不假装”等微信公众号，每次更新至少都可以获得数百至上千的用户打赏。电商专家龚文祥曾表示：“微博打赏的文章，适合原创多的微博用户，粉丝或多或少的打赏行为可以鼓励微博用户持续提供优质的内容。”

三、泛电商模式

在一些自媒体中，内容担当的主要是入口功能。当自媒体依靠内容积累足够多的原始资本后，会向电商等模式变现。电商模式的盈利能力较强，但对于资金和产业链要求较高，因此具有一定的门槛。此处将“电商模式”的定义予以泛化，具体细分为线上电商模式与线下电商模式。

1. 线上电商

线上电商主要指自媒体账号在获得粉丝与关注后，进行线上商业变现。如开设付费内容赚取盈利、利用微信服务号搭建微店以及插入网店链接进行引流等方式。

内容付费模式主要指用户通过付费享受一定的内容与活动，公众号以此来获得盈利。而内容付费模式通常分为不同类别与层次，并与其他的会员权益捆绑销售。其中较有代表性的有以主持人王凯的微信公众号《凯叔讲故事》为代表的用户订阅付费模式，以及罗振宇的微信公众号《罗辑思维》为代表的会员付费模式。《凯叔讲故事》公众号以运营者王凯每日为儿童讲诵故事为主要内容。公众号故事分为免费和付费两种，免费内容为所有用户提供，多以精选故事书内容为主；付费内容则是王凯的原创和改编故事，费用为298元一年。当免费内容不能满足用户尤其是儿童的需求时，付费内容的销量自会增加。不同于《凯叔讲故事》的订阅付费，《罗辑思维》以标榜“爱，就供养；不爱，就观望”进行会员招募，会员分为普通会员名额与铁杆会员名额，享有不同的服务内容。而会员权益主要体现在线下活动和增值服务方面，并不影响普通用户对公众号内容的收听和阅读。据报道，《罗辑思维》的5500个会员在推出当天全部出售，总收入达160万元，但目前类似的会员售卖模式并未得到大量复制。总体来看，内容付费模式可以使公众号运营者更专注于公众号本身的运营生产，但对于内容和服务的质量及吸引力也有更高的要求。

部分账号在获得稳定的用户与流量后，会打造自营商品进行产品售卖。如同道大叔、冷兔等自媒体账号依据卡通形象制作产品周边进行售卖。微博网红则会借助微博平台进行EDC展示，引发粉丝兴趣与关注，进而对自营网店进行宣传并引流以赚取利润。例如，公众号“一条”的对象主要是年龄在18~38岁之间，具有良好教育程度且注重生活品质的中产阶级，公众号通过日常对受众生活品质和生活美学的浸润激发其兴趣与购买欲，进而对自营商城中的产品进行售卖。

2. 线下电商

线下电商主要指通过线上营销，集聚、引流用户，开展诸如培训、讲座、旅游等活动带动线下经营消费。

如自媒体“插坐学院”以课程为核心产品，致力为年轻公司人提供接地气、有价值的学习资讯、交流活动，并进行跨界学习交流。据报道，插坐学院目前的标准化培训课程有三种：从三万元到七万元不等，定制化培训课程根据内容和时间不同主要有四种。从2015年5月开始，插坐学院企业新媒体运营培训课程招生开课，在5个月的时间内，服务线下收费学员2000多人，讲师达到30人。截至2016年5月，该机构线下培养企业新媒体学员一万人以上，线上覆盖企业新媒体运营人员500多万，学院遍布北上广深等30多个城市，并在2016年4月获得真格基金与新榜联合投资的PreA轮融资。目前已为招商局集团、中信银行、中国建投、中航国际等多家大型企业机构进行了新媒体内训。此外如“馒头商学院”“顶尖文案”等公众号均致力于线上线下的课程培训，面对强盛的市场需求，目前此类新媒体较为普遍。

相较而言，线下活动模式的开展主要适用于细分地域和垂直行业，但对自媒体运营这类的活动组织能力考验更大。

第二节　新媒体的团队组建

一、新媒体运营团队的现状

在新媒体的团队组建上，除自媒体运营者外，绝大多数媒体与公司也认识到新媒体运营的重要性，成立独立的新媒体运营团队，并具有较为细致的岗位设置和分工合作。

据人民网舆情监测室问卷调查数据显示，在53个受访媒体/公司中，有75.4%的受访媒体/公司都有独立的团队运营微博、微信等新媒体平台，其中26.4%的是微博、微信、客户端的内容一起负责，11.3%的是微博、微信、客户端各有独立的运营团队，24.5%的是微博、微信由同一个团队负责，客户端也有独立的运营团队。18.9%的没有独立的运营团队，由网站的采编人员兼任。

岗位设置方面，对“官方微博、微信团队，记者、文字编辑、美术编辑、活动策划、推广等不同岗位是否有明确的区分”这一问题的调查数据显示，对于微信、微博端的内容建设，有26.4%的受访媒体/公司“分工非常明确”，即不同岗位都设有专职人员；41.5%的媒体/公司分工“比较明确”，在大部分岗位设有专职人员，并在少部分岗位采用轮岗、兼任等形式；有30.2%的媒体/公司“分工不明”。

二、新媒体运营团队的发展趋势

与第一代的新媒体多以单枪匹马方式进行内容生产不同，新媒体在未来的发展过程中将更多地向公司化、机构化方向发展。一方面，伴随着微信官方对原创的保护以及受众对公众号质量要求的提高，微信内容的创作门槛有所上升。另一方面，微信公众号在具有一定的内容积累与用户积累后，为避免用户厌倦，多会进行内容创新与业务拓展，在深度或广度上提出更高的要求。因此，新媒体团队要想在未来保持强劲发展的势头，继续进行稳定、高产、高质量的内容输出，这就需要搭建完善的团队，并且在人才素质、岗位设置与团队规模上产生新的需求，团队会逐步向机构化、公司化形态演变，以为其提供更多的商业机会，实现内容盈利。具体体现为以下几点：

1. 人才高素质化

人才素质上，新媒体运营的人才需求呈现“一专多能”、专业化与全面化兼顾的发展趋势，能够将自身在某一专项上的特长与新媒体平台相结合，施展拳脚。一方面，在专业知识与技能上，高品质和专业化的内容发展方向要求团队成员在具备熟练的工作技能外，还需有快速精准的内容制作能力；另一方面，鉴于新媒体运营的灵活性与融合性，团队成员需要具备完善的知识结构和必要的理论素养，能够拥有全面发展的眼光与意识，并具有创新意识和探索精神。

2. 岗位设置细分化

岗位设置上，除内容生产外，新媒体团队在产品设计与运营管理方面也有专业需求。另外在自媒体的用户积累和品牌影响力达到一定规模后，更高的发展目标会产生更多的岗位需求，如运营、文案、设计、推广等不同岗位需要专职人员负责，岗位的设置更加细分。

3. 团队规模扩大化

团队规模上，在受众要求逐步提高、新媒体内容逐步向深度和广度发展的新形势下，原有的一人兼顾文案、编辑、美工等多个岗位工作内容的 2～3 人小团队不再适应新的发展需求，工作量的提高和工作内容的增加对新媒体运营团队的人数和分工上有更高的需求，团队规模呈扩大化趋势。

4. 组织形态公司化

伴随着自媒体的商业模式逐步成熟，自媒体的组织形态也将向更商业化且更利于商业化的模式发展。因此，公司化将成为自媒体团队组织形态的一大发展趋势。在为自媒体团队争取更多商业机会的同时，公司化稳定的运作机制也为可自媒体的内容生产提供更多保障。例如，在经历初期发展后，目前视频类自媒体“二更”团队已超过 100 人，其中全职导演超过 40 人，并建立了杭州、背景、成都等多个运营基地，接近一家传统新闻类周刊的人员规模。

第三节　市场类新媒体的运营

市场类新媒体主要指以盈利为目的的自媒体，包括个人自媒体与机构自媒体（新闻机构除外）两类。市场类新媒体从微博发源，后扩展至微信平台。伴随着技术的逐步进步和多种平台的兴起，当前的市场类新媒体除传统的微博、微信等社交媒体之外，逐步扩展至客户端以及多种聚合类平台（新闻客户端如今日偷笑、视频平台如优酷、AcFun、哔哩哔哩动画等），呈现出多元化的发展趋势。

自媒体并非严格意义上的“媒体”，但在当下“人人都有麦克风”的时代，自媒体在议程设置、内容生产方面同样具有媒体的功能，甚至能够影响舆论，对部分事件的进展以及网民的观点有所作用，但也面临着诸多问题：

1. 定位模糊，目标受众不明确

精准的定位和明确的目标受众是自媒体得以立足和发展的基本要求，同样也是吸引用户、获得关注的前提。但目前大多数的自媒体没有明确的用户划分，对受众的年龄、兴趣、职业等属性没有精准的定位，这就导致自媒体在内容和主题的选择上缺乏针对性和方向性，难以保持用户的忠诚度，在价值的创造和商业变现的能力上较为逊色。

以职场培训类公众号为例，目前，针对年轻人开设的职场技能培训、职场大咖经验分享、个人提升课程的微信自媒体公众号大量存在，如“职场充电宝”“业问”“选择自己”等，但纵览上述公众号的内容，无论在内容选择还是课程设置上都具有相似性，个性化与创新性较差，阅读量总体偏低。就“职场充电宝”而言，该公众号定位为“年轻好玩的职场在线微课学习平台，帮助你成长为更好的人”，面向的受众群体外延较大，在公众号的专业性规划上较为模糊；从内容推送来看，“职场充电宝”的线上课程既有销售核心秘诀，也有如何绘制思维导图、办公室瑜伽教授，甚至水彩画学习，课程设置针对性和指向性较弱，用户黏性较低。

2. 内容方面，同质化问题严重，虚假信息流传

作为靠内容创业而生的自媒体，寻求内容的专业化、差异化是其根本之道，然而当下自媒体行业依旧面临着低水平同质化问题。依靠复制粘贴、内容摘编存活的自媒体账号不在少数，而一些优质的原创自媒体更是时常遇到文章被原文粘贴却未署名、也未提供原文链接的情况。值得欣慰的是微信公众平台推出原创保护机制，对于注册时长、原创度、原创数量达到一定标准且不存在违规行为的自媒体公众号进行原创邀请，当其他公众号对具有原创标识的公众号文章进行转载时会自动转发原创者的内容，附带原创者的公众号标识。但各自媒体平台对内容版权的保护机制和抄袭侵权的打击机制仍旧不够完善，钻漏洞、打擦边球的现象依然存在，抄袭的违规成本较低，这一现象仍然难以遏制。此外，当前自媒体还存在有虚假信息，由于微信等自媒体平台的谣言净化机制尚弱，部分自媒体依靠散播虚假消息来炒噱头、吸引关注度的现象仍然存在，打击谣言与虚假信息任重道远。

3. 盈利方面来看，多数自媒体仍然面临商业变现瓶颈

据新榜 2015 年发布的《自媒体人生存状态调查报告》显示，自媒体面临的盈利压力非常严峻。已经实现盈利的自媒体不到半数，有超过 60% 的自媒体每月营收不足 1 万元。除盈利状况不佳，自媒体还面临着盈利模式单调的问题。主要通过原生广告（软文）方式盈利的自媒体有 32. 25%，主要通过广点通、头条号广告等平台广告分成盈利的自媒体有 35. 29%，两者相加近 70%。有 30% 的人表示做自媒体最难的问题是“规划成熟的商业化变现模式”。由此可见，尽管自媒体发展风头正盛，但在商业变现方面，能够以此获取盈利的依旧是少数群体。对于多数自媒体而言，广告仍然是主要的盈利模式，缺乏有效的商业化途径。

尽管目前自媒体领域依旧是内容创业争相瞄准的一个集中领域，但目前自媒体的发展仍旧面临着挑战，其一是自媒体内容依旧良莠不齐，通过优质内容实现商业变现获取盈利的自媒体人仍在少数；其二是自媒体在盈利模式上不够成熟，且面临着多重风险和发展瓶颈。如何破除阻碍，在大浪淘沙中依旧坚守，将是未来自媒体发展需要考虑的问题。据腾讯《芒种过后是秋收——中国自媒体商业化报告（2016)》预测，在可预见的未来，自媒体在内容生产上将更加专业化、垂直化和长尾化，公信力将会有

所提升；在组织形态上，初期的个体户或小作坊式的生产方式将让位于公司化的运作方式；在形象品牌上，人格化的个人形象将逐步成长为品牌化的机构形象；在投资方面，资本进入自媒体行业将日益常态化，一方面将加速自媒体行业的成熟度，另一方面也将给自媒体的商业化带来更紧迫的压力。总体上看，高度商业化的自媒体从生产形态、商业模式上将与机构媒体日益趋同。

总体来看，我国自媒体的发展正在经历着一个再中心化的过程，自媒体二八效应已逐步显现，头部账号的自媒体生产内容由最初的碎片化向商业化发展，自媒体品牌开始着力于自身品牌的经营和影响力的提高，并在商业运作上逐步成熟，自媒体行业的更新迭代依旧继续。

第四节　政务类新媒体的运营

作为提高政府公共治理能力、推动服务性政府建设的重要途径，政务新媒体的发展得到了国家的大力支持。2013 年，国务院办公厅下发《关于进一步加强政府信息公开回应社会关切提升政府公信力的意见》，首次将“政务微博微信”正式确立为继政府网站、政府新闻发布会及新闻发言人制度之后的第三大官方权威信息发布平台，并指出各地区、各部门应积极探索利用政务微博、微信等新媒体，及时发布各类权威政务信息；2014 年，国务院办公厅又在《2014 政府信息公开工作要点》中明确提到“加强新闻代言人制度和政府网站、政务微博、微信等信息公开平台建设，充分发挥广播电视、报刊、新闻网站、商业网站等媒体的作用，使主流声音和权威准确的政务信息在网络领域和公共信息传播体系中广泛传播”。2016 年以来，党中央、国务院就“互联网 + 政务”连续发声。2016 年 10 月 9 日，中共中央政治局就实施网络强国战略进行第三十六次集体学习，习近平总书记在主持学习时强调“六个加快”，包括：加快推进网络信息技术自主创新，加快数字经济对经济发展的推动，加快提高网络管理水平，加快增强网络空间安全防御能力，加快用网络信息技术推进社会治理，加快提升我国对网络空间的国际话语权和规则制定权，朝着建设网络强国目标不懈努力。9 月 29 日，国务院发布了《国务院关于加快推进“互联网 + 政务服务”工作的指导意见》，提出 2020 年底前实现互联网与政务服务深度融合，建成覆盖全国的整体联动、部门协同、省级统筹、一网办理的“互联网 + 政务服务”体系，大幅提升政务服务智慧化水平，让政府服务更聪明，让企业和群众办事更方便、更快捷、更有效率。

作为政府政务公开、信息发布以及回应舆情的便捷平台，自 2011 年“政务微博”元年以来，政府新媒体逐步发展，政务微信、政务客户端开始兴起，我国政务类新媒体呈现出账号快速增长、运营水平节节提升、社会影响力不断增强的良好态势。据腾讯《2015 年全国政务新媒体报告》数据统计，随着“互联网 +”战略的提出，我国的政务管理与互联网逐步走向深度融合。2015 年以来，政务新媒体实现了突飞猛进的发展，政务微博账号在 2015 年达到近 28 万，政务微信公众号已逾 10 万。政务“双微”正在加快融合，“两微多端”的平台矩阵成为政务新媒体的发展趋势。

一、政务微信运营

据人民网舆情监测室《2016 上半年政务微信 500 强报告》内容显示，当前我国政务微信在账号和运营方面呈现出如下特征：

行政层级分布上，各级微信账号数量相差较大，中央和市级账号表现抢眼。其中市属机构开设的微信公众号数量较多，区县级账号与省级和中央级账号位列其后，乡镇级微信账号极少。

地域分布上，地方微信公众号梯队化明显，各省在上榜微信公众号的数量上，呈现出明显的梯队分布。浙江、广东、江苏三个省构成了政务微信的第一梯队，山东、江西、上海、新疆等地构成第二梯队，发展势头较好。其余省份则位于第三、四梯队。其中，东北及西北地区政务微信建设明显滞后于全国其它地区。

类别分布上，各类别微信账号特色鲜明，但不同系统运营差异较大，两极分化明显：宣传、公安（含公安局、交警、派出所、消防、车管所等分系统）系统形成第一梯队，整体表现非常活跃。团委、旅游系统位于第二梯队。再次是教育、司法、交通、医疗卫生等系统，整体表现一般成为第三梯队。财税、气象、纪检、文化、工会、社保等部门发展较弱，未形成官微矩阵，是第四梯队。而诸如质监、环保、住建等系统则缺席 500 强，官微建设未真正起步，发展落后。

总体来看，当前我国政务微信形成了“以部门职能为特色，以便民服务为主导”的运营风格：一方面，地方政府通过政务微信构建起了政务公开、信息发布、本地资讯推送、公共服务提供、对外宣传展示的窗口，打造了“掌上政府”；另一方面，政府部门通过微信平台，搭建起了与主要受众互动、交流的平台，促进了相互的理解、沟通、信任。

从发展趋势来看，政务微信账号在语言表达、服务与传播方式等方面也呈现出新的特点：

1. 语言表达呈现“流行化” + “本土化”/“个性化”

中国社会科学院信息化研究中心秘书长、《互联网周刊》主编姜奇平曾说，“互联网时代，体验经济迅速发展，网络发展开始具有一些女性化的思想特质，面对愈加注重体验并具备感性化思维的受众群体，政务微信在思维习惯和语言表达上要有一定的转变。”与政务微博一样，政务微信公众号也学会了“放低身段”，与市民保持“平等交流”，语言表述更加生活化、网络化、口语化，语气上更加平和、公允、幽默不刻板，文章简短、流畅、利落，杜绝了严肃单调、长篇大论的官腔官调和机关公牍式的文案。同时，结合公众号所服务的领域及受众特点，对网络流行表达进行本土化、个性化的变换，在增强其对所属地区和群体认同的同时，提高文章的传播力和互动性。

对于不同职能部门的官微，常常在表达中体现出受众的群体特点或是系统的职业特点，对流行表达进行“个性化”，如公安类账号常常自称警察“蜀黍”。最接地气的要数“共青团中央”，作为常和青年“打交道”的官微，其语言活泼、诙谐、幽默，符合青年的阅读习惯：常常以“宝宝”“童鞋”自居，使青少年从语言上对其产生心理认同；“小鲜肉”“霸屏”“灰常”等流行词汇，更是被用得“炉火纯青”；有时，它主动设置议程，引导网络潮流，在南海仲裁事件期间推出的文章“神了！感觉他长得就像个外交部长……”，以大量图文展现外交部长王毅，满屏直呼“帅惨了”“T台既视感”“暖男”“教科书般的霸气”“脑残粉”，瞬间化身“迷妹”。该文不仅轻松收获了“10万+”的阅读量、两万多点赞量、满屏的留言及各大自媒体的转发，更让网民“领悟”到“原来你是这样的共青团”，巩固了其在青少年中“网络ICON”的地位。

至于地方宣传类微信公众号，则将本土化元素融入到流行表达中，利用网民对流行用语的强接受度，吸引网民点击浏览，当网民阅读文章后，由于激发起了自己对故乡的认同和情谊，加上微信的“圈层传播”和受众的地缘关系网络，有助于提高文章被网民分享的概率。如迪斯尼开业时，不少政务微信发布“＊＊地方第一批体验上海迪士尼的人据说都已哭晕回不来了”；不少城市在启用新地铁、图书馆、火车站等基础设施时，则会套用“终于等到你＊＊明天正式运营”；宣传城市新面貌时，常用“我叫＊＊这是我最新的简历请多关照”；介绍本地风光时，则常配文“今天＊＊最美的阳光/蓝天/雪景都在这里”；以及流行一时的“对不起我要去＊＊了别再找我”，和“＊＊城市代表的26个字母”……“流行”＋“本土化”的表达更易获得本地网民的喜爱，正是既有的“集体记忆”促使网民去点击，而其阅后的分享、点赞，又是他们在协助塑造、传播着新的“集体记忆”。

2. 服务提供结合“一揽子全包”＋“专项订制”

进入500强的政务微信，基本都能结合自身的角色定位、职务特点，将功能板块作为移动政务服务的重要载体，立足于系统、全面、综合，又突出专业、特色和定向。

对于宣传类政务微信，由于其面向本地所有网民，大多走的是“一揽子全包”的路线，如“上海发布”“中国政府网”“佛山发布”“杭州发布”“中山发布”等，对于公共服务的提供都是求大求全，使网民“进入一个公号，获得多项服务”，有效整合了政务资源。

对于公安、教育、交通等系统，走得则是专业化道路，力图提供本领域内更细致、周到、便捷的服务。如公安类微信公众号，普遍都能为公众提供路况交通、违章查询、天气预报等常规信息，此外，不少交警结合当地的实际特点，推出了特色服务，如“唐山交通安全微发布”的“世园导航”，为“2016 唐山世界园艺博览会”保驾护航；“重庆交巡警”通过“警民互动”版块“众筹”交通智慧；“盐城交警”能够进行轻微交通事故的“远程处理”和浙江“民生 66”的“自助挪车”，均创新了交通管理的形式。由于这些服务具有高度的地区色彩，且直击受众需求的“痛点”，有效增强了用户的互动和黏性，使得“粉丝群体”与辖区民众高度重合，呈现出明显的“粉丝辖区化”。

3. 传播方式融合网络“新技术”+线下“地区热点”

互联网新技术的渗透，使得不少政务微信能够利用形式多样、风格活泼的多媒体传播方式，图文、音频、视频、H5、动画、漫画、MV 等形式已不再新鲜，VR、无人机航拍、网络直播也获得了越来越多的青睐。如“上海发布”不仅是连接城市与市民的重要平台，也是上海市政府对外宣传的综合窗口，善于运用 VR、H5 等多种技术形式向网友传递本市独有的文化符号，其推出的“上海 360°超级全景”使其成为国内首个运用 VR 技术展示城市景象的政务微信，在打造城市名片、输出城市文化、提升城市形象的同时，公众号本身的传播力也得到了提升。又如“南海发布”的“南海这个龙舟漂移太刺激，霸屏央视！戳进来跟 VR 视频与龙舟齐漂移!”，用 VR 视频的形式向网友展现了龙舟大赛，为古老赛事注入了新鲜活力；还有“衢州发布”的“美翻了！空中 720°航拍全景合集，带你发现未曾体验过的衢州”、“淳安发布”的“720°全景观看千岛湖，带你领略未曾体验过的全新视角”……

此外，不少政务微信巧妙借助本地热点举办特色活动，如“广州地铁”借助“2016 广州地铁马拉松”赛事，倡导环保健康的出行方式。

二、政务微博运营

据 2016 年第三季度《人民日报·政务指数微博影响力报告》数据统计显示，截至 2016 年 9 月 30 日，经过新浪平台认证的政务微博达到 162118 个，其中政务机构微博 123208 个，公务人员微博 38910 个。政务微博呈现出集群化发展的特点，形成从中央到地方，覆盖不同级别、不同职能部门的政务微博矩阵。随着“互联网 + 政务”的推进，政务微博运营已经成为当前政府日常工作的组成部分，而运营水平的高低也成为衡量政府部门行政能力的“标尺”。

当前我国政务微博的账号在数量、级别与架构上的分布现状如下：

从政务微博的数量上看，随着政务微博数量的不断拓展，其涵盖的政府系统也在慢慢扩大，此前在网络发声较少的科技、安监、体育、计生、文化等政府部门，特别是厅局级的官微，也开始入驻并进行发声，部门类型日趋均衡化。

从政务微博的级别上看，地级市的政务官微，由于直接贴近当地百姓，且受众较多，成为本地政府信息公开和社会服务的主要“场域”，但基层账号衰弱的趋势明显。

从政务微博的架构上看，“以外宣官微负责本市整体政务信息的公开和发布，以分系统官微提供本系统内相关问题的专业化解答和服务”，成为政务官微的发展趋势，各政府部门在官微运营能力上的差距正在逐渐缩小。

在政务微博的内容与运营方面，有如下特点：

（1）政务微博已经形成了较为完备的信息采集、新闻发布、舆情处置机制。相对于政务微信和政务客户端，政务微博已经进入常态运营期，普遍建立了较为完善的工作机制。如上海公安微博群以市局的@警民直通车—上海为龙头，以各区分局官方微博为骨干，以民警个人、派出所和大队为基础，在国庆期间，每天入驻市局指挥联动中心，通过与交通、消防、治安等指挥平台建立信息共享机制，获取全面的交通、消防、治安事件信息；还直接派编辑到预测流量较大的执勤点，即时搜集信息。

（2）政务微博运营团队的媒介素养较高，能及时解决网民疑问，引导网络舆论。政务微博运营团队是体制内率先触网的一批人，具有扎实的专业知识和丰富的工作经验，尤其是熟悉网络表达，洞察网民心理，能够把握网络舆论生成、发酵和消解的规律。湖北荆州商场电梯“吃人”事件后，网上流传各种乘坐电梯的“攻略”，各种夸张的“正确姿势”。江宁公安在线微博回应：“手扶电梯‘吞人’事故绝大多数是电梯故障或维护不善导致，这种事故本属于极小概率事件。”3 万多名网友转发了这条微博。江苏网警微博推出《网上谣言 Top10》栏目 25 期，精选一周的谣言案例做出澄清，获得 6200 余次转评。

（3）政务微博与主流媒体微博、民间网友的联动协作在加强。2012 年 9 月 15 日、16 日，因为日本政府宣布“购买”钓鱼岛及其部分附属岛屿，引发中国民众的强烈不满，一些地方出现少数人混杂在抗议人群中打砸日系车、日货商店的行为。9 月 18 日 7 时 2 分，公安部打四黑除四害微博发出经领导审定的博文，呼吁大家理性爱国、合法表达，不要采取过激行为，共同维护良好的社会秩序。这条微博经人民网等主流媒体和浙江公安、平安中原、平安荆楚、平安辽宁、深圳公安、济南公安等地方公安微博转发，形成了舆论声势，对于遏制街头的非法行动起到了有力的震慑作用。

政务微博不是单枪匹马，已与人民日报、央视新闻、新华视点等主流媒体微博实现联动协作，组成了当下网络舆论场最为强势的“舆论集团”，并扶掖民间“自干五”

网友，在澎湃的舆情声浪中掌握着舆论的主动权，乃至主导权。

（4）政务微博的功能逐步加强，在线查询和业务办理等功能开始实现。政务微博不仅是单向信息发布，与网民的在线交流，近年来开始提供线上便民服务，通过私信实现在线咨询、服务预约和业务办理等职能。如上海发布微博推出粉丝服务菜单，已实现“公交实时到站”“电子监控违法”“出入境办证”“个税查询”“结婚登记预约”等10多项在线服务。国家发改委微博同时推出审批流程和审批进度查询、举报价格违法等服务功能模块。北京、广州、深圳的公安和交警部门微博提供违章查询、业务咨询等服务，为市民出行和办理相关业务提供了便利。多省教育部门如四川教育、河南教育、安徽省教育厅等开通私信查询高考成绩、录取查询等服务。

此外，政府机构也在不断探索其他的平台与传播方式，如政务电台、政务视频以及政务客户端等多种形式，发展更趋多元化和多样化，在政民沟通上更加亲和、“接地气”，并且在倾听民声了解民意、答疑解惑、解决难题上都取得了更好的成果。但当前的政务新媒体也存在诸如平台规划欠缺整合性和长远性，部分政务新媒体定位较为模糊、内容针对性较差、运营管理能力不足导致新媒体的传播力影响力较低等情况，仍然有待改进。

第五节　新媒体的经营方略

针对目前新媒体的发展现状与发展趋势，市场类新媒体如何提升商业价值，政务类新媒体如何秉持其服务和引导功能，本节就两类新媒体的不同定位提出各具针对性的经营建议。

一、市场类新媒体的经营方略

1. 进行精准定位，明确独特风格

虽然市场类新媒体发展至今已更加多元化，但定位与内容上的同质和相似依旧是目前自媒体面临的一大问题。若自媒体在定位与内容运营上跟风而动，难以明确自身的定位，形成独特风格，就容易在自媒体的更新换代中被淘汰。精准的定位不仅能够为公众号的发展规划方向，也能为其吸引更为明确的受众群体，实现内容的有效传播。要达到这一目标，就需要满足两个要求，其一要对自身的类型、主题、风格等内容提前规划；其二，进行用户细分，明确自身的用户群，为目标受众的年龄、性别、兴趣自然属性和社会属性进行画像，并依据相关特征进行内容推送。

以微信自媒体公众号“毒舌电影”为例，该公众号2013年注册成立，2014年底正式独立团队公司化运营。目前微信公众号粉丝突破200万，每篇文章的打开率是30%、阅读量为 10 万 +，是微信流量第一的电影订阅号、微信最大的电影原创公众号。“毒舌电影”秉持“坚持原创 、只说真话”的态度，坚持做有料有态度的电影推荐。公众号创始人何君这样定位：“不想做一个高端、小众的东西，我们更多聚焦院线市场大片，服务普通影迷的好内容。”要为普通影迷“提供良心的、站得住脚的电影推荐”。此外，“毒舌电影”惯用周星驰形象示人，以“毒 sir”自称，形成了一种辨识度极高的典型“魅力人格体”，塑造了一个幽默风趣、耿直又“毒舌”的个性化形象，并贯穿自媒体整体。伴随着公众号的逐步壮大，“毒舌电影”由“人格魅力体”衍生为“人格家族矩阵”，尽管“家族”成员每人都有各自的鲜明特征，但又保持有魅力的一致性。“毒舌电影”的精准定位和独特风格是其成功运营的重要原因。

2. 坚持内容为王，保证推送质量

无论传统媒体还是新媒体，“内容为王”始终是其获得吸引力、提高影响力的一个基本要素。对于从内容生产起家的新媒体而言，持续生产并不断输出高质量内容是其立足之本。因此，自媒体需要结合自身定位与受众的需求和兴趣，进行原创、有个性、高质量的内容生产。具体而言，内容创作上要坚持定位、保持特色，体现内容的标识度，在此基础上结合热点进行造势、不断创新。在内容选择上要结合用户的需求和特征，考虑差异性与共同性，提高用户的认同感。因此运营者要充分利用后台数据，对用户的性别、年龄、地域等各项自然属性与社会属性进行总结和分析，了解用户的需求和关注，实现精准推送，巩固和吸引更多的用户。另外，据腾讯科技企鹅智酷的调查显示，在用户向朋友圈或好友转发文章时，约 49% 的用户最关注的是内容的价值性、有趣性和是否能够产生情感触动。因此，有趣、有料、有情怀的内容始终值得自媒体的追求和坚持。

3. 增强用户互动、进行活动推广

微信公众号生命力与活力的保持需要通过加强与公众号订阅者的交流互动来提高用户黏性，进而保证运营的持久性。运营者在积极运用公众号后台回复、文章评论等基本功能的同时，也可创办相应的粉丝群与交流社区，针对内容与方向了解粉丝的看法和建议，作出回馈与改进。

此外，公众号可通过开设特色栏目、开展线上线下活动等来提高互动性和用户黏性。线下活动的推广不仅可以加强与粉丝的互动，提高其忠诚度，对于扩大账号的影响力、提高账号的商业价值也大有帮助，使其进一步实现价值变现。运营者需要将公众号作为形象塑造的平台而非产品营销的途径，深入了解并满足用户的所需所想，进一步拉近与用户的距离。

以微信自媒体公众号“新世相”为例，创始人张伟将其定位为“陪伴体”，既是一种生活方式上的陪伴，也是一种精神上的陪伴，它所提供的是一种“理解和共鸣”。对于用户互动，“新世相”不断进行着共鸣和共情，强调情绪的连接和投入。不仅仅是回复或者每周设立栏目，“新世相”至少四分之一到三分之一的文章都是通过互动组成的，通过不断地征集情绪、征集内容、回复评论来强化读者与受众的关系。此外，“新世相”策划了一系列线下活动，如推出“新世相图书馆”“4 小时后逃离北上广”“中秋为什么不想回家”以及“丢书大作战”等活动，通过新颖有趣的活动主题与活动策划引发用户的认同与共鸣，进而吸引用户参与，以此增强互动，并保持自媒体公众号的活力。

4. 提供优质服务、增强用户体验

自媒体在进行内容推送时需要了解用户需求及信息发布规律，提供优质服务、增强用户体验。

以微信自媒体为例，当前微信自媒体公众号数量众多、竞争激烈，且存在用户打开率和阅读率下降的趋势。而熟悉用户的阅读规律、形成固定的推送时间不仅有助于公众打开率的提升，对于用户的习惯养成也极为重要。腾讯在其公布的《微信生活白皮书（2016）》中，详细描绘了微信典型用户在一天中的行为模式，不同的时间段中个人的活动状态、精神状态等因素均会影响到公众号的阅读率、打开率等多项指标。因此，公众号需要结合自身定位，如是深阅读还是浅阅读、是即时信息还是生活服务等，并依据用户的阅读规律进行推送和调整，以实现阅读效果的最大化。

此外，为提高用户的阅读体验，在公众号的界面设计、内容的字体排版等呈现形式上也需多加用心。总体而言，运营者需要考虑用户的阅读习惯，在方便快捷的设计基础上对界面加以具有美感和创新的设计形式。在推送内容的排版格式上，如图文的编排、行文的长短、图片与视频的插入等也要研究最佳模式，提升阅读体验。

5. 多平台覆盖、实现内容共享

市场类新媒体实现良好运营还需要做到多平台覆盖，结合各平台的传播特点侧重于不同形式的内容发布。

就微信平台而言，它不具有“广场”式的呈现，没有公开入口，内容传播模式呈伞形，内容通过从公众号传达到订阅者，再经由订阅者小范围地传播给其他用户来吸引更多地关注。因此，尽管微信内容的传播具有裂变性，但仍旧是半封闭形式，更侧重于人际传播和群体传播。相对而言，微博平台的关系更为松散、开放性更强、社会性传播效果也更强 。虽然微博信息具有一定的“延时性”，传播精准度较低，但在宣传推广方面，裂变式的内容与无限制的推送使得微博的传播力更强、宣传效果更好，更适用于“传播型”的服务。

因此，市场类新媒体的运营者应当充分利用互联网资源，针对各平台的特性分发内容，进行用户沉淀，整合用户资源价值发挥商业效益。以 papi 酱为例，其运营团队除运营微信号“papi”外，同时运行相应的微博账号，并入驻优酷、腾讯、AcFun、哔哩哔哩动画等视频网站，另外在头条号和豆瓣等平台也同时上线，形成更大范围的传播，吸引了更多的粉丝。

二、政务类新媒体运营建议

1. 完善顶层设计，明确账号定位

目前，政务新媒体的建设与运营已成为我国政府工作的重要部分，包括地方政府网站、政府新媒体发展在内，互联网信息公开与信息服务与政府工作和电子政府的推广紧密结合。而政府部门要在电子政务方面取得长足发展，就要具有清晰的发展目标与规划、并完善顶层设计。要实现各级政府以及各个平台的信息共享和对接互补，形成统一化的指导思想、建设方针，避免信息孤岛的产生，形成规模效应，并建成政务新媒体在各级政府和各个部门的全覆盖。

另外相关部门在进行政务新媒体的设计和规划时，要对包括订阅号、服务号以及微信、APP 等在内的新媒体平台有充分的了解，结合政府工作内容与平台自身的特点和规律进行规划设计，明确不同平台账号的功能与定位。一方面，不能贪图省事只选择订阅发布性的平台，而疏忽在线查询、业务办理等功能的兼顾；另一方面，也要避免因低水平重复建设带来的资金浪费、实用性不强的后果。

具体而言，在官微的设立上，建议地方政府在促进电子政务的建设时，要将发展的主力聚焦于地市一级，适当对基层的信息、服务、资源进行合并、整合、统筹。例如，对于人口较少的村镇，可以把不同系统的政务信息汇集于一个主力账号发布。如某个镇的教育、医疗、质检、卫生、气象等信息都由该镇的外宣账号发布，而不是每个系统都单开一个账号，否则既浪费了人力物力，又分散了网民的注意力。对于区县人口较少的地市，可以在地市官微中开辟出专门的区县板块，将区县级的政务和信息整合发布。如由地市旅游局成立该市的旅游官微，将各区县的旅游信息统一展示，而不是每个区的景点自立门户，这样既方便游客，又利于串联旅游资源，将某个区的游客顺便吸引到其它区，从而提升该市的整体知名度。

另外，建议各地设立市一级的服务农民和农村发展的政务官微，汇总发布该地针对农业发展的各种政策，提供各项针对农民或农民工进城、落户、就业、培训的服务咨询，推广当地有特色的农产品、农业旅游资源、投资机会等。由于目前，在农业服务这一方面，各地的政务微博涉及较少，如果能运营好，特别是对于拥有广大农村的中西部地区来说，或许可成为其在“互联网 + 政务”建设上弯道超车的机会。

2. 构建矩阵体系，协同联动运营

矩阵体系是政务新媒体目前出现的一个发展趋势。鉴于单独的政务微博或微信有其自身的传播特点和影响力的限制，政府部门需要提高平台整合能力，构建互为依托的矩阵体系，打破各新媒体平台的运营壁垒，形成分工协作和联动运营效果，满足群众各个侧面的信息与服务需求，进而实现共振共通、线上线下联合互动的规模效应。

以北京市政务新媒体为例，2016 年 7 月 19 日至 20 日，北京市普降大到暴雨，市政务新媒体发挥矩阵作用，北京发布、气象北京、水润京华、交通北京、平安北京、北京交警、北京路政 bjlz、北京地铁等官微立足本职、互相联动，滚动发布有关雨情、汛情、路况和公交、地铁出行的最新消息，对网上流传的不实信息、虚假图片和视频进行首发辟谣，获得网民高度关注和转发。当日发布厅各成员单位官微发布信息 550 余条，阅读量、覆盖量过亿。政务新媒体在突发事件中权威发布的作用十分突出，传播成效十分显著，受到网民的支持和肯定。在 2016 年 8 月 30 日，由北京市政府新闻办组织全市各区、委办局等机构共 74 个官方账号组成的“北京政务发布厅”整体入驻今日头条客户端，标志着北京政务新媒体在“两微一端”的全覆盖，更是极大提高了客户端的开通率和覆盖率。“北京政务发布厅”在今日头条客户端上线后，与微博、微信联动，将进一步推动政府信息公开和政策解读，拓展公众对政府工作知情、参与和监督互动的新局面。

矩阵体系的构建和协同联动运营的实现，不仅能够推动政务新媒体的高效运转，提高政府部门的工作效率和民众的满意度，对扩大政务新媒体的影响力和政府部门的公信力也大有裨益。此外，在出现社会舆情时，各平台的联动效应有利于权威声音占领舆论高地、提升舆论引导力、挤压负面舆情并有效控制其蔓延和发展。

3. 完善运营机制，强化团队建设

在政务新媒体的运营上要实现管理规范化，对整个平台的有效有序管理要加强。因此，一方面要完善运营机制，建设制度化的管理和运营机制，制定涵盖信息发布、舆情通报、突发应急等方面的详细细则和方案，确保政务新媒体运营的时效性和规范性。另一方面要加强团队建设。运营人员的服务意识、预警意识和媒介素养等各方面的素质能力高低决定着政务新媒体的成败，因此在团队成员的选择上，要强化要求，同时定期提供后期培训、并建立健全相关的考核制度，以提高团队专业性和业务的熟练性。例如，在人员的选择上要组建一支业务精、素质高、结构合理的运营队伍。以成都发布官方微博为例，成都发布团队在成立之初便坚持专业化与规范化，运用从市级媒体抽调中高层资深编辑管理人员，组建专业化工作团队等方法，从制度、人员等方面入手，全面保障经营和建设。

值得注意的是，尽管全国各地目前纷纷将新媒体作为听民意、察民情的新渠道，但部分官方网站、官方微博打官腔、摆官架的现象仍然存在。例如，2013 年，江苏淮安市人社局网络发言人回复网帖称：“您是一个不合格的网民，建议您赶紧去看看医生，彻治您的心智病症。”2014 年 9 月，有网民向浙江绍兴环保局官微投诉噪音扰民，得到回复却是：“等等哈，正吃着切糕。”尽管公众对“神回复”有颇多诟病，媒体也高度曝光，但类似的回复依然时有出现，使得政府服务部门形成一种“庸懒散”的形象，不仅不能很好地疏导群众情绪，还损害政府公信力，而且易造成民意“堰塞湖”的形成，让民众的无奈与焦虑无处安放。“问政平台”本是领导干部与群众之间沟通互动的桥梁，却出现了如此不严肃的回复，暴露出管理的缺失。虽然经相关部门调查事件真相揭露其中确有误会，但反转后的真相仍被网友解读为“懒政”行为，是网络版的“门难进、脸难看、话难听、事难办”，相关部门陷入“塔西佗陷阱”，其不作为的疑云难消。

由此，在加强运营团队的建设同时还要建立健全员工的考核机制，严防上述消极怠工和敷衍了事等“官僚主义”和“形式主义”现象。在此基础上有效提高服务水平，进而促进政民良性沟通，提高政府公信力。

4. 提高运营能力

运用微博、微信等新媒体平台开展政务信息服务，是推进国家治理体系和治理能力现代化的重要手段。而政务新媒体运转如何、效果如何，很大程度上取决于新媒体团队的运营能力。

（1）信息发布及时准确、把握节点引导舆论。

作为政府部门权威信息的发布平台，政务新媒体要立足于本地，关注民生焦点、研究热点问题，并整合相关信息资源及时准确发布各类权威信息，打造令群众信服的新媒体平台。

另外在舆论引导中，政府部门要利用政务新媒体团队作战、协同发声，把握话语主动权、扩大主流声音，提高舆论的引导力。对于舆情热点事件和突发公共事件，政务新媒体要及时介入，迅速回应群众关切，发布权威信息，挤压虚假留言空间，稳定民众情绪。进而引导网络舆论，实现舆情危机的有效应对和干预，为正面宣传赢得主动权，并使之成为工作常态。

而 2016 年 7 月河北邢台洪灾就是官方介入滞后、回应不及时造成谣言传播、民众情绪高涨的典型案例。2016 年 7 月 19 日，河北邢台遭特大暴雨袭击，大贤村多位村民在洪灾中遇难。7 月 21 日，微博、微信“朋友圈”开始流传邢台发生洪灾“有人死亡”的消息，但碎片化的自媒体信息没有得到充分关注，官方信息毫无动静。7 月 22

日，一段配有文字说明的“邢台经济技术开发区党工委副书记下跪”的视频在“朋友圈”疯传，将“邢台洪灾”推到风口浪尖。随之各种消息纷飞，特别是自媒体发布的死难儿童的照片新闻极具冲击力，早期传播真相成谜。7 月 23 日凌晨，在前方信息依旧真空、舆情不断蔓延之时，《新京报》记者赶赴至受灾最严重的大贤村，并于当日 8 时许推出《邢台大贤村遭洪灾！新京报记者今日凌晨探访，一片狼藉》独家新闻，这是传统媒体专业采编报道的第一篇，文章迅速扩散，阅读量超过“10 万 +”。该媒体客户端随后开通直播专栏，对灾情进行移动化图文直播。1 小时后，旗下微信公众号“沸腾”刊发《邢台受灾，官方说法何以拖在传播链末端》的评论文章，直指当地政府、官方媒体反应迟钝，导致真相和信息缺乏。澎湃新闻随后也发表社论称，“19 日晚，洪水进入邢台的 12 个村庄。22 日，这场灾难才以社交媒体草根账号图文爆料的形式进入公众视野，而非官方通报，这本身就是问题。”7 月 23 日晚，河北邢台市召开新闻发布会，市长董晓宇代表市委市政府，向所有遇难、失踪者亲属和受灾群众表示道歉。随后，此次防汛抗洪抢险救灾中工作不力的邢台市经济开发区党工委书记、管委会主任段小勇等 4 人被停职检查。河北省委、省政府成立由省防汛办等部门和有关专家组成的工作组，赴邢台等地指导帮助灾后重建、群众安置和善后处置等工作。

邢台洪灾的整个事件被报道的过程呈现出网民爆料——微博、微信自媒体传播——主流媒体介入——官方回应的传播次序，官方的信息拖在传播链的末端，饱受诟病。天灾无情，但应对暴雨灾害须未雨绸缪，发生灾情更应公开透明，不能隐瞒。原本应充当权威信息源的邢台官方在这一事件中无疑出现了“失语”，信息隐瞒、回应滞后为谣言散播和负面舆情的滋长提供了可乘之机。由此，对于作为权威信息员的政务新媒体来说，面对突发事件主动发声、及时关切、把握节点引导舆论才是应有之道。

（2）立足民生视角，扎实服务群众。

政务新媒体要立足服务社会民生，加强与有关部门的沟通互动，及时更新便民政策、医疗卫生、建设规划及交通出行、创新创业等各项便民信息。同时要积极利用各个平台，拓宽服务渠道，提供个性化服务，做好民生问题的政策解读，打造指尖上的“微政务”。

在信息的发布上，要坚持“以人为本”和“全心全意为人民服务”的理念，从民众视角入手，力求表达方式的平民化和发布方式的多样化。这就要求运营人员必须充分考虑到受众的心理和特点，内容要更贴近老百姓，更具公共化特征；文字表述更具互联网化，更为平民化；同时要运用民众喜闻乐、通俗易懂的方式如图示、视频、直播等多媒体形式发布信息，使信息更为鲜明直白。此外，还要注意把握好信息总量，既要避免长篇累牍引起反感，也要避免过于简短难明要义。如此才能将拉近与民众的距离，获得良好的传播效果。

以上海市公安局官方微博警民直通车—上海发布为例，2015 年 12 月 1 日晚，香港艺人“天王”郭富城在其微博中晒出一张与女友在车内手牵手的照片，并配文，“这样开车要慢一点@ MK_ fy”，引发网友关注。有部分网友表示祝福“天王”“天嫂”，也有网友将重点放在照片上，并发出质疑这样开车真的安全吗。12 月 2 日 7 时 5 分，上海市公安局官方微博警民直通车—上海发布微博称，“警方提醒，开车时要集中精力，不要做与开车无关的事。另外，开车也要穿合适的鞋，比如高跟鞋和雪地靴，穿着虽然好看和暖和，但容易出危险。”并配图“天王”“天嫂”的牵手照。12 月 2 日 15 时，深圳交警也发微博称：“#警方提醒#开车时必须集中精力，千万不要做与开车无关的事。不仅不安全，还可能引起其他错误效仿……”同时，有网友@深圳交警称，叔叔我要举报这人单手开车，深圳交警也及时回复，“举报收到，他这种行为妨碍安全驾驶”，其幽默诙谐的语言，引发网民围观点赞。这两个官微借用明星的高人气，结合“互联网 +”时代下新媒体传播的特征，成功将一则关于“驾驶安全”的正能量满满的广告成功传达给网友，无论从形式还是“官微”本身接地气的语言使用，都获得网友点赞。

（3）加强互动提高黏性。

政务信息要实现精准性传递、强化社会联系，就需要加强与受众的双向互动，若只是单方面的信息发布和传递，政务新媒体的价值和功能就会大打折扣，民众的关注度和信赖度也会随之下降，政务新媒体继而沦为摆设。对政府工作的开展和政府公信力的提高都会产生较大影响。

因此，一方面，政务新媒体在问题解答与信息回复方面要及时有效。以政务微信为例，运营团队可加强技术应用，通过细化信息回复功能强化互动反馈。例如强化关键词回复、通过个性化定制的自动回复功能方便民众查询、简化工作步骤、提高办事效率；开发自定义菜单的多项功能，如借助自定义咨询内容，提高公众号的交互性，满足民众需求。对于平台快捷功能暂不能解决的问题，则要加强政务微信的人工回复服务，提供一对一服务，在方便民众查询的同时展现自身的亲和力与公信力。另一方面可以借助政务新媒体这一平台，开展建议征集、微直播、微访谈等形式多样的互动活动，通过与民众的对话交流，让公众了解、信赖、并参与到相关活动中来。

以公众号“上海发布”为例，“上海发布”作为上海市政府新闻办官方微博帐号，于 2011 年 11 月 28 日正式上线，同名微信公众号也于 2013 年 6 月 8 日正式运营。截至 2016 年 11 月中旬，“上海发布”微信公众号粉丝已逾 900 万人，位列全国省级政务类微信订阅号第一。在互动方式上，“上海发布”通过关键词自动匹配以及人工回复两种方式与用户展开互动。“上海发布”团队耗时数月，建立了“上海便民信息数据库”服务，将201个关键词与相关内容相匹配，并根据时下热点，定期更、添加关键词与匹配内容，以保持其时效性。如在轨交线路规划发生变化时，会通过及时更新关键词方便市民查询。此外，对于用户的个性化问题，后台也力求做到人工回复，解决民众疑问。除了与用户进行的问答对话，“上海发布”还会不定期组织丰富的线上线下活动，如直播访谈、趣味游戏等，以此加强互动、提高用户黏性，并深化政府与市民的联系。

第十一章　政务微博与舆情应对

第一节　政务微博与公共舆论

2016 年中国互联网络信息中心发布最新报告——《第 38 次中国互联网络发展状况统计报告》，截至 2016 年 6 月，中国网民规模达 7.10 亿，互联网普及率达到 51.7%，超过全球平均水平 3.1 个百分点；根据 QuestMobile 发布 2016 年 9 月秋季报告显示，2016 年 9 月微博月活跃用户达 3.906 亿，在活跃用户规模排名前十的应用中，微博的活跃用户增幅最高，达到了 79%。同时，微博日活跃用户增至 1.05 亿，人均月使用次数达到了 52 次。截至今年 6 月微博用户规模同比增长 18.6%，在网民中的渗透率达 34%，同比增长 3.4 个百分点。微博今年二季度财报也显示，截至 6 月其月活跃用户为 2.82 亿，同比增长 33%，移动端月活跃用户同比增幅更达到 40%。这些数据向我们显示：我们已然进入微博时代。国内网友们利用移动或 PC 终端，在各大门户网站开设的微博上关注新闻热点和社会事件，抨击时弊，发表或犀利或温和的言论观点，1.05 亿的日活跃用户非常容易在短时间内形成一股强大的舆论力量，而传统媒体的介入，线上的舆论热点转到线下，进而传播到线下的民众，于是，媒体议程、公众议程和真正现实更加贴近。在这些公共舆论活动中，参与者非常之多，来自各社会网络、社会结构和组织，稍有不慎，即会引发一场公共舆论危机，波及到线下，社会动荡紧随而来，给政府和人民造成极大负面影响。在这场新技术浪潮中，作为政府的代表——政务微博，如何让其掌握主动权、主导权，在舆论中占据先机，以便更好的疏导和管理公共舆论，是政府工作能否正常、顺利开展的重点问题之一。

一、公共舆论的定义

公共舆论，英语里叫 Public Opinion，即“公众意见”。关于舆论的定义非常多样化，公众和政府机构组织很早以前就意识到舆论的重要性，在我国古代，公共舆论称之为“舆人之论”，即众人的议论，如《晋书·王沉传》：“自古贤圣乐闻诽谤之言，听舆人之论。”进入现代，舆论的定义又有一定的变化，目前较为普遍的定义是：相当数量的公民对某一问题具有共同倾向性的看法或意见。它是社会意识形态的特殊表现形式，往往反映一定阶级、阶层或社会集团的利益、愿望和要求等。

公共舆论一般通过言论、文字或者图片等形式表现出来，以拥护或反对、赞扬或谴责、建言献策等方式对某一公共问题或社会事件作公开的评述。通常在一些具有轰动效应的社会事件、热点新闻、突发事件中形成，一般认为，公共舆论包含 4 种因素，一是当前社会存在某个涉及人们共同利益或引发人们情感共鸣的社会问题或社会事件；二是有许多个体以各种方式对这个问题或事件发表观点意见和建议；三是在这些意见中，有一种观点接近或与公共意见一致；四是这种公共的意见直接或间接对广大社会产生一定的影响。

公共舆论一般具有以下三个特征：

第一，公共性。公共舆论的公共性是由它的形成方式、形成场域和对象所决定的。个人意见、组织或机构的意见要转换为全社会的公共意见，就必须形成意见交换、交流，意见交换和交流都需要一个公共场域，也就是意见场。在这个意见场中，不同的阶级、群体或差异性大的个体就所共同关心的问题自由发表意见进行互动，在这种互动交流或达成共识、或分门别派，即达成几种主要的意见派别。从而个体意见成功转换成公共意见，具备公共性，形成公共舆论。

第二，公共舆论中混杂着理性和感性舆论。由于个体、团体或组织的差异，意见差异也较大。一般而言，上层知识阶层的舆论较为理性，本身知识经验的丰富、消息渠道的多样化，使他们对事件真相有一定的整体把握，能站在一个全局的高度评判事实真相，发表较为中性、理性的言论；而处于下层阶级的民众，由于许多限制，比如获取信息渠道和信息量的限制，往往只能知晓事件的小部分真相，加上“固定成见”、兴趣等因素的影响，整个舆论氛围都较为感性。目前我国正处于转型期，很多问题开始浮出水面，官员“官本位”思想和一些官员贪污腐败、滥用公权力、以权谋私，给群众工作造成极坏的影响。因此，社会事件的发生，加之新媒体的兴起和普及，致使民众的言论情绪化非常严重，期间充斥很多非理性的言词。

第三，媒体在公共舆论中影响巨大。在传统媒体时代，公共舆论的发起人大多数时候是传统媒体：报纸、广播、电视、杂志、电影等，由于媒体的议程设置，决定了公共舆论的客体即公共舆论的内容。早在 1922 年，美国著名新闻评论员李普曼在《舆论学》（现翻译为《公共舆论》）一书中就提出：新闻媒介影响“我们头脑中的图像”，并认为大众媒介构造的是一个“拟态环境”①，这也就是后来议程设置理论的雏形。在公共舆论的形成过程中，记者和编辑等首先利用“知觉模式”决定大众媒介传播什么，进而决定受众接触什么样的信息，接下来利用“显著性模式”，安排新闻信息出现次

① 李普曼. 公众舆论［M］. 上海：上海世纪出版集团，2011.

数、时间和场合来突出某些议题，最后利用“优先顺序模式”即媒体对不同议题用不同的篇幅、报道次数、版面设计等赋予其不同的顺序，从而左右公众对这些议题重要性的判断。所以，媒体在公共舆论的形成乃至整个过程中，影响非常大。

二、新媒体时代公共舆论的发展趋势

在传统媒体时代，电视、报纸、广播和杂志等媒体是公共舆论话题的主要发起人，然而这些传统媒体，无论哪一种，技术要求高而且条件有限，电视和广播的频道有限，杂志和报纸是版面和刊号有限，而在新闻发布过程中，又需要经过一个严密而复杂的制作过程，一般要经过初始策划、采写收集材料、新闻写作和剪辑、刊发和播出、后续跟进以及公关管理等多道程序才能完成一次完整的信息传播过程。在这个过程中，普通受众是无法参与也不可能参与进去。而在这个公共舆论形成的前期，整个过程是封闭式的。同时，由于版面和时段等的限制，一定时间内的公共舆论话题非常有限，经常几个月谈论的话题不变。而社会生活本来多姿多彩，社会中同一时间内也不止发生一个社会事件，人们关注话题也是多样的，进入新媒体时代，这种多样性得到了充分体现，公共舆论开始出现一些较大的发展变化。

（一）公共舆论主体的发展趋势：精英与大众并存、互动性增强

众所周知，早期的大众媒介即报纸、电视、广播和杂志等是公共舆论的主要发起人和主要参与者。公共舆论形成前期也就是新闻发布的过程，首先，记者通过对手中的信息源进行第一轮删选，选择他认为重要的值得报道的新闻信息，编辑依据本媒体的编辑方针进行第二轮删选，选择值得刊登的报道，有时候总编辑还要进行第三轮的把关，这是自上而下的把关；碰到需要进行长时间精心策划和准备的报道，需要的是自上而下的把关，媒体机构选择选题，拟定采访报道计划，记者通过采写实施计划，编辑再次进行把关等。而在这些把关过程中，还要受到上层政治机构、社会重要组织机构以及广告主的影响，这些结构和组织在无形中也对新闻报道和信息进行了间接的删选和把关。最后作品刊播之后，由于交通、设备等硬件以及知识等软件的限制，受众有限，导致最后参与公共舆论的个体有限，同时，反馈滞后且反馈信息非常少。以上这些因素的影响和限制，导致在传统公共舆论中，舆论主体以精英为主，少数大众为辅，阶层之间的互动也较少。

进入新媒体时代，公共舆论的发起和传播不再控制在少数精英的手中，公众不再是等待新闻信息的被动受众，而是开始主动成为舆论的创造者和传播者。论坛和 BBS 的出现，给了网民们发言的平台，接着博客的兴起，很快就风行大江南北，徐静蕾的博客阅读量一度达到 1 亿多，韩寒博客点击量甚至达到 2. 09 亿，一个新闻事件、社会事件或者突发新闻，一旦有名人介入，传播的速度可以说是“飓风式”，但博客由于是

长篇大段，作者需要进行一定的构思和润色，这就需要一定的知识储存量和知识结构，此外，博客一般在电脑终端上行文构思，花费成本较大，技术门槛也较高，加上博客出现时，互联网的普及率较低，一段时间之后开始沉寂下来。

2009 年随着新浪微博内测版的试水，微博以其自身独有的低门槛、便捷性、及时性、原创性即背对脸的创新交互方式很快俘获网民的心，走向大众。140 字的文字限制使得微博的篇幅短小精悍，手机终端的接入使用户可以随时随地发布信息，话语权使用的实现、低门槛等使大量草根平民进入微博这一平台，“裂变式”的传播特点可以在短短几个小时之内就形成一个舆论话题，媒体微博的参与和报道，还可以使线上的舆论焦点传播到线下的受众，进一步扩大舆论范围。社会事件、新闻现场等目击者的即时信息发布，可以让任何一个草根迅速成为舆论话题的发起人和信息传播者，“一对一”和“一对多”传播模式的交互进行，使信息传者和受者之间的界限变得模糊，而评论和回复功能又使他们之间的互动变得即时和高效，这也是微博传播速度快的原因之一，信息在传者和受者之间的互动中传播，公共舆论在信息传播中形成，一个话题引发形成公共舆论有时只要短短半个小时。而在这场公共舆论中，用户的平等参与，“背对脸”的创新交互式互动，每个人都可以自由地参与和发言，使得舆论的主体精英与大众并重，公共舆论主体间的交流互动增强。

（二）公共舆论客体的发展趋势：多元化

复旦大学李良荣教授曾给公共舆论的客体下过一个定义，即“舆论的客体，是某个特定的涉及公众切身利益的社会公共事务。”在传统媒体时代，公众的舆论客体大部分由传统媒体提供，由于版面和时段的限制，反馈的延时滞后，也为了引起广泛的社会影响和公众的舆论支持，传统媒体在某一时间内只能传播一定量的新闻信息。比如电视和广播，由于人们生活作息和生活习惯的影响，要让新闻到达一定量的受众从而实现传者预期的传播效果，那么最佳播出时段是黄金时段。据悉，经过受众的抽样调查，我国电视的黄金时间是每天 18：30～22：00；广播的黄金时间在 6：00～7：00。在电视三个半小时的黄金时间里，还要考虑受众的审美疲劳和收视疲劳，一般卫视会在该段时间内安排两至三个节目，这样一来，划分给每个节目的时间又减少，所以为了达到预期效果，有时不得不在同一节目中反复播出同一新闻。

在微博中，140 个字的文字限制使得微博信息呈现出碎片化特征，同时，7.10 亿来自各行各业的网民中超过 4 亿多活跃在新浪微博里，网络的无限容量使得微博上充斥着海量信息。议程设置主体即微博用户的多元化、信息发布的即时性和便捷性，导致议程设置客体即舆论客体——微博舆论话题也变得丰富多彩。新浪微博热门话题榜专门给话题进行了划分：区域热点、社会、影视、生活、体育、科技、财经等，只要

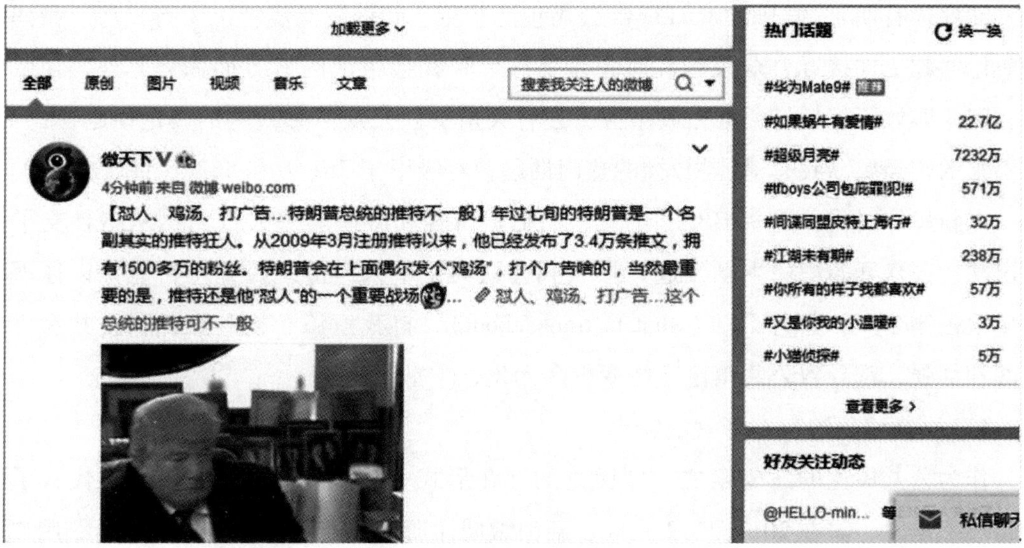

图 11－1　2016 年 11 月 4 日微博热门话题

发起的话题或者发布的微博信息有足够多的人关注、参与进来，短时间内即可成为一个舆论话题。以上截图中，我们可以发现，在同一时间里，热门主题有技术的（华为 Mate9）、自然景观的（超级月亮）、电视剧的（如果蜗牛有爱情）、文化的（小猫侦探、江湖未有期）、娱乐的（TFboys 公司包庇罪犯、间谍同盟皮特上海行）等，微博上的舆论话题更加接近公众议题和真正现实，反映社会生活的方方面面。此外，在微博中，舆论客体不仅仅是社会公共事务，还有大量引起公众情感共鸣的舆论话题，比如#回不去的曾经#、#我有最佳损友#的热门话题曾经吸引了 751 万和 552 万的微博用户。

在新媒体时代，随着 BBS、论坛、贴吧、博客和微博等一大批新型网络社交平台的出现，公众开始积极主动发起、参与到公众舆论中来，传统媒体不再能像以往那样简单地控制公众“想什么”（what to think about），自我意识、权利意识和公共意识的觉醒和加强，都导致公共舆论客体变得多元化、丰富化。

（三）微博舆论存在形式的特点

作为公共舆论的三要素之一即舆论的存在形式——言论意见，在微博时代有了新的特点。据悉，早在 2012 年 12 月底，新浪微博注册用户数已超过 5 亿，日活跃用户数达到 4520 万，曾在 2011 年兔年第一分钟内的新浪微博发送量高达 227232 条，平均每秒发送量高达 3787 条。而截至 2016 年 9 月微博月活跃用户达 3.906 亿，微博日活跃用户增至 1.05 亿，人均月使用次数达到了 52 次。微博“背对脸”的创新交互方式，使微博舆论呈现出以下三个特点。

第一，传播速度快，持续时间短。我们已经一次次见证了微博的传播速度。“关注”功能的环环相扣，产生“核裂变式”的传播速度。今年演员王宝强离婚事件短短半个小时即传遍了新浪微博。11 月份林丹出轨的事件短短几小时内得到了 14.1 亿的关注度，社会事件“和颐酒店女生遇袭事件”短短两天之内达到了 27.9 亿的阅读量，“飓风式”的传播速度带来的是公共舆论短期内对此话题的持续关注和升温。然而，与巨大的爆发力相比，微博舆论的持续力娇弱。2016 年阿里月饼门事件，乔任梁意外死亡事件，小苏打饿死癌细胞等各类新闻事件，在火了极短的时间后就减弱甚至消失，被不断涌现出来的新热点所吞噬。这里面每一个都是很大的社会新闻事件，然后由于微博上海量信息的生产，每时每刻都可能爆发出新的吸引力较大的信息，在转发、评论和关注中，公众的注意力很容量就被分散开来。

第二，传播范围广。微博用户来自各行各业且数量庞大，在互联网上非常容易形成舆论焦点，传统媒体的介入，线上的新闻转到线下，将到达更加广泛的非互联网受众。随着关注度的上升，参与的用户越来越多，个体差异性、所在行业、团体或机构的差异性，一个微博舆论话题很容易就渗透到社会的各级各层，到达广泛的受众群体。2016 年 4 月份，“北京和颐酒店女生遇袭事件”一事刚出现在微博上就引起了广大网友的关注，而事发之后酒店经理关机，态度恶劣。投诉携程未得到反馈，派出所录完笔录无下文等一系列事件更引发了广大网友的大讨论。很快传统媒体进行了跟进报道，平安北京积极发布微博回应事件，最后专案组在河南警方的配合之下将涉案男子抓获。面对微博巨大的社会影响力，政务微博如何利用这种影响力为己所用，是当前各级党政机构和官员应加强学习的重点。

第三，信誉低。由于微博“背对脸”的传播方式，使其成为虚假信息的“温床”。曾经“围观就是力量”“围观改变中国”中的“围观”，也成了让虚假信息迅速传播和泛滥的原因之一。2016 年 3 月 21 日，一段时长为 17 秒的以“大妈碰瓷玩具车”为题目的视频在新浪微博上出现并被大量转发，迅速成为了一个舆论话题，并很快席卷新浪微博，引发网友的一片谴责。两天后，一位自称是巫山台记者的“carilillil”网民在微博上称老人并非碰瓷。25 日，央视也报道了此事件，对当事人双方家属进行了采访，老人确因玩具车摔倒导致桡骨中上段粉碎性骨折。发布这段引发争议的视频的网民最终在网上道歉。微博一路发展到今天，管理机制越来越完善，北京市 2011 年 12 月推出《北京市微博客发展管理若干规定》，提出实行“后台提名，前台自愿”，到 2012 年 3 月 16 日新浪、搜狐、网易等各大门户网站微博平台全部实行实名制，同年 5 月底，《新浪微博社区公约》及一整套相应的管理体系颁布并实施，后来又不断补充完善。公约明确了微博用户的权利、用户行为规范及社区管理机制，并建立了公开透明的违规处理机制。自此，虚假微博信息开始减少。

第四，微博舆论情绪化严重。微博的准入门槛极低，只要注册一个账号即可发布文字、图片和视频等信息，同时，自由度高、信息发布便捷，用户随时随地随手可发微博。微博信息发布的即时性、低门槛等特点使公众表达意见更加直接和情绪化。很多情况下，这种情绪化带有非常大的非理性成分，一些用户的激烈言论、“网络水军”的介入，很容易煽动起微博用户的情绪化言论，甚至是虚假言论。面对此种情况，政务微博应该更耐心和细心，即时辟谣，耐心解释。

（四）微博上公共舆论的主要趋势

舆论的形成和蔓延是一个不断发展变化的动态过程，由一些简单的初始要素构成的信息，经过一个又一个受者的再次传播，经过层层传递与范围的扩大，影响无疑是巨大的。我国目前正处在一个多元化的转变时期，社会经济文化的发展变化、公民权利意识的觉醒和日益增强，国际舆论的高度关注，信息的传播速度和效果都在一步步加强，这也增强了公众参与社会变革、公共事务等事件的积极性，公众对公共事务关注度的增强导致了政府直接面对一个问题多个复杂的舆论场域，如何在这场舆论风暴中实现有效的监督和引导，是当下政府的主要议题。而把握微博中公共舆论的趋势是解决以上问题的基础所在。

目前，我国国内微博中公共舆论呈现出三大主要趋势。

微博社区管理中心
处理大厅
社区公约
社区委员会
我的举报
举报处理大厅
全部举报
不实信息
泄露他人隐私
人身攻击
内容抄袭
冒充他人
骚扰他人
其它
曝光区与案例库
曝光区
案例库
违规用户公示
请输入举报标题或被举报人昵称
2013
1月 2月 3月 4月 5月 6月 7月 8月 9月 10月 11月 12月
状态 举报标题 举报人 被举报人 访问次数 举报时间
结果公示 @喝咖啡的小吉普 举报@爱闲逛... 曹增辉 爱闲逛的阿锋 492 2013-03-04
结果公示 @老黑同志_Paul 举报@狐小灵... ST绿肥_红瘦 小灵儿狐 16718 2013-03-13
结果公示 @写剧本的经纪人杨老哥 举报@... ModuliSpace 刘晋晋晋 53377 2013-03-21

(a)

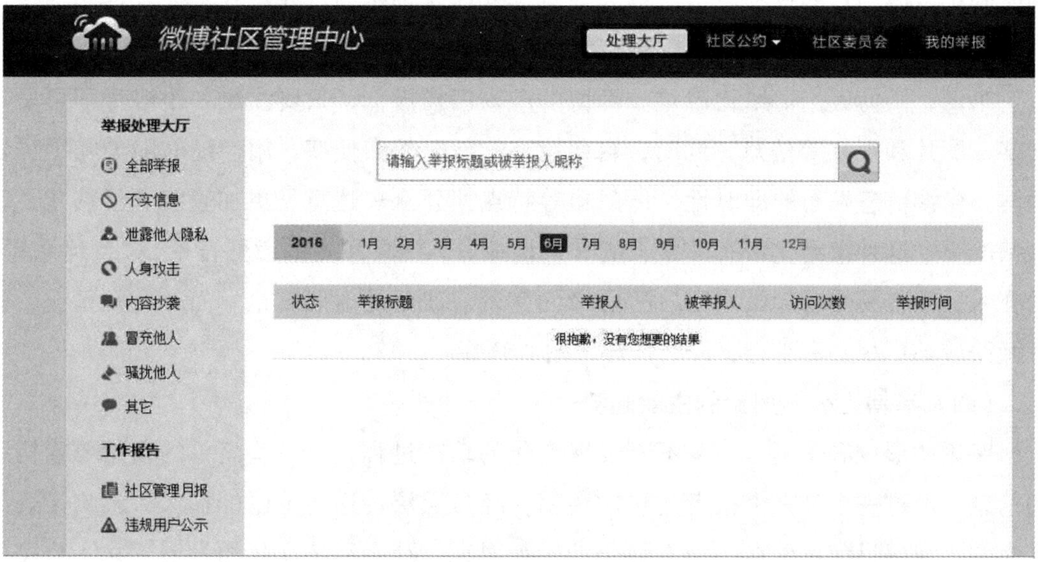
微博社区管理中心
处理大厅
社区公约
社区委员会
我的举报
举报处理大厅
全部举报
不实信息
泄露他人隐私
人身攻击
内容抄袭
冒充他人
骚扰他人
其它
工作报告
社区管理月报
违规用户公示
请输入举报标题或被举报人昵称
2016
1月 2月 3月 4月 5月 6月 7月 8月 9月 10月 11月 12月
状态 举报标题 举报人 被举报人 访问次数 举报时间
很抱歉，没有您想要的结果

(b)

(c)

(d)

图 11－2　新浪微博微博社区管理中心

第一，微博上的舆论主题越来越受到传统媒体的青睐。在传播学理论中，主流化理论是格伯纳等人提出的，他们认为传播媒介的“培养效果”主要表现在形成当代社会观和现实观的“主流”，当时理论认为电视媒介在“主流形成”过程中发挥着强大的作用，因为它可以超载不同的社会属性，在全社会范围内广泛“培养”人们关于社会的共同印象。而在现实社会中，主流化即拥有主流化价值观和广大的受众和支持者，所以我们也把大部分的传统媒体称为主流化媒体。传播技术发展到今天，新媒体在承载不同社会属性方面超过以往任何媒体，面对这一挑战，传统媒体迅速改变自己融进新媒体时代以适应时代和社会的发展需要，在互联网上开辟门户网站是应对措施之一。微博发展伊始，主要是网友们情绪发泄和娱乐八卦的平台，大部分舆论主题只在微博上讨论而已。随着主流媒体的加入即在微博上开通官方微博，公众权利意识增强，对公共事务的参与更加积极，面对网友的大量爆料和热门话题，他们也会踊跃参与讨论，表明立场发表观点意见，使很多微博上的舆论主题变成了传统媒体的报道内容。2013年7月份"临武小贩之死"的主话题短时间内就吸引了大量主流媒体的报道，央视新闻、湖南日报、潇湘晨报、南方都市报等都对此进行了跟踪报道。线上线下新旧媒体的合作，舆论造势，敦促有关部门尽快还原事实，给受害者和公众一个交代，一定程度上也促进了政府管理的公正性和服务性。面对这一趋势，政府如何在微博中疏导舆论，一方面依赖于具体应对行动，另一方面也依赖于政务微博的信息发布。

第二，微博舆论话题越来越丰富。新浪微博热门话题榜给话题进行了划分：区域热点、社会、影视、生活、情感、明星、体育、动漫、科技、财经、公益、活动、旅游、大杂烩共14块，几乎囊括了社会生活的方方面面。伴随微博话题的升温，触及到很多深层次的问题，同时线下传统媒体的加入，使社会舆论与网络舆论越来越趋向一致，一些重大社会事件在线上线下图文并茂，视听融合，得以最大程度的传播，满足了公众对真相的追问和知情权的使用。微博舆论话题的丰富化也加大了政府对舆情监控的难度，如何实现最大化的舆情监控将在下一节展开详细论述。

第三，微博问政力度加大，各级政府部门成为微博舆论监督的重要对象。人民网舆情监测室发布《2015年互联网舆情分析报告》对覆盖时段（2015年1月1日至2015年10月31日）内的500件舆情热点事件进行了分析。报告显示，官民关系、贫富差距、医患矛盾、权益纠纷等社会矛盾依然是舆情压力的重要来源。其中公共管理类舆情事件所占比例最大（31.2%），其次是社会矛盾类舆情事件（20.6%）和吏治反腐（14.0%），其余较为平均的分散于公共安全、企业舆情、涉外涉军、体育、娱乐及公共人物舆情和其他等舆情事件中。从舆情压力值的地域分布可以看出，广东和北京依然位居舆情压力榜前两位。从这些数据中，我们可以看到，网络舆论不再仅仅限于一些八卦娱乐，网民们越来越关注政府的执政能力建设、官员的廉洁度。政府官员稍有不慎，就陷入了公共舆论危机中，官员的腐败、诚信的缺失等既影响政府形象，也易让人们对政府官员的执政能力产生质疑，让人们对政府失去信心。面对微博问政、问责力度的加大，政府如何改变执政模式、舆论引导模式更好的为人民服务，促进社会公平正义，是当务之急。

表 11－1 2015 年不同舆情领域压力指数

分类	热点事件数量	热点事件占比（%）	上一年度占比（%）	平均热度	平均舆论共识度	平均政府认同度	平均网民正能量	平均舆论生态指数	舆情压力指数	舆情压力名记变化
社会矛盾	103	20.6	25.8	56.79	3.47	2.84	0.38	6.69	106.46	—
公共管理	156	31.2	32.9	65.77	3.56	3.31	0.71	7.58	90.34	—
公共安全	58	11.6	12.1	62.54	3.60	2.98	0.23	6.80	61.41	—
吏治反腐	70	14.0	15.7	61.81	3.60	3.25	0.44	7.29	49.82	—
企业舆情	22	4.4	4.7	58.41	3.64	3.19	0.66	7.49	12.99	—
体育、娱乐及公众人物舆情	27	5.4	2.9	66.10	3.72	3.26	0.76	7.73	12.41	—
涉外涉军	47	9.4	4.5	65.72	3.88	3.55	0.68	8.11	11.02	—
其他	17	3.4	1.4	66.76	3.62	3.53	0.64	7.79	8.00	—

三、政务微博在公共舆论中的影响

网络舆情发展非常迅速，经常几个小时内就形成一个参与者众多的热门话题，影响巨大，需要各级政府部门高度重视。同时，网络舆情是一把双刃剑，若把握得当，将会推动社会稳定前进，促进社会经济文化健康发展；把握不当，则会成为扰乱民心的罪魁祸首，造成社会动荡。当前，在国内各个微博平台上，一些政府部门陆续开通微博，发布信息，与民互动，为民服务，在这个过程中，既有正面影响，也有负面影响。

（一）正面影响

目前，各级政府部门陆续在各大微博平台上开通微博，根据《中国电子政务年鉴（2015）》截至 2015 年 6 月，新浪认证的政务微博为 145016 个，其中政务机构官方微博 108115 个，公务人员微博 36901 个，其中公安和新闻发布类微博的运营仍处于领先水平。在这些政务微博中，基层组织的微博数量非常之多，他们深入民间，扎根群众之中，服务于老百姓，非常有利于“接地气”，以具有亲和力的工作态度不断得到广大群众和网民认可。在这一方面，具有“中国公安第一微博”之称的“平安肇庆”是一个政务微博的经典案例。“平安肇庆”目前“粉丝”已有 236 万人，为民办事至少有 4 万多件，并且这个数字还在上升。肇庆公安局目前增设微博值班民警，上午、下午、晚上，三班分别有人值班，24 小时在线。微博制度化建设在为民解决问题、发布信息和击碎谣言方面效率非常高，“平安肇庆”俨然已成肇庆公安局一个新的办公平台，在广大群众和网友间声誉极高。

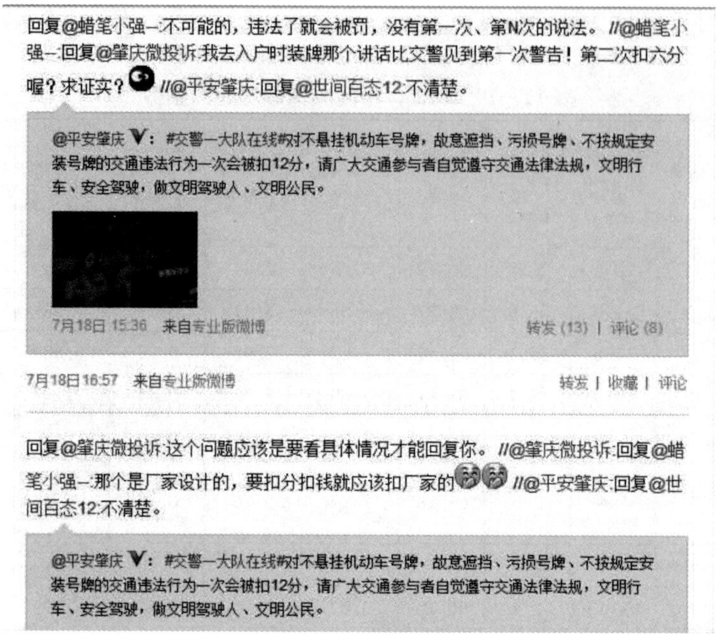

图 11－3　“平安肇庆”微博及时回复网友问题

（二）负面影响

由于微博迅速发展形成的新舆论环境给政府执政能力带来了新的巨大挑战，很多官员和机构开通微博无疑是应对这一挑战的第一步。然而，很多党政干部是在相对封闭的传统媒体构成的“舆论温室”中成长起来的，“舆论可控”的依赖心理和集体无意识根深蒂固，以致在面对微博等新媒体产生的信息舆论场域要么“一开了之”，要么手足无措，甚至发布不当言论。人民网舆情监测室发布的《2015 年新浪政务微博报告》指出，一些网友称有的政务微博“只是赶时髦、走过场，属于作秀行为”。政务微博的互动性比较缺乏，很多网友通过@ 的形式咨询许多涉及自身的问题，多数难以得到回应。人民网舆情监测室副秘书长单学刚也发现，一些政务微博确实存在注册积极、运营消极的情况，比如长时间不更新，有时甚至一个月一条微博信息都没有。更有甚者，一些党政机构把“粉丝”数量当做一个政绩考核项目，导致一些官员到处强行拉“粉”却不好好经营，在微博用户中造成较大的负面影响。

第二节　政务微博的舆情监控

2011 年 7 月 11 日，人民网发表题为“打通‘两个舆论场’——善待网民和网络舆论”的评论文章，文章指出中国目前国内存在两个“舆论场”，一个是党报、国家电视台、国家通讯社等“主流媒体舆论场”，在这里，”党媒”“官媒”忠实地宣传党和政府的施政方针、政策路线，传播社会主义核心价值观；另一个则是依托于口口相传特别是互联网的“民间舆论场”，人们主要通过微博、BBS、QQ、博客、论坛议论时事，针砭社会，品评政府的公共管理。随着电子技术的发展，互联网应用的不断普及，BBS、论坛、博客和微博等新媒体平台已经成为网络舆情的重要舆论场，依托互联网的广泛普及，这些新社交平台已经成为“思想文化信息的集散地和社会舆论的放大器”，正一步步改写“舆论引导新格局”①。而其中微博由于具有用户基数大、传播速度快、信息接入门槛低等特点，已经成为我国舆情爆发的主要发源地和传播媒介。如何针对微博所具有的海量非结构化文本数据、大用户数目和实时性强等特点，研究有效的微博舆情监控策略，成了政府工作的当务之急。

一、微博舆情监控的涵义和价值

（一）微博舆情监控的涵义

舆情监控，顾名思义，是对当前舆论情况的一种监视和预测行为。百度百科这样定义舆情监控：“是通过对互联网传播的公众对现实生活中某些热点、焦点问题所持的具有较强影响力、倾向性的言论和观点的一种监视和预测行为。具体上讲，舆情监测是指整合互联网信息采集技术及信息智能处理技术通过对互联网海量信息自动抓取、自动分类聚类、主题检测、专题聚焦，实现用户的网络舆情监测和新闻专题追踪等信息需求，形成简报、报告、图表等分析结果，为客户全面掌握群众思想动态，做出正确舆论引导，提供分析依据②。

前面已经提到，当前我国社会中实际存在两个舆论场，其中“主流媒体舆论场”的主导权和控制权都把握在官方受众，政府能较好地把握这个舆论场的发展和变化，但互联网的“民间舆论场”可控性太小，尤其是微博，它所具有的海量非结构化文本数据、大用户数目和互动实时性强等特点，随时都可能爆发公共舆论危机。#香港旺角暴乱事件#、#江苏常州一学校污染物超标事件#、#济南非法经营疫苗系列事件#、#雷洋案#等舆论话题很快就传播到微博、BBS、论坛、贴吧等网络社交平台。如果能提前对这些热门话题进行有效的预测和监控，采取有力措施疏导舆论，解决问题，就能对稳定社会、坚定民心、树立政府形象产生助力。

（二）微博舆情监控的价值

鉴于微博这个“民间舆论场”的复杂性和难控性，如能对其舆论情况和趋势进行有效监控，对政府的行政管理和社会治理意义重大。微博的舆情监控主要有以下四大

---

① 人民网．打通“两个舆论场”——善待网民和网络舆论［J/OL］．http：//opinion. people. com. cn/GB/15119932. html.

② 百度百科．舆情监测［OL］．http：//baike. baidu. com/view/2392829. htm.

价值。

第一，有助于政府了解社情民意，提高执政效率。目前，微博已成为一个舆论重地和爆料重地，很多重大社会事件第一时间在微博上爆料；同时，随着各种参与意识、公民意识和权利意识的觉醒和增强，公众借助微博关注国内国际、身边的社会公共事务，参与社会建设，抨击时政，发表心声。期间海量信息中不乏一些口水微博，但是有效信息也不在少数；此外，如借助政务微博与民互动，举行主题微访谈，与博友交流和沟通，既节省人力、物力和财力，又能有效收集民意，何乐而不为？所以，政府如能有效利用微博来了解社情民意、舆论趋势，有针对性的制定政策，执行起来当然能收到事半功倍的效果，这是政府和民众之福。

第二，及时辟谣，稳定社会和民心。微博突破时间、空间和地域的限制，使舆论环境更加复杂，当前总体舆论氛围是“国际舆论国内化，国内舆论国际化”。2016 年，土耳其发生政变，舆论引发了社会大震荡和政权颠覆。在看到了微博、Twitter 等社交平台的力量之后，一些西方国家和媒体虎视眈眈，不时发布一些虚假和造谣信息，企图影响我国社会、经济和文化等发展。国内也有一些网友利用微博发布虚假信息牟利、打击报复，中伤目标对象。党政机构和官员如能及时发现此类信息，耐心解释、摆事实、讲道理，及时辟谣，疏导舆论，将能起到巩固政权、稳定社会和民心的作用。

第三，及时发现社会问题，避免舆论危机。在安全工作领域，有一个著名的“海恩法则”，意思是任何严重事故事前都是有征兆的，如果能在第一时间发现这些征兆，并对其进行有效的疏导，则有可能防患于未然。同样，政府工作也是这个道理，如果能做好“网络舆情监测”的工作，及时发现社会问题的苗头，积极面对，采取有效措施，公平、公正处理问题，掌握主导权和主控权，既能避免社会事件、社会事故的恶化，也能避免舆论危机，真正“凭风浪起，稳坐钓鱼船”。

第四，树立政府形象，推动社会发展前进。政务机构如能有效利用微博，了解社情民意，及时辟谣，积极面对社会问题，缓和事态，化解矛盾，保障公民的知情权、参与权、表达权、监督权等权利的运用，就能推动政府管理工作的进行，有效树立政府良好的社会形象，赢得民心，推动社会的发展前进。“平安北京”微博是一个成功的案例。北京市公安局利用微博这一平台，与民在线平等互动，坦诚交流和回复信息，面对当前社会热点事件快速反应，既拉近了警民之间的距离，又树立了良好的警察形象，赢得了广大网友的喜爱和支持。

（三）政务微博的监控对象

实行舆情监控，首先应清楚舆情监控的对象。网络舆情监控对象主要有 BBS、论坛、网站新闻评论、QQ、贴吧、MSN、博客和微博等。而微博上的舆情监控对象宏观方面是所有的微博信息，微观方面则是具体的微博用户。在这里我们主要探讨单个的微博用户，管中窥豹，经由这些主要的监控对象了解当前舆论热点和趋势。

微博上的主要监控对象有两种。第一，微博舆论领袖和积极参与公共事务的名人。微博的兴起很大一部分功劳是由于“名人效应”，当年第一批演绎明星如姚晨等入驻新浪微博，为新浪微博吸引了大量用户；同时，平均每秒 800 ~ 1000 条微博信息发布，数量巨大的微博用户，一些微博信息很容易就淹没在信息海洋中。但是，一旦经过明星和舆论领袖转发的微博就不一样了，他们巨大的“粉丝”数，可以短时间内达到几万、几十万的转发量。截至 2016 年 11 月 18 日，新浪微博人气排行榜上前三名分别是谢娜、何炅、陈坤，“粉丝”数量分别是 88228887，82200185，80810645。李开复曾经说：“在微博时代，如果你有 100 个粉丝，就相当于办了一份时尚小报，可以在朋友圈子里享受被尊重、被阅读的乐趣；如果有 1000 个粉丝，相当于一份海报；如果有 1 万个粉丝，相当于创办了一家杂志；如果你有 10 万个粉丝，相当于创办了一份地方性报纸；当粉丝数增加到 100 万，你的声音会像全国性报纸上的头条新闻那样有影响力；如果有 1000 万个粉丝，你就像电视播音员一样，可以很容易地让全国人民听到自己的声音。”①，李开复在新浪微博人气排行榜上位列第 17 名，拥有粉丝数量为 49977981。陈坤和李开复属于积极参与公共事务的名人，信息爆料等一旦经由他们的微博转发，然后由其“粉丝”再转发，环环相扣，到达的微博受众数目难以预料，陈坤微博上社会公共事务的微博信息转发量一般都是几千上万，关注他的微博可以在最短时间内知道当前大概的社情民意。第二，知名媒体和知名记者微博。很多公众有事都会去一些权威报社、知名记者那儿爆料寻求帮助，热心的记者一般都会在第一时间将情况公布在微博上。比如重回新闻界的邓飞、已退出的王克勤，目前仍工作在记者第一线的曹林、闾丘露薇等。党报、国家电视台、国家通讯社等“主流媒体舆论场”的声音一般都比较一致，倾向于正面消息为主，但是也有积极反映当前民生、民情、民意的媒体，比如南方报系的各大报纸《南方都市报》《南方周末》《南方日报》《21 世纪经济报道》《南方农村报》，他们开通了微博账号，并积极关注热点，推送当天纸媒新闻，是了解舆情的一大主要选择。在微博时代，在促进问题解决、还原事实真相、说服受众、引领主流舆论方面，传统媒体由于其权威性，在影响舆论方面仍然具有重要影响和作用。

二、政务微博舆情监控的条件

网络舆情监测体系的建立和维持主要依靠两个条件：一个是人力资源方面的保障，

---

① 李开复．微博：改变一切［M］．上海：上海财经大学出版社，2011.

另一个是财力、计算机软件等物质资源的保障。

党政机构要进行微博舆情监控的首要条件是配备懂网络的专人小组。这个专人小组要具备以下几个条件。第一，熟悉网络属性，能熟练使用论坛、博客、微博等新型社交方式。微博功能众多，有关注、转发、评论、私信、@（提及）、回复等，如果不清楚这些功能，很可能给党政机构和党政官员带去危机，有些官员错把微博当QQ使用或者关注一些不该关注的人，给政府形象造成负面影响。第二，熟悉网络语言，能有效把握当前网络言论状况和趋势。党政机构和官员想要吸引更多的粉丝倾听自己的声音，那么必须经营好自己的微博，其中最重要的一点是语言，在不同的时段，微博有自己不同的语言，怎样利用好当时的微博语言把微博信息写得生动而有吸引力，这是一门大语言艺术。上海市气象局的微博“上海市天气”天气预报信息经常写得既有内容又生动，外加上一些网络表情，给市民的感觉是实用、亲切和温馨的。第三，精通计算机软件等技术方面的知识。要了解当前的网络舆情，必定要经过信息搜集、归类处理、信息判断决策、舆情报表等步骤，如果光靠人力要求更高，而目前市场上开发了多个舆情监测软件，要利用这些舆情监控软件了解当前的舆情总况，就需要有熟练这些软件的应用并具备一定的计算机知识。

舆情监控的另外一个条件是一定的财力支持和计算机软件系统的开发、创新和完善。互联网尚未普及之时，要了解网络舆情比较容易，而随着博客、微博等一系列社交媒体的出现，信息量加大了，传播速度更快了，网络舆情越发复杂了，政府的舆情监控、把握和引导工作难度也加大了，在需要一定的财务支持的同时也亟需舆情监控软件的开发。当前市场上分别有几款主要的舆情监控软件：红麦软件、网智天元、西盈信息、人民网舆情等，舆情监控软件的创新、完善是今后这一领域的发展方向和重点。

三、政务微博舆情监控的有效措施

经过三年多的发展，微博的普及率越来越高，现在，微博舆情已成为社会舆情的新视域，随着微博用户数的增加，微博对社会的影响也越来越大。自媒体时代微博舆情从它的传播主体、传播客体、传播渠道和受众四方面表现出来的是人人皆媒体、时时可爆料、点点可爆发、环环相扣的即时交流等特征，给政府的社会管理、治理工作既带来了机遇也带来了挑战。政务微博的舆情监控主要从以下几个方面进行。

（一）开通官方微博，并有效运行和维护

政务微博的舆情监控第一步是在各大微博平台上开通官方微博，并打造成一个务实、有效、权威的官方微博。然而如今数量庞大的政务微博队伍，真正利用好微博、实现其作用的政务微博却很少。一些党政机构开通了微博却不好好经营，经常几个月

不发信息，一旦发布信息也是冷冰冰、硬邦邦的官腔，“粉丝”的私信和评论也置之不理，有微博跟没微博没什么差别。其中一个原因是面对这一新兴社交平台，很多党政机构和官员手足无措，怕说错话引来公众的负面批评等，这一点大可不必担心。只要秉着坦诚、平等、平和的心态，公众也会回以真诚之心；另一个原因是很多官员还不能熟练运用微博，政府机构应该加大组织和开展对微博的使用培训力度，使党政机构和党政官员的微博活跃起来，真正成为政府了解社情民意、为民服务的新平台。

其次，微博开通之后，要进行有效管理。信息时代是最容易掌握民声的时代，也是最不容易掌握民声的时代。一是要及时发布党政机关的最新政策信息。一旦本部门有新的政策、新的举措，要第一时间在微博上发布信息，面对博友的私信和评论，要及时回复并处理，即使不能有效解决，也要尽量给出指引方向；同时还可以发布一些生活提示或警示，拉近官民之间的距离。这一点公安微博走在政务微博的前沿，他们在微博上发布通报、提示和警示等，及时回复网友的提问和困惑，尽力为网友解决问题，树立了一个亲切的警务人员形象。2016 年 11 月 9 日消防日的来临，“平安北京”微博以#消防安全课，平安在身边#为主题连续发布多条信息，提醒人民群众有关消防的注意事项：【老胡同配定制化“消防车”】【门头沟建万 200 余微型消防站】【钉子刺穿食指 消防赶来救助】【致敬！我们身边的超级英雄】【民警入户宣传预防煤气中毒】【一张图教你：这些家庭消防常识，您得知道！】【如何挑选放心暖宝宝】【冬天，请关注老人消防安全】获得了群众博友的一致好评。只有真正为民着想、为民办事的微博，公众才会主动到其微博上发言，提供社会动态或者管理、治理建议，党政机关才能收集到真正的社情民意。

（二）关注微博领袖和积极参与公共事务的名人微博

微博上信息量非常大，使得“名人效应”地位超然。一些微博信息如果自身的“粉丝”数量有限，很容易被淹没在微博的海量信息中，而一旦经一些名人微博转发，信息很快就可以传遍微博，成为微博上的“热门话题”和“主题”。面对一些社会问题和政府处理不当的事件，一些微博舆论领袖和名人都会积极参与转发和讨论，无形中处在了舆论源头的位置。经过“名人发酵”效应，舆论信息短时间内就会传遍微博，有时传统媒体也会加入，线上线下的“合作”，使雪球越滚越大，最后可能引发一场舆论危机。在这个过程中，舆论领袖和名人微博的转发和评论唤醒了网友中“沉默的大多数”，同时，他们的微博信息评论和转发量较大，信息量也非常大，政府机构可以从其间窥测到一些舆论趋势走向，对微博舆情的了解、后期舆论引导工作的开展有很大帮助。新浪微博上目前“粉丝”数第一的演艺明星陈坤，他的微博上有个人信息、转发瓜农求助、未成年人被家暴、抨击时政时弊、各类公益活动或最新情况等。鉴于他们微博信息的多样化、丰富化和负面信息多的特点，如能及时关注他们的微博，对政府部门及时察觉民情、制定政策等有很大帮助，如能及时、有效、得当的处理这些问题，还能缓和事态的发展，甚至化解矛盾，稳定民心。

（三）“话题”“主题”跟踪

微博上的“热门话题”“热门主题”和“热门微博”是微博舆情的聚焦地，新浪微博是目前国内发展较为完善、结构设置较为合理便捷的微博平台。就像“热门微博”主页的宣传语一样“微博热点尽在掌握”，新浪微博对“热门话题”和“微话题”进行了非常详细的分类，“微话题”中的热门话题榜分为区域热点、社会、影视、生活、情感等在内的14类，而“热门微博”更是详细分为18类，囊括了当前社会生活的方方面面。在这个发展较为完善的网上“民间舆论场”，公众或发泄情绪、吐槽生活中的不如意，或爆料自己或身边的不公正待遇寻求帮助，或开展引起情感共鸣的微话题，在这里尽显人生百相、社会百态，在微话题的“社会”“区域热点”这两栏中，可以观察到一些参与者不多、扩散范围不大但分量足的微博信息，党政机构如能充分利用这一点，不需要花费大量人力、物力和财力下到基层去调研，就可以对管辖区域的社情民意进行大概的了解把握，还能发现当前存在的一些社会问题的苗头，通畅有效的下情上达是千百年来各个政权治理中存在的一大问题。可以说，网络的兴起、微博的普及对这一老大难的问题有所缓和，利用好了这一民意表达新平台，可以有效促进社会的稳定和发展，是政府和人民之福；如果对此漠视之，只会积累更多的社会不满情绪，轻者引发舆论危机、社会动荡，重者颠覆当权政府，2011年埃及、突尼斯的政变，2016年的土耳其政变都验证了Twitter、Facebook等社交新平台的力量。

（四）充分利用舆情监控软件

随着互联网的普及率越来越高，计算机应用技术的发展又带来了论坛、博客、微博等一系列新型社交平台，网民之间的互动性增强，传播内容的多元化、丰富性，传播速度的加快，都导致了网络舆情的复杂性。对网络舆情监控的人力成本越来越大，网络舆情监控软件应运而生。一般来说，网络舆情监控是对公众在互联网上传播的对现实生活中某些热点、检点问题所持有的影响力较大、倾向性明显的言论和观点的一种监视和预测行为，而网络舆情监控软件也是围绕这些言论和观点开展信息采集、信息分析和信息反馈的一种应用系统。

一般网络舆情监控系统主要有四个子系统：舆情分析引擎系统、互联网信息采集系统、采集信息分析系统和搜索引擎数据管理系统。目前市场上流行的网络舆情监控软件，工作流程基本相同。首先，网络信息采集系统从互联网上采集新闻、论坛、博客、微博、评论等舆情信息，存储到采集信息数据库中。然后，舆情分析引擎负责对采集信息进行清洗、智能研判和加工，分析结果保存在舆情成果库中。舆情分析引擎依赖于智能分析技术和舆情知识库。接下来，舆情服务平台把舆情成果库中经过加工处理的舆情数据发布到 Web 界面上并展示。最后，通过舆情服务平台浏览舆情信息，通过简报生成等功能完成对舆情的深度加工和日常监管工作。

随着微博的兴起，各大舆情监控研究室、研究所在原有舆情监控系统的基础上开发了微博舆情监测平台。以“红麦微博”监测平台为例，“红麦微博”监测系统可以根据用户预定的监测关键词在数分钟内发现新浪、腾讯、搜狐、网易等主流微博平台的舆情信息，客户可以通过系统完成大部分微博舆情监测工作，多维度查看不同阶段的微博舆情信息，追踪微博传播源头，发现突发事件和重大公共事件。并提供 WEB、WAP、短信、邮件综合立体服务模式，为党政机关领导决策在第一时间提供舆情信息支持，从而为化解危机争取时间。它的主要功能有五个：关键词设置、微博舆情概况、舆情分析、详细信息列表、预警信息，可以在国内各个微博平台开展舆情走势分析、常规分析、排行分析、类别对比、平台对比等舆情监控工作。

党政机关如能充分利用这些微博舆情监测系统和软件，就能及时了解基层动态，有针对性地制定行政政策，同时规避谣言，提高政府管理效率，树立良好的勤政为民形象。

（五）认真分析总结微博舆情，撰写舆情报告

对当前微博舆情有了充分地了解之后，接下来是详细撰写舆情报告。这是舆情监测的最后一步，也是最重要的环节，舆情报告的正确详细与否，直接关系到接下来舆情引导工作的开展和效率。微博舆情监控系统经过对微博信息进行采集、归类和分析，最终根据需要形成舆情简报、舆情专报、分析报告、移动快报等，这些报告是舆情引导的依据，也是政策制定的参考和依据。

第三节　政务微博的舆情引导

目前，我国正处于社会转型的关键时期，网络舆情面临着各种各样的问题，这不仅影响着我国网络舆情的良性发展，也影响我国社会主义民主化进程及社会的和谐稳定。当前，我国网络舆情基础广泛、人数众多、信息量大，无论是监测还是控制的难度都有所增加，网络舆情的产生、传播和发展与网民、公共事务、各种网络载体等因素有关。而随着微博的出现，更加促进了网络舆情的蓬勃发展，对社会生活既有积极影响又有消极影响。如何提高应对复杂多变的网络舆情和网络环境的能力，及时准确把握当前社会的发展动态，从而科学地实现对网络舆情的引导，解决社会问题，树立政府形象，是当前各级党政机关和领导干部必须面对的新课题。

表 11－2　2015 年政务机构微博影响力排行榜

	排名	微博	传播力	互动力	总分
1	公安部“打四黑除四害”	99.84	88.22	97.77	96.70
2	江宁公安在线	100	57.06	100	91.40
3	平安北京	94.02	96.65	80.47	89.13
4	上海发布	96.74	76.66	83.99	87.62
5	中国地震台网速报	94.92	67.79	89.68	87.40
6	深圳交警	92.56	75.63	81.39	84.70
7	广州公安	88.453	88.47	76.62	83.71
8	南京发布	89.58	75.30	81.63	83.54
9	成都发布	90.15	76.69	80.22	83.49
10	北京地铁	86.67	99.53	70.05	82.59

一、我国政务微博舆情应对的现状及问题

据悉，截至 2015 年 6 月，新浪认证的政务微博为 145016 个，其中政务机构官方微博 108115 个，公务人员微博 36901 个，数量不可谓不大。但现实情况却是，大部分政务微博是“僵尸”或摆设，没有实际效用和意义。综观我国政务微博的现状，主要存在以下几个问题。

（一）互动不足，有作秀之嫌

目前，我国党政机关主要还是把微博当做一个纯粹的信息发布平台，基本上遵循“重报态度、慎报结论、再报进展”原则。经常出现信息发布完毕了之，完全忽视、漠视“粉丝”民众的评论、质疑和询问，严重缺乏反馈互动。据调查发现，在非常规突发事件中，即使是全国十大党政机构微博，他们中的 50% 以上对网民疑问或评论也没有及时回应，即使回应了的也大多是说一些套话、空话等，与网民的期待有很长一段距离。同时，一些党政机关将是否开通微博和微博的“粉丝”数作为一个政绩考核项目，导致一些政务微博到处拉“粉”，但对微博又缺乏有效的维护，成为“僵尸”账号和摆设，党政机关微博“一开了之”的态度，难免让网友大大失望。政务微博的互动包括线上及时回复网友、线下热心为民解难题，只有“说”和“做”结合起来，才能真正得民心受拥护。

（二）微博官腔化严重

微博语言有自己独有的特点：多元化、趣味性、生动性、形象化，加上一些“常用表情”和“魔法表情”的添色，是微博吸引众多受众的一大原因。而一些党政机关和领导干部由于习惯使用带有明显官僚色彩的语言，在微博上发言生硬刻板，让网友很难接受，另外有些官员由于“官本位”思想严重，冷淡、呆板、傲慢、带有俯视性

的官腔官调，也将网民隔离于交流沟通的话语墙之外，这样一来，就必然会丧失改善官民关系的重要机会。如“天府微博聚焦四川”的博文多具宣传腔，对网民的提问答以“处理中”之后便没了下文。

（三）缺乏有效管理，信息更新缓慢

在当前的政务微博中，“僵尸”微博客比较多，十天半个月的微博不更新是常事，共青团青海省权益部微博“共青团青海省委权益部12355”信息经常发布延迟，而截至2016年11月18日，最新更新的一条微博是2014年11月23日的题为“加强党风廉政建设，塑造廉洁自律、务实高效的团干部形象”的微博。而此条微博的发布延迟了六天。再比如2013年7月10发布的一条微博“7月2日，团省委、省未保办组织专家学者赴海北州开展《青海省未成年人保护条例》巡回宣讲活动，团干部、预防办成员单位代表、学生及其家长共840人参加。通过讲解法条、案例剖析，针对未成年人受害及违法犯罪的原因，从青少年心理特征、社会、家庭等几个方面和大家做了分析和交流，活动取得了良好地成效。”延迟了八天。权益部关系到很多公众的切身利益，大部分民众在实际生活中或多或少都遭受一些不良商家的欺骗、欺诈，应该“粉丝”众多，而该微博的“粉丝”数只有1254名，而其发布的微博信息下面的转发和评论一般以个位数计，甚至是零。在日常生活中，对微博疏于管理，一遇到突发公共事件，即使发声，大多数网友也是持怀疑的态度。在实际情况中，面对一些突发的社会公共事件或者社会灾害，信息的真实性、及时性和公开性更加重要，公众不怕各种危险，就怕自己被欺瞒而不知晓真实情况，这比事件本身的危害更大。在一些党政微博中，信息发布之后、大话空话套话连篇、缺少细节甚至经不起推敲，导致微博“粉丝”少，从而在重大的舆情事件中起不到引导作用。

（四）影响力不够，信息缺乏说服力

目前我国正处于社会转型期，征地折迁、高房价、部分领导干部腐败、滥用职权、城管暴力执法等各种社会矛盾经过长期积累，加上政府在一些非常规突发事件中以“堵”“欺瞒”为主的舆论策略，以及一些官员的谎报、瞒报甚至不报等行为，使民众对党政机构产生了较为强烈的不信任感，网络的放大镜作用使这种情绪在微博上表现得更加严重，公众言辞也更加激烈。据新浪网对湖北网民的一项调查显示，当涉及政府相关部门的谣言时，只有22.86%的参与调查的湖北网民信任相关部门新闻发言人。政务微博公信力、权威性的匮乏直接导致其微博信息影响力大打折扣。其次，在微博的日程维护中，微博互动的缺乏、信息管理弱化、微博信息更新缓慢滞后，一旦突发社会公共事件，公众也大多不信任官方微博的信息。同时，一些政务微博在面对网友的质疑、困惑时，一般回复都是“事件正在调查中”“处理中”或者直接回复“不知道”，面对网络谣言时，模式发言“针对近日来的×××事件，请勿轻信类似谣言”，既不解释也没有详细说明，会引起网友对这种带有强制性的、灌输性的微博信息的强烈反感。

二、政务微博舆情引导的策略

微博正成为一个越来越重要的“民间舆论场”，同时又以其传播内容公众化、开放化等特点导致其管控难度越来越大。在微博时代，党政机关和领导干部首先应该认清信息化时代的新形势，即只能“舆情应对”难以“舆情控制”，微博用户数量巨大、结构多元，单一的控制只会“摁下葫芦浮起瓢”。政务微博舆情应对的引导工作主要从以下几方面入手。

（一）重视并尊重微博舆情

从前面对政务微博舆情应对中存在问题的总结来看，当前一些党政机关和领导干部并没有重视和尊重微博舆情，信息经常发布延迟，甚至长时间不更新，这样的政务微博在新浪上比比皆是。一些党政机关和领导干部从心里漠视微博信息，仍想用管控传统媒体的那一套来应对微博舆情，而在微博时代，删帖之后有截图，限制评论有转发，这样只会适得其反，引发更多的网友参与和“声讨”。

要想做好微博舆情引导工作，首先是态度的的端正，只有从根本上重视并尊重微博舆情，才能为接下来的舆情引导工作奠定基础，更好地开展舆情引导工作，才能得民心，促发展。

1. 注重政务微博平日的运营和维护，建立公信力

微博舆情引导包括日常舆情引导和危急舆情引导，而政务微博只有在日常的运营和维护中，做好信息发布、舆情引导等日常工作，逐渐建立公信力和权威性，才能在危急舆情引导中，较好、较快、高效率的引导正确的公众舆论，净化和引导舆论环境。政务微博在日常的微博维护中，应注意以下四个方面。

第一，增强互动，多为民办实事。当前大多数政务微博的一个严重问题就是互动不足和把微博当做一个类似网页的信息发布平台。党政机关为了在遇到重大舆情危机事件时有效引导正确舆论，那么在日常的微博运营中就要多与网友互动；面对网友的问题及时回复解决办法，即使不知道怎么解决，也要尽最大努力指点或指引解决之途；如果是本部门分内之事，那更应该及时为民解难，俗话说“说得好不如做得好”，只有真正为民办实事的党政机关才能在无形中提高公信力和民心凝聚力。

第二，优化信息传播模式，从“灌输”到“参与”。党政机构微博一般有较强的象征性意义，代表着党政机构的领导形象，在网络虚拟世界里，党政机构微博更应该积极主动、及时发出权威声音，让民众更好理解和传播扩散，进而引导网络舆论。但

在信息发布过程中，切忌“灌输式”的信息发布，必须重视信息发布的语气、用词，增加亲切感，吸引公众参与其中，努力提升公众沟通技巧，才能构建自己的公信力。

第三，善用网路语言，拉近政民之间的距离。微博语言的丰富多样、形象生动有目共睹，政务微博在信息发布过程中切忌“官腔”化的“灌输”传播模式，应该积极利用微博语言和符号，用微博语言的丰富性和趣味性传播政务信息，切忌官话、套话、大话、空话，用微博表情的趣味性冲散政务微博严肃刻板的形象，拉近政民之间的距离。南京市委宣传部新闻发布官方微博“南京发布”发布某日的气象信息如右：“【持续高温酷热】#小布说天气#今日晴到多云，由于冷空气偏北，凉爽与蓝鲸拜拜了，高温魔爪卷土重来，达36℃，上班族会感到心情莫名其妙烦躁，小伙伴们要学会情绪转移，不要情绪中暑，想想一片森林，一片蓝天，一片海洋，老话说心静自然凉。这么热，高温不要想当气象劳模了，抓紧考虑去休年假吧。”此微博信息中的“蓝鲸”“高温魔爪”“小伙伴们”“情绪中暑”“气象劳模”等词语的运用，外加一个捂嘴偷笑的微博表情，给人一种生动俏皮、活泼可爱的形象，同时信息中又有实际内容“晴到多云”气温“达36℃”，无形中，政府真正从“高坛”中走下来，融入到民众。政务微博在日常的维护中，可以在一些小细节、生活琐事方面“玩转”微博增加趣味性和亲民性，慢慢拉近政民间的距离，逐渐树立政府形象，为将来的舆情危机应对打下基础。

第四，建立专人小组或部门，实现微博制度化和常规化。重视微博舆情引导工作要落在实处，党政机关可以建立微博专人小组或部门，有效实现微博管理的制度化和常规化。随着微博的用户数越来越大，微博舆情的影响力也越来越大，一些党政部门相继出台一些官方微博管理办法。比如天津公安局出台的《官方微博管理办法（试行)》，广东省政府应急办出台《广东省政府应急办微博管理办法》，安徽省教育厅印发的《加强安徽省教育厅政务微建设和管理若干意见》，但是，这些都是微博管理办法，最重要的还是要实现微博管理和维护的常规化。比如“平安北京”和“平安肇庆”就有专门的微博管理小组，“平安北京”有8位博主24小时值守岗位，“平安肇庆”一周七天都有专人值班管理微博，他们轮流值班，发布信息，实时更新，回复网友，办实事，赢得了网友的喜爱和一致好评。

2. 重视“意见领袖”的引导机制

“意见领袖”是传播学里的经典概念之一。早在1940年美国总统大选期间，拉扎斯菲尔德与其团队对这一次美国总统大选进行了一次大规模的调查研究，分析哪些因素对选民产生了影响。而关于这一次的调查研究的结论发表在1948年出版的由拉扎斯菲尔德等人合著的《人民的选择》一书中，在该书中，首次提出“两级传播”和“意见领袖”两个概念。当时的“两级传播”理论是指媒体的信息首先到达一部分受众也就是“意见领袖”，然后由这部分受众传递给更加广泛的第二级受众。当时的“意见领袖”主要是与媒体关系密切，善于获取和吸收大众传播媒介所传播的新信息，并且对这个事态了解非常详细并且在某方面表现都非常积极。

传统的“意见领袖”多是由政府人员、知识分子和媒体从业人员等精英分子来担当，进入信息化时代，随着网络的兴起和普及，这时候“意见领袖”的构成开始出现多元化、复杂化和平民化的倾向，它不再是一个经济学和社会学意义独立的阶层，而是广泛分别在社会各个阶层间。今天，微博上的“意见领袖”包括著名学者、商界精英、明星以及一些热心公共事务的“草根”，他们分散在社会的各阶层，有不同的职业背景、年龄结构、兴趣爱好等，“意见领袖”之间的差异性大，影响力也大，他们发的每一个微博都拥有大量的转发量和评论数，不同性质的社会事件一旦这些“意见领袖”介入，能引起很大的反响，甚至一定程度上能左右、推动微博舆论的走向。

党政机构可以在日常的微博运营中提高影响力，培养自己的“意见领袖”，同时，加强和不同“意见领袖”的沟通和互动，和他们达成合作或共识，在遇到重大的突发事件和社会性问题时及时向“意见领袖”提供有用的信息，通过“意见领袖”的“粉丝”的大量转发和评论来进行舆情引导。针对一些负面社会事件，政务微博可以邀请一些传统媒体和微博上的“意见领袖”来针对当前的热点问题进行讨论，或者以“微访谈”的形式与网民尽心互动，及时理性的回答网友的问题，微博通过热点问题置顶、主题置顶等形式把“意见领袖”突出，用主流、权威、真实可信的声音来占领微博这块舆论阵地。强化主流言论，孤立非主流言论，有效地把网民的关注点吸引到理性层面。此外，政务微博还可以整合其他论坛或者博客中的“意见领袖”中理性的、思想性强的和见解深刻的言论，引入微博平台，吸引网友的注意力，从而有效引导微博舆情的健康发展。如人民网的“强国论坛”和新华网的“发展论坛”等知名论坛就利用多种网络“意见领袖”来积极引导网络舆情的发展，且效果显著。

3. 重视主流媒体引导，实现微博和主流媒体的高效互动和合作

网络时代尤其是微博时代，传统媒体的主流舆论引导仍然是引导网络舆情健康发展的一个重要方法。

近年来，发生在我国的热点、难点问题和重大突发事件等都是因为传统媒体与网络媒体的相互报道而得到公众的普遍关注。今年的“和颐酒店女生遇袭”“魏则西之死”“山东非法疫苗案”“雷洋事件”“广东弑医案”“常州外国语学校毒地事件”等都体现了网络舆情对社会的重要影响。这些事件无论是发源微博还是传统媒体，最后经过网络尤其是微博这面放大镜的放大，引发了舆论风暴。

常州外国语学校污染事件是指常州外国语学校自2015年9月份学校搬到新校址后，很多学生因为环境污染，出现了各种不适症状，引发社会广泛关注。事件起因于2016年3月下旬，有学生反映，自从2015年9月份搬到这个新校址后，很多学生因为环境污染，出现了各种不适症状。之后根据媒体报道，493名学生先后被检查出皮炎、血液指标异常等情况，个别学生查出患有淋巴癌等。而学校附近正在开挖的地块上曾是三家化工厂，学生们的身体异常情况疑与化工厂“毒地”相关。随着该事件在网络中形成一股质疑浪潮，传统媒体纷纷介入，2016年4月17日，央视曝光常州外国语学校新址污染事件。新华网《六问常州外国语学校“毒地”事件》《环保部：成立调查组调查常州外国语学校周边污染问题》，北京青年报《常州外国语学校493名学生疑因“毒地”身体异常》，中国青年报《“不该建的学校”揭开多重伤疤》，21世纪经济报道《常州外国语学校污染事件通报：10官员被处理》等一些深度调查性报道相继刊出，传统媒体的加入和质疑掀起了事件高潮。随着媒体的普及和发展，尤其是自媒体的兴起加大了媒体的影响力，作为传统的“意见领袖”主体的媒体记者，面对很多民众抱着“上访不如找记者”“找警察不如找记者”的心态，更应该坚持客观、独立的观察立场，在庞杂的的舆论场域中寻求理性平衡，展示真相，以正确的舆论引导人。

面对微博时代的新形势，传统媒体的影响力和权威性仍然不可忽视，政务微博应加强与传统媒体的互动、沟通和合作，实现微博议题和传统媒体议题的融合，让公信力大、权威性高的传统媒体来引导微博舆情，推动社会良性舆情的发展。同时，多种媒体之间的协调合作，对微博舆情的成功引导作用极大。

4. 提高网民网络媒介素养，理性发言

由于“背对脸”的信息传播模式，微博上的言论情绪化非常严重，很多网友甚至直接在微博上开骂。前一段时间，关于王宝强离婚事件即在微博上引起了一场一边倒的“绞杀马蓉”的语言攻击，众网友对马蓉及王宝强经纪人的全面围攻并使用一些恶毒性词语进行人身攻击等，虽然此事件马蓉有不可推卸的责任，但这样的舆论暴力及舆论审判也是不恰当的。不得不说，目前微博平台中缺乏的就是理性的网友，很多网友一遇到一些微博爆料，不管正确、真实与否，上来就是一通情绪发泄，严重缺乏媒介素养。

在当前的网络世界中，网民的盲目和非理性导致的网络暴力事件频发，动辄“人肉搜索”甚至直接的恐吓威胁，严重影响当事人的生活和工作，造成心理困扰和负担。政府应该加大力度提高网民的媒介素养，尤其是网络媒介素养，提高网民辨别真伪的能力，掌握对信息的主动权，珍惜发言权，对网络舆情引导工作的开展意义重大。媒介素养是指人们面对媒介各种信息时的选择能力、理解能力、质疑能力、评估能力、创造能力和制作能力以及思辨的反应能力。我国政府应当出台清晰明了的政策支持提高网民媒介素养教育。只有把提高网民媒介素养提上日程，才能使我国公众充分重视提高媒介素养的重要性，才能让公众更好地利用形式知情权和监督权等公民基本权利。提高公众媒介素养可以从学校的课程安排和大众媒介的积极介入入手，从根本上广泛提高公众质疑、评估和思辨能力。

第四节　政务微博的风险管控

微博对舆论格局的重塑作用越来越大，社会影响力也与日俱增。政务微博作为一种新型政务工具和政务平台，在给党政机关带来机遇的同时也带来了风险和挑战。美国政府在微博等社交媒体的使用上不遗余力，奥巴马曾被称为“推出来的总统”（即Twitter），的确网络社交新平台如 Twitter 等对奥巴马 2008 年的总统胜选功不可没。同样，不久前结束的新一届美国总统选举，新一任美国总统“特朗普”的意外当选，更加验证了社交媒体在传统媒体前的强大优势。而从我国微博的使用情况看来，自从 2009 年微博风行全国以来，不少党政机关和领导干部也加入了织“围脖”大军，不少的政务微博还获得了一定的影响力。然而在影响力与日俱增的同时，一些风险也开始显现出来。据报道，曾有微博网友发现，大连市西岗公安分局的官方微博有 5000 多名关注者，但该账户却只关注了一名日本成人电影明星的账户，引起舆论一片哗然，虽然事后该局声称是因为账户遭到黑客入侵，但是，负面影响已经造成，损失难以挽回。

一、政务微博面临的主要风险

通过对我国政务微博目前状况的考察、梳理和总结，可以发现政务微博在应用中主要存在以下五种风险。

（一）信息泄密的风险

由于微博平台的开放性和动态化，信息泄密成了政务微博面临的主要风险。信息泄密的风险主要反映在以下三个层面。第一，发布内容本身的泄密。在政府机关内部信息密级执行不严格的情况下，未经授权的内部信息外泄尤其需要引起警惕。这一点在公安微博上表现尤其明显。例如，一些公安部门在微博上发布各种各样的行动直播，之前广东佛山警方用微博直播抓捕吸毒者，让广大网友直呼“过瘾”，但也引起了网友和专家的担忧，暨南大学副校长、博士生导师林如鹏教授在评价公安微博“直播”行动时指出，由于微博拥有即时性、互动性、易操作性等优势，在当今社会生活中发挥的影响和作用也越来越大。但是公安部门的一些突击行动比较特殊，它要求非常高的保密性。而微博“直播”恰恰是将这些公之于众，最大范围传播出去，引起公众的注意与参与。他认为，不排除犯罪分子去关注公安微博的可能，因此公安在“直播”抓捕行动前一定做好周密的安排和必胜的把握。其次，身份信息泄密的风险。政府机构或公务人员的微博账户在注册过程中留下的身份信息亦存在泄密风险，尤其是微博实名制推行之后，这是一把双刃剑，既可以在一定程度上规范网友的发言，但也把用户的身份证等信息泄露了，一旦被不法分子利用，将会给当事人带去危险。最后，登陆平台泄密的风险。目前国内各大微博平台以“开放”为口号企图吸引更多的用户，非官方的登录接口越来越多见。但是，在未知某些登录端口底细的情况下轻易使用，很容易造成账户密码、IP 等信息的泄露，甚至会引发黑客入侵事故。而账号一旦被不法分子“劫持”，其发布的信息会造成很大的负面影响，就像上面某部门关注日本成人演员的微博一样，严重抹黑了党政部门的形象。

（二）意见失序的风险

目前，多数党政机构的微博账户往往由多人轮流值班维护，由于个人特质的差异，不同的工作人员在言语表达方式、语气甚至是立场方面存在差异，极有可能发生同一个账户在不同时段对同一议题或者类似议题发表截然不同的看法和意见，给网友和外界造成立场混乱的感觉。

（三）遭遇不当言论攻击的风险

我国正处社会转型的关键时期，由于暴力拆迁、房价高涨、部分官员腐败、滥用职权等社会事件的累积，也造成了社会负面情绪的累积。微博的出现，给了公众一个发泄不满情绪的平台，而政务微博的“登台”，由于其依附的公权力背景，更是给网友提供了一个清晰明确的发泄对象，所以，党政机关一旦登陆微博平台，不可避免将遭遇到一些负面的、极端的、表面的言论攻击。在“骂声中突围，微博上插下红旗”的《环球时报》总编辑胡锡进一进驻微博，即引发大量网友的围攻谩骂，甚至还遭遇有组织的阻击，在中文推特上，曾有人发布信息：“有微博帐号的推友请密切关注环球时报胡锡进等人微博，近日将会对环球时报进行回击，请各位做好配合准备，具体时间稍后私信告知。”对此，胡锡进联系自己 11 年的军旅生活回应说：“当兵的人会有保卫这个国家的责任感，今天舆论比较混乱，中国各种力量跟西方相比，舆论力量是最弱的一环。有时候会自觉不自觉产生一点舆论上保卫国家的念头。”

（四）微博舆情识别的危险

理性识别网络舆情中少数和多数意见、主要和次要意见，是分析网络舆情时的重要工作。在网络中，少数人的意见可以被当成多数意见表达出来，网络的聚众性可以让单个汇成一股舆论大潮，导致政治学领域的“最糟糕的执政方式就是依靠民调数字来执政”错误判断。同时，“网络水军”和网络推手的出现，也增加了网络舆情的复杂性和难度系数，微博是“网络水军”灌水的便捷地之一，一旦他们炒作的虚假信息形成较大的规模，群体效应将会显现出来，成为激化社会矛盾的“催化剂”。而政府在关注、分析和研判微博舆情时，如何识别真正的社情民意、有效信息，既兼顾网友的合理需求，又考虑到线下民众的真情实况、社会发展的整体利益和长远利益，是当前政务微博需要慎重思考的问题之一。

（五）应对失策和引导失败的风险

微博这个舆论重地，对政务微博来说，既有真正的建言献策，也有各种非理性的极端言辞，而作为党政机构的代表和发言人，无论是网友的谩骂攻击还是各种不实谣言，更应该注意自己的言辞，以平和、平等、平实的心态，耐心解释，理性回复。5 月份“雷洋意外身亡案”一事刚出现在微博上就引起了全国性的轰动和关注，2016 年 5 月 7 日晚，雷洋离家后身亡。而昌平警方回复通报称，警方查处足疗店过程中，将“涉嫌嫖娼”的雷某控制并带回审查，此间雷某突然身体不适经抢救无效身亡。言辞冰冷，态度很硬，引发网友更加强烈的怀疑和谴责。两个月后，北京市人民检察院第四分院又公布了雷洋尸检鉴定意见，检方在对外公告中指出，涉案警务人员存在“不当行为”，且在案发后有“妨碍侦查的行为”。检方依法对涉案人员进行逮捕。但这样的结果并不能使人满意。

二、政务微博风险管控机制的建立和完善

面对微博带来的挑战以及政务微博所面临的风险，如何及时捕捉、察觉和化解到政务微博面临的风险，让这一社交平台真正“为我所用”，需要从技术、环境、参与主体等多层面着手。具体来说，政务微博的风险管控工作主要从以下几个方面入手。

（一）建立微博舆情应急机制，加强网络技术防范

微博作为众多网络平台之一，其舆情应急机制也分为监测、预警和应对三个环节，这三个环节在实际工作中既有先后顺序，也有交叉融合和互动。网络舆情监测是常规工作和基础工作，耗费精力也较多，是重要的工作之一，监测工作的仔细与否，直接关系到政务微博的风险管控，对于一些风险危机苗头，如能及时发现，对事态的缓和、缓解，矛盾的缩小、化解等工作的有效开展意义重大；在预警环节，主要对内容进行判断和归纳，对一些会造成负面影响、激烈的社会矛盾的事件进行筛选，为接下来可能发生的网络舆情走向做好各种应对准备；最后的应对环节，主要是当“围脖”舆情变为现实的舆论危机事件之后，政府有关部门采取具体的行动，解决问题，化解危机，消除不良的社会影响。这三个环节对政务微博的舆情应对工作都非常重要，缺一不可。

网路技术层面的舆情防范仍然是现实生活中节省人力、物力、财力的一个重要手段。主要有对 IP 地址的监测、跟踪和封杀；对一些负面信息和过激言论及时清除；追

踪敏感词汇并对其进行过滤；实行实名认证，等等。对微博技术层面的管控是一个非常复杂的工作，极容易引来各种争议和网友的反感，如何平衡这两者之间的关系仍然是政务微博日常维护工作的重点之一。

（二）完善相关法律法规，规范微博言论环境

微博从诞生之初起就不缺少谣言，微博自身的特点在传播信息的同时也使它成了滋生谣言的“温床”。在2015年、2016年的几大网络谣言中“大妈被嘲讽‘碰瓷玩具车’”“有人因吃大盘鸡感染禽流感死亡”“‘抢孩子’谣言频发”“有人拿着香皂上门推销，只要你一闻就会晕过去”“2016年1月1日新的《机动车驾驶证使用规定》开始执行”等事件都在微博上引发了大量网友的转发评论，对社会造成了很大的负面影响。近年来，随着互联网影响的加大，我国陆续出来了一些相关的法律法规，比如《互联网信息服务管理办法》《新闻网站电子公告服务管理暂行办法》《关于维护互联网安全的决定》《互联网电子公告服务管理规定》等。2003年人民网、新华网、搜狐网、新浪网等近30家互联网信息服务单位共同签署的《互联网新闻信息服务自律公约》，从法律名称可看出我国现有的关于网络舆情的法律法规体系不完善，层次比较低，并且大部分的法律效力都很弱，尤其在对待重大网络舆情事件时，这些法律的可操作性很弱。在上述造谣事件中，虽然最后这些造谣者都受到一定的惩罚，但是实际意义不大。

2012年5月28日，新浪微博开始试行《新浪微博社区公约（试行）》《新浪微博社区管理规定（试行）》《新浪微博社区委员会制度（试行）》，自媒体平台的行业自律翻开了舆情监管的新篇章，但也因时不时的一些删帖禁言举措引发网友的不满。

如何能有效地净化、规范微博环境，又能让网友自由发言，是今后网络舆情监管工作的重点。在制定和完善相关法律时，要考虑法律的可行性，不能让法律成为一纸空文。而对丁以法律的手段还网络一个健康、纯净的环境，大部分专家、群众、网友都表示肯定和支持。各种网络谣言，给民众生活产生了极大的负面影响：人心惶惶，浪费财力物力，造成极大的经济损失。而对于一些屡禁不止的谣言事件，对政府形象、社会的稳定和谐产生极大的负面影响，只有从法律的高度对网络舆情进行规范，才能对网络舆情的健康发展起到根本上的作用。

（三）强化“把关人”的作用

网络“把关人”包括网站编辑、网管等工作人员。而微博“把关人”既包括网站管理人员，也包括每一个微博用户。在微博上，每一个微博用户既是信息提供者，也是信息的引路人和监督者，对于看到的微博信息不要盲目转发，先思考辨别其真实性与否再做决定，避免被一些动机不纯的人利用。而对于微博网站管理人员来书，面对

微博信息冗长杂乱、良莠不齐、碎片化等特征，必须具备信息筛选能力、是非辨别能力，即时过滤、删除、屏蔽一些煽情炒作、品味低俗、虚假广告和虚假新闻、人身攻击和辱骂等不良内容，筛选出真实有效、积极健康、符合社会主流价值观的信息，促进正确舆论的有效生成。《环球时报》总编辑胡锡进在初进微博之始，对于网友的围攻谩骂，网站管理人员删除了大量评论，对此，胡锡进回应称："可能是有人说了太过分的话，微博的编辑都看不过去了吧。"但是，网站管理人员在把关工作中，切忌粗暴简单或者恶意删帖，要注意运用引导技术，使网友产生理性上和情感上的共鸣，心甘情愿接受删帖的事实。例如，上述对胡锡进评论的删帖，是因为一些网友的辱骂等人身攻击构成了法律上的侮辱罪和毁谤罪。

（四）提升微博主体的参与素养

提升微博主体的参与素养也是政务微博风险管控的策略之一。参与素养包扩媒介素养和个人修养，同时，这也是一个长期工程。关于媒介素养前面已经提到，主要包括对信息的思辨能力、反应能力等理性层面，而个人修养则体现在个人道德、品行等方面。提升微博主体的参与素养主要依靠教育的普及和加强，在当前经济化大潮中，我国小学辍学率退至十年前，辍学主体是低年级的学生，同时，辍学率的回升意味着今后公众整体素养的降低，也加大了社会管理的难度。

第五节　政务微博舆情应对个案分析

在微博日益流行的今天，政府运用微博进行社会公共关系的建设、政务建设已成为一种必然。在微博时代，政务微博主要有四种功能：拓展沟通渠道、更新信息、分享信息、与外界建立良好的互动协作。在我国目前的政务微博大军里，能真正利用微博实现这四个功能的非常之少，大部分政务微博更多的是利用更新信息和分享信息这两个功能。而作为走在政务微博前沿的公安微博队伍，涌现出较多的多方面利用微博的代表，尤其是在微博舆论危机中的舆情应对，值得其他政务微博学习和借鉴。接下来将以湖北省宜昌市公安局官方微博"平安宜昌"在"宜昌中兴化工火灾"这一突发事件中的微博舆情应对为个案，对政务微博的舆情应对情况进行分析。

2016 年 5 月 31 日 15 点 10 分，人们最早从微信朋友圈里看到一些火灾的小视频，于是引发了各种传言，有人说猇亭化工厂爆炸了，有人说兴发集团园区发生爆炸了，还有人说兴发旁边新洋丰化工失火了等，人们相互传递这些视频，各种猜疑和传言纷纷出现。还有一些借机肇事的人甚至把过去一些火灾事故现场的死人照片也发出来，导致舆论一时哗然。公众对此事件的关注使得宜昌有关部门瞬间陷入舆论危机之中。

面对公众和网友的质疑，以“平安宜昌”为代表的政务微博作为网络发言人，在承受巨大舆论压力的同时，也成为政府与公众互动沟通的重要平台。

2016 年 5 月 31 日下午 16：31 分，在事件发生一个多小时之后，“平安宜昌”发布了该事故的第一条微博信息：“【宜昌中兴化工有限公司发生一起火灾事故】2016 年 5 月 31 日下午 15：10 分左右，宜昌中兴化工有限公司有机硅副产物处理现场物料泄露引发火灾，相关应急人员正在现场处置，目前未接到人员伤亡情况报告。接报后，安监、消防等相关部门负责人到现场进行救援，目前，事故原因正在调查中。”并配以红色醒目的“权威发布”图片。火灾事故迅速引起公众的眼球。

同时，关于该事故的一些质疑也开始在平台中出现，该事件很快就成为新浪微博上的热门话题。面对网友的质疑，5 月 31 日下午 18：45 分“平安宜昌”发布第二条微博【#宜昌化工火灾# 猇亭交警大队全力保障救援通道及交通主干道的安全畅通。】“#猇亭火灾应急救援#今天下午猇亭区中兴化工厂发生的火灾事故，在消防战士的努力下明火已经被扑灭。市交警支队副支队长谭宗平赶赴现场指挥道路交通应急疏导，猇亭交警大队全体民警、协警全员上路，对事故现场周边的先锋南路、横四路、民主路及金岭路东段实施交通管制，指挥疏导车辆进行分流。整个过程民警及协警冒着有毒气体的威胁，合理指挥，全力疏导，确保了救援通道及交通主干道的安全畅通。@平安荆楚 @湖北交警 @一叶知秋微直播。”并配多张事故现场的图片。

之后针对微博上流行的针对事故盛行的谣言，“平安宜昌”于当晚 22：07 发布了一条【#微博辟谣# 不信谣，不传谣！公安机关将依法追究造谣者的法律责任，请广大网友自重。】，“【紧急通报】5 月 31 日下午 15：10 宜昌中兴化工有限公司发生火灾事故，没有发生爆炸。到目前为止，也未接到任何人员伤亡报告。但有网民不顾事实，发布此次事件死亡多人，并上传烧死多人的网络图片，散布谣言，制造社会恐慌。公安机关将依法追究造谣者的法律责任，请广大网友自重。@平安宜昌 @宜昌消防 @宜昌发布 @湖北网警巡查执法 @湖北宜昌交警 @三峡日报 @三峡商报”的辟谣微博，并配发谣言的图片，及时辟谣，并处理了相关传谣者。之后“平安宜昌”又陆续发布了一系列救灾的消防队员和交警同志在现场的救灾事迹，及时地将舆论从谣言的恐慌中拉出，稳定了人心，引导了舆论。到 6 月 1 日，灾情和舆情都得到了很好的控制。

平安宜昌

5月31日 16:31 来自 360安全浏览器

#宜昌案情通报#【宜昌中兴化工有限公司发生一起火灾事故】2016年5月31日下午15：10分左右，宜昌中兴化工有限公司有机硅副产物处理现场物料泄露引发火灾，相关应急人员正在现场处置，目前未接到人员伤亡情况报告。接报后，安监、消防等相关部门负责人到现场进行救援，目前，事故原因正在调查中。

平安宜昌

5月31日 18:45 来自 iPhone 5s

#宜昌化工火灾# 猇亭交警大队全力保障救援通道及交通主干道的安全畅通。@平安荆楚 @湖北交警 @一叶知秋微直播

@宜昌猇亭交警

#猇亭火灾应急救援#今天下午猇亭区中兴化工厂发生的火灾事故，在消防战士的努力下明火已经被扑灭。市交警支队副支队长谭宗平赶赴现场指挥道路交通应急疏导，猇亭交警大队全体民警、协警全员上路，对事故现场周边的先锋南路、横四路、民主路及金岭路东段实施交通管制，指挥疏导车辆进行分流。整个过程民警及协警冒着有毒气体的威胁，合理指挥，全力疏导，确保了救援通道及交通主干道的安全畅通。 收起全文 ^

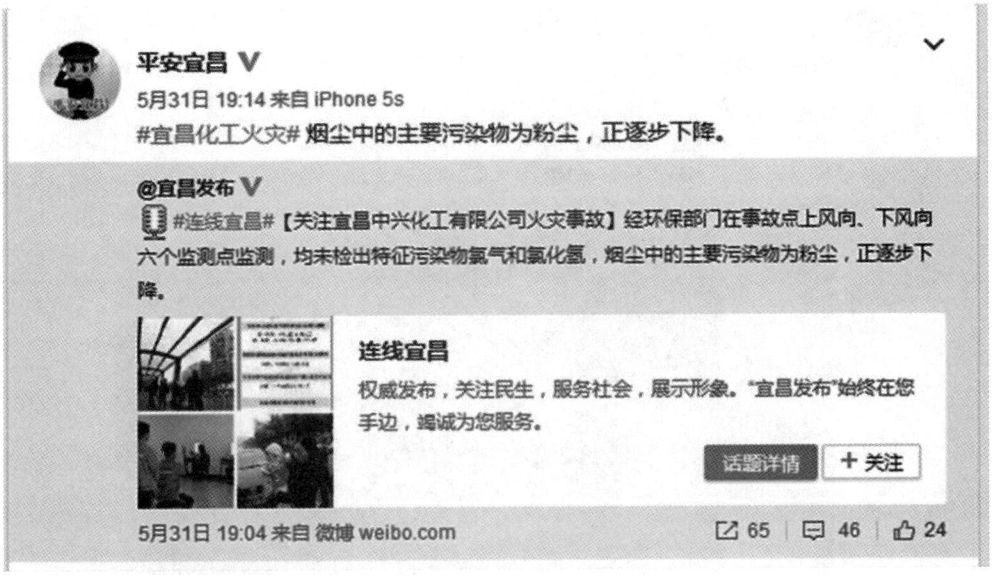

平安宜昌 V

5月31日 19:14 来自 iPhone 5s

#宜昌化工火灾# 烟尘中的主要污染物为粉尘，正逐步下降。

@宜昌发布 V

#连线宜昌#【关注宜昌中兴化工有限公司火灾事故】经环保部门在事故点上风向、下风向六个监测点监测，均未检出特征污染物氯气和氯化氢，烟尘中的主要污染物为粉尘，正逐步下降。

连线宜昌

权威发布，关注民生，服务社会，展示形象。"宜昌发布"始终在您手边，竭诚为您服务。

话题详情　+ 关注

5月31日 19:04 来自 微博 weibo.com　65　46　24

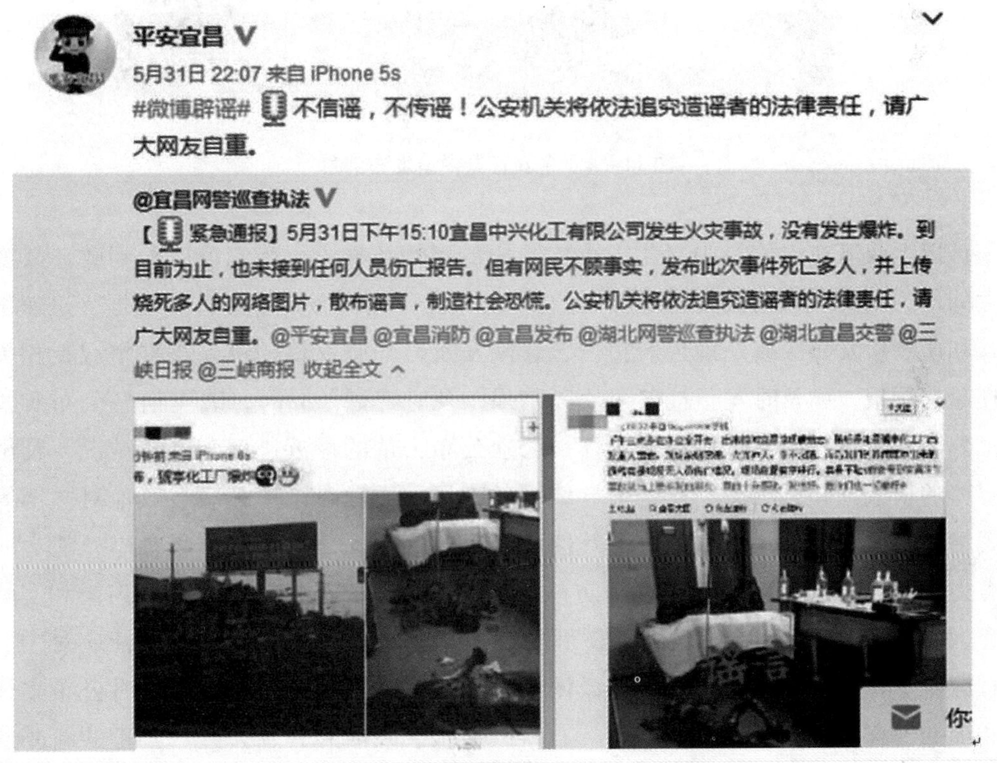

平安宜昌 V

5月31日 22:07 来自 iPhone 5s

#微博辟谣# 不信谣，不传谣！公安机关将依法追究造谣者的法律责任，请广大网友自重。

@宜昌网警巡查执法 V

【紧急通报】5月31日下午15:10宜昌中兴化工有限公司发生火灾事故，没有发生爆炸。到目前为止，也未接到任何人员伤亡报告。但有网民不顾事实，发布此次事件死亡多人，并上传烧死多人的网络图片，散布谣言，制造社会恐慌。公安机关将依法追究造谣者的法律责任，请广大网友自重。@平安宜昌 @宜昌消防 @宜昌发布 @湖北网警巡查执法 @湖北宜昌交警 @三峡日报 @三峡商报 收起全文 ^

图 11－4　平安宜昌微博发布消息

从以上政府在“宜昌中兴化工火灾”中的舆情疏导中，我们可以看到政务微博有极大的作为空间。在这次舆情危机中，“平安宜昌”利用微博平台公布证据，迅速击破谣言和质疑；发布事故处理进展报告，让网友及时知晓灾情的最新进展情况；相关事件提示与预报，如及时发布救灾图片和结果，及时辟谣。同时，线上信息公布和线下信息公布同时进行，及时对各方媒体、公众公布灾情的最近进展和最新情况，利用传统媒体的权威性和影响力，有效引导线下的市民，而发布微博，又有效地对微博等网络舆情进行了疏导。同时，宜昌市其他政府部门的介入，又是舆情联合应急能力的一个有力证明，“中国消防”“湖北消防”“平安荆楚”“宜昌发布”的微博声援和实际行动介入，也为灾情的控制和舆情的缓和贡献良多。总之，在此次微博舆情应对中，平安宜昌至少有五点值得其他的政务微博借鉴和学习。第一，官方微博即时公布案件进展和证据，态度坦诚又有耐心。第二，事故通报会及时召开，公开、公正的新闻发布会把传统媒体和新媒体结合起来，形成一股强大的正面舆论引导力量。第三，较为完善的微博舆情应急机制，“中国消防”“湖北消防”“平安荆楚”“宜昌发布”的微博声援和实际行动介入让事故处理进展更快，信息说服力更强。第四，与网友较为及时有效的互动和沟通，“微访谈”活动的进行，与“舆论领袖”的沟通，有效缓解了舆情危机。第五，对传谣者迅速反应，积极应对，及时发布消息辟谣。在这次舆情危机的解决中，平安宜昌的作为得到了外界普遍的认可和赞许。

第十二章　新媒体与危机公关

第一节　新媒体时代的危机传播

改革开放三十多年以来，中国社会发生了翻天覆地的变化。随着改革的深入发展，社会也在转型中探索式发展，从传统的农业社会向工业社会，从封闭社会向开放社会，从乡村社会到城市化社会的转变，必然改变社会系统的格局，这种改变必然带来社会利益的重组，加大社会风险系数，高速发展带来的环境问题、社会问题不容忽视。

同时，火山、地震、台风、暴雨、洪水、泥石流等自然灾害依然不可避免。科技的进步增强了自然灾害的预警能力，但这种预警也是有局限性的，只能在一定程度上降低自然灾害的危害，却不能从根本上使人类摆脱自然灾害的威胁。

无论是人祸还是天灾都是摆在现代人面前的问题。这些形式各样的问题就是危机，而随着微博、微信、视频直播网站等新媒体的出现，让危机的传播手段、内容、路径都发生了巨变，传统媒体背景下的传播路径不再能够满足当下政府和企业的危机应对。

一、危机传播手段的变化

1. 危机传播渠道多元化

随着传播技术的革新，危机传播的渠道越来越多，大众媒体与自媒体呈现出互补态势。普通民众在信息采集、制作和传播方面均具备了很大的主动权，以致很多危机事件最早都是从民间传播开来的。移动互联网的便捷服务，使即时传播成为一种现实，于是自媒体传播成为危机传播中一个非常重要的渠道。科技的发展，社会的进步在一定程度上削弱了人们的知识鸿沟，互联网和手机终端的普及增加了普通民众的话语权。危机一发生，拥有一定传播能力的公众便会毫不犹豫地拿起手中的媒介记录下事实并在第一时间传递信息。人们渴望通过这样的方式把面临的困境公布于众，引起世人的关注，促使相关部门有力作为，迅速得到外界援助。人们除了通过手机短信、手机上网、发帖子、发微博的方式进行危机传播，还会通过社交网站、聊天工具进行危机传播——或原创，或分享，或他人，或直接将有关信息发送至聊天工具。在这些传播过程中既涉及人际传播又涉及大众传播。而自媒体传播中的人际传播具有极强的扩散性，以一传百可以在瞬间完成，人际传播主要是在亲朋好友之间进行，亲缘关系为信息的可信度加了不少分。

2. 危机传播信息内容多样化

传播技术的变革为海量信息的迅速及时传播奠定了基础，而多渠道的信息传播也对传播内容的“编码”提出了更高要求。传统媒体传播，报纸只能用文字配图表，广播只能靠声音，电视仅能依赖于声音和画面。在自媒体环境下，信息传播则实现了多媒体一体化的立体式报道。文字、图片、现场视频及“弹幕”等方式都可以实现信息的即时传播，借助新媒体的传播，使事件更加真实地呈现在了民众眼前。

3. 危机传播的角度更加广泛

自媒体时代，公众对危机传播的参与性不断增强，时刻关注危机处理进程，主动发布危机信息，并通过舆论监督参与危机处理。人们不仅需要在第一时间了解危机的发生状况，更渴望深度理解危机发生的前因后果，以及相关职能部门的处理方式与成效。针对受众的这一系列信息需求，自媒体时代的大众媒介更加注重危机新闻的多角度策划：既关注危机发生后的受灾情况，又关注危机事件处理进展情况，并聚焦于政府部门的作为，以期增强公众应对危机的信心；不局限于关注危机事件本身，更加关注处在危机中心的人，不断践行“以人为本”的理念。

二、政府危机传播的理念发生变化

1. 官方从延缓瞒报到公开透明

危机发生以后，政府需要在第一时间了解危机情况并制定应对方案解决危机事件。公众则渴望在第一时间获取与危机相关的最真实、最客观的信息，以便于稳定情绪获得安全感，再者公众也会关心政府如何应对和处理危机。由于早期“官本位”思想的束缚，拥有信息获取和传播主导权的政府部门总是希望用低调的方式处理危机，往往采取封闭消息的方式，剥夺了受众的知情权。其目的不外乎是为了维持自身形象，减小应对危机的压力，规避风险和责任。但是，随着社会观念和媒介传播技术的发展进步，尤其是自媒体的蓬勃发展，公众的参与性不断提高，传播的渠道更加丰富多样，完全打破了官方媒体的信息壁垒。公民新闻的兴起开辟了新的传播渠道，危机事件往往越过官方的“把关”直接进入“信息的自由市场”，当下很多危机事件最早都是经由互联网传播开来的。在这样的媒介环境下，政府宣传部门借助传统媒体如果仍继续坚守之前的“正面宣传为主，负面报道为辅”的新闻理念无异于掩耳盗铃，滑天下之大稽。政府和大众媒体的公信力也会因此每况愈下，不利于危机的处理和社会的和谐发展。

在全球化趋势下的信息传播亦更加公开透明，官方一味的封锁消息，往往会使政府失去主动权，陷入被动处理危机的境地而饱受非议。随着社会的进步，政府管理也渐渐从人治走向了法治，从政府主导型走向了政府服务型。危机发生以后，也需要政府、媒体和公众的互动。危机信息的公开透明化，有利于公民的协商参与，满足了公民的知情权，也有利于公民意识的培养，反过来又会促进整个社会的有序发展。从延缓瞒报到公开透明，既是国内新媒体快速发展的环境变化压力所致，也是传播技术革新的产物，更是公民意识觉醒与政府执政理念进步的结果。

2. 从政府视角到公众视角

政府、企业、公众和媒体四者都有可能成为危机传播的主体，也都有可能成为危机传播的客体，它们既可能化解危机，又有可能成为危机的制造者、煽动者、激发者，它们之间的角色、功能、关系常常互相转化、不断流动。① 政府在危机管理中同时扮演着危机环境的监控者和改善者、危机决策的制定者和实施者、危机信息的服务者，以及社会力量的发动者四重角色②。而传统的政府机关在面对危机的时候，往往不够淡定和从容，总是把危机传播当成负面报道，对自身的决策能力和执行能力不够自信。哪里出了事总想藏着掖着，仿佛危机传播与危机处理都是见不得人的事。媒体去采访去报道不仅要冲破重重阻力，还往往被打上“添乱”的标签，有时候还会被政府以“维护社会稳定”的名义围追堵截。政府机关在应对危机的时候还要花大力气封锁消息，目的只有一个——维护政府形象。当然，良好的政府形象有利于危机的处理，有利于增强政府公信力和社会凝聚力。但是危机的有效处理也不仅仅是良好的政府形象所能解决的，尤其是在自媒体时代，公众获取信息的渠道更加方便快捷，通过“堵”消息来维护政府形象已经不切实际。自媒体下的危机传播为受众的反馈提供了方便快捷的渠道，受众可以通过发帖、发评论、发微博等方式对危机事件的处理提出批评建议。

3. 从单向传播到多方互动

有人说，19 世纪是新闻的世纪，20 世纪是评论的世纪，21 世纪是参与和互动的世纪。而麦克卢汉的“媒介即信息”也像是一个预言击中了当今社会的媒介变革。对社会来说，真正有意义、有价值的“信息”并不是各个时代的媒体所传播的内容，而是这个时代所使用的传播工具的性质、它所开创的可能性以及带来的社会变革。②自媒体下的危机传播已经改变了传统的单一传播模式，媒介两端的传者与受者界限模糊，地位趋同。在互联网传播的背景下，受众的概念也渐渐被淘汰，取而代之的是用户。而从社会层面上来看，政府已经无法主导危机传播的议程设置和把关，也不能随意编码、解码让公众被动接受。

---

① 卞清．当前中国危机传播研究的困境［J］．新闻传播，2011（1）：13－15.

② 高波．政府传播论——社会核心信息系统与改革开放路径［M］．北京：中国传媒大学出版社，2008.

公众通过互联网等自媒体渠道参与危机传播，直接监督政府作为和媒体报道，甚至用行动参与到危机处理过程中来。2012 年 8 月，上访妈妈唐慧因为多次上访“严重扰乱了单位秩序和社会秩序”而被劳教后，引发网上民怨沸腾。这引发了公众的广泛批评和抗议，随着法律学者和一些意见领袖的加入讨论，人们从单纯关注唐慧的命运，逐渐转移到了人权、法治等宏观话题。一时间，湖南官方面临着相当大的压力。而《人民日报》官方微博也发帖批评唐慧案，这条微博被转发 13 万次，评论 4 万多条。而之前的北京暴雨以及 8 月的伦敦奥运会微博评论，《人民日报》官方微博都表现不俗，反映并代表了民意。范以锦称，“人民日报官博的成功，首先是理念的成功。人民日报提出打通体制内和民间‘两个舆论场’，而打通这两论场，传播观念的变革和语境的创新，显得特别重要。”

所以说，自媒体时代的危机传播模式已经发生了质的变化，传统的传者到受者的传播理念已经被官方、民间和媒体的互动所取代。政府应以更加开放与开明的姿态来面对媒体和公众的监督和质疑；媒体应积极传递信息，在社会协调方面也要发挥出更加重要的作用；公众尤其是网民在相对开放的传播环境中渐趋理性，从舆论监督到舆论参与，既是公民精神的进步也是公民理性发展的表现。

三、自媒体环境下新问题频发

1. 谣言成灾制造新混乱

20 世纪中期，奥尔波特通过对流言学的研究得出了一个经典公式：谣言影响力 = 事件的（重要性）×（事件的）模糊性/公众批判能力。由此可知，谣言的产生与事件的重要性和模糊性呈正相关。危机事件发生以后，无论是事件本身还是政府部门的危机处理行为都与公众的利益和情感息息相关。危机本身的不确定性以及相关信息的缺失必然会引起公众恐慌，谣言便随之而起。谣言的力量在危机传播中是可怖的，它们甚至能直接引发危机或在危机发生以后酿成新的危机。

就自媒体时代的危机传播而言，网民的积极参与有时可以促进危机的有效解决，但有时也会因为众声喧哗“把关人”的缺失而谣言四起。危机发生以后，公众普遍存在恐慌情绪，他们渴望获得权威的信息来消除疑虑。但是传统媒体的信息不对称以及政府在舆论引导方面的缺失，往往给谣言留下了广阔的市场和传播空间。一些不法之徒甚至趁火打劫，消费公众危机心理，引发新的社会危机。2011 年日本大地震引发核泄漏，网上流传核泄漏污染我国近海盐田，所以民众纷纷走出家门抢盐，超市里、百货商店里的食盐被抢售一空，没有抢到盐的人悲观失望，造成了不小的社会危机。

谣言不仅影响到公众的行为，而且影响公众的认知和情绪，可以生成一种拟态环境，而拟态环境的环境化容易放大危机，干扰公众的判断能力。2012 年 10 月宁波镇海群体事件中，网络流传“宁波大学生郑春平死亡”的消息被瞬间传播，激起非常大的民愤，加剧了官民对立情绪，引发更多的市民走向街头示威游行。事后经调查发现，大学生之死的消息纯属谣传。

2. “群体极化”现象增多，群体性事件发生频率增大

随着互联网的普及和发展，中国网民数量也在直线上升。互联网传播渠道方便、快捷，网民在匿名性的保护下有了更大的“言论自由”，相关法律法规尚不健全，这不仅为谣言提供了滋生的土壤，而且给不负责任的非理性舆论提供了便利。由于一般不必承担现实责任，基于各种立场形成的意识形态、文化思想交叉渗透，多样化的观点、态度、利益、价值观杂陈纷呈，对舆情管理和引导构成挑战。①

危机的发生是一个质变的结果，但依然有其量变的积累过程。自然灾害发生以后政府机关一边要进行救灾抢险，一边要接受舆论监督，一旦工作中出现明显的失误或政府行为有违公众利益与情感需求，便会引来非议。相对于天灾，人祸就更加复杂，社会危机事件的爆发往往夹杂着公众的利益诉求。很多社会危机之所以会在短时间内集中大爆发，就是因为长期的矛盾和利益纠葛得不到重视和解决，抑或是官方违背了民意。所以危机发生以后，公众不仅要针对危机本身发表意见和看法，同时也要借助自媒体工具——微博、博客、贴吧、论坛、社交网站、聊天工具等发泄不满情绪和长期被压抑的愤慨。芝加哥大学客座教授凯斯桑斯坦提出了“群体极化”的概念，指出“团体成员一开始就有某些偏向，在商议后，人们朝偏向的方向继续移动，最后形成极端的观点”。这与传播学上“沉默的螺旋”有异曲同工之处，不同点在于，前者是主动而为，后者是顺势而就。由于长期以来公众对政府和大众媒体形成的“刻板成见”，在危机传播过程中，公众便容易表现出一种对立情绪和怀疑态度。少数理性的声音在茫茫网海中并不能起到意见领袖的作用，相比而言，众声喧哗中的情绪化表达似乎更容易让人产生共鸣。

多数人的声音并不一定是真理，而真理却往往在“少数服从多数”的思维固化中沦陷。药家鑫案在司法界引起了争议，有人认为从法理上说，药家鑫可杀可不杀，但从民意上看，药家鑫死不足惜，不死不足以平民怨。杀人犯的动机各不相同，但并不是所有的杀人犯都最终被判了死刑。张妙惨死在药家鑫的刀下，无疑是个悲剧，这不仅是两个家庭的悲剧，也是整个社会的悲剧。柴静在其新书《看见》中还原了药家鑫案件的采访，读后让人悲从心来。与其给药家鑫贴上“官二代”的标签，挑起社会阶层的争端，不如反思整个家庭教育和社会教育存在的问题。杀死一个药家鑫只是用另一种残酷的方式结束了一个生命，但并不能防止另一个“药家鑫”的出现。危机传播

① 于春生．新媒体舆情危机事件：内涵、特征与应对策略［J］．现代传播，2012.

中，社会舆论尤其是网络舆论，也像是药家鑫案件中的公众意见一样，更多地关注结果而不在意手段。李普曼在《公众舆论》一书中也明确提出了舆论的两面性：舆论是一把“双刃剑”，只有正确的舆论才能引导社会走向进步，而错误的舆论只会适得其反。

自媒体时代的危机传播，公民获得了更多的话语权，有利于危机处理的及时、公开、透明、公正和客观。但是自媒体语境下“把关人”的缺失已经成为当下社会危机处理的难题，社会舆论的理性化与建设性既依赖公民媒介素养的提高，更需要大众媒体的引导与矫正，还需要相关部门的重视和反馈。

第二节　新媒体环境下危机公关的策略

危机事件种类繁多，规模、影响、性质及危害性各不相同，而且其传播的每一个阶段往往都有着各自的特点。但从总体上审视，在危机事件的应对中依然蕴含着一些普遍性、规律性的原则与策略。面对新媒体快速发展所带来的机遇和挑战，全面增强政府部门运用新媒体应对公共危机的能力，是当前形势下政府危机公关领域的重要课题。对此，借鉴中外学者概括的危机管理原则，结合我国危机管理的实际情况，可以将危机公关的策略归纳如下：

一、树立正确的危机应对意识

媒体是一把“双刃剑”，运用得当，就会成为政府与群众沟通的好抓手；运用失当，则可能是“搬起石头砸自己的脚”。如今，许多政府部门对媒体的态度都还不够清晰，利用新媒体处理政府危机的观念也比较淡薄，对新媒体更多的是排斥或躲避，这使原本不大的危机事件演变程度加深。比如，在辽宁省西丰事件中，西丰县委书记派警察进京抓记者，把一场本可以化解的事件推到了危机的境地，社会舆论一时难以平息。

新媒体环境下，要想切实发挥政府危机公关的最优效用，首先就要转变政府的执政观念，摒弃“官本位”的执政思想，树立正确的危机公关意识。在充分认识新媒体地位和作用的基础上，学会通过新媒体和网络进行危机公关，把培养自身危机公关意识作为提高政府行政能力的重要内容①。

目前，由于缺少一定的培训和实践，部分官员很难在突发事件、网民沟通方面做出快速反应，对互联网的认知和引导能力也相对薄弱。因此，要提高官员在危机事件

---

① 谭婷．我国地方政府危机公关能力研究［J］．湖南大学，2011，10.

中面对新媒体的能力，除了接受一定的训练，还应加强此方面的工作经验，积累一定的方法和技巧，确保媒体报道与事实信息的权威性和一致性。事件发生后，相关人员应第一时间对危机事件进行回应，在新媒体中对公众进行基本的事实澄清，以诚恳的态度和真挚的感情对待公众和传媒，树立良好的政府公信力。

二、提升对舆情特性的认知

有众多网民集体参与形成的网络舆情，具有自由性、互动性、流变性等特征，在进行危机公关时，要对舆情的流变性有充足的认知和重视。面对突发危机时，官方针对事件的回应再也不是“一劳永逸”，试图通过一次回应来解决当下危机的理念已全然落伍，官方在民间舆论场中的发声并不能对事件进行“一锤定音”，每一次官方做出的回应都需要经过网民的二次或者多次解读，从而汇集成新的舆情。在此情境下，面对突变的舆情，官方应及时做好相应的预案，“做好最坏的打算”，对已经监测到的负面舆情再度进行有效回应，并对二度回应所引发的舆情做好有效监测，在不断与网络民意沟通交流满足的过程中实现危机的最终处置。

三、强化信息公开渠道

随着移动互联网技术的快速发展，人们获取信息的渠道变得十分广泛，而信息的真实性却更加难以考证，当突发性公共危机事件发生时，“小道消息”便趁虚而入，扰乱人心，引起社会公众的猜测和恐慌。例如，2007 年发生在厦门的 PX 事件，这一事件就是因为政府没有及时对媒体种民众讲明 PX 是什么，导致了一条手机短信在短时间内迅速传播开来，并愈演愈烈，最终演变成群众聚集抗议的群体性事件。因此，在新形势下，信息公开作为实现公民知情权的重要方式，既是保障公民民主权利的需要，也是塑造政府良好形象的需要①。

为了更好地提供信息服务，满足公民的知情权，强化政府部门及时、充分公开信息的渠道成为当前政府机关塑造自身良好形象的重要方式。危机发生时，畅通的沟通渠道对于维护危机主体的形象、阻止危机扩散、降低危机带来的损失具有十分重要的意义，及时把公众须知、欲知、应知的全部信息通过最容易让公众接受的方式发布出去，有利于在公众中树立诚实守信、敢于负责也能够负责的形象。

四、打造专业的危机公关队伍

培养高水平的危机事件应对主体，一方面要提高多元主体的参与度，有效整合多元化的公关传播力量，以充分调动各种力量的参与积极性，从而发挥政府公关传播的整体效应，保证政府公关工作的有效性；另一方面，还要立足于“人民拥护不拥护、

---

① 朱光喜，王赵铭. 危机事件中的政府形象和政府危机公关［J］. 公共管理学报，2006（2）：40 - 49.

人民赞成不赞成、人民高兴不高兴、人民答应不答应”的标准，打造一支专业化的政府危机公关队伍。

打造专业的危机公关队伍，一要加强公关人员道德素质和理论水平的培养，以保证在直面民众时能够以良好的态度进行有效的沟通和解决；二要建立有效的人才选拔和激励机制，以满足政府部门对于熟练掌握新媒体技术人才的迫切需求；三要加强对危机公关队伍的理论知识和专业技能培训，使其全面掌握监控、查找、阻断、删除、屏蔽等技术手段，加强对网络言论的监控和管理，提高舆论引导和控制的速度及准确度，为政府危机公关提供必要的人才保障。

在网络环境中，不同网民根据自身的认识能力对问题发表看法，其中的非理性因素容易导致冲突，这就要求政府的网络危机公关人员，一方面要注意网上回帖发言时的语言艺术，在保持官方信息权威性的同时，避免陷入回复语言“官僚化”“程式化”的陷阱，另一方面要提高政策水平和政治敏锐性，不能满足于被动地应对危机，还要能够主动地发现危机隐患，把公共危机事件消灭在萌芽状态，做到公共危机的事前预防。

此外，还要推广网络发言人制度，把政府部门的网络发言人队伍作为政府危机公关的核心力量。面对网络上对政府的种种质疑，一方面，网络发言人代表政府，通过官方的网站和微博等媒介，及时披露相关信息并回复民众的疑问，体现了政府施政的以人为本，满足了民众对公共危机事件的关注，实现了政府与民众在网络空间中的直接交流。另一方面，网络发言人也是政府关注和分析网络舆情的专业人员，他们可以及时发现公共危机事件的苗头，并及时应对对策供行政首长参考决策，这也充分加强了政府在应对公共危机事件时对社会（尤其是公共信息传播）的控制能力。

五、完善新媒体环境下政府危机公关的法规建设

我国现有法规虽然可以在一定程度上规范网络行为，但这些法规并非是针对网络公共危机公关而制定的，对公共危机事件中的信息公布规范并不明确和全面。因此，需要针对网络新媒体信息传播的特点，专门制定一部政府层面的《公共危机网络公关条例》，明确规范公关危机的应对主体、职权范围、信息公开要求、应对措施和责任惩处等行为。同时，还要在现有刑法、行政法的框架内，针对网络舆情危机应对的具体要求，细化相应的条款规定，进一步加强政府网络舆情危机反应的制度化建设。

六、加强新媒体环境下政府危机公关的机构设置

相对于传统的信息传播而言，新媒体环境下的政府与民众是平等交流的关系，且交流主体之间处于完全身份陌生的状况，难以出现政府在传统媒体面前表现出的权威性。因此，政府网络危机公关工作要做到各负其责，必须有组织上的保证，以树立权

威信息来源的地位；还有必要成立新媒体环境下政府危机公关和舆情分析的专门机构，统一负责政府网络信息资源开发的规划、制造、发布、服务等工作，使该机构拥有网络信息收发整理和技术支持的全权。

第三节　突发事件应对的基本原则

一、速度第一原则

在移动互联网环境下，危机事件通常都具有突发性、快速传播性、震撼性的特征，来势凶猛，发展变化迅速，后果往往带有不确定性。正所谓“好事不出门，坏事传千里”，在媒介发达的今天更是如此，因此，当危机事件发生时，危机主体所要做的重要工作之一就是及时、准确地把事件真相告诉公众和媒体，以最快的速度作出反应，掌握处理危机事件的主动权，并成功对事件做好“定性”工作，这样才能赢得公众的理解和支持，及时稳定人心，为后面的工作开创有利局面。在涉及有人员伤亡的重大危机事件中，第一负责人要尽可能地在第一时间到达第一现场，这会成为一个标志性的信号，不仅表达了机构应对危机的态度，还可以将负面新闻正面化，其象征性要大于实效性。

危机事件初始阶段的应急措施如果能够做得及时、准确，公众心理就能够初步安定，社会秩序也得以初步维持，为争取整个危机事件处理工作的顺利完成奠定基础；若迟迟不作反应，主体的公共形象便会因此而元气大伤，若想再恢复到原有状态，则需付出十倍甚至更多的努力，其效果也往往不尽如人意。

二、承担责任原则

在危机公关过程中，危机主体的态度很重要，不能推卸责任或拒不承担责任甚至拒不承认有责任，否则信誉就会受损，在公众心目中的形象也会大打折扣。事实上，事件发生后，公众和媒体往往在心目中已经有了一杆秤，对危机主体的反应有了心理预期，即这件事应该怎样处理，我才感到满意。因此，一旦遭遇公关危机事件，就应该坦然面对，把事实说清楚，勇敢承担起自己的责任，切忌遮遮掩掩、闪烁其词，这样只会引起公众的反感。

承担责任的一个重要外在表现就是对相关责任人及时问责。从以往的多起案例分析中可以看出，官方在遭遇重大危机时，若能对相关责任及时问责处置，事件的舆情热度往往可以在较快的时间内快速回落，从而为官方赢得喘息的时间。

三、权威证实原则

危机状态下，社会失序、心理失衡、险象环生，控制局势、稳定人心、协调救治等种种行动都需要权威机构、权威人物的及时介入和权威信息的及时发布、权威决策的及时出台，绝不能在请示、报告、等待甚至“公文旅行”中贻误战机。在应对公共危机事件的过程中，政府部门应当主动及时地发布官方信息，通过权威性信息的发布引导社会舆论朝着有利于政府部门的方向发展，从而掌握舆论引导主动权。

四、协调一致原则

在处理整个危机事件的过程中，组织者要按照应对计划全面、有序地开展工作。处理危机过程是一个完整的系统，环环相扣，若要把危机事件处理得圆满，哪个环节都不能出问题，一个环节出现问题，必然会影响到其他环节。所以，在进行危机公关时必须系统运作，坚持协调一致原则，绝不可顾此失彼，这样才能保证及时、准确、有效地处理危机事件。

运作的系统性包括：以冷对热、以静制动；统一观点，稳住阵脚；组建班子，专项负责；合纵连横，借助外力等①。危机事件发生后，主体部门不能惊慌失措，而要保持井然有序，统一人员的态度和口径，在此基础上积极与媒体取得联系，对外公开表态。此外，要注意在逃避一种危险时，不能忽视另一种危险，只有这样才能透过表面现象看本质，创造性地解决问题，化害为利。

五、真诚沟通原则

处于危机旋涡中的主体是公众和媒体的焦点，一举一动都将接受质疑，因此千万不要有侥幸心理，企图蒙混过关。危机主体与公众、媒体的沟通至关重要，此时的沟通必须以真诚为前提，如果不是真心实意地沟通，是无法平息舆论压力的。真诚沟通，就要以负责任的态度向公众提供相关事件的真实信息，用事实说话，消除网络谣言，实现危机信息的公开化和透明化，以获得公众的理解和支持，消除疑虑与不安。俗话说，“真心换真心”“将心比心”，如果能把公众的利益放在第一位，真诚地与公众沟通，相信公众是通情达理的。

与媒体的沟通同样重要，媒体作为舆论引导者，凭借其高科技的传播手段，瞬间即可把信息传向四面八方，因此，应主动向媒体提供相关信息，并通过媒体引导舆论，处理危机事件过程中取得的每一步进展都要及时让媒体了解。与媒体沟通的形式有很多种，可以发通告、印制宣传品、举行新闻发布会、个别访问等，要根据事件的性质、规模、影响范围及后果等情况，具体问题具体分析。但无论采取什么方式，真诚的态度都是沟通成功的前提和保证。

---

① 居延安．公共关系学［M］．复旦大学出版社，2013.

六、第三方原则

在突发事件和敏感舆情中，如果能得到与该事务没有利害关系、在社会上享有公信力的第三方以客观、超然和权威的态度发声，就有利于消除公众的疑虑，还原事实的真相，减轻当事方的舆论压力。建议政府和企业的宣传、公关部门要注意拓展和积攒第三方资源，以使其关键时刻能秉持客观公正的立场，协助还原真相，维护公道。

第三方资源包括：

传统媒体。如一些关注热点问题的都市报；电视台，当今受众覆盖面唯一超过互联网的媒体，在 2015 年庆安枪击案中，中央电视台公布车站监控视频，是舆情演化的拐点。

“两微一端”。今天很多传统媒体都开设了官方微博、官方微信，甚至新闻客户端，政府和企业的媒介关系，需要从报纸版面、电视节目传统编辑部门，向“两微一端”新媒体编辑部门延展，后者更有可能对突发事件跟进报道和评论。过去媒体地方常邀请报纸、电视台，如今流行邀请在移动端很有影响力的“两微”账号小编和客户端平台记者。

网络平台管理员、版主。他们管理着社会舆论的半壁江山，甚至是大半壁江山，在网络江湖浸润已久，对常在网上呼风唤雨的“大 V”知根知底，对舆情的走向判断力有时高于常人。

网上意见人士和专家型人士。赢得理性的活跃网友支持，或者争取其保持中立。考虑到意见人士对网络舆论有影响力，做好他们的“统战”工作具有重要意义。

网络管理部门。在突发舆情中，如果网上出现颠倒黑白的谣言和恶意诽谤信息，要及时向管理部门举报，争取删除，并推送政府新闻发布的权威解释。

新媒体传播和舆情专家。请他们解剖舆情个案背后社会转型期的深层矛盾和老百姓内心的“集体焦虑”，有助于为当事方的个案减压，就事论事，反而容易处置。

宣传、公共部门需成为新媒体资源的集聚地，广结善缘。网上很多人，拉一拉就是朋友，要尽量加强沟通，超越争议，弥合裂痕，凝聚最大公约数。①

第四节　政府官员如何与新媒体打交道

人类社会已进入新媒体时代。新兴媒体网络正迅速改变着人们的生产方式、生活方式、思维方式，成为许多人生活的一部分，并介入现实的社会和生活中，演变为现实

---

①　祝华新. 舆情应对，如何巧借第三方发声［J］. 2016，5.

的政治和公共管理。而我们的政府官员却出现了“水土不服”和应对媒体的本领恐慌，处在一种媒体困境之中。

一、领导干部时下的媒体困境

（一）政府官员面对新媒体的三个“不知”

1. 不知是敌还是友

说媒体是朋友，是因为在媒体网络时代，政府及官员越来越需要借助新闻媒体的力量，动员社会，争取民众，推行公共管理，树立公众形象，实现政府目标。说媒体是敌人，是因为官员们感到一些媒体尤其是一些小报小刊的记者会进行不负责任的新闻报道，特别是因媒体网络的传播所形成的官员问责和从政的压力，使得许多官员开始防备和排斥新媒体。

2. 不知是爱还是恨

新媒体是一把“双刃剑”，新媒体越来越广泛地介入政治生活领域，渗透到官员的工作中，大到国际时局，小到街巷市容，官员离不开媒体，需要它，爱它，可又很恨它，因为媒体越来越难驾驭，常常让领导出丑，被曝光难堪下不了台，让人避之唯恐不及。

3. 不知当说不当说

面对传统媒体和记者，宣传部门往往会与媒体提前沟通和了解，对于哪些话该说，哪些话不该说？即使是说，说到什么层面、什么程度有一定的默契，但是在自媒体时代，新媒体往往会对官方的话语进行二次解读，且这种解读具有极高的不可控性，尤其是面对一些高难度、敏感性话题以及政策性较强、尚未明朗的话题时，官员常常感到紧张和为难。

（二）官员不适应新媒体时代的四种心态

排斥的心态。某些政府官员对媒体和记者没有好感，特别是一些曾被媒体曝光、揭短，或被媒体忙中添乱、帮过倒忙的政府官员，更是有一种厌烦和排斥媒体的心态。甚至不加分析地将其视为政府天然的敌人，所以才有“防火防盗防记者防新媒体”的流行语。

畏惧的心态。面对媒体时代提出的新挑战，一些政府官员感到心有余而力不足，这种本领恐慌形成了一种“怕媒体”的心态。由于畏惧，所以不愿意接受媒体采访，不愿开口说话，或不愿多说话，过于谨小慎微。

轻视的心态。不少官员漠视媒体的威力，小看记者的能量，采取敷衍、搪塞、应付的态度，激怒了媒体乃至公众。因此，往往面临在突发事件和公共危机时，官员不配合，不提供新闻素材，政府失语，等到酿成大祸，才后悔莫及。

怀旧的心态。不少政府官员面对今天的困境，不是积极地寻找新的对策，调整思路，充实知识，提高能力，而是抱着传统的思维方式和奉行陈旧的办法，甚至发出“以前没有网络的时候多好啊”的感叹，形成“老办法不灵，蛮办法不行，新办法还不会”的能力恐慌。

（三）政府官员不善待新媒体的几种方法误区

1. 瞒

即隐瞒不报，或说假话，也叫“捂盖子”。不公开和伪公开，同样会导致恶果。2008 年 10 月，四川某县的柑橘大实蝇疫情被隐瞒了 1 个月才得以公开，可在疫情被传出后，有关部门不但没有如实公开疫情，反而指责短信传言是谣言，并向省公安厅网监总队报案，请求查处谣言的制造者。这种欲盖弥彰的做法，最终随着全国其他省市蛆橘的出现而不攻自破。还有陕西省的虎照门事件、云南省的“躲猫猫”事件、山西省的黑砖窑事件等，所导致的恶果，均源于地方政府企图“大事化小、小事化了”的真相瞒报。

2. 躲

即采取回避、逃避的办法。既然媒体厉害，记者是无冕之王，惹不起，躲得起，“三十六计，走为上”。特别是主要负责人，躲着不见，结果往往躲出了大事。

3. 顶

即采取针锋相对，“顶牛”的硬招。面对媒体，态度强硬，毫不示弱，语言偏激，甚至刺伤记者，激怒记者。在互联网环境下，官员雷语不断，其实也是官员对抗媒体的一种错误对策。“你是替党说话，还是替百姓说话?”道出了对媒体的排斥和强硬。

4. 拖

有些地方政府官员缺乏责任心或缺乏敏锐性，采取拖延的办法，不能提供及时、真实、有价值的新闻背景资料，往往错过最佳时机，致使可控的事态演化为不可控的局面。不善于抢占舆论先机，不能在第一时间发声，是许多政府官员面对媒体的软肋。

5. 推

出了问题，面对各类媒体和记者，或推给上级，或推给下级，或推给其他部门，或责怪百姓素质低，或抱怨环境、政策不好，表现出的是一副无辜的神态、委屈的神情。许多官员给人的感觉是不诚恳，没有责任感，还没学会怎样面对媒体和公众道歉。

6. 急

一些地方政府和官员在与媒体沟通时，关注点经常错位，不是表示对公众利益、生命财产以及情绪的关注，而是急于讲述事件经过，表达政府对事件的处理成效和政府对公众的要求。结果，急中生乱、急中生错，忽略了对事件中遭受伤害的群众表示足够的人性关怀和同情。

二、政府官员应对新媒体本领恐慌的深层原因

（一）政府官员不能正确对待新媒体的影响

危害之一：降低政府公信力，增大了政治成本。由于网络媒体对于新闻具有很强的汇聚效应、放大效应和扩散效应，很容易使分散问题汇集成焦点问题，局部问题放大为全局问题，一般问题演变为政治问题，个人的偏激言论扩展为非理性的社会情绪。处理不当，便会直接带来负面的政治结果。当山西黑砖窑虐工事件曝光后，人们纷纷质疑为何当地政府和警方发现得这么晚？劳动部门为何长期不予查处？黑砖窑明显涉嫌犯罪，当地公安机关为何一直不予以打击？种种疑问使政府在百姓心目中的诚信度大打折扣。而“是替党说话，还是替百姓说话”的雷语，更是直接损害了党和政府的形象，最终付出了惨痛的信用代价。

危害之二：危及了社会稳定，增大了维稳成本。在社会转型的背景下，维护社会稳定的任务十分艰巨，维稳成本不断上涨。而其中很大一部分成本要归咎于一些地方政府、官员不善于面对媒体。现在的危机事件，很大程度上就是媒体网络危机事件。2008 年的“毒奶粉”事件，因有关部门拖而不决以及遮掩，使这一事件最终演变成了一个全社会的大危机，不仅一个品牌企业倒了下去，而且整个产业链也断了，奶农忍痛将每吨 3000 元的鲜奶倒掉，数以万计婴儿的身心健康受到威胁。为了恢复奶农生产和捐助受害婴儿，国务院和河北省政府分别拨付数亿专项资金。重庆的“最牛钉子户”拆迁事件吸引了中外媒体的“眼球”，最后以 300 多万元才平息事态。

危害之三：弱化了领导干部的能力建设，增大了人才培养成本。由于不善于对待媒体，极大地弱化了各级领导干部的能力建设，并且成为媒体和公众眼中的“软肋”和“短板”。这几年因面对媒体、面对公众、面对网民而犯错的官员数以千计，因此而丢掉乌纱帽者也数以千计，媒体危机常常造成一个地方的政界官场地震，断送了许多官员的政治前程。随着众多媒体危机事件的出现，使一些官员产生惧怕心理，选择不正确的应对方式，从而造成能力建设的恶性循环和误区。长此以往，势必会危及执政骨干队伍、党的执政能力、党的执政地位的建设和巩固。

（二）领导干部面对媒体“本领恐慌”的深层原因

（1）源于对新媒体时代的心理准备不足。今天的媒体发展已进入一个新的阶段，表现出了前所未有的新特征：一是多。信息的生产者、传播者、接受者之多，是空前未有的，动辄数以亿计。二是广。网络传播，超越了国界，超越了时空，具有最大的广泛性、开放性。三是快。现代媒体借助现代通信、互联网，传播速度之快、时间之短是前人难以想象的。四是难。即可控性难度更大，即使是某一个局部、某一个单位，

甚至个体的问题，一旦上网，也很可能演变为危及全局、影响稳定的、难以控制的新闻群体事件或危机事件。五是低。即网络新闻的采编、传播，不仅时间短，而且成本低，人人都可手编，随时随地都能传播，具有直观性、大众性、通俗性，对公众具有天然的亲和力、吸引力和感染力。而不少官员留恋传统时代的“红头文件治天下，只与官知不与民晓”，对于新媒体时代下的网络、记者、媒体的能量和威力，估计不足，精神准备不足，犹如一个下水游泳者还没来得及熟悉水性一样。

（2）源于领导干部执政理念和作风的错位。面对镜头和记者，会不会说话，首先是一个立场问题，就是你为谁说话？你对谁负责？这是一个深层次的制约因素。当前，最突出的是三个方面：一是执政为民的宗旨意识淡化，导致目中无“人”，不愿为民说话；二是高高在上的“官本位”主义盛行，导致胸中无数，不能为民说真话；三是个人主义作祟，私欲膨胀，导致左顾右盼，不敢替民说话。“无欲则刚”。只有无私才能无畏，才能坦荡、坦然地面对媒体，敢替人民说真话。

（3）源于领导干部媒介素养和能力的孱弱。不少官员的思维方式还停留在传统媒体时代，缺乏对新媒体规律和特点的把握，尤其是对新兴媒体所具有的“双刃剑”效应、干预事件发展的“催化剂”效应、天生的“反控制”特性，以及传播的及时性、快速性、交互性和多次传播的易变性等特点，缺乏深入的了解和把握。此外，各级领导干部和政府在如何综合运用法律、技术等手段，加强对新兴媒体的建设和管理，采取趋利避害、标本兼治的对策措施，及时发布权威信息，有效引导舆论，防止恶意炒作、谣言传播，牢牢掌握宣传舆论的话语权、主导权，切实提高媒体应对能力和舆论引导水平方面，的确还存在着严重的“知识恐慌”“本领恐慌”，致使一些小事件迅速由小变大、由大变炸。

（4）源于社会转型带来新的执政和领导环境。经过新中国成立后60余年的发展和30余年改革开放的推进，我国的经济和社会发展在取得令世人瞩目的伟大成就的同时，也遇到了世所罕见的困难、矛盾和风险。一是经济体制深刻变革。尤其是从高度集中的计划经济体制转向开放的社会主义市场经济体制，如何实现社会主义与市场经济的有机内在结合，避免“夹生”的结合或失败的结合，是一道“哥德巴赫猜想”式的难题。二是社会结构深刻变动。尤其是新的社会阶层、社会群体的出现，大量的“单位人”变为“社会人”，加大了当政者对社会管理的风险和难度。三是经济利益深刻调整。尤其是由于分配机制的缺陷而导致的贫富差距过大，以及腐败蔓延而导致的民怨情绪，使得各级领导干部和政府处在“仇官”“仇富”等民众心态构成的不利的领导环境中，紧张的官民、干群关系，往往促使网民“一边倒”，选择非理性的态度。四是思想观念深刻变化。尤其是信仰的缺失、荣辱观的错位，而且越到基层政府，民众的满意度越低，信任感、公信力越缺失。这一切都形成了今天领导干部正确应对新兴媒体的深层次的社会环境制约因素。

三、领导干部积极应对新媒体的有效方法

（一）着力提升善待新媒体的能力

“善待”是一种态度，也是一种能力。要学会与媒体打交道，首先要学会善待媒体。所谓“善待”，可简要地概括为五个方面：

（1）理解。各级领导干部要了解新兴媒体的特点，正确理解它的功能，遵循其特有的规律。与传统媒体相比，新兴媒体的社会功能被放大，被赋予了新的功能，如果依旧沿袭传统的观念或方式来看待今天的媒体、新闻，就会犯“刻舟求剑”式的错误。

（2）尊重。各级领导干部应该充分尊重媒体和记者。媒体和记者是挑战者，但也可成为合作者，决不能将其视为敌人。要尊重媒体的优先权，包括其道德优先权、报道权，给他们应有的尊严和体面。

（3）满足。即满足媒体合理、合法的利益需要。各级领导干部应把媒体当作相对独立的利益群体看待，记者是一种职业，新闻是一种行业，必须及时地、尽力地满足媒体的信息资源需求，主动把信息“喂”给媒体。

（4）宽容。对媒体出现的某些失误和差错，应以宽厚的心态对待，谅解他们非恶意的炒作和失误；同时，对媒体发布的与政府、企业及领导干部的想法不尽相同的新闻报道，尤其是媒体对领导干部的工作失误予以曝光时，应以宽容的心态对待。

（5）服务。尽一切可能为媒体提供良好的工作、生活条件和环境，关心和支持新闻界举办的有益活动，做好媒体重大或深度报道时所需要的协调、配合，包括紧急情况下所需要的帮助。

（二）着力提升善用新媒体的能力

利用媒体和网络，实现预期的目的，是世界各国执政党和政府通用的做法。但如何利用好，必须有科学的方法，尤其是在突发事件中应对媒体时要运用有效的技巧或“黄金法则”。

法则之一：“兵贵神速”，先发制人。事实证明，突发事件报道，谁第一时间发出声音，谁就能掌握主动，占据主导地位。即使没有结果，也要先有态度，不能“失声”。

法则之二：关注民意，重视情感。必须明白媒体的背后是公众，首先要对受到损害的群众表示足够的关切和同情，不要先表扬领导，而要先表扬群众。

法则之三：不要激怒媒体，把媒体逼成同盟。当年南京冠生园那封公开信中称“保留着对所有的媒体包括央视在内的法律上的诉讼权力”，结果激怒了所有的媒体，

从而失去了与媒体沟通进而化解危机的有利时机。

法则之四：不要把大火引向邻居，把同行逼成敌人。面对媒体，不少领导干部习惯给自己开脱，以减轻责任，所以常常拉别人下水，殃及同行，结果四面树敌。

法则之五：沉着冷静，不被激怒。面对媒体和记者，要显示出领导干部的媒介素养和媒体形象，有礼有节，不要失态。必须记住：没有错误的问题，只有错误的回答。

法则之六：准确表达，留有余地。不仅要开放信息，而且要开放准确、真实的信息，领导干部切忌用"据说""好像""大概"之类的词语；同时要为自己留有余地。例如，记者一般喜欢问"你能 100% 保证以后不再发生类似事故吗?"你既不能回答"无可奉告"，也不能回答"保证 100% 不再发生"，但可以回答"我们的政府会尽 100% 的努力防止发生类似事故"。

法则之七：借力打力，八仙过海。要善于利用时间、空间等为媒体创造新闻价值。让专家学者说话，特别是让有影响力的人士说话，效果更佳。聪明、高明的领导干部，身边应有一批相关的专家智囊团，让他们面对媒体来点评和评论比自己说话更有说服力。

法则之八：学会道歉，不用命令式语言。面对媒体和记者，要学会承认错误，学会说"对不起"，学会放下官架子说声道歉，而不要采用行政命令式的语言和表达方式。

法则之九：不要节外生枝，自找麻烦。前些年发生禽流感时，有个市长在记者招待会上说："我们国家几千年鸡瘟一直存在，禽流感和鸡瘟差不多嘛，没有好大惊小怪的。"这为记者提供了打击政府的子弹。

法则之十：语言简洁，通俗易懂。传播者有"30 秒定律"，也就是电视观众在 30 秒时间内得不到有价值的信息就会换频道了。领导干部要提高语言表达能力，改变文风，发短文、开短会、说短话，提高与媒体、公众的沟通交流能力，学会讲话。大众传播不是小众传播，官员要会说老百姓的话，说老百姓听得懂的话。此外，还应注意修饰"镜头形象"，领导干部在镜头前的神态、气质以及手势、眼神等，都应得体。

（三）着力提升善管新媒体的能力

一方面，要理直气壮地管。必须坚持党对意识形态的主导地位，不能动摇更不能放弃对新兴媒体和互联网的管理，不能"一朝被蛇咬，十年怕井绳"，听之任之，也不能因为某些官员说错了话就不敢或不愿说话，要从巩固党的执政地位的战略高度来看待对媒体和网络的管理。网络已成为一些群体或网民发泄不满情绪、引发突发性事件的渠道和载体，所以大意不得、动摇不得。

另一方面，要改革创新地管。一是观念要创新。要从传统的管理模式中解放出来，实现与时俱进的科学领导，不能把媒体简单地或单一地定位为“党的喉舌”，弱化和忽视媒体的社会功能，使其成为党和政府的附属物，掩饰和淡化社会大众的声音。要树立“媒介民主”的意识，提升大众对媒体的信任度。二是体制要创新。要严格管理，但要管住而不是管死，在坚持政府主导媒体的前提下，要扩大媒体的活动空间，使媒体的管理体制趋向灵活和有一定的弹性，使其按媒体自身的规律发展；同时要坚持依法管理，在宪法和法律范围内对媒体实施引导。三是方法要创新。要有切实可行的方法，如牢牢把握宣传舆论的主导权，用先进文化占领各个阵地；积极应对网上舆论，特别是负面舆论，要在第一时间发现；要高度关注、密切掌握少数人成立网上非法组织、加入和参与网上非法组织的动向。过去强调领导深入基层、深入群众调查研究，现在要强调深入网络、深入网民调查研究，把握动态，做到胸中有数，有的放矢。

第五节　突发公共危机处置案例分析

【案例一】

广东乌坎事件舆情研究

2011 年 9 月 21 日上午，乌坎村 400 多名村民因土地问题、财务问题、选举问题对村干部不满，到陆丰市政府非正常上访，随后产生了打砸警员、警车事件。随着事态的进一步发展，2011 年 11 月 21 日村民再次进行集体上访，此后数日内不断引发冲突，随后事态逐渐平息。近日，广东决定成立省工作组解决“乌坎事件”，对该事件进行正面应对。

从舆情应对的角度分析，无论是在事中的应急处理还是事后的正面应对，都反映了当地政府“有错即纠”的政治勇气和善于担当的政治智慧，有利于维护和谐、维护稳定。

（一）事件概述

2011 年 9 月 21 日上午，乌坎村 400 多名村民因土地问题、财务问题、选举问题对村干部不满，到陆丰市政府非正常上访，当日下午，访民打砸村委会、派出所。

2011 年 9 月 22 日上午，部分村民组织阻挠、打砸进村维持秩序的民警和警车，六部警车被砸坏。汕尾派出工作组到陆丰督导，陆丰市、东海镇组成工作组进村做工作、回应诉求、维持秩序，23 日，乌坎村内恢复了正常秩序。

但事件至 11 月中旬又起波澜，在工作组调查解决诉求的过程中，少数村民在互联网上帖出《“乌坎村村民临时代表理事会”计划组织村民于 11 月 21 日游行上访，并请中外记者报道》的帖子，致使事件出现反复。

2011 年 11 月 21 日又有 400 名左右的乌坎村民聚集到陆丰市政府门口进行非正常上访，打出“打倒贪官”“还我耕地”等标语。到 11 时 26 分，上访村民自行离去。当天下午及第二天，在组织者的策划下，发生几次数百人在村内聚集活动。

2011 年 11 月 24 日恢复正常的生产生活秩序。到 26 日，村里的白布标语、大幅宣传画已自行拆除。事态得到平息，恢复正常秩序。

2011 年 12 月 9 日汕尾市人民政府召开新闻发布会，就陆丰市处置“921 乌坎村事件”作情况通报。公安部门已经抓获“9·21”事件中打砸为首分子庄烈宏、曾昭亮、薛锦波等人，并将继续追捕事件其余犯罪在逃人员，加紧推进取缔非法组织的工作。发布会称“有境外势力对今次事件推波助澜”。

2011 年 12 月 13 日广东省针对“9·21 事件犯罪嫌疑人羁押猝死”召开新闻发布会，强调积极做好“9·21”犯罪嫌疑人羁押猝死后续工作。

2011 年 12 月 20 日，由中纪委委员、广东省委副书记朱明国带队的工作组进驻汕尾陆丰，调查处置“乌坎事件”，尽快恢复乌坎的法治秩序和社会管理秩序。

（二）自媒体传播分析

广东乌坎事件自 2011 年 9 月发生以来在互联网上“若隐若现”。从较少人关注的论坛到大众广为知晓的微博，该舆情自发生到正面妥善应对经历了 2 个多月的时间。在此时间段内信息实现了由曲解、过度解读到公开透明的过程。

从新闻传播路程中我们看到，在事件前半期，新闻报道一直处于“零报道量”状态，从分析看，在前期时间中由于信息的真实性无法确定，缺乏公开透明的信息披露程序，仅有少量海外媒体进行了直接报道。相反，在事件处理后半期，政府的公开应对和表态促进了媒体关注量的突飞猛进，在后期传播中把握了信息主动权。

在传播过程中我们看到，社区 BBS 在此事件过程中则起到一定的作用，BBS 论坛的发帖在事件初期促进了网民对事件的了解和村民诉求的知晓。在后期，网友推升了该事件的舆情热度。网民在此过程中从半信半疑的质疑开始，后期逐渐走向理性。

（三）政府的危机处置

广东乌坎事件，从 2011 年 9 月到 2011 年 12 月，近三个月的时间中出现了多个拐点，政府在此事件的应对过程中呈现出前松后紧、前缓后急的态势。

从政府危机应对来看，在该事件的发生期间，当地政府组织较为敏锐地监测到了该事件的舆情信息，并实时进行群众性工作的安抚，在一定程度上稳住了村民情绪，抑制了负面舆情的爆发。但是，事件并没有像正常的上访事件一样就此淡化，该事件在 11 月中旬再次“恶化”，由网络贴文引发的关注以及曝光的种种事实再次把当地政府的公信力打入低谷，该事件有此发展，在此过程中当地政府出现应对失当、反映缓慢等应对细节错误。

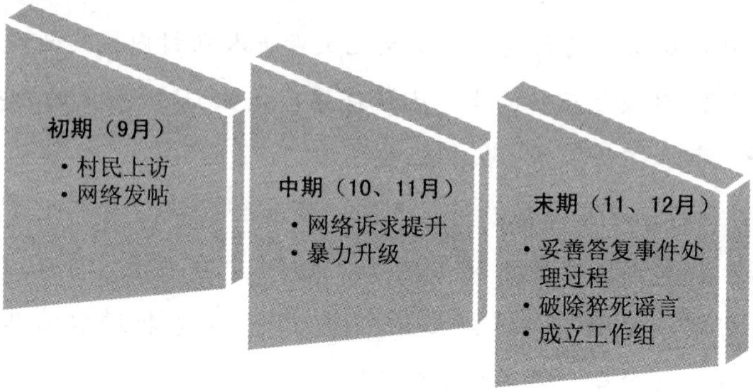

到2011年12月，随着对“乌坎9·21事件”的新闻发布会的召开，政府正式从正面积极应对该事。紧接的对在押人员死亡问题进行了及时、透明的辟谣，在一定程度上弥补了政府公信力。

最后随着12月20日由时任广东省委副书记朱明国带队的工作组进驻汕尾陆丰，调查处置乌坎事件，恢复乌坎法治秩序和社会管理秩序工作的展开，该事件逐渐实现了舆情的降温。

该事件虽然在一定程度上造成了广东的负面影响，但是广东省地方在处理此事过程中所表现出的勇气和政治智慧更值得学习与总结。在此次事件中我们可以看出来由“乌坎事件”带来的舆论影响远超普通群体性事件，在未来将会对地方舆情格局产生更加深远的影响。

群众的理性，呼吁政府要善对民意。在此次乌坎事件中，由于西方媒体的介入使得该事件迅速升级为“敏感事件”，在标签化、政治化该事件的过程中，乌坎村民敏锐把握了这一危险的趋势，打出了“拥护中央”“维护权益”的口号，群众的理性实现了乌坎事件的“去标签化”。这说明中国的民众在互联网普及的今天已经逐渐趋向理性与睿智，能更深层次地把握舆论的走向，在此环境下则要求政府能顺应“市民社会”“法治社会”的发展趋势，善对民意、顺应民意、润滑矛盾，促进事件的解决。

环境的复杂，要求政府要巧对舆论。乌坎事件作为2011年底又一重大舆情事件，综合了微博这一新媒体蓬勃发展一年来的种种舆情特点。政府在解决群众问题中的“常规套路”已经无法面对新形势，无法解决新问题。如事件处理过程定性“有境外势力的推波助澜”显示出了地方政府在舆情应对中的框架性思维。面对复杂的舆论环境，政府应该巧用新闻媒体、打通两个舆论场，在舆情应对过程中保持话语的权威性。

【案例二】

浙江余姚台风灾害事件舆情分析

2013年10月8日，受台风“菲特”的影响，余姚市遭遇历史罕见水灾，余姚全市21个乡镇、街道均受灾。官方在面对自然灾害时，其固有的危机应对理念遭遇新媒体冲击，让官方陷入极为被动的境地。

（一）事件概述

10月8日晚，余姚市、委市政府发布告全体市民书称：全市目前已进入紧急防汛期，各地各部分正全力以赴抓好抢险救灾的各项工作，努力把灾害造成的损失降到最低程度。同日，余姚市教育局紧急启动应急预案，开放就近学校安置受灾群众。

10月9日，余姚市委常委、常务副市长潘银浩召开新闻发布会时表示，余姚市早已启动了应急预案，积极挖掘库存，目前已储备了足够的物资，供市民食用15天以上。随后新闻报道称，志愿者与居民发生肢体冲突，救援物资翻船遭哄抢。

10月9日，余姚公安对在网上散布陆埠水库倒塌，造成40多人死亡等不实信息的张某某（女）、唐某某（女）做出行政拘留处理，张某某行政拘留5天，唐某某行政拘留3天。

10月10日，余姚市召开第二次发布会，针对民众质疑“为啥没见到领导干部在灾区”，余姚市市长奚明表示，干部们主要在两个地方，一个是“三防”指挥部；一个是余姚的重灾区，特别是城区四个街道及陆埠、河姆渡等乡镇。

10月11日，余姚市救灾办回应“救灾物资遭哄抢”事件称，网友质疑的情况是部分存在的，救灾过程中发生小插曲不可避免，他们将努力把救灾物资发到每个人手中。

10月14日11时，网友爆料：余姚三七市镇某领导今日下乡视察水灾，某领导因穿高档鞋子，迫不得已由年近六旬的村书记将其背进灾民家里。同日，针对当事者王某在抢险救灾中出现的行为，三七市镇党委、政府研究，决定免去王某三七市镇村镇建设办公室主任职务，并给予党内警告处分。

10月14日下午余姚市发布信息称：中心城区151个受淹小区中148个小区积水基本消除；城区供电全面恢复；城区和姚西北供水基本恢复；卫生防疫也已全面展开。

至此，因为台风灾害造成的舆情基本消解。

（二）媒体传播分析

强台风“菲特”导致余姚多地出现险情，10月8日，相关的新闻报道迅速在网上传播开来，网络媒体行动尤为快速，相关的网络新闻数达到2000条，其中浙江当地的网络媒体——浙江在线成为信息传播的一个重要源头。此外，人民网、新华网、中新闻等主流网络媒体纷纷对余姚受灾情况进行报道，《浙江宁波余姚堤防决口》《余姚陆埠古镇洪水齐腰深成水中孤岛》《浙江余姚城区70%以上地区受淹 乡镇断电缺粮》等新闻成为媒体报道的重点。

10月9日，媒体对余姚灾情的关注度快速攀升，媒体的相关报道近8000条，央视《新闻1+1》播出报道《台风下的“余姚样本”》，通过镜头向全国人民传递余姚受灾情况，新华社“中国网事”则刊登文章《网民三问余姚水灾救援》，就网民关心的救援问题对余姚市的相关负责人进行采访，在问及“预警短信为啥延迟”时，当地政府部门答复道：“对这次灾情估计不足，来得太突然，余姚几乎每年都会有台风，像去年的‘海葵’，但都没有那么严重。”此外，2名网友因散布“余姚陆埠水库倒塌致多死”被拘的新闻也为媒体所关注。

10月10日，余姚官方的救援行动成为媒体报道的重点，《余姚干部抗洪日记：连夜赶往他市挨个工厂“求水”》《余姚市长强调救灾一视同仁 已设289个临时救助点》《浙江余姚市长回应质疑：120多小时一直在抗洪救灾》，官员干部救灾的表态和行动使得网上的舆情相对平稳。

10月11日，媒体针对网民关注进行针对性采访，《解放日报》刊登文章《求证余姚陆埠水灾传言：未发生暴乱和抢劫》、中国广播网发布报道《网曝余姚物价飞涨买白菜需百元 实际涨幅不大》，中央级媒体的澄清性报道，为灾区的救援活动提供了有利环境。

10月14日，“余姚水灾官员穿高档鞋让6旬村书记背”的新闻快速走红，当地镇政府的快速免职处理也于当日见诸媒体，较好地中和了网上偏激言论，避免了舆情的升级。针对此事件，央视主持人白岩松评论道：“这属于鞋没进水，脑子进水。当地的快速反应体现了执行力，也反映出不管你是哪个级别的干部，只要脱离群众都是零容忍。”10月15日，《人民日报》也发表评论文章《联系群众岂怕弄湿皮鞋》，写道：如果不对形式主义时刻保持警惕，察访民情变身走过场就可能不断演绎新“剧情”。

10月15日，村书记背官员的事件进一步发酵，媒体的报道让事实浮出水面，《余姚老人背官员调查：双方很熟 背人时有说有笑》《余姚村民为被背官员鸣不平 称其为抗灾昼夜奋战》，网上的负面情绪有所消减。

（三）危机应对处置点评

余姚台风造成洪水灾害事件，在事发去的一周内舆情热度呈现出一种超高温的状态，灾害事件所引发的危机接连而至，谣言传播、救援物资遭哄抢、“背官员”等次生危机使得灾害本身的舆情热度升温。

此次余姚台风灾害所引发的几个危机事件基本囊括了自然灾害发生后所能面临的各类危机，认真梳理此次灾害中官方的应对举措，可以为以后应对类似自然灾害所引发的危机提供借鉴经验。

有效预警，及早通告，及时防范。气象监测水平提升，加之现代通信技术的发达，当地政府在第一时间对可能遭遇的自然灾害进行预判后，要做到思想上重视，行动上及时，在第一时间向辖区内民众告知，从而为民众留足充裕的时间进行有效的防范，把灾害造成的损失降到最低。在余姚应对台风灾害时，民众普遍反映在10月8日清晨才收到灾害预警，此时雨势已经很大，已经没有时间进行采购，从而导致很多民众没有充足的储备，在灾害这几天造成物资匮乏，引发民众的不少怨言。

健全谣言发现处理机制。大的自然灾害发生后，难免会出现各类谣言。在余姚台风灾害中，出现水库倒塌等谣言，当地官方在事发的当天就对两位涉嫌散步谣言的当事人予以行政拘留，处理相对来说果断及时。

在处理灾害中的谣言时，惩治谣言的最重要目的在于消除民众的恐慌心理，从而保持社会的安定。对散布谣言者依法处理必不可少，但谣言造成的恐慌仅仅靠抓捕造谣者是不能消除的，恐慌的消除更需要政府对事实的进一步澄清。在此事件中，政府对涉及水库的情况并未仔细说明，也并未进行大范围的传播。这样的处置结果并不理想，造谣者虽被抓，但恐慌未除，官方的处置容易本末倒置。

在灾害处置中，官员言行会被围观放大。互联网时代，“官不聊生”，各级官员都处在5亿多名网友的围观之下，自然灾害发生后，一线的官员顺理成章地被摆在了“显微镜”下，接受众多网友的“挑刺”。2012年的“表哥”杨达才在车祸现场一个“不恰当的微笑”，从而引发了网友的刨根问底，最终牵连出各类违法犯罪行为。

在余姚台风灾害事件中，一张“官员怕湿皮鞋让六旬村书记背”的照片在网上快速传播，后续的新闻报道虽然澄清并非“皮鞋”，当地百姓也为涉事的官员“叫屈”。纵然是“无心之举的一背”，但在抗灾面前，在自然灾害面前也决不可有，在政府深陷“塔西陀陷阱”的背景下，任何在网友看来是“官老爷”架子的言行都不该有，这样才能在灾害面前，禁得住围观和质疑。

借助新媒体，有效发布信息，增强官民交流。在余姚台风灾害事件中，在以@余姚发布为主的各级政府微博形成微博矩阵，实现消息的高频次快速发布，满足了民众信息的需求。

在新媒体时代，各级政府部门应成为“永远在线”的大V，最及时地披露信息，公开事态进展、政策动向等，并与网民居间互动，拓宽交流路径。在紧急关头，及时发布权威信息，并针对求助等信息做回应，想必也会消除许多对政府反应慢的批评。

灾害过后高调承认不足，低调邀功。遭遇大的自然灾害，难免会有救援不及时等各项工作的不到位，普通民众也难免会有怨言。救灾过后，官员要勇于承认工作的不足，从而获取民众的理解，而不能高调宣扬救灾功劳，这样才能安定民心，为后续工作的推进创造条件。